Die Regelungsabrede als Alternative zur Betriebsvereinbarung bei der Gestaltung materieller Arbeitsbedingungen

Schriften zum Arbeitsrecht und Wirtschaftsrecht

Herausgegeben von Abbo Junker

Band 34

PETER LANG
Frankfurt am Main · Berlin · Bern · Bruxelles · New York · Oxford · Wien

Jost Eder

Die Regelungsabrede als Alternative zur Betriebsvereinbarung bei der Gestaltung materieller Arbeitsbedingungen

PETER LANG
Europäischer Verlag der Wissenschaften

Bibliografische Information Der Deutschen Bibliothek
Die Deutsche Bibliothek verzeichnet diese Publikation in der Deutschen Nationalbibliografie; detaillierte bibliografische Daten sind im Internet über <http://dnb.ddb.de> abrufbar.

Zugl.: Göttingen, Univ., Diss., 2004

D 7
ISSN 1433-4666
ISBN 3-631-52739-X

www.peterlang.de

Meinen Eltern

Vorwort

Die vorliegende Arbeit wurde im Wintersemester 2003/2004 von der juristischen Fakultät der Georg-August-Universität Göttingen als Dissertation angenommen. Rechtsprechung und Literatur sind bis Oktober 2003 berücksichtigt.

Meiner Doktormutter, Frau Prof. Dr. Barbara Veit, danke ich sehr herzlich für die Anregung und Betreuung dieser Arbeit, die fortwährende Begleitung durch konstruktive kritische Anmerkungen und das mir entgegengebrachte Vertrauen.

Herrn Prof. Dr. Abbo Junker danke ich für die zügige Erstellung des Zweitgutachtens und die freundliche Aufnahme in die Schriftenreihe zum Arbeitsrecht und Wirtschaftsrecht.

Außerdem danke ich Frau Catharina Oerke, Herrn Dipl.-Kfm. Dr. Felix Benedikt und Herrn Sebastian Blumenthal-Barby, LL.M, für die Unterstützung während der Korrekturarbeiten.

Ganz besonderer Dank gilt meinen Eltern für Ihre fortwährende Begleitung und Unterstützung meines bisherigen Lebensweges. Sie haben die Fertigstellung dieser Arbeit durch Ihre stete Förderung erst ermöglicht.

Berlin, im April 2004

Inhaltsverzeichnis

Abkürzungsverzeichnis

a.A. .... anderer Ansicht
abl. .... ablehnend(e)
Abs. .... Absatz
AcP .... Archiv für die civilistische Praxis
a.E. .... am Ende
a.F. .... alte Fassung
AG .... Aktiengesellschaft
AGB .... Allgemeine Geschäftsbedingungen
AktG .... Aktiengesetz
allg. .... allgemein(e)
Alt. .... Alternative
Anm. .... Anmerkung
AOG .... Gesetz zur Ordnung der nationalen Arbeit
AP .... Arbeitsrechtliche Praxis (Nachschlagewerk des Bundesarbeitsgerichts, Loseblattsammlung)
ArbGG .... Arbeitsgerichtsgesetz
AR-Blattei .... Arbeitsrechts-Blattei (Loseblattsammlung)
ArbuR .... Arbeit und Recht (Zeitschrift)
ArbZG .... Arbeitszeitgesetz
Art. .... Artikel
Aufl. .... Auflage

BAG .... Bundesarbeitsgericht
BArbBl. .... Bundesarbeitsblatt
BB .... Der Betriebs-Berater (Zeitschrift)
Bd. .... Band
Beil. .... Beilage
BetrAVG .... Gesetz zur Verbesserung der betrieblichen Altersversorgung
BetrVG .... Betriebsverfassungsgesetz
BGB .... Bürgerliches Gesetzbuch
BGBl. .... Bundesgesetzblatt
Bl. .... Blatt
BlStSozArbR .... Blätter für Steuerrecht, Sozialversicherung und Arbeitsrecht (Zeitschrift)
BRG .... Betriebsrätegesetz
BT .... Bundestag
BT-Drucks. .... Drucksachen des Deutschen Bundestages
BVerfG .... Bundesverfassungsgericht
BVerfGE .... Amtliche Sammlung der Entscheidungen des Bundesverfassungsgerichts

bzw. .... beziehungsweise

CDU .... Christlich-Demokratische Union

DB .... Der Betrieb (Zeitschrift)
ders./dies. .... derselbe/ dieselbe(n)
d.h. .... das heißt
DJT .... Deutscher Juristentag

Einl. .... Einleitung
EwiR .... Entscheidungen zum Wirtschaftsrecht (Zeitschrift)
EzA .... Entscheidungssammlung zum Arbeitsrecht (Loseblattsammlung)

f. .... folgende Seite
FAZ .... Frankfurter Allgemeine Zeitung
FDP .... Freie Demokratische Partei
ff. .... folgende Seiten
FG .... Festgabe
Fn. .... Fußnote
FS .... Festschrift
gem. .... gemäß
GewO .... Gewerbeordnung
GG .... Grundgesetz
ggf. .... gegebenenfalls
GK .... Gemeinschaftskommentar
GmbH .... Gesellschaft mit beschränkter Haftung
GmbH & Co. KG .. Kommanditgesellschaft, bei der eine GmbH persönlich haftender Gesellschafter ist
GS .... Großer Senat

h.L. .... herrschende Lehre
h.M. .... herrschende Meinung
Hrsg. .... Herausgeber

i.d.F. .... in der Fassung
IG .... Industriegewerkschaft
i.S. .... im Sinne
i.S.v. .... im Sinne von
i.V.m. .... in Verbindung mit

JR .... Juristische Rundschau (Zeitschrift)

JuS .... Juristische Schulung (Zeitschrift)
JZ .... Juristenzeitung (Zeitschrift)

KG .... Kommanditgesellschaft
krit. .... kritisch(e/er)

LAG .... Landesarbeitsgericht
LAGE .... Sammlung landesarbeitsgerichtlicher Entscheidungen (Loseblattsammlung)
lit. .... Buchstabe (Gesetzeszitat)
m.E. .... meines Erachtens
MünchArbR .... Münchener Handbuch zum Arbeitsrecht
MünchKommBGB Münchener Kommentar zum Bürgerlichen Gesetzbuch
m.w.N. .... mit weiteren Nachweisen

n.F. .... neue(r) Fassung
NJW .... Neue Juristische Wochenschrift (Zeitschrift)
Nr. .... Nummer
NZA .... Neue Zeitschrift für Arbeits- und Sozialrecht
NZfA .... Neue Zeitschrift für Arbeitsrecht

RdA .... Recht der Arbeit (Zeitschrift)
RGBl. .... Reichsgesetzblatt
Rspr. .... Rechtsprechung
Rz. .... Randziffer

s. .... siehe
S. .... Seite, Satz (Gesetzeszitat)
SAE .... Sammlung arbeitsrechtlicher Entscheidungen (Zeitschrift)
sog. .... sogenannte(r)
Sp. .... Spalte
SprAuG .... Sprecherausschussgesetz

TVG .... Tarifvertragsgesetz
TVVO .... Tarifvertragsverordnung

u.a. .... unter anderem

v. .... vom, von
VermBG .... Vermögensbildungsgesetz
vgl. .... vergleiche
Vorbem. .... Vorbemerkung

z.B. .... zum Beispiel
ZfA .... Zeitschrift für Arbeitsrecht
zit. .... zitiert
ZTR .... Zeitschrift für Tarifrecht
zust. .... zustimmend
zutr. .... zutreffend

Teil 1. Die Notwendigkeit einer Alternative zur Betriebsvereinbarung

Das Spannungsfeld zwischen tariflicher und betrieblicher Rechtsetzungsmacht bei der Regelung von Arbeitsbedingungen ist bereits in der Vergangenheit[1], jedoch seit Mitte der 90er Jahre vermehrt zum Inhalt der arbeitsrechtlichen Diskussion[2] und zum Gegenstand umfangreicher rechtswissenschaftlicher Monographien[3] geworden. Im Bereich der betrieblichen Rechtsetzung liegt dabei der Schwerpunkt überwiegend auf der Untersuchung von Wirkung und Grenzen der Betriebsvereinbarung und ihrem Verhältnis zur Tarifautonomie.
Der Gesetzgeber hat zwar die Rechtsgrundlagen der Betriebsvereinbarung in § 77 Abs. 2 bis 6 BetrVG näher, wenn auch nicht abschließend ausgestaltet. Damit ist jedoch nicht gesagt, dass Vereinbarungen zwischen Arbeitgeber und Betriebsrat stets in der Rechtsform einer Betriebsvereinbarung getroffen werden müssen[4]. Es darf vielmehr als gesicherte Kenntnis gelten, dass die Betriebsvereinbarung nur ein Unterfall der möglichen Übereinkünfte der Betriebspartner ist und daneben weitere, formlose Vereinbarungen möglich sind[5].

---

[1] Zu den wohl bedeutendsten Monographien bis in die Mitte der 80er Jahre zählen *Biedenkopf* Grenzen der Tarifautonomie (1964); *Richardi* Kollektivgewalt und Individualwille bei der Gestaltung des Arbeitsverhältnisses (1968); *Säcker* Gruppenautonomie und Übermachtskontrolle im Arbeitsrecht (1972); *Kreutz* Grenzen der Betriebsautonomie (1979); *Jahnke* Tarifautonomie und Mitbestimmung (1984).

[2] So hat sich der 61. Deutsche Juristentag am 18. und 19. September 1996 mit der Fragestellung auseinander gesetzt, ob es sich empfiehlt, die Regelungsbefugnis der Tarifvertragsparteien im Verhältnis zu den Betriebsparteien neu zu ordnen, Verhandlungen des einundsechzigsten Deutschen Juristentages, Karlsruhe, München 1996, Beschlüsse abgedruckt in NZA 1996, 1277 ff.

[3] Aus jüngerer Zeit: *v. Langen* Von der Tarif- zur Betriebsautonomie – Tendenzen der Rechtsentwicklung, gebremst durch den Tarifvertrag? (1994); *Reichold* Betriebsverfassung als Sozialprivatrecht (1995); *Waltermann* Rechtsetzung durch Betriebsvereinbarung zwischen Privatautonomie und Tarifautonomie (1996); *Rieble* Arbeitsmarkt und Wettbewerb – Der Schutz von Vertrags- und Wettbewerbsfreiheit im Arbeitsrecht (1996); *Müller-Franken* Die Befugnisse zu Eingriffen in die Rechtsstellung des einzelnen durch Betriebsvereinbarung (1997); *Veit* Die funktionelle Zuständigkeit des Betriebsrats (1998); *Fischer* Die tarifwidrigen Betriebsvereinbarungen (1998); *Hammer* Die betriebsverfassungsrechtliche Schutzpflicht für die Selbstbestimmungsfreiheit des Arbeitnehmers (1998); *Lambrich* Tarif- und Betriebsautonomie (1999); *Aksu* Die Regelungsbefugnis der Betriebsparteien durch Betriebsvereinbarung (2000); *Benedikt* Die Kürzung von Tariflöhnen zur Sanierung (2003).

[4] Für die Betriebsvereinbarung gilt gemäß § 77 Abs. 2 BetrVG ein Schriftformerfordernis.

[5] Bereits für das BetrVG 1952: BAG 15.12.1961 AP Nr. 1 zu § 56 BetrVG 1952 Arbeitszeit (unter III.4. der Gründe); *Nikisch* Bd. III, S. 306 ff.; *Neumann-Duesberg* S. 408 ff.; *Adomeit* Rechtsquellenfragen, S. 150 ff. Zum BetrVG 1972: BAG 10.3.1992 AP Nr. 1 zu § 77 BetrVG 1972 Regelungsabrede (unter B.II.d. der Gründe); *Richardi* § 77 Rz. 224; *Fitting/Kaiser/Heither/Engels/Schmidt* § 77 Rz. 216; GK-*Kreutz* § 77 Rz. 8 f..; *Schipprowski* S. 8.

Die Erörterung solcher Vereinbarungen zwischen Arbeitgeber und Betriebsrat als Alternative zur Betriebsvereinbarung bei der Gestaltung von Arbeitsbedingungen findet in der wissenschaftlichen Diskussion bisher nicht statt. Diesem Thema widmet sich die vorliegende Arbeit.

A. Problemaufriss

Die inhaltliche Ausgestaltung von Arbeitsbedingungen und ihre rechtliche Regelung sind für Betriebe jeder Größe und Branche von zentraler Bedeutung. Ausgehend vom Wortlaut des Art. 9 Abs. 3 GG, der den einheitlich verstandenen Begriff der „Arbeits- und Wirtschaftsbedingungen" verwendet, versteht man darunter den gesamten Bereich der Bedingungen, unter denen der Arbeitnehmer abhängige Arbeit leistet und vom Arbeitgeber dazu beschäftigt werden darf[6]. Die Vorgaben der jeweils geltenden Arbeitsbedingungen bestimmen unmittelbar sowohl die Kostenbelastung für die Arbeitgeber als auch die Arbeitsleistung und Motivation der Arbeitnehmer und damit die nationale und internationale Wettbewerbsfähigkeit der Unternehmen[7].

Die rechtlichen Gestaltungsfaktoren für den Inhalt der in der Bundesrepublik geltenden Arbeitsbedingungen sind überaus vielschichtig. Sie werden beeinflusst von europäischen Rechtsquellen wie z.B. den Vertrag zur Gründung der Europäischen Gemeinschaft (EGV), der bereits in Art. 2 als Aufgabe der Gemeinschaft unter anderem eine „harmonische, ausgewogene und nachhaltige Entwicklung des Wirtschaftslebens, ein hohes Beschäftigungsniveau und ein hohes Maß an sozialem Schutz" statuiert und beispielsweise mit den Art. 39 bis 42 konkrete Vorgaben für die Freizügigkeit der Arbeitnehmer im Gemeinschaftsgebiet festlegt[8]. Daneben gibt es eine Vielzahl nationalgesetzlicher Vorschriften, die Arbeitsbedingungen gestalten, man denke nur an die Vorgaben des Arbeitszeitgesetzes und des Mindesturlaubsgesetzes für Arbeitnehmer (Bundesurlaubsgesetz).

Im Rahmen dieser legislativen Vorgaben wird der Inhalt des Arbeitsverhältnisses aber ganz maßgeblich durch kollektive Vereinbarungen insbesondere in Form von Tarifverträgen und Betriebsvereinbarungen bestimmt[9]. Die Vermeidung individualvertraglicher Verhandlungen und die inhaltliche Ausgestaltung der Arbeitsverhältnisse durch kollektive Vereinbarungen hat in der Vergangenheit bis in die Mitte der 80er Jahre eine weitgehend ausgewogene und von hef-

---

[6] *Söllner* NZA 1996, 897 (898 f.).

[7] Vgl. *Schwarze* S. 91.

[8] Weiterhin sind insbesondere Richtlinien als europäische Arbeitsrechtsquelle zu nennen, z.B. die Richtlinie 68/360/EWG zur Aufhebung der Reise- und Aufenthaltsbeschränkungen für Arbeitnehmer der Mitgliedstaaten und ihre Familienangehörigen innerhalb der Gemeinschaft oder die Richtlinie 96/71/EG des Europäischen Parlaments und des Rates über die Entsendung von Arbeitnehmer im Rahmen der Erbringung von Dienstleistungen.

[9] MünchArbR/*Richardi* § 12 Rz. 2; ErfK/*Preis* § 611 BGB Rz. 479.

tigen sozialen Verwerfungen freie Ordnung des Wirtschafts- und Erwerbslebens in der Bundesrepublik bewirkt[10].
In den Zeiten der Internationalisierung der Wirtschaftsbeziehungen und eines dadurch erhöhten Wettbewerbsdrucks aus dem Ausland ist das lediglich national ausgerichtete bundesdeutsche System kollektivvertraglicher Festlegung von Arbeitsbedingungen aber zunehmend in die Kritik geraten[11]. Die Diskussion hat dabei insbesondere mit der Entwicklung des Wirtschaftslebens seit Beginn der 90er Jahre an Intensität und Heftigkeit zugenommen. Die weltweite Öffnung der Märkte und ein in dieser Form unvorhergesehen rasanter technischer Fortschritt in der Kommunikationstechnologie, die damit einhergehende enorm gestiegene Verfügbarkeit von Informationen und Arbeitskräften sowie die Beschleunigung des Transports von Gütern und der Abwicklung von Dienstleistungen stellte die Betriebe in direkte Konkurrenz zu ausländischen Anbietern[12]. Durch die unmittelbare Nachbarschaft zu Niedriglohnländern wurde innerhalb Europas gerade die Bundesrepublik Deutschland von den Auswirkungen dieses Wirtschaftswandels erfasst. Hinzu kamen die weithin unterschätzten Auswirkungen der deutschen Wiedervereinigung, die nach der Implementierung des westdeutschen Tarifsystems und dem Inkrafttreten des BetrVG in der ehemaligen DDR am 1.7.1990 sowie den nachfolgenden Tarifabschlüssen ebenfalls zu einer Verschärfung der Krise beigetragen haben[13].
Die in der Folge einsetzende arbeitsrechtliche Diskussion um eine stärkere Dezentralisierung der Regelung von Arbeitsbedingungen nahm die Betriebsvereinbarung als Ausgangspunkt und erörterte die durch sie bestehenden Möglichkeiten und Grenzen der Stärkung der Betriebs- gegenüber der Tarifautonomie[14]. Bisher nicht ausreichend beachtet wurde aber der Beitrag, den neben der Be-

---

[10] *Löwisch* RdA 1999, 69 (70); *Konzen* NZA 1995, 913 (915).

[11] Statt vieler: *Lesch* DB 2000, 322; *Gaumann/Schafft* NZA 1998, 176; *Veit* S. 1 ff.

[12] Zum wirtschaftlichen Wandel und den Auswirkungen auf das Arbeitsrecht ausführlich: *Löwisch* RdA 1999, 69 ff m.w.N.

[13] Diese Krise gipfelte in dem bis zum damaligen Zeitpunkt einmaligen Vorgang der (später zurückgenommenen) außerordentlichen Kündigung der Tarifverträge durch die Arbeitgeberverbände der Elektro- und Metallindustrie in den neuen Bundesländern im Frühjahr 1993, vgl. die Dokumentation in AuA 1993, 111 ff. Zu den Fehleinschätzungen im Rahmen der Wiedervereinigung und den daraus resultierenden überhöhten Dotierungsrahmen von Gesamtvereinbarungen *Beathalter* S. 21 ff.

[14] *v. Langen* Von der Tarif- zur Betriebsautonomie – Tendenzen der Rechtsentwicklung, gebremst durch den Tarifvertrag? (1994); *Reichold* Betriebsverfassung als Sozialprivatrecht (1995); *Waltermann* Rechtsetzung durch Betriebsvereinbarung zwischen Privatautonomie und Tarifautonomie (1996); *Müller-Franken* Die Befugnisse zu Eingriffen in die Rechtsstellung des einzelnen durch Betriebsvereinbarung (1997); *Veit* Die funktionelle Zuständigkeit des Betriebsrats (1998); *Fischer* Die tarifwidrigen Betriebsvereinbarungen (1998); *Lambrich* Tarif- und Betriebsautonomie (1999); *Aksu* Die Regelungsbefugnis der Betriebsparteien durch Betriebsvereinbarung (2000).

triebsvereinbarung denkbare weitere Vereinbarungen zwischen Arbeitgeber und Betriebsrat zur Regelung von Arbeitsbedingungen leisten können.
Zur Aufarbeitung dieser Frage sollen, nach der Festlegung der Terminologie, zunächst die Grundlagen der Gestaltung von Arbeitsbedingungen in der Bundesrepublik Deutschland im Rahmen der Individual-, Tarif- und Betriebsautonomie und das durch den beschriebenen wirtschaftlichen Wandel ausgelöste Bedürfnis nach betriebsindividuellen Regelungen und seine praktischen Folgen näher beleuchtet werden. Soweit die in der politischen und wissenschaftlichen Diskussion vorgeschlagenen Lösungswege (de lege lata und de lege ferenda) den dargestellten Problemkreis nicht abschließend zu bewältigen in der Lage sind, kann die Fragestellung nach Vereinbarungen zwischen Arbeitgeber und Betriebsrat, die nicht Betriebsvereinbarung sind, präzisiert und der weitere Untersuchungsgegenstand festgelegt werden.

B. Festlegung der Terminologie

Wie bereits ausgeführt ist die Betriebsvereinbarung nur ein Unterfall der möglichen Abreden der Betriebspartner, so dass daneben weitere, formlose Vereinbarungen möglich sind[15]. Dies ergibt sich bereits aus dem Wortlaut des § 77 Abs. 1 S. 1 BetrVG, der allgemein von Vereinbarungen zwischen Betriebsrat und Arbeitgeber spricht, und der systematischen Stellung zu den Absätzen zwei bis sechs, die demgegenüber Regelungen ausdrücklich nur für die Betriebsvereinbarung treffen[16]. Auch der Wortlaut weiterer Vorschriften des BetrVG belegt die bereits vom Gesetzgeber angelegte Möglichkeit, dass Betriebsrat und Arbeitgeber auch ohne Abschluss einer förmlichen Betriebsvereinbarung rechtlich bindende Abreden treffen können. So spricht das Gesetz z. T. schlicht von einer *Einigung*[17], einem *Einvernehmen*[18], einem *Einverständnis*[19], einem *Interessenausgleich*[20] oder auch einer *Vereinbarung*[21]. Das BetrVG 1952 kannte neben

---

[15] Dazu bereits oben S. 1.

[16] *Däubler/Kittner/Klebe* § 77 Rz. 79; GK-*Kreutz* § 77 Rz. 9; so bereits für das BetrVG 1952: *Nikisch* Bd. III, S. 306 ff.; grundlegend: *Adomeit* Die Regelungsabrede, 2. Auflage (1961); *Molodovsky* Formlose Absprachen als Rechtsform des Mitbestimmungsrechts in sozialen Angelegenheiten nach § 56 BetrVG (1959); aus neuerer Zeit: *Schipprowski* Die Regelungsabrede – eine zulässige und zweckmäßige Kooperationsform zur Lösung kollektivrechtlicher Ordnungsprobleme im Rahmen der paritätischen Mitbestimmung nach § 87 Abs. 1 BetrVG (1994); *Giesler* Die konkludente Regelungsabrede (1997); grds. ablehnend nur *Senne* Die Regelungsabrede – Bestandsaufnahme und Kritik (1995).

[17] §§ 37 Abs. 6, 38 Abs. 2, 39 Abs. 1, 47 Abs. 6, 72 Abs. 6, 74 Abs. 1, 76 Abs. 5 u. 6, 87 Abs. 2, 91, 94 Abs. 1, 95 Abs. 1 u. 2, 97 Abs. 2, 98 Abs. 4 u. 5, 109, 112 Abs. 2 bis 4 BetrVG.

[18] § 44 Abs. 2 BetrVG.

[19] § 76 Abs. 2 BetrVG.

[20] §§ 112 Abs. 1 bis 3, 113 Abs. 1 u. 3 BetrVG.

[21] § 80 Abs. 3 BetrVG.

diesen sogar noch weitere Begriffe zur Kennzeichnung eines einvernehmlichen Handelns der Betriebspartner[22].
Die in der wissenschaftlichen Erörterung für formlose Einigungen zwischen den Betriebspartnern verwendete Terminologie ist uneinheitlich. Da das BetrVG zwar die Möglichkeit solcher Abreden vorsieht, hierzu aber weder inhaltlich noch terminologisch positivrechtliche Vorgaben macht, ist es durchaus zutreffend, diesbezüglich mit *Gamillscheg* von einem „Kind der Dogmatik" zu sprechen[23]. In Ermangelung einer Legaldefinition sind die für solche Vereinbarungen gewählten Bezeichnungen vielfältig. Sie reichen von *Regelungsabrede*[24], *Betriebsabsprache*[25], *Betriebsabrede*[26], *(formlose) betriebliche Einigung*[27] bis zu vereinzelt gebliebenen Versuchen einer Typisierung als *Regelungsvertrag*[28] oder *zweiseitigem Betriebsverfassungsakt*[29].
Überwiegend wird der jeweils zu Grunde gelegte Begriff auf alle Vereinbarungen zwischen Arbeitgeber und Betriebsrat angewendet, die nicht Betriebsver-

---

22 Das BetrVG 1952 sprach zusätzlich von *Übereinstimmung* (§ 52 Abs. 1 S. 1 BetrVG 1952) und *Verständigung* (§§ 7 Abs. 1 S. 2, 61 Abs. 1 S. 2, 70 Abs. 2 BetrVG 1952).

23 *Gamillscheg* Anm. zu LAG Köln 6.6.1990 LAGE § 87 BetrVG Nr. 2 Kurzarbeit S. 8. *Adomeit* sieht in solchen Abreden eine „Fortbildung des Betriebsverfassungsrechts", BB 1967, 1003 (1004). *Nikisch* DB 1964, 622 hat in diesem Zusammenhang angemerkt, die arbeitsrechtliche Praxis sei unerschöpflich im Hervorbringen immer neuer Rechtsfiguren anhand von betrieblichen Bedürfnissen, hinke in der wissenschaftlichen Beurteilung aber stets der praktischen Anwendung hinterher.

24 BAG 10.3.1992 AP Nr. 1 zu § 77 BetrVG 1972 Regelungsabrede (unter B.II.d. der Gründe); GK-*Kreutz* § 77 Rz. 8; *Fitting/Kaiser/Heither/Engels/Schmidt* § 77 Rz. 216; MünchArbR/*Matthes* § 328 Rz. 97; *Nikisch* Bd. III, S. 306 ff.; *Adomeit* Regelungsabrede, S. 13; *Peterek* FS f. Gaul, 471 (474); *Birk* ZfA 1986, 73 (81). Entgegen einer weit verbreiteten Ansicht wurde der Begriff der Regelungsabrede in die rechtswissenschaftliche Diskussion nicht zuerst von *Galperin* eingeführt. So aber *Adomeit* Regelungsabrede, S. 13; *Neumann-Duesberg* S. 408 (Fn. 4); *Hilger* Gutachten, F 12; *Siebert* RdA 1958, 161 (165). Andere Autoren schreiben den Begriff *Siebert* zu, *Schulze-Reimpell* BB 1962, 139 (142); *Richardi* Kollektivgewalt, S. 279 (Fn. 11); *Schaub* Arbeitsrechtshandbuch, § 231 I 3. *Siebert* hat den Begriff erstmalig in RdA 1958, 161 gebraucht und ihn *Galperin* zugeschrieben (165). Zuvor hat jedoch bereits *Fauth* in BlStSozArbR 1957, 203 (204) die Frage aufgeworfen, ob eine „bloße mündliche Regelungsabrede" zur Änderung der regelmäßigen täglichen Arbeitszeit genügt. Dies ist – soweit ersichtlich – die erste Verwendung des Begriffs der Regelungsabrede.

25 *Molodovsky* S. 76f.; *ders.* DB 1961, 338 ff.; *Richardi* § 77 Rz. 224 ff.; *ders.* Kollektivgewalt, S. 279; GK-*Wiese* § 87 Rz. 86; *Hueck/Nipperdey/Säcker* II/2 S. 1301 Fn. 2; *Säcker* ZfA Sonderheft 1972, 41 (58); *Zöllner/Loritz* § 46 II 1 (S. 480); diff. *Schipprowski* S. 19 (11 ff.).

26 *Brecht* § 77 Rz. 23.

27 *Neumann-Duesberg* S. 408; *Adomeit* Rechtsquellenfragen, S. 150; *G.Hueck* RdA 1962, 376 (379).

28 *Maus* in: Bührig S. 155 (157).

29 So *Küchenhoff* § 87 Rz. 3; *ders.* Anm. zu BAG AP Nr. 1 zu § 56 BetrVG 1952 Bl. 6; *ders.* Anm. zu BAG AP Nr. 1 zu § 56 BetrVG 1952 Arbeitszeit Bl. 4 in Anlehnung an das öffentliche Recht.

einbarung sind[30]. Zum Teil werden aber mit den verschiedenen Begriffen die denkbaren Abreden nach Inhalt und Wirkung weiter differenziert, ohne dass sich dabei eine einheitliche Terminologie durchgesetzt hätte.
So wird der Begriff der betrieblichen Einigung von *Adomeit*[31] und *Säcker*[32] als Oberbegriff für jede nicht normative Vereinbarung zwischen Betriebsrat und Arbeitgeber verwendet. Als Unterfall der betrieblichen Einigung sehen diese Autoren die Regelungsabrede, mit der ausschließlich eine Vereinbarung bezeichnet wird, die sich auf einen Gegenstand der Mitbestimmung in sozialen Angelegenheiten bezieht[33]. Dagegen spricht *Kreutz* von betrieblichen Einigungen als Oberbegriff für Betriebsvereinbarungen und Betriebsabsprachen, wobei letztere alle nicht normativen Vereinbarungen bezeichnen sollen[34].
Den Begriff der Regelungsabrede verwendet *Birk*[35] und, im Anschluss an ihn, auch *Däubler*[36], allerdings ausschließlich für obligatorische Vereinbarungen zwischen Betriebsrat und Arbeitgeber. Davon unterscheiden diese Autoren die „selbständige Einigung", die im Gegensatz zur Regelungsabrede keine Verpflichtungswirkung erzeuge, sondern nur den Arbeitgeber im Rahmen der Mitbestimmung zu einer bestimmten Maßnahme legitimieren soll[37].
Siebert und *Blomeyer* verwenden sowohl den Begriff der betrieblichen Einigung als auch den der Regelungsabrede synonym für alle nicht normativen Vereinbarungen der Betriebspartner[38]. *Schipprowski*[39] wiederum sieht die Bezeichnung Betriebsabsprache als Oberbegriff für nicht normative betriebliche Vereinbarungen vor und versteht unter einer Regelungsabrede nur solche Willensübereinstimmungen, die im Rahmen der Mitbestimmung in sozialen Angelegenheiten nach § 87 Abs. 1 BetrVG erforderlich sind. Für diesen Bereich hat *Molodovsky* den Begriff der „einwirkungsfähigen" Betriebsabsprache geprägt[40].

---

[30] BAG 10.3.1992 AP Nr. 1 zu § 77 BetrVG 1972 Regelungsabrede (unter B.II.d. der Gründe); GK-*Kreutz* § 77 Rz. 9; *Fitting/Kaiser/Heither/Engels* § 77 Rz. 216; MünchArbR/*Matthes* § 328 Rz. 97; *Nikisch* Bd. III, S. 306 ff.; *Richardi* § 77 Rz. 224 ff.; *ders.* Kollektivgewalt, S. 279; GK-*Wiese* § 87 Rz. 86.

[31] *Adomeit* Rechtsquellenfragen, S. 153; *ders.* BB 1967, 1003 ff.

[32] *Hueck/Nipperdey/Säcker* II/2 S. 1303.

[33] *Adomeit* Rechtsquellenfragen, S. 153; *ders.* BB 1967, 1003 ff.; *Hueck/Nipperdey/Säcker* II/2 S. 1303. Vgl. dazu auch *Neumann-Duesberg* S. 422; *ders.* FS f. Bogs 1959 S. 275 ff.

[34] GK-*Kreutz* § 77 Rz. 6; Dieser Terminologie folgen auch *Dörner/Wildschütz* S. 282.

[35] *Birk* ZfA 1986, 73 (80 f.).

[36] *Däubler* Arbeitsrecht 1, S. 479.

[37] *Birk* ZfA 1986, 73 (80 f.); *Däubler* Arbeitsrecht 1, S. 479.

[38] *Siebert* BB 1952, 950 ff.; *Blomeyer* BB 1969, 101 ff.

[39] *Schipprowski* S. 21.

[40] *Molodovsky* S. 50 f. u. 76f; ders. DB 1961, 338. Ihm zunächst folgend *Richardi* in: Dietz/Richardi (6. Aufl.) § 77 Rz. 158; *ders.* Kollektivgewalt, S. 279. „Einwirkungsfähig" sind die Vereinbarungen danach, weil sie regelmäßig darauf gerichtet seien, ihren Inhalt für alle Arbeitsverhältnisse verbindlich zu machen. Den Begriff Regelungsabrede hält Molodovsky für missverständlich, weil er dem von *Jacobi* geprägten Begriff der „Regelungsverein-

Angesichts dieser Begriffsvielfalt und terminologischen Verwirrung ist es nicht zielführend, sich einem der verschiedenen Versuche anzuschließen, innerhalb des denkbaren Bereichs betrieblicher Abreden abseits der Betriebsvereinbarung begrifflich weiter zu differenzieren. Ein zusätzlicher Erkenntnisgewinn ist mit den differenzierenden Bezeichnungen nicht verbunden[41]. In Einklang mit der überwiegenden Vorgehensweise der wissenschaftlichen Erörterung wird daher der vorliegenden Untersuchung ein einheitlicher Begriff für sämtliche Vereinbarungen zwischen Arbeitgeber und Betriebsrat zu Grunde gelegt, die keine Betriebsvereinbarung darstellen. Die Bezeichnung Regelungsabrede kann hierfür als vorherrschend angesehen werden[42] und wird auch im Rahmen der vorliegenden Arbeit beibehalten. Dem Begriff Regelungsabrede unterfallen also im Rahmen dieser Untersuchung alle Formen einverständlicher Abreden zwischen Betriebsrat und Arbeitgeber, die Rechtswirkungen begründen können und nicht Betriebsvereinbarung sind[43].

C. Die Grundlagen der Gestaltung von Arbeitsbedingungen

Die Ausgangssituation der Regelung von Arbeitsbedingungen in der Bundesrepublik Deutschland ist gekennzeichnet von einem Zusammenspiel von Arbeitsvertrag, Tarifvertrag und Betriebsvereinbarung.

I. Die Individualautonomie des Arbeitsvertrages

Die Rechtsordnung der Arbeitswelt beruht in der Bundesrepublik auf der durch Art. 2 Abs. 1 GG verfassungsrechtlich abgesicherten Privatautonomie[44], ihr Grundtatbestand ist das rechtsgeschäftliche Leistungsversprechen des Arbeitnehmers zur Erbringung abhängiger Arbeit[45]. Das bedeutet, dass es dem Arbeitnehmer grundsätzlich freigestellt ist, ob, mit wem und vor allem mit welchem Inhalt er einen Arbeitsvertrag abschließt[46]. Diese umfassende Vertragsfreiheit ist zivilrechtlich auch für den Arbeitsvertrag durch die §§ 241 und 311 BGB festgelegt, für gewerbliche Arbeitnehmer hat sie in § 105 GewO Niederschlag gefunden.

---

barung" zu ähnlich sei, der als Oberbegriff für Betriebsvereinbarungen und Tarifverträge gemeint war.

41 So auch: *Weiss/Weyand* § 77 Rz. 26; *Giesler* S. 4.

42 BAG 10.3.1992 AP Nr. 1 zu § 77 BetrVG 1972 Regelungsabrede (unter B.II.d. der Gründe); GK-*Kreutz* § 77 Rz. 9; *Fitting/Kaiser/Heither/Engels/Schmidt* § 77 Rz. 216; *Nikisch* Bd. III, S. 306 ff.; MünchArbR/*Matthes* § 328 Rz. 97; *Peterek* FS f. Gaul, 471 (474).

43 Wie hier: GK-*Kreutz* § 77 Rz. 9; *Fitting/Kaiser/Heither/Engels/Schmidt* § 77 Rz. 216; *Peterek* FS f. Gaul, 471 (474); *Giesler* S. 4; *Senne* S. 4; *Haug* BB 1986, 1921 (1929).

44 *Schaub* Arbeitsrechtshandbuch, § 31 Rz. 2.

45 MünchArbR/*Richardi* § 6 Rz. 1.

46 *Schaub* Arbeitsrechtshandbuch, § 31 Rz. 2.

Sie wird jedoch im Arbeitsrecht in zahlreichen Fällen durchbrochen und von höherrangigen Gestaltungsfaktoren eingeschränkt und konkretisiert. Dies findet seinen Grund in der fremdbestimmten Organisation der Arbeitsteilung, der häufig anzutreffenden rechtlichen Unerfahrenheit der Arbeitnehmer, der für sie regelmäßig bestehenden Notwendigkeit, den Lebensunterhalt aus ihrer Arbeitsleistung zu erzielen und der daraus resultierenden Imparität von Arbeitnehmer und Arbeitgeber bei der Gestaltung des Arbeitsverhältnisses[47]. Auch das BVerfG erkennt in ständiger Rechtsprechung an, dass der Gesetzgeber zum Ausgleich des Fehlens eines annähernden Kräftegleichgewichts dazu aufgerufen ist, kompensatorische Regelungen und Rechtsbehelfe zu schaffen[48]. Allerdings steht dem Gesetzgeber bei der Beschränkung von sozialem und wirtschaftlichem Ungleichgewicht durch legislatives Handeln ein weiter Beurteilungs- und Gestaltungsspielraum zur Verfügung[49].

Die dazu im Arbeitsrecht vorgesehenen Schutzmechanismen sind nicht nur durch (Arbeitnehmerschutz-)Gesetze, sondern auch durch die Garantie eines funktionsfähigen Tarifvertragssystems und die Beteiligungsrechte der Betriebsverfassung geschaffen worden[50]. Dabei obliegt aber die Vorsorge, dass die arbeitsvertragliche Leistungsbeziehung ausgewogen ausgestaltet wird, in erster Linie der Tarifvertragsordnung[51].

Aus diesen Gründen erfolgt zwar die Begründung des Arbeitsverhältnisses durch den Vertragsschluss der Arbeitsvertragsparteien. Dennoch wird die Festlegung der für das Arbeitsverhältnis maßgeblichen Arbeitsbedingungen im Arbeitsvertrag in der Regel nur lückenhaft vorgenommen[52]. Der Arbeitsvertrag ist als Mittel der Inhaltsgestaltung des Arbeitsverhältnisses im Wege der Individualautonomie wenn auch nicht vollständig entwertet, so doch aus den genannten Gründen stark begrenzt[53]. Für die Festlegung und Regelung von Arbeitsbedingungen wird der Arbeitsvertrag derzeit weitgehend durch eine kollektive Ordnung, vordringlich durch geltende Tarifverträge ersetzt[54].

---

47 *Schaub* Arbeitsrechtshandbuch, § 31 Rz. 2; MünchArbR/*Richardi* § 6 Rz. 15 ff.; *Karakatsanis* S. 20 ff.

48 BVerfG 7.2.1990 BVerfGE 81, 242 (255).

49 BVerfG 7.2.1990 BVerfGE 81, 242 (255).

50 ErfK/*Preis* § 611 Rz. 479.

51 *Löwisch* ArbR Rz. 24.

52 Für den Vertragsschluss ausreichend ist die Einigung über die Essentialia des Arbeitsverhältnisses, also die Art der zu leistenden Tätigkeit und die zu zahlende Vergütung, *Schaub* Arbeitsrechtshandbuch, § 32 Rz. 16.

53 MünchArbR/*Richardi* § 12 Rz. 2.

54 *Karakatsanis* S. 20 ff; MünchArbR/*Richardi* § 12 Rz. 2.

II. Die Gestaltung von Arbeitsbedingungen durch Tarifverträge

Aufgrund der dargestellten Funktionsschwächen des Arbeitsvertrages besteht für das einzelne Arbeitsverhältnis zumeist nur eine vertragliche Rahmenregelung, die insbesondere durch Regelungen in einschlägigen Tarifverträgen ausgefüllt wird. Dementsprechend werden regelmäßig deutlich über 60 % des Volkseinkommens im Geltungsbereich von Tarifverträgen erwirtschaftet[55]. Die Tendenz ist allerdings rückläufig[56].

1. Vereinheitlichungswirkung

Tarifverträge bestehen überwiegend[57] in Form von Verbands- bzw. Flächentarifverträgen, bei denen zwischen Gewerkschaften und Arbeitgeberverbänden einheitliche Regelungen für ein bestimmtes Tarifgebiet bzw. einen bestimmten Wirtschaftssektor vereinbart werden[58]. Die regional und inhaltlich weit reichende Vereinheitlichung der Arbeitsbedingungen erfüllt insoweit nicht nur eine Schutzfunktion zugunsten der Arbeitnehmer durch die Interessenbündelung und das entsprechend größere Verhandlungsgewicht der Gewerkschaften. Die einem Tarifvertrag immanente Friedenspflicht[59] schützt die Arbeitgeber für die Dauer der Tarifgeltung vor Arbeitskämpfen und sichert so eine kalkulierbare Kostenbelastung[60]. Für die Regelung von Arbeitsbedingungen kommt Tarifverträgen dabei nach allgemeiner Auffassung eine generelle, aus den Verhandlungen von gleich starken Partnern resultierende Richtigkeitsgewähr zu[61], weswegen sie gerichtlich lediglich auf die Einhaltung rechtlicher Vorgaben, nicht aber auf ih-

---

[55] *Gamillscheg* Kollektives Arbeitsrecht, S. 284. Vgl. die Angaben im Tarifbericht 2001, abgedruckt in RdA 2002, 119 (120). Danach ergibt sich unter Einbeziehung auch der nicht tarifgebundenen Unternehmen, die sich am jeweils einschlägigen Tarifvertrag orientieren, dass für die Arbeitsverhältnisse von ca. 84 % aller Arbeitnehmer Tarifverträge vollständig oder überwiegend maßgeblich sind. Zum Ganzen auch *Hromadka* ZTR 2000, 253 (255) m.w.N.

[56] Nach einer Studie des Nürnberger Instituts für Arbeitsmarkt- und Berufsforschung (IAB) galten im Jahr 2000 in den alten Bundesländern nur noch für knapp 63 % der Beschäftigten Flächentarifverträge, gegenüber 72 % im Jahr 1995. In Ostdeutschland galt danach im Jahr 2000 nur für ca. 45 % Prozent der Arbeitnehmer der Flächentarif, in der Metallindustrie in Sachsen waren es lediglich noch 30 %, vgl. die Angaben im Tarifbericht 2001, abgedruckt in RdA 2002, 119 (120) und Tagesspiegel vom 25.5.2002, S. 18.

[57] Zu etwa zwei Dritteln, vgl. Informationen in RdA 1998, 173 (174) vgl. auch *Löwisch* ArbR, Rz.236.

[58] *Gamillscheg* Kollektives Arbeitsrecht, S. 504, *Löwisch* ArbR, Rz. 236.

[59] Dazu *Schaub* Arbeitsrechtshandbuch, § 198 I 2, § 201 III 2.

[60] *Konzen* NZA 1995, 913 (915).

[61] BAG 21.3.1991 BB 1991, 1937 (1939, unter II.2. der Gründe); BAG 23.1.1992 NZA 1992, 739 (742, unter II.2.b.cc. der Gründe); Wiedemann/*Wank* TVG § 1 Rz. 780.

re inhaltliche Zweckmäßigkeit kontrolliert werden[62]. Aus diesem Grund wird auch eine Abweichung von tariflichen Vorgaben rechtlich nur dann zugelassen, wenn sie durch Tarifvertrag gestattet wird oder Regelungen zugunsten der Arbeitnehmer enthalten, § 4 Abs. 3 TVG (sogenanntes Günstigkeitsprinzip).

2. Die Reichweite der tariflichen Rechtsetzung

Für die Regelung von Arbeitsbedingungen stellt bereits § 1 Abs. 1 TVG klar, dass Tarifverträge Regelungen über „den Inhalt, den Abschluss und die Beendigung von Arbeitsverhältnissen" mit der in § 4 Abs, 1 TVG statuierten Normwirkung treffen können. Insbesondere Gegenstand einer Inhaltsnorm kann dabei alles sein, was den Inhalt eines Arbeitsverhältnisses ausmacht[63].
Diese weite inhaltliche Kompetenz rechtfertigt sich daraus, dass die Tarifautonomie auf die Privatautonomie der Mitglieder der tarifschließenden Verbände zurückgeführt werden kann[64]. Diese gewähren den Sozialpartnern mit ihrem Verbandsbeitritt Regelungsauftrag und Regelungsbilligung[65], die tarifliche Rechtsetzung ist in der Folge mitgliedschaftlich legitimiert[66]. Insbesondere *Bötticher* hat auf diese Weise die Wirkung des Tarifvertrages erklärt und im Beitritt des Mitgliedes zum tarifschließenden Verband einen Unterwerfungsakt unter die Leistungsbestimmung eines Dritten im Sinne des § 317 BGB gesehen[67]. Mit der Mitgliedschaft unterwirft sich nach diesem Ansatz der Beitretende nicht nur der Satzungsgewalt seines Verbandes, sondern stets auch der Regelungsmacht eines „Dritten", nämlich der beiden Tarifpartner[68].
Einige Autoren unterscheiden dabei zutreffend zwischen der *Regelungs*kompetenz, also der inhaltlichen Vereinbarungsbefugnis, und der *Rechtsetzungs*kompetenz, also der Befugnis, mit der getroffenen Vereinbarungen unmittelbar und zwingend wirkendes Recht zu setzen[69]. Für den Tarifvertrag wird insofern darauf verwiesen, die tarifvertragliche Regelungsbefugnis sei inhaltlich eine „originäre, autonome, vom Staat weniger verliehene, denn ihm abgetrotzte Befugnis", die sich nur auf Regelungsauftrag und Regelungsunterwerfung der Mitglieder stützt, und lediglich zu ihrer Drittverbindlichkeit einer rein formal ver-

---

[62] BAG 5.12.1995 AP Nr. 20 zu § 1 BetrAVG Ablösung (unter 3.a. der Gründe) ; *Veit* RdA 1999, 346 (348); *Wiedemann* TVG § 1 Rz. 192 u. 226.
[63] BAG GS 16.9.1986 AP Nr. 17 zu § 77 BetrVG 1972 (unter C.II.2. der Gründe).
[64] BAG 11.3.1998 BAGE 88, 162 (168 f.); *Richardi* Kollektivgewalt, S. 164; *ders.* § 77 Rz. 70; *ders.* Gutachten B 24 ff.; *Waltermann* S. 113 ff.; *Rieble* Rz. 1305; *Zöllner* RdA 1964, 443 (446); *Zöllner/Loritz* § 33 IV 3; *Heinze* NZA 1997, 1 (7); *ders.* NZA 1991, 329 (330).
[65] *Zöllner* RdA 1964, 443 (446); *ders.* S. 31; *Waltermann* S. 119.
[66] *Zöllner/Loritz* § 33 IV 3.
[67] *Bötticher* S. 18 ff.
[68] Damit ist auch das Handeln des Gegenverbandes von der Legitimationswirkung des Beitrittsaktes erfasst, *Bötticher* S. 21 Fn. 26.
[69] *Lieb* Arbeitsrecht Rz. 476 u. 478; *Zöllner/Loritz* § 33 IV 2 f.

standenen Ermächtigung als „Mittel zur Effektuierung" der inhaltlich originären Autonomie bedarf[70].
Zwar ist die auf die Privatautonomie gestützte Erklärung der Befugnis der Tarifvertragsparteien, die Rechtsverhältnisse ihrer Mitglieder mit normativer Kraft zu gestalten, nicht unumstritten. Die wesentliche Gegenmeinung begründet die inhaltliche und normative Wirkung der Tarifregelung mit einer auf die Koalitionsgarantie zurückgeführten Delegation staatlicher Rechtsetzungsbefugnisse an die Sozialpartner[71]. Das BAG spricht demgegenüber aber zu Recht mittlerweile ausdrücklich von der Tarifautonomie als einem Fall der „kollektiv ausgeübten Privatautonomie"[72] und führt aus, die Geltung der Tarifnormen beruhe auf dem privatautonomen Verbandsbeitritt der Mitglieder, die sich damit bestehendem und künftigem Tarifrecht unterwerfen, selbst wenn dadurch eine Beschränkung ihrer Berufsfreiheit gemäß Art. 12 GG verbunden ist[73].
Da aber selbst Vertreter einer Delegation einräumen, dass dem Koalitionsbeitritt Legitimationswirkung zukommt[74] und andererseits die Rechtsnormwirkung der tarifvertraglichen Regelung unstreitig auf den staatlichen Geltungsbefehl zurückgeführt wird[75], bedarf der Meinungsstreit an dieser Stelle keine abschließende Bewertung, da der Verbandsbeitritt damit (jedenfalls auch) wesentliche Grundlage der Möglichkeit der Sozialpartner ist, die Arbeitsbedingungen ihrer Mitglieder umfassend zu gestalten und der weite Umfang der möglichen Gestaltung von Arbeitsbedingungen durch Tarifverträge einheitlich anerkannt wird.

3. Kartellwirkung

Bereits die Verfassung schützt die Tarifautonomie in Art. 9 Abs. 3 GG durch einen generellen Vorrang insbesondere gegenüber abweichenden Vereinbarungen kollektiver, aber auch individualrechtlicher Natur. Nach Art. 9 Abs. 3 S. 2 GG sind sämtliche Abreden und Maßnahmen, die das Recht der Koalitionsbildung einzuschränken oder zu behindern suchen, rechtsunwirksam. Das BVerfG versteht unter dieser Schutzbestimmung in ständiger Rechtsprechung neben der

---

[70] *Lieb* Arbeitsrecht Rz. 478; so auch *Zöllner/Loritz* § 33 IV 2 f., die ausführen, Tarifautonomie im Sinn einer Regelungszuständigkeit sei den Tarifparteien nicht vom Staat verliehen, sondern von diesen aus eigenem Willen übernommen worden, so dass die Regelungslegitimation nur durch den Verbandsbeitritt des Mitglieds im Sinne eines Regelungsauftrags und einer Regelungsunterwerfung erfolgen könne.
[71] *Adomeit* Rechtsquellenfragen, S. 136 ff.; *Nikisch* Bd. II, S. 68; *Gamillscheg* Kollektives Arbeitsrecht, S. 557; *Wiedemann* TVG § 1 Rz. 43 m.w.N; so zunächst auch das BAG 15.1.1955 AP Nr. 4 zu Art. 3 GG (Bl. 3); BAG GS 29.11.1967 AP Nr. 13 zu Art. 9 GG (unter IV.4.d. der Gründe).
[72] BAG 14.10.1997 BAGE 87, 1 (4); BAG 25.2.1998 BAGE 88, 118 (123).
[73] BAG 11.3.1998 BAGE 88, 162 (168 f.)
[74] *Wiedemann* TVG § 1 Rz. 43; *Lieb* Arbeitsrecht, Rz. 478.
[75] *Zöllner/Loritz* § 33 IV 3; *Lieb* Arbeitsrecht, Rz. 478.

Koalitionsbildungsgarantie auch die sog. Koalitionsbetätigungsgarantie, die das grundsätzlich unbeschränkte Recht umfasst, Arbeitsbedingungen der Koalitionsmitglieder durch unabdingbare Gesamtvereinbarungen in Form von Tarifverträgen autonom zu ordnen[76]. Der Gesetzgeber hat den Schutz der Tarifautonomie einfachgesetzlich insbesondere im BetrVG (§§ 77 Abs. 3, 87 Abs. 1), aber auch in einer Vielzahl von weiteren Vorschriften festgeschrieben[77]. Im Rahmen von Verbandstarifverträgen werden Arbeitsbedingungen damit für eine Vielzahl von Unternehmen ohne Berücksichtigung ihrer individuellen Wirtschaftskraft einheitlich festgelegt. Aus diesem Grund wird auch von einem „Tarifkartell“ gesprochen[78].

III. Die Stellung der Betriebsvereinbarung

Neben der übergeordneten Regelung durch Tarifverträge ist die Betriebsvereinbarung das zweite maßgebliche Instrument zur Rechtssetzung im Arbeitsrecht und das bedeutendste Gestaltungsmittel von Arbeitsbedingungen auf betrieblicher Ebene[79]. Die Betriebsvereinbarung wird in der Praxis und der wissenschaftlichen Erörterung als wichtigstes betriebliches Rechtsetzungsinstitut begriffen[80].

1. Normative Wirkung und partielle Parallelität zum Tarifvertrag

Die gegenüber sonstigen Vereinbarungen auf Betriebsebene höhere Bedeutung der Betriebsvereinbarung resultiert zunächst daraus, dass sie als einzige Kooperationsform der Organe der Betriebsverfassung aufgrund einer gesetzlichen Anordnung normative Wirkung entfaltet (§ 77 Abs. 4 S. 1 BetrVG)[81]. Daher wird die Betriebsvereinbarung auch als das wichtigste Instrument dafür bezeichnet, den zwingenden und unabdingbaren Schutz der Arbeitnehmer herbeizuführen, um dessentwillen § 87 Abs. 1 BetrVG ein Mitbestimmungsrecht des Betriebsrates in den dort genannten Angelegenheiten vorsieht[82].

---

[76] BVerfG 18.11.1954 BVerfGE 4, 96 (106); BVerfG 24.5.1977 BVerfGE 44, 322 (341).

[77] Beispielhaft aus dem TVG: § 1 Abs. 1 und § 4 Abs. 1, 3 und 4 ; aus dem Bundesurlaubsgesetz § 13 Abs. 1 S. 1; sowie aus dem Arbeitszeitgesetz § 7.

[78] So der damalige Präsident des Bundesverbandes der Deutschen Industrie *Henkel* im Handelsblatt v. 21.2.2000 S. 5; zuvor bereits *Buchner* Sonderbeilage Nr. 12 zu NZA 1996, 1 (4).

[79] *V. Hoyningen-Huene* Betriebsverfassungsrecht, S. 218.

[80] BAG 24.2.1987 AP Nr. 21 zu § 77 BetrVG 1972 (unter II.4.b.bb. der Gründe); *Richardi* § 77 Rz. 17 ff.; *Stege/Weinspach* § 77 Rz. 1; Kasseler Handbuch/*Etzel* 7.1 Rz. 974 (979).

[81] *Richardi* § 77 Rz. 18. Der in den §§ 112, 112a BetrVG geregelte Sozialplan, der nach dem Gesetzeswortlaut „die Wirkung einer Betriebsvereinbarung“ hat (§ 112 Abs. 1 S. 3 BetrVG), ist als Betriebsvereinbarung anzusehen, ErfK/*Hanau/Kania* § 112, 112a Rz. 13.

[82] BAG 24.2.1987 AP Nr. 21 zu § 77 BetrVG 1972 (unter II.4.b.bb. der Gründe). Allerdings erkennt das BAG an, dass die Mitbestimmungsrechte des § 87 Abs. 1 BetrVG nicht zwingend der Form einer Betriebsvereinbarung bedürfen, da diese Vorschrift nur Regelungen für den

Die sowohl in § 4 Abs. 1 TVG für den Tarifvertrag, als auch § 77 Abs. 4 S. 1 BetrVG für die Betriebsvereinbarung gesetzlich angeordnete unmittelbare und zwingende Wirkung ist Ausdruck davon, dass der Gesetzgeber die Betriebsvereinbarung als ein den Tarifvertrag ergänzendes Rechtsinstitut auf betrieblicher Ebene ausgestaltet hat. Aufgrund der in Hinblick auf die unmittelbare und zwingende Wirkung identischen Rechtswirkung, aber auch wegen des gleichermaßen bestehenden Schriftformerfordernisses[83] und der an § 4 TVG angelehnten Regelung zu Wirkung und Nachwirkung in den §§ 77 Abs. 4 und 6 BetrVG besteht dabei eine Parallelität zwischen Tarifvertrag und Betriebsvereinbarung[84]. Die Betriebsvereinbarung wird deshalb teilweise als ein dem Tarifvertrag gleichartiges, lediglich von der Anwendung her nachrangiges Gestaltungsmittel auf Betriebsebene angesehen[85]. So wurde die rechtliche Ausgestaltung der Betriebsvereinbarung schon frühzeitig als eine zumindest „bildliche Projektion" des Tarifvertrages auf die Stufe des Betriebes bezeichnet[86].
Allerdings gibt es keine völlige Übereinstimmung von Tarifvertrag und Betriebsvereinbarung. Der Tarifvertrag entfaltet normative Wirkung im Grundsatz[87] nur für die Mitglieder der tarifschließenden Verbände (§ 3 Abs. 1 TVG). Bei der Betriebsvereinbarung ist eine solche Einschränkung bei der Anordnung ihrer unmittelbaren und zwingenden Wirkung in § 77 Abs. 4 S. 1 BetrVG nicht vorgesehen. Auch erreicht der Betriebsrat bei Abschluss einer Betriebsvereinbarung im Rahmen der durch das BetrVG vorgegebenen, abgestuften Mitwirkungs- und Kontrollbefugnisse keine volle Verhandlungsparität mit dem Arbeitgeber und eine den Gewerkschaften entsprechende Gegenmacht[88]. Zudem ist der Betriebsrat, wie § 40 BetrVG zeigt, wirtschaftlich vom Arbeitgeber abhängig und im Rahmen des § 2 Abs. 1 BetrVG dem Wohl des gesamten Betriebes verpflichtet, was ihn ebenfalls von den tarifschließenden Verbänden unterscheidet. Auch darf der Betriebsrat keine Maßnahmen des Arbeitskampfes ergreifen, um seine Interessen und den Abschluss einer Betriebsvereinbarung durchzusetzen (§ 74 Abs. 2 S. 1 BetrVG). Aus diesen Gründen wird die Betriebsvereinba-

---

Entscheidungsprozess, nicht aber für die Wahl des kollektivrechtlichen Gestaltungsmittels vorgebe, BAG GS 16.9.1986 EzA § 77 BetrVG 1972 Nr. 17 (unter C.II.3.c. der Gründe).
[83] Vgl. § 1 Abs. 2 TVG und § 77 Abs. 2 S. 1 BetrVG.
[84] *Richardi* § 77 Rz. 26 f. und 138.
[85] Vgl. bereits in der Weimarer Republik: *Dersch* Schlichtungsverordnung, S. 145 ff. Aus neuerer Zeit: *Säcker* Gruppenautonomie, S. 341 ff. Aus eben dieser Annahme grundsätzlicher Wesensverwandtheit dürfte es herrühren, dass auch das BAG festgestellt hat, dass „jede durch Tarifvertrag gemäß § 1 Abs. 1 TVG regelbare Angelegenheit grundsätzlich Gegenstand einer Betriebsvereinbarung sein" könne, so BAG GS 7.11.1989 AP Nr. 46 zu § 77 BetrVG 1972 unter (C.I.2.b. der Gründe), zur Regelungsmacht der Betriebspartner durch Betriebsvereinbarung ausführlich Teil 3.
[86] So, allerdings kritisch, *Jacobi* S. 345.
[87] Ausnahmen ergeben sich aus § 3 Abs. 2 und § 5 TVG.
[88] *Veit* S. 101 ff.; *Müller-Franken* S. 30 f.

rung im Gegensatz zum Tarifvertrag nicht lediglich einer reinen Rechtskontrolle, sondern nach der ständigen Rechtsprechung des BAG, auch einer Inhaltskontrolle anhand der Maßstäbe des § 75 Abs. 1 S. 1 BetrVG unterworfen[89]. Das BAG stützt sich darauf, dass die Betriebsvereinbarung „nicht in demselben Maße wie der Tarifvertrag autonom und der gerichtlichen Inhaltskontrolle entzogen“[90] ist. Auch in Teilen der Literatur wird die pauschale Annahme der insbesondere an die normative Wirkung geknüpften grundsätzlichen Parallelität von Tarifvertrag und Betriebsvereinbarung aus den genannten Gründen zu Recht einschränkend gewürdigt, und auf jeweils unterschiedliche in der rechtlichen Ausgestaltung verwiesen[91]. Im Ergebnis lässt sich daher trotz einer von der Wirkung her ähnlichen Ausgestaltung durch den Gesetzgeber lediglich eine partielle Parallelität von Tarifvertrag und Betriebsvereinbarung feststellen[92].

2. Postulat der umfassenden Regelungskompetenz

Auch wenn die Betriebsvereinbarung daher nicht in jedem Fall denselben Rechtsgrundsätzen unterliegt wie der Tarifvertrag, so ergibt sich neben der normativen Wirkung, die bereits aus dem Gesetz folgt, ein weiterer Grund für die überragende Stellung der Betriebsvereinbarung im Rahmen der innerbetrieblichen Normsetzung aus den Annahmen der herrschender Lehre und des BAG zum Umfang der Kompetenzen der Betriebspartner bei Abschluss einer Betriebsvereinbarung.

a) Die fehlende Unterscheidung von Regel- und Rechtsetzungskompetenz

Wie bereits dargelegt, wird von einigen Autoren für den Bereich des Tarifvertrages zutreffend zwischen der *Regelungs*kompetenz als inhaltlicher Vereinbarungsbefugnis und der *Rechtsetzungs*kompetenz als Befugnis zur Schaffung unmittelbar und zwingend wirkenden Rechts differenziert[93]. Für den Tarifvertrag wird für die weite Regelungskompetenz insbesondere auf den durch Beitritt erteilten Regelungsauftrag und die damit verbundene Regelungsunterwerfung

---

[89] BAG 30.1.1970 AP Nr. 142 zu § 242 BGB Ruhegehalt (unter B.IV. der Gründe) und BAG 9.12.1981 AP Nr. 14 zu § 112 BetrVG 1972 (unter II.2.a. der Gründe); aus neuerer Zeit: BAG 25.4.1991 AP Nr. 138 zu § 611 BGB Gratifikationen (unter II.3.e. der Gründe). Zum Begriff der Billigkeitskontrolle kritisch: *v. Hoyningen-Huene* Betriebsverfassungsrecht, S. 236 f.; *Richardi* § 77 Rz. 125.

[90] BAG 30.1.1970 AP Nr. 142 zu § 242 BGB Ruhegehalt (unter B.IV. der Gründe).

[91] So insbesondere *Richardi* Kollektivgewalt, S. 312 ff.; *ders.* § 77 Rz. 27 und 65; *Kreutz* Grenzen, S. 79 ff.; *Waltermann*, S. 136 ff. Dazu ausführlich: *Dieterich* RdA 2002, 1.

[92] Ausführlich *Richardi* § 77 Rz. 26 f., *Veit* S. 101 ff; zu der Kompetenz der Betriebspartner hinsichtlich der Gestaltung von Arbeitsbedingungen durch Betriebsvereinbarung näher in Teil 3.

[93] *Lieb* Arbeitsrecht Rz. 476 u. 478; *Zöllner/Loritz* § 33 IV 2 f; siehe oben Teil 1 C. II. 2.

verwiesen[94]. Der staatliche Geltungsbefehl verleiht damit ausschließlich die Rechtsetzungsbefugnis, also die Möglichkeit zu einer normativen Regelung[95]. Diese Differenzierung wird bei der Beurteilung der Kompetenzen der Betriebspartner bei Abschluss einer Betriebsvereinbarung trotz der ebenfalls durch staatlichen Geltungsbefehl erreichten normativen Wirkung (§ 77 Abs. 4 S. 1 BetrVG) aber nicht getroffen. Insofern wird von BAG und Lehre einheitlich lediglich von der *Regelungskompetenz* bzw. *Regelungsbefugnis* der Betriebspartner gesprochen, ohne zwischen der inhaltlichen Vereinbarungskompetenz und der Normsetzungsbefugnis zu unterscheiden[96]. Selbst die genannten Autoren, die eine Trennung der Regel- von der Rechtsetzungslegitimation für den Tarifvertrag proklamieren, wenden dies nicht auf die Rechtsetzung durch Betriebsvereinbarung an[97].
Für das Verständnis der herrschenden Ansicht muss damit festgehalten werden, dass für die Betriebsvereinbarung einheitlich von einer identischen Reichweite der Kompetenz der Betriebspartner zur Regel- und zur Rechtsetzung ausgegangen wird[98].

---

[94] *Lieb* Arbeitsrecht Rz. 478; so auch *Zöllner/Loritz* § 33 IV 2 f., die ausführen, Tarifautonomie im Sinn einer Regelungszuständigkeit sei den Tarifparteien nicht vom Staat verliehen, sondern von diesen aus eigenem Willen übernommen worden, so dass die Regelungslegitimation nur durch den Verbandsbeitritt des Mitglieds im Sinne eines Regelungsauftrags und einer Regelungsunterwerfung erfolgen könne.

[95] *Lieb* Arbeitsrecht Rz. 478; *Zöllner/Loritz* § 33 IV 2 f.

[96] BAG 27.3.1963 AP Nr. 9 zu § 56 BetrVG (unter I.3. der Gründe); BAG 25.3.1971 AP Nr.5 zu § 57 BetrVG (unter II.1. der Gründe); BAG 27.6.1985 AP Nr. 14 zu § 77 BetrVG 1972 (unter 3.f. der Gründe); BAG GS 7.11.1989 AP Nr. 46 zu § 77 BetrVG 1972 (unter C.I.2. der Gründe); BAG 9.4.1991 AP Nr. 1 zu § 77 BetrVG 1972 Tarifvorbehalt (unter II.2. der Gründe); *Hess/Schlochauer/Glaubitz* § 77 Rz. 16; *Fitting/Kaiser/Heither/Engels/Schmidt* § 88 Rz. 4; GK-*Kreutz* § 77 Rz. 75 u. 83 ff.; *ders.* Grenzen, S. 208 ff. und 222; GK-*Wiese* § 88 Rz. 7; *Stege/Weinspach* § 77 Rz. 8 und § 88 Rz. 2; *Richardi* § 77 Rz. 66; *Däubler/Kittner/Klebe* § 88 Rz. 1; MünchArbR/*Matthes* § 327 Rz. 50; *Nikisch* III, S. 348, 355; *Galperin/Löwisch* § 88 Rz. 2; *Säcker* Gruppenautonomie, S. 341 ff.; *Buchner* Anm. zu BAG 12.8.1982 EzA § 77 BetrVG Nr. 9 (2.a. der Anm.); *ders.* DB 1985, 913 (915 f.); *Jahnke* S. 89; *Zöllner* ZfA 1988, 265 (276); *v. Hoyningen-Huene/Meyer-Krenz* ZfA 1988, 293 (304); *Hessler* ZfA 1994, 487 (499); *Gaumann/Schafft* NZA 1998, 176 (181); *Hueck* Betriebsvereinbarung, S. 65.

[97] So fehlen hierzu jegliche Ausführungen im Rahmen der Erörterung der Betriebsvereinbarung bei *Lieb* Arbeitsrecht Rz. 712 ff. und *Zöllner/Loritz* § 46 II 3 bis 9.

[98] Die Berechtigung und die Auswirkungen dieser Gleichstellung wird im Rahmen der Regelungskompetenz bei Regelungsabreden in Teil 3 untersucht.

b) Der Ausgangspunkt einer beschränkten Zuständigkeit

Dabei wird überwiegend nicht von einer originären Autonomie der Betriebspartner für die Rechtsetzung durch Betriebsvereinbarung ausgegangen[99], sondern, wenn auch mit unterschiedlicher Begründung, eine vom Grundsatz her lediglich beschränkt bestehende Regelungsbefugnis der Betriebspartner angenommen[100]. Teilweise wird dies auf die auf seinen Aufgabenbereich begrenzte funktionelle Zuständigkeit des Betriebsrates zur Regelung von Arbeitsbedingungen gestützt[101]. Andere Autoren verweisen auf den gesetzlich vorgegebenen (beschränkten) Aufgabenbereich des Betriebsrates[102] bzw. die im Betriebsverfassungsgesetz für den Abschluss einer Betriebsvereinbarung vorgesehenen Fälle[103].

c) Die faktische Annahme einer umfassenden Kompetenz

Trotz des Ausgangspunktes einer nur beschränkten Zuständigkeit wird aber für den Bereich der Regelung sozialer Angelegenheiten durch Betriebsvereinbarung von BAG[104] und herrschender Lehre[105] eine umfassende Regelungskompetenz der Betriebspartner angenommen. Der Begriff der sozialen Angelegenheiten wird dabei so extensiv ausgelegt, dass darunter sämtliche Arbeitsbedingun-

---

[99] So aber: *v. Gierke* FS f. Brunner, 37 (65); *Sinzheimer*, S. 209 f.; *Herschel* S. 26 f.; *Bogs* RdA 1956, 1 (5); *Galperin* FS f. Molitor, 143 (158 f.). Näher Teil 3 B. II.

[100] *Däubler/Kittner/Klebe* § 77 Rz. 37; *Hueck* Betriebsvereinbarung, S. 65; *Säcker* Gruppenautonomie, S. 342 f.; vgl. auch *Richardi* § 77 Rz. 66.

[101] *Hueck/Nipperdey/Säcker* II/2 S. 1262; *Beuthien* ZfA 1983, 141 (164); *Jahnke* S. 90; *Fitting/Kaiser/Heither/Engels/Schmidt* § 77 Rz. 45.

[102] Darauf abstellend: *Hess/Schlochauer/Glaubitz* § 77 Rz. 15.

[103] *Biedenkopf* S. 296; *Galperin/Löwisch* § 77 Rz. 46.

[104] Bereits BAG GS 16.3.1956 AP Nr. 1 zu § 57 BetrVG (unter I.1. der Gründe); BAG 27.3.1963 AP Nr. 9 zu § 56 BetrVG (unter I.3. der Gründe); BAG 25.3.1971 AP Nr.5 zu § 57 BetrVG (unter II.1. der Gründe); BAG 19.5.1978 AP Nr. 1 zu § 88 BetrVG 1972 (unter 4.a. der Gründe); BAG 27.6.1985 AP Nr. 14 zu § 77 BetrVG 1972 (unter 3.f. der Gründe); BAG 20.11.1987 AP Nr. 2 zu § 620 BGB Altersgrenze (unter B.I. der Gründe); BAG GS 7.11.1989 AP Nr. 46 zu § 77 BetrVG 1972 (unter C.I.2. der Gründe); BAG 9.4.1991 AP Nr. 1 zu § 77 BetrVG 1972 Tarifvorbehalt (unter II.2. der Gründe).

[105] *Hess/Schlochauer/Glaubitz* § 77 Rz. 16; *Fitting/Kaiser/Heither/Engels/Schmidt* § 88 Rz. 4; GK-*Kreutz* § 77 Rz. 75 u. 83 ff.; *ders.* Grenzen, S. 208 ff. und 222; GK-*Wiese* § 88 Rz. 7; *Stege/Weinspach* § 77 Rz. 8 und § 88 Rz. 2; *Däubler/Kittner/Klebe* § 88 Rz. 1; MünchArbR/*Matthes* § 327 Rz. 50; *Nikisch* III, S. 348, 355; *Galperin/Löwisch* § 88 Rz. 2; *Säcker* Gruppenautonomie, S. 341 ff.; *Buchner* Anm. zu BAG 12.8.1982 EzA § 77 BetrVG Nr. 9 (2.a. der Anm.); *ders.* DB 1985, 913 (915 f.); *Jahnke* S. 89; *Zöllner* ZfA 1988, 265 (276); *v. Hoyningen-Huene/Meyer-Krenz* ZfA 1988, 293 (304); *Henssler* ZfA 1994, 487 (499); *Gaumann/Schafft* NZA 1998, 176 (181). Vgl. auch die ausführliche Darstellung bei *Waltermann* S. 14 ff. und 20 ff.

gen fallen sollen[106]. Es wird dementsprechend ausdrücklich davon ausgegangen, dass die Betriebspartner letztlich jede durch Arbeits-[107] oder Tarifvertrag[108] regelbare Materie zum Gegenstand einer Betriebsvereinbarung machen können.
Zur Begründung wird neben der bereits beschriebenen Parallelität zum Tarifvertrag[109] vorrangig auf § 88 BetrVG verwiesen, der den Betriebspartnern die Möglichkeit eröffnet, auch außerhalb des Katalogs der Mitbestimmungstatbestände des § 87 Abs. 1 BetrVG „freiwillige Betriebsvereinbarungen" abzuschließen[110]. Der Wortlaut dieser Vorschrift führt dafür beispielhaft („insbesondere") fünf Regelungsgegenstände auf[111]. Die h.M. sieht in dieser Vorschrift eine Generalklausel, die im Sinne eines Auffangtatbestandes als eine Betriebsvereinbarungsermächtigung für sämtliche nicht ausdrücklich im Betriebsverfassungsgesetz geregelten Tatbestände gelten soll[112]. Dabei wird die nach der h.M. ohnehin extensiv verstandene Eingrenzung auf soziale Angelegenheiten teilweise vollkommen aufgegeben, indem § 88 BetrVG im Umkehrschluss die Befugnis der Betriebspartner entnommen wird, auch allgemeine personelle[113] und wirtschaftliche Angelegenheiten (außerhalb des Bereichs der §§ 111, 112 BetrVG)[114] einer Regelung durch freiwillige Betriebsvereinbarung zuzuführen.
Des Weiteren wird auch aus § 77 Abs. 3 BetrVG auf die weitreichende Zuständigkeit der Betriebspartner geschlossen[115]. Diese Vorschrift beschränkt die Möglichkeit der Regelung von „Arbeitsentgelten und sonstige(n) Arbeitsbedin-

---

[106] BAG GS 16.3.1956 AP Nr. 1 zu § 57 BetrVG (unter I.1. der Gründe); BAG GS 7.11.1989 AP Nr. 46 zu § 77 BetrVG 1972 (unter C.I.2. der Gründe); *Hess/Schlochauer/Glaubitz* § 77 Rz. 16; *Nikisch* III, S. 348 und 355.
[107] BAG GS 7.11.1989 AP Nr. 46 zu § 77 BetrVG 1972 (unter C.I.2. der Gründe); *Otto* NZA 1992, 97 (101); vgl. auch *Herrmann* NZA 2000 Sonderbeilage zu Heft 3, 14 (15).
[108] BAG GS 7.11.1989 AP Nr. 46 zu § 77 BetrVG 1972 (unter C.I.2. der Gründe); BAG 9.4.1991 AP Nr. 1 zu § 77 BetrVG 1972 Tarifvorbehalt (unter II.2. der Gründe).
[109] Darauf verweisen insbesondere: *Jahnke* S. 92; *Biedenkopf* S. 293; *Säcker* Gruppenautonomie, S. 341 ff.
[110] BAG GS 7.11.1989 AP Nr. 46 zu § 77 BetrVG 1972 (unter C.I.2.a. der Gründe); BAG 19.5.1978 AP Nr. 1 zu § 88 BetrVG 1972 (unter 4.a. der Gründe); *Fitting/Kaiser/Heither/Engels/Schmidt* § 88 Rz. 4; MünchArbR/*Matthes* § 327 Rz. 51; *Galperin/Löwisch* § 88 Rz. 1; *Nikisch* III, S. 276; *Zöllner* ZfA 1988, 265 (276).
[111] Die sich auf freiwillige Leistungen des Arbeitgebers erstrecken, vgl. *Otto* NZA 1992, 97 (101); *Hammer* S. 66; bzw. zusätzliche allgemeinpolitische Maßnahmen vorsehen, § 88 Nr. 1a u. 4 BetrVG. Dazu näher Teil 3 C. IV. 2.a.
[112] So ausdrücklich BAG GS 7.11.1989 AP Nr. 46 zu § 77 BetrVG 1972 (unter C.I.2.a. der Gründe, „Auffangnorm"); vgl. auch *Galperin/Siebert* § 52 (zu § 57 BetrVG 1952) Rz. 46 („Generalermächtigung").
[113] *Fitting/Kaiser/Heither/Engels/Schmidt* § 88 Rz. 4.
[114] *Stege/Weinspach* § 88 Rz. 2; vgl. auch *Fitting/Kaiser/Heither/Engels/Schmidt* § 112, 112a Rz. 52; *Jahnke* S. 91.
[115] BAG GS 7.11.1989 AP Nr. 46 zu § 77 BetrVG 1972 (unter C.I.2.b. der Gründe); GK-*Kreutz* § 77 Rz. 74 ff.; *ders.* Grenzen, S. 222; *Säcker/Oetker* ZfA 1991, 131 (177).

gungen" durch Betriebsvereinbarungen zu Gunsten des Vorrangs von Tarifverträgen. Daraus wird im Umkehrschluss abgeleitet, dass eine weitergehende Beschränkung der Regelung von Arbeitsbedingungen durch Betriebsvereinbarung nicht besteht, so dass sämtliche Arbeitsbedingungen einer Regelung durch Betriebsvereinbarung zugänglich sind, sofern für die jeweilige Materie nicht bereits (mindestens üblicherweise) eine tarifliche Bestimmung existiert[116]. Flankierend zu der unmittelbaren und zwingenden Wirkung der Betriebsvereinbarung gelangen die Vertreter der h.M. daher zu einer im Ergebnis umfassenden Befugnis der Betriebspartner zur Regelung von Arbeitsbedingungen durch Betriebsvereinbarung. Da nach diesem Verständnis der mögliche Regelungsgegenstand der Betriebsvereinbarung – vorbehaltlich der Einschränkungen durch andere arbeitsrechtliche Gestaltungsfaktoren[117] – keinen inhaltlichen Beschränkungen unterliegt, wird diesbezüglich auch höchstrichterlich von der Annahme einer „globalen" Regelungskompetenz der Betriebspartner gesprochen[118]. Demgegenüber bezeichnet *Richardi* diese Ansicht ebenso kritisch wie plakativ als „Lehre von der Allmacht der Betriebspartner"[119]. Angesichts der letztlich weiten Ausdehnung des Kompetenzrahmens, über den innerhalb der h.M. Einigkeit herrscht, stellt sich tatsächlich die Frage, ob dadurch der Ausgangspunkt einer grundsätzlich begrenzten Regelungs- und Rechtsetzungskompetenz im Ergebnis nicht völlig aufgegeben wird[120].

3. Die Verlagerung von Rechtsetzungsmacht durch die Rechtsprechung

Nachdem das BAG in ständiger Rechtsprechung von einer umfassenden Regelungskompetenz der Betriebspartner ausgeht, hat sich in weiteren höchstrichterlichen Entscheidungen eine Tendenz zur Verlagerung von Rechtsetzungsbefugnissen von der Tarif- auf die Betriebsebene gezeigt, in denen der Ausgangspunkt einer grundsätzlich beschränkten Regelungsmacht der Betriebspartner weiter zurückgedrängt wurde. Exemplarisch soll an dieser Stelle auf die nachfolgenden Entscheidungen eingegangen werden, die mit der Dauer der Arbeitszeit und der Lohnhöhe zentrale Fragen aus dem Bereich der materiellen Arbeitsbedingungen behandeln[121].

---

[116] BAG GS 7.11.1989 AP Nr. 46 zu § 77 BetrVG 1972 (unter C.I.2.b. der Gründe).
[117] Zur Einschränkung gegenüber Tarifverträgen Teil 1 C.IV.
[118] So ausdrücklich BAG GS 7.11.1989 AP Nr. 46 zu § 77 BetrVG 1972 (unter C.I.2.c. der Gründe); darauf nehmen *Hammer* S. 67 und *Otto* NZA 1992, 97 (101) Bezug.
[119] *Richardi* ZfA 1990, 211 (231). Grundsätzlich entgegen der h.M. für eine lediglich eingeschränkte Regelungskompetenz: *ders.* ZfA 1992, 307 (320 ff.); *ders.* § 77 Rz. 66; ausführlich *Veit* S. 207 ff.; *Löwisch* ArbuR 1978, 97 (100); *Waltermann* S. 148 ff.; *ders.* NZA 1995, 1177 (1181); *ders.* RdA 1996, 129 (134 ff.); *ders.* NZA 1996, 357 (360); *Wank* NJW 1996, 2273 (2280 f.); näher Teil 3.
[120] *Richardi* § 77 Rz. 66; *ders.* Kollektivgewalt, S. 312.
[121] Dazu ausführlich und mit weiteren Beispielsfällen: *v. Langen* S. 47 ff.

a) Dauer der regelmäßigen wöchentlichen Arbeitszeit

Mit der Entscheidung vom 18.8.1987[122], in der das BAG das sogenannte *Leber-Rüthers*-Modell zur Arbeitszeit für zulässig erklärte, stellte der 1. Senat fest, dass zur Regelung der Dauer der wöchentlichen Arbeitszeit grundsätzlich auch die Betriebspartner befugt seien[123]. In dem damals zu entscheidenden Fall hatten die Tarifpartner im Tarifvertrag lediglich eine tarifliche wöchentliche Arbeitszeit (von 38,5 Stunden) vorgesehen, für die individuelle regelmäßige wöchentliche Arbeitszeit aber einen durch die Betriebspartner durch Betriebsvereinbarung auszufüllenden Zeitkorridor (zwischen 37 und 40 Stunden) festgelegt[124]. Die individuelle regelmäßige wöchentliche Arbeitszeit eines tarifgebundenen Arbeitnehmers ließ sich damit nicht mehr allein aus dem geltenden Tarifvertrag bestimmen.

In einer solchen Regelung hat das BAG eine zulässige betriebsverfassungsrechtliche Norm im Sinne des § 1 Abs. 1 TVG gesehen und ausdrücklich betont, dass sich „aus dem Betriebsverfassungsgesetz selbst (...) keine Beschränkung der Regelungskompetenz" der Tarifpartner zur Verlagerung von Rechtsetzungsbefugnissen auf die Betriebspartner ergebe[125]. Den Betriebspartnern spricht das BAG anhand der §§ 77 Abs. 3 und 88 BetrVG eine umfassende Kompetenz zur Regelung materieller Arbeitsbedingungen zu, soweit diese nicht durch die Tarifautonomie beschränkt sei[126]. Damit wird die inhaltliche Reichweite der Regelungskompetenz der Betriebspartner der Regelungsbefugnis der Tarifvertragsparteien weitgehend gleich gestellt und auch zur Ausfüllung tarifvertraglicher Vorgaben über die Dauer der individuellen regelmäßigen wöchentlichen Arbeitszeit zugelassen.

Zugleich hat das BAG mit dieser Entscheidung für den Bereich der Arbeitszeit die Möglichkeit eröffnet, die Reichweite betriebsverfassungsrechtlicher Beteiligungsrechte des Betriebsrates durch Tarifvertrag zu bestimmen[127]. Diese Auffassung hat das BAG in einer nachfolgenden Entscheidung bestätigt[128]. Dort hat es das BAG für zulässig gehalten, dass dem Betriebsrat durch Tarifvertrag ein generelles Mitbestimmungsrecht bei Einstellungen eingeräumt wird, ohne dass es auf den dafür vorgesehenen begrenzten Katalog der Gründe für eine Verweigerung der Zustimmung gemäß § 99 Abs. 2 BetrVG ankäme.

---

[122] BAG 18.8.1987 AP Nr. 23 zu § 77 BetrVG 1972.

[123] Unter B.II.2. der Gründe. Zu dieser und der nachfolgenden Tarifregelung *Veit* in: Wandel der Arbeitswelt, S. 134 ff.

[124] Die Betriebsvereinbarung konnte durch den Spruch der Einigungsstelle oder einer tariflichen Schlichtungsstelle ersetzt werden.

[125] BAG 18.8.1987 AP Nr. 23 zu § 77 BetrVG 1972 (unter B.II.2.b. der Gründe).

[126] BAG 18.8.1987 AP Nr. 23 zu § 77 BetrVG 1972 (unter B.II.2. der Gründe).

[127] *Richardi* Einl. Rz. 144; *v. Langen* S. 47 (58 f.).

[128] BAG 10.2.1988 AP Nr. 53 zu § 99 BetrVG 1972 (unter B.II.2.b. der Gründe); vgl. dazu *Richardi* Einl. Rz. 144 ff.

Die Stärkung der betrieblichen Rechtsetzung durch diese Rechtsprechung zeigt sich darin, dass von einer Festlegung der Beteiligungsrechte des Betriebsrates durch Tarifvertrag allerdings auch die sogenannten Tarifaußenseiter betroffen werden, da die durch Tarifvertrag ermöglichte Regelung durch Betriebsvereinbarung auch ihre Arbeitsverhältnisse gemäß § 77 Abs. 4 S. 1 BetrVG unmittelbar und zwingend mitregelt[129].

b) Verteilungsgrundsätze bei übertariflicher Lohnzulage

Neben der Arbeitszeit ist auch im Bereich der Lohnhöhe eine Rechtsprechungstendenz zur Ausweitung der betrieblichen Regelungsbefugnis festzustellen. Für die Zahlung von übertariflichen Zulagen verneinte das BAG bis in das Jahr 1985 hinein ein Mitbestimmungsrecht des Betriebsrates gemäß § 87 Abs. 1 Nr. 10 BetrVG[130] und damit die Möglichkeit, den Abschluss einer Betriebsvereinbarung zu erzwingen, da ansonsten die Gefahr der Ersetzung tariflicher Entgeltregelungen durch Betriebsvereinbarung bestünde[131]. Mit der Entscheidung vom 17.12.1985[132] gewährte der 1. Senat des BAG dem Betriebsrat in Abkehr von der bisherigen Rechtsprechung erstmalig ein Mitbestimmungsrecht hinsichtlich der Grundsätze einer vom Arbeitgeber gezahlten übertariflichen Zulage, da dies zur Wahrung der innerbetrieblichen Lohngerechtigkeit erforderlich sei[133].

Diese Rechtsprechung ist in ihren wesentlichen Zügen durch zwei Beschlüsse des großen Senats des BAG vom 3.12.1991 und in weiteren nachfolgenden Entscheidungen bestätigt worden[134]. Es besteht nach der Auffassung des großen Senats ein umfassendes Mitbestimmungsrecht bei Fragen von innerbetrieblichen Entlohnungs- und Verteilungsgrundsätzen[135], die auch die Behandlung übertariflicher Zulagen umfassen[136], da diese Teil des vom Arbeitgeber vertraglich geschuldeten Entgelts seien. Im Ergebnis stellt diese Rechtsprechung eine Stärkung und Erweiterung der Rechtsetzungsbefugnis der Betriebspartner dar,

---

[129] Aus diesem Grund auf tarifgebundene Arbeitnehmer beschränkend bspw.: *Schwarze* S. 151 ff.; *Otto* NZA 1992, 97 (101); *Buchner* RdA 1990, 1 ff. Für eine Einbeziehung auch der Tarifaußenseiter dagegen: *Heinze* NZA 1989, 41 (48); *Heisig* S. 354 ff.; *v. Langen* S. 62 f. m.w.N. Dazu näher Teil 1 E. I. 1.

[130] BAG 31.1.1984 E 46, 182 (187 ff., unter B.III. der Gründe).

[131] BAG 31.1.1984 E 46, 182 (189, unter B. III.2. der Gründe).

[132] BAG 17.12.1985 AP Nr. 5 zu § 87 BetrVG 1972 Tarifvorrang.

[133] BAG 17.12.1985 AP Nr. 5 zu § 87 BetrVG 1972 Tarifvorrang (unter II.2. der Gründe).

[134] BAG GS 3.12.1991 AP Nr. 51 und 52 zu § 87 BetrVG 1972 Lohngestaltung; BAG 14.6.1994 AP Nr. 69 zu § 87 BetrVG 1972 Lohngestaltung (unter B.II.1. der Gründe); BAG 29.2.2000 AP Nr. 105 zu § 87 BetrVG 1972 Lohngestaltung (unter B.II.1.b.bb. der Gründe).

[135] BAG GS 3.12.1991 AP Nr. 51 zu § 87 BetrVG 1972 Lohngestaltung (unter B.II.3. a der Gründe). MünchArbR/*Matthes* § 336 Rz. 1.

[136] BAG GS 3.12.1991 AP Nr. 51 zu § 87 BetrVG 1972 Lohngestaltung (unter B.II.3.a. der Gründe).

da die Lohngestaltung bei übertariflichen Zulagen nicht mehr ausschließlich durch individualrechtliche Regelungen gemäß § 4 Abs. 3 TVG vorgenommen werden kann, sondern bei kollektiven Regelungen unter die erzwingbare Mitbestimmung des Betriebsrates gemäß § 87 Abs. 1 Nr. 10 BetrVG fällt.

4. Zwischenergebnis

Die Bedeutung der Betriebsvereinbarung im Bereich der innerbetrieblichen Rechtsgestaltung gründet sich neben der normativen Wirkung gemäß § 77 Abs. 4 S. 1 BetrVG und der darüber hinaus bereits vom Gesetzgeber angelegten partiellen Parallelität der Betriebsvereinbarung zum Tarifvertrag insbesondere auf die von der h.M. vordringlich anhand der §§ 77 Abs. 3 und 88 BetrVG begründeten umfassenden Kompetenz der Betriebspartner zur Regelung von Arbeitsbedingungen durch Betriebsvereinbarung. Dabei wird nicht zwischen der Regelungsbefugnis und der Rechtsetzungskompetenz unterschieden, sondern ein jeweils identischer Gestaltungsspielraum der Betriebspartner angenommen. Das Postulat der umfassenden Kompetenz wird durch Tendenzen der höchstrichterlichen Rechtsprechung zur Verlagerung von Rechtsetzungsbefugnissen von der Tarif- auf die Betriebsebene zusätzlich verstärkt.
Die Betriebsvereinbarung ist damit sowohl von der Wirkung, als auch von der nach herrschender Ansicht umfassenden Regelungs- und Rechtsetzungskompetenz der Betriebspartner geeignet, eine betriebseinheitliche Regelung materieller Arbeitsbedingungen zu gewährleisten, und die im Beispielsfall fragliche Ausweitung der Dauer der Arbeitszeit, den flankierenden Lohnverzicht und die Beschäftigungsgarantie zu regeln.

IV. Die Begrenzung der Betriebsvereinbarung durch den Schutz der Tarifautonomie

Da das Grundrecht der Koalitionsfreiheit in Art. 9 Abs. 3 GG eine autonome Ordnung des Arbeitslebens durch "Vereinigungen zur Wahrung und Förderung der Arbeits- und Wirtschaftsbedingungen" garantiert, wird den Gewerkschaften und der Arbeitgeberseite als Tarifvertragsparteien (§ 2 Abs. 1 TVG) eine "Normsetzungsprärogative" eingeräumt[137], d.h. es obliegt in erster Linie ihnen, das Arbeitsleben durch normative Regelung der Arbeitsverhältnisse ihrer Mitglieder in Form von Tarifverträgen sinnvoll und ausgewogen zu ordnen.
Dem nach der h.M. grundsätzlich weiten Gestaltungsspielraum für die Regelung von Arbeitsbedingungen durch Betriebsvereinbarung sind deshalb im Verhältnis zum Tarifvertrag insbesondere durch die genannte Vorbehaltsregelung des § 77 Abs. 3 BetrVG Grenzen gesetzt.

---

[137] BVerfG 24.5.1977 BVerfGE 44, 322 (341).

1. Die Regelungssperre des § 77 Abs. 3 BetrVG

a) Inhalt und Regelungszweck

Ein Tarifvertrag gilt zwar bereits nach § 4 Abs. 1 TVG unmittelbar und zwingend. Darüber hinaus bestimmt § 2 Abs. 3 BetrVG, dass die Aufgaben der Tarifvertragsparteien durch das BetrVG nicht berührt werden. Bei bloßer Geltung dieser Normen wäre der Schutz des Tarifvertrages jedoch nicht abschließend, da gemäß § 4 Abs. 3 Halbsatz 2 TVG die Vereinbarung einer gegenüber einem Tarifvertrag günstigeren Betriebsvereinbarung nach wie vor möglich wäre, da der Begriff der „Abmachung" in § 4 Abs. 3 TVG auch Betriebsvereinbarungen erfasst[138]. Die Geltung des Günstigkeitsprinzips im Verhältnis zwischen Tarifvertrag und Betriebsvereinbarung, und damit eine Konkurrenz um die für die Arbeitnehmer vorteilhaftere Regelung der Arbeitsbedingungen auf Betriebs- und Tarifebene hat der Gesetzgeber deshalb mit § 77 Abs. 3 S. 1 BetrVG ausdrücklich ausgeschlossen[139].

Diese Vorschrift sieht vor, dass „Arbeitsentgelte und sonstige Arbeitsbedingungen, die durch Tarifvertrag geregelt sind oder üblicherweise geregelt werden", nicht zum Gegenstand einer Betriebsvereinbarung gemacht werden können, sofern nicht der „Tarifvertrag den Abschluss ergänzender Betriebsvereinbarungen ausdrücklich zulässt". Wenn also Arbeitsbedingungen in einem Tarifvertrag geregelt sind[140] (auch erstmalig[141] oder nur üblicherweise[142]), ist jede bereits abgeschlossene oder auch zukünftige Betriebsvereinbarung über dieselben Arbeitsbedingungen im Anwendungsbereich des § 77 Abs. 3 BetrVG unwirksam[143].

Die ratio legis dieser Regelung besteht im Schutz der ausgeübten und aktualisierten Tarifautonomie[144]. Sie dient insbesondere der Erhaltung und Stärkung

---

[138] ErfK/*Schaub* § 4 TVG Rz. 48.

[139] *Richardi* § 77 Rz. 278; *Fitting/Kaiser/Heither/Engels/Schmidt* § 77 Rz. 67; GK-*Kreutz* § 77 Rz. 76; *Hess/Schlochauer/Glaubitz* § 77 Rz. 159; Wiedemann/*Wank* TVG § 4 Rz. 294; *Galperin/Löwisch* § 77 Rz. 84; a.A. gestützt auf eine diesbezügliche verfassungskonforme Auslegung von § 77 Abs. 3 BetrVG: *Ehmann/Lambrich* NZA 1996, 346 (354); *Ehmann/Schmidt* NZA 1995, 193 (198 ff.); *Lambrich* S. 234 f.

[140] Zum Begriff der Regelung *Däubler/Kittner/Klebe* § 77 Rz. 68.

[141] *Fitting/Kaiser/Heither/Engels/Schmidt* § 77 Rz. 75.

[142] Dazu GK-*Kreutz* § 77 Rz. 113 ff.

[143] BAG 13.8.1980 AP Nr. 2 zu § 77 BetrVG 1972 (unter II.1. der Gründe). Zu der unter den Schlagwörtern Vorrangtheorie und Zwei-Schranken-Theorie erörterten Frage nach dem Verhältnis der §§ 77 Abs. 3 und 87 Abs. 1 Eingangssatz BetrVG näher unter Teil 1 C. IV. 1.b. Zum Problem der Umdeutung einer gegen § 77 Abs. 3 BetrVG verstoßenden Betriebsvereinbarung *Veit/Waas* BB 1991, 1329 ff.; *Belling/Hartmann* NZA 1998, 673 ff.

[144] BAG 22.5.1979 AP Nr. 13 zu § 118 BetrVG 1972 (unter II.1. der Gründe); BAG 24.2.1987 EzA zu § 87 BetrVG 1972 Nr. 10 (unter B.II.4.a. der Gründe); BAG 22.6.1993 AP Nr. 22 zu § 23 BetrVG 1972 (unter III.2.a. der Gründe); BAG 1.12.1993 EzA zu § 77 BetrVG

der Funktionsfähigkeit der Koalitionen, und damit der Bereitstellung eines wirksamen Tarifvertragssystems durch die arbeitsrechtliche Ordnung[145]. Zu diesem Zweck soll eine mit dem Tarifvertrag konkurrierende Normgebung auf Betriebsebene unter Beteiligung des Betriebsrates als beitragsfreier „Ersatzgewerkschaft" nach dem Willen des Gesetzgebers ausgeschlossen werden[146]. Es handelt sich bei der Regelung zum Tarifvorbehalt um das durch den Gesetzgeber bewusst vorgegebene Vorrangverhältnis der Rechtsetzung auf Koalitionsebene vor der Betriebsautonomie und damit der einfachgesetzlichen Absicherung der bereits in Art. 9 Abs. 3 GG verankerten Normsetzungsprärogative der Tarifvertragsparteien[147].
Dies kann zwar weitgehend als communis opinio gelten, ebenso wie die Nichtanwendung der Regelungssperre in personeller Hinsicht auf die Regelung der Arbeitsbedingungen für außertariflich Beschäftigte und für Arbeitnehmer, die vom Geltungsbereich eines Tarifvertrages nicht erfasst werden und dessen Anwendung lediglich einzelvertraglich vereinbart haben, so dass in diesen Fällen der Abschluss einer Betriebsvereinbarung auch bei einem bestehenden oder üblichen Tarifvertrag möglich bleibt[148]. Über weitere Einzelheiten der Bestimmung des Anwendungsbereichs von § 77 Abs. 3 BetrVG besteht dagegen keine Einigkeit[149]. So fallen nach Teilen der Literatur unter die in dieser Vorschrift

---

1972 Nr. 50 (unter I.2.b. der Gründe), *Galperin/Löwisch* § 77 Rz. 73, *Zachert* RdA 1996, 140 (145); *Fitting/Kaiser/Heither/Engels/Schmidt* § 77 Rz. 67; *Richardi* § 77 Rz. 244 f.; *Buchner* DB 1997, 573; *Konzen* BB 1977, 1307 (1311); GK-*Kreutz* § 77 Rz. 78 m.w.N.

[145] *Biedenkopf* S. 280 ff.; *Wiese* RdA 1968, 41 (42 f.); *Fitting/Kaiser/Heither/Engels/Schmidt* § 77 Rz. 67; GK-*Kreutz* § 77 Rz. 78; *Hromadka* DB 1987, 1991 (1993); *Zöllner* FS f. Nipperdey 1965 Bd. 2, 699 (703).

[146] GK-*Kreutz* § 77 Rz. 76.

[147] Vgl. *v. Hoyningen-Huene* Betriebsverfassungsrecht, S. 226 f.; GK-*Kreutz* § 77 Rz. 77; *Moll* S. 37; *Biedenkopf* S. 282.

[148] *Fitting/Kaiser/Heither/Engels/Schmidt* § 77 Rz. 82 u. 89; *Richardi* § 77 Rz. 265.

[149] Es bestehen allerdings einige im wesentlichen unstreitige Beschränkungen des Anwendungsbereichs von § 77 Abs. 3 BetrVG: So ist gemäß § 112 Abs. 1 S. 4 BetrVG die Regelungssperre des § 77 Abs. 3 S. 1 BetrVG auf Sozialpläne (im Sinn der Legaldefinition in § 112 Abs. 1 S. 2 BetrVG) nicht anzuwenden. Sozialpläne können daher ohne Rücksicht auf bestehende oder übliche Tarifverträge Arbeitsbedingungen regeln, GK-*Fabricius/Oetker* §§ 112, 112a Rz. 120 ff. Mit der Ausklammerung von § 77 Abs. 3 S. 1 BetrVG ist aber nicht etwa der Vorrang einer betrieblichen Regelung begründet, das Verhältnis zwischen betrieblicher Regelung und Sozialplan bestimmt sich stattdessen nach dem wiederauflebenden Günstigkeitsprinzip, § 4 Abs. 3 Halbsatz 2 TVG, worauf *Annuß* (in: Richardi § 112 Rz. 181) zutreffend hinweist. Eine weitere Einschränkung erfährt § 77 Abs. 3 S. 1 BetrVG bei freiwilligen Betriebsvereinbarungen über Maßnahmen zur Förderung der Vermögensbildung gemäß § 88 Nr. 3 BetrVG, da es hier dem gesetzgeberischen Zweck zuwiderlaufen würde, wenn auf betrieblicher Ebene nicht parallel zum Tarifvertrag zusätzliche Vermögensbildungsmaßnahmen möglich wären, so zutreffend *Richardi* § 88 Rz. 29; *Däubler/Kittner/Klebe* § 88

genannten „sonstigen Arbeitsbedingungen“ nur solche materieller Natur[150]. Auch wird § 77 Abs. 3 BetrVG von einigen Autoren nur dann zur Anwendung gebracht, wenn der Arbeitgeber tarifgebunden ist, da nur dann eine Konkurrenz von Tarifvertrag und Betriebsvereinbarung tatsächlich möglich sei[151]. Dabei wird unter Hinweis auf die negative Koalitionsfreiheit gemäß Art. 9 Abs. 3 GG die Sperrwirkung dort versagt, wo die Tarifpartner mangels Tarifbindung für den Betrieb des Arbeitgebers keine Regelungen treffen können[152].
Von der Rechtsprechung und dem überwiegenden Teil der arbeitsrechtlichen Literatur wird der Tarifvorbehalt des § 77 Abs. 3 BetrVG dagegen einem weiten Verständnis unterworfen. Dabei wird die Sperrwirkung auf alle Arbeitsbedingungen erstreckt, da sich aus dem Wortlaut trotz der Gegenüberstellung von Arbeitsentgelt und sonstigen Arbeitsbedingungen keine Beschränkung auf solche materieller Natur ergebe[153]. Des Weiteren hängt die Sperrwirkung nach Meinung der Rechtsprechung und der herrschenden Ansicht in der Literatur nicht davon ab, dass der Arbeitgeber tatsächlich tarifgebunden ist[154]. Ist er es nicht, so kommt es danach allein darauf an, dass der Betrieb in den Geltungsbereich des Tarifvertrages fallen würde[155]. Begründet wird diese weite Auslegung damit, dass die Tarifautonomie auch durch Betriebsvereinbarungen mit nicht tarifgebundenen Arbeitgebern gestört werde[156].

b) Das Verhältnis von § 77 Abs. 3 BetrVG zu § 87 Abs. 1 BetrVG

Eine Einschränkung des Anwendungsbereichs und damit eine Schwächung der Sperrwirkung hat die Regelung des § 77 Abs. 3 BetrVG durch die Rechtsprechung des BAG zum Verhältnis des Tarifvorbehalts in § 77 Abs. 3 BetrVG zum Tarifvorrang in § 87 Abs. 1 Eingangssatz BetrVG erfahren.

Rz. 13; *Galperin/Löwisch* § 77 Rz. 76a; a.A. GK-*Wiese* § 88 Rz. 29; *Hess/Schlochauer/Glaubitz* § 88 Rz. 11.

150 *Veit* S. 238 ff.; *Galperin/Löwisch* § 77 Rz. 240; *Hess/Schlochauer/Glaubitz* § 77 Rz. 132 f.; früher auch BAG 24.2.1987 AP Nr. 21 zu § 77 BetrVG 1972 (unter II.4.b.bb. der Gründe).

151 GK-*Kreutz* § 77 Rz. 100; *Richardi* FS f. Schaub, 639 (644 ff.); *ders.* § 77 Rz. 260.

152 *Richardi* FS f. Schaub, 639 (644 ff.); *ders.* § 77 Rz. 260; *Ehmann/Schmidt* NZA 1995, 193 (196); *Feudner* DB 1993, 2231 f.

153 BAG 9.4.1991 AP Nr. 1 zu § 77 BetrVG 1972 Tarifvorbehalt (unter II.3. der Gründe); GK-*Kreutz* § 77 Rz. 88; *Fitting/Kaiser/Heither/Engels/Schmidt* § 77 Rz. 71; *Däubler/Kittner/Klebe* § 77 Rz. 63.

154 BAG 24.1.1996 AP Nr. 8 zu § 77 BetrVG 1972 Tarifvorbehalt (unter I.1. der Gründe); BAG 5.3.1997 AP Nr. 10 zu § 77 BetrVG 1972 Tarifvorbehalt (unter II.2.a. der Gründe); *Hess/Schlochauer/Glaubitz* § 77 Rz. 141; *Galperin/Löwisch* § 77 Rz. 81; *Waltermann* RdA 1996, 129 (131).

155 *Fitting/Kaiser/Heither/Engels/Schmidt* § 77 Rz. 78.

156 Ausdrücklich: BAG 24.1.1996 AP Nr. 8 zu § 77 BetrVG 1972 Tarifvorbehalt (unter I.1. der Gründe); BAG 5.3.1997 AP Nr. 10 zu § 77 BetrVG 1972 Tarifvorbehalt (unter II.2.a. der Gründe).

In dem Beschluss vom 24.2.1987[157] hat das BAG erstmalig zu dieser unter den Schlagworten Vorrang- und Zwei-Schranken-Theorie[158] heftig umstrittenen Frage Stellung genommen. Dabei hat das Gericht unter Adaption der Vorrangtheorie[159] in § 87 Abs. 1 Eingangssatz BetrVG eine gegenüber § 77 Abs. 3 BetrVG speziellere Norm gesehen und dadurch Betriebsvereinbarungen im Bereich der in § 87 BetrVG aufgeführten Mitbestimmungstatbestände nur dann ausgeschlossen, wenn eine abschließende tarifliche Regelung besteht und nicht lediglich üblich ist[160]. Das BAG hat an dieser Rechtsprechung bis heute festgehalten[161].

Die Gegenposition der Zwei-Schranken-Theorie will dagegen § 77 Abs. 3 BetrVG auch in den in § 87 Abs. 1 BetrVG genannten Angelegenheiten zur Anwendung bringen und errichtet so einen doppelten Schrankenvorbehalt[162].

Nach der Entscheidung des BAG, dass § 77 Abs. 3 BetrVG im Bereich der Mitbestimmung in sozialen Angelegenheiten gemäß § 87 Abs. 1 Eingangssatz BetrVG nicht zur Anwendung kommt, ist der Abschluss einer Betriebsvereinbarung nur noch bei einem tatsächlich bestehenden und auf den Betrieb des Arbeitgebers auch anwendbaren Tarifvertrag ausgeschlossen[163]. Damit wird der Katalog der mitbestimmungspflichtigen Tatbestände aus dem Anwendungsbereich des § 77 Abs. 3 BetrVG herausgenommen.

Zwar entfällt unstreitig bei bestehender tarifvertraglicher Regelung das Mitbestimmungsrecht des Betriebsrates für die in § 87 Abs. 1 BetrVG genannten Materien. Nach der Ansicht des BAG und den Vertretern der Vorrangtheorie bleibt aber in diesen Fällen die Möglichkeit erhalten, eine vom Tarifvertrag abweichende freiwillige Betriebsvereinbarung abzuschließen, die der tarifvertragli-

---

[157] BAG 24.2.1987 AP Nr. 21 zu § 77 BetrVG 1972; bestätigt durch BAG GS 3.12.1991 AP Nr. 51 zu § 87 BetrVG 1972 Lohngestaltung (unter C I der Gründe) und BAG 20.8.1991 SAE 1992, 151 (155, unter B.III.1. der Gründe).

[158] Dazu: *Richardi* § 77 Rz. 249 f.; GK-*Kreutz* § 77 Rz. 139 ff.; *ders.* Grenzen S. 220 f.; *Fitting/Kaiser/Heither/Engels/Schmidt* § 77 Rz. 109 ff.; *Kempen/Zachert* Grundlagen Rz. 277 ff.; *Galperin/Löwisch* § 77 Rz. 76; *Jahnke* S. 167; *Moll* S. 34 ff.; *Waltermann* S. 285 ff.; *Veit* S. 230 ff.; *Hanau* RdA 1973, 281 (284).

[159] Beispielsweise vertreten von *Däubler/Kittner/Klebe* § 77 Rz. 66; *Kempen/Zachert* Grundlagen Rz. 277 ff.; *Däubler* Arbeitsrecht, S. 473 jeweils m.w.N.

[160] BAG 24.2.1987 AP Nr. 21 zu § 77 BetrVG 1972 (unter B.II.4. der Gründe).

[161] BAG GS 3.12.1987 AP Nr. 51 u. 52 zu § 87 BetrVG 1972 Lohngestaltung (jeweils unter C.I. der Gründe); BAG 22.6.1993 AP Nr. 22 zu § 23 BetrVG 1972 (unter III.2.b. der Gründe).

[162] *Richardi* § 77 Rz. 249 f.; *Fitting/Kaiser/Heither/Engels/Schmidt* § 77 Rz. 109 ff.; GK-*Kreutz* § 77 Rz. 139 ff.; *ders.* Grenzen S. 220 f.; *Kempen/Zachert* Grundlagen Rz. 277 ff.; *Galperin/Löwisch* § 77 Rz. 76; *Waltermann* S. 285 ff.

[163] Zum nach Ansicht des BAG völlig fehlenden Vorrang bzw. Vorbehalt eines bestehenden Tarifvertrages gegenüber einer Betriebsvereinbarung im Bereich der Mitbestimmung in sozialen Angelegenheiten in den Fällen, in denen auch § 87 Abs. 1 Eingangssatz als Schutz des Tarifvertrages ausscheidet, weil der Arbeitgeber nicht tarifgebunden ist: BAG 20.8.1991 EzA § 77 BetrVG 1972 Nr. 41 (unter B.III.1.c. der Gründe); BAG 24.6.1996 NZA 1996, 948 (949).

chen Regelung bei entsprechender Günstigkeit vorginge[164]. Auch besteht bei einer bloß tarifüblichen Regelung nur nach der Vorrangtheorie im Rahmen des § 87 Abs. 1 BetrVG ein Mitbestimmungsrecht, das durch Betriebsvereinbarung ausgeübt werden kann[165].
Die Begründung des Gerichts anhand des Normzwecks, Wortlauts und der systematischen Stellung der Vorschriften[166] führt das BAG mit dem ausdrücklichen Hinweis zu Ende, es bestehe kein absoluter Vorrang der verfassungsmäßig geschützten Tarif- vor der Betriebsautonomie[167]. Die „nähere Ausgestaltung der Tarifautonomie und damit auch der Regelungsbefugnis der Tarifpartner" sei „Sache des Gesetzgebers" [168]. Dabei seien eine „faktische Beeinflussung" und sogar „Behinderung" der Tarifvertragsparteien durch die Regelung von materiellen Arbeitsbedingungen durch die Betriebsparteien hinzunehmen[169].
Die Entscheidung für die Vorrangtheorie stärkt zwar die Betriebsautonomie gegenüber der Tarifautonomie. Dennoch ist es zu weit gehend, angesichts dieser Rechtsprechung davon zu sprechen, der Regelungsvorrang der Sozialpartner werde dadurch praktisch beseitigt[170]. Im Bereich der freiwilligen Betriebsvereinbarung außerhalb des § 87 BetrVG, also insbesondere in Fragen des arbeitsvertraglichen Synallagmas, namentlich der Höhe des regelmäßigen individuellen Arbeitsentgelts[171] und der Dauer der individuellen regelmäßigen wöchentlichen Arbeitszeit[172], kommt die Regelungssperre des § 77 Abs. 3 BetrVG uneingeschränkt zur Anwendung[173].

---

164 *Richardi* § 77 Rz. 248. Ein solches Ergebnis ließe sich zu Gunsten der Tarifautonomie nur dann vermeiden, wenn man im Bereich des § 87 Abs. 1 Eingangssatz nicht nur das Mitbestimmungsrecht, sondern auch die Mitbestimmungsmöglichkeit, also den Abschluss freiwilliger Betriebsvereinbarungen, ausschließt, dafür: *Säcker* ZfA 1972 Sonderheft, 41 (66 f.).
165 *Richardi* § 77 Rz. 249.
166 BAG 24.2.1987 AP Nr. 21 zu § 77 BetrVG 1972 (unter B.II.4. der Gründe).
167 BAG 24.2.1987 AP Nr. 21 zu § 77 BetrVG 1972 (unter B.II.4.b.dd. der Gründe).
168 BAG 24.2.1987 AP Nr. 21 zu § 77 BetrVG 1972 (unter B.II.4.b.dd. der Gründe).
169 BAG 24.2.1987 AP Nr. 21 zu § 77 BetrVG 1972 (unter B.II.4.b.ee. der Gründe).
170 So aber *Richardi* Anm. zu BAG 24.2.1987 AP Nr. 21 zu § 77 BetrVG 1972 (unter I. der Anm.).
171 BAG 22.1.1980 AP Nr. 3 zu § 87 BetrVG 1972 Lohngestaltung (unter B.II.2.c. der Gründe); 31.1.1984 AP. Nr. 15 zu § 87 BetrVG 1972 Lohngestaltung (unter II.2. der Gründe); *Richardi* § 87 Rz. 780; GK-*Wiese* § 87 Rz. 808; *Galperin/Löwisch* § 87 Rz. 226.
172 BAG 21.11.1978 AP Nr. 2 zu § 87 BetrVG 1972 Arbeitszeit (unter III.4. der Gründe); BAG 28.9.1988 AP Nr. 29 zu § 87 BetrVG 1972 (unter der B.II.2. Gründe); BAG 25.7.1989 AP Nr. 38 zu § 87 BetrVG 1972 (unter der II.3. Gründe); *Fitting/Kaiser/Heither/Engels/Schmidt* § 87 Rz. 95 ff.; *Hess/Schlochauer/Glaubitz* § 87 Rz. 155; *Richardi* § 87 Rz. 262 ff.; *Galperin/Löwisch* § 87 Rz. 85.
173 Darauf weist *Veit* S. 218 hin.

2. Die Erweiterung des Schutzes durch die Rechtsprechung

Der Schutz der Tarifautonomie spielt auch für die Rechte der Gewerkschaften gegenüber Betriebsrat und Arbeitgeber eine Rolle, die insbesondere in § 23 BetrVG ihren Niederschlag gefunden haben. In der Folge der Befürwortung der Vorrangtheorie hat das BAG in weiteren Entscheidungen zunächst für den Fall einer tarifwidrigen Betriebsvereinbarung eine restriktive Auslegung der Unterlassungsansprüche einer im Betrieb vertretenen Gewerkschaft gegen den Arbeitgeber gemäß § 23 Abs. 3 BetrVG festgelegt. Die Rechte der Gewerkschaften wurden in einer späteren Entscheidung jedoch deutlich erweitert.

a) Unterlassungsanspruch gemäß § 23 Abs. 3 BetrVG

Mit Beschluss vom 20.8.1991 hat das BAG allerdings zunächst die Ansprüche der Tarifpartner begrenzt und eine im Betrieb vertretene Gewerkschaft zwar für antragsbefugt erklärt, wenn sie geltend macht, eine im Betrieb angewandte Betriebsvereinbarung verstoße gegen tarifvertragliche Vorgaben und sei daher gemäß § 77 Abs. 3 BetrVG unwirksam[174]. Ein gewerkschaftlicher Anspruch auf Unterlassung der Anwendung dieser Betriebsvereinbarung ergebe sich daraus jedoch nicht, wenn –wie in dem zu entscheidenden Fall – die Betriebsvereinbarung Angelegenheiten betreffe, die nach § 87 Abs. 1 BetrVG der Mitbestimmung durch den Betriebsrat unterliegen[175]. Zwar stelle ein Verstoß gegen § 77 Abs. 3 BetrVG eine Verletzung der gesetzlichen Pflichten von Arbeitgeber und Betriebsrat gemäß § 23 Abs. 3 BetrVG dar, dieser Verstoß verletze jedoch nicht das Recht der Tarifpartner gemäß Art. 9 Abs. 3 GG, Arbeits- und Wirtschaftsbedingungen durch Tarifverträge zu regeln[176]. Dieses Recht bleibe nämlich auch dann unangetastet, wenn einzelne Regelungen einer an sich zulässigen Betriebsvereinbarung gegen einen Tarifvertrag verstoßen[177]. Diese Auffassung hat das BAG in einer späteren Entscheidung bestätigt[178].
Mit der genannten Ausgangsentscheidung vom 20.8.1991 musste sich im Rahmen zweier Verfassungsbeschwerden auch das BVerfG befassen. Mit Beschluss vom 29.6.1993 wurden die gewerkschaftlichen Beschwerdeanträge zurückgewiesen[179]. Das BVerfG hält in seiner Entscheidung zwar eine generelle Verneinung gewerkschaftlicher Schutzansprüche im Bereich der nach § 87 Abs. 1

---

[174] BAG 20.8.1991 EzA § 77 BetrVG 1972 Nr. 41 (unter B.II.2. der Gründe). Zu den kontroversen Stellungnahmen der Literatur zu dieser Entscheidung vgl.: BAG 20.4.1999 AP Nr. 89 zu Art. 9 GG (unter B.II.2.b.aa.(2) der Gründe).
[175] BAG 20.8.1991 EzA § 77 BetrVG 1972 Nr. 41 (unter B.III.1.c. der Gründe).
[176] BAG 20.8.1991 EzA § 77 BetrVG 1972 Nr. 41 (unter B.III.2.b. der Gründe).
[177] BAG 20.8.1991 EzA § 77 BetrVG 1972 Nr. 41 (unter B.III.2.b. der Gründe).
[178] BAG 29.4.1992 EzA § 1 TVG Durchführungspflicht Nr. 2 (Bl. 12).
[179] BVerfG 29.6.1993 AP Nr. 2a zu § 77 BetrVG 1972 Tarifvorbehalt (unter II.2. der Gründe).

BetrVG mitbestimmungspflichtigen Angelegenheiten für nicht unproblematisch, prüft diese Frage letztlich jedoch nicht[180]. Im zu entscheidenden Fall sei nämlich einzig entscheidend, dass Art. 9 Abs. 3 GG nicht entnommen werden könne, dass Tarifverträge gegenüber einer Betriebsvereinbarung, die sich auf die Lage der Arbeitszeit beschränkt, dann durch eine gewerkschaftliche Klagebefugnis geschützt werden müssen, wenn ein solcher Tarifvertrag den Betriebspartnern ohnehin ausdrücklich eine gewisse Gestaltungsfreiheit einräume[181]. Letzteres war aber in dem zu entscheidenden Sachverhalt der Fall, so dass der Entscheidung keine generelle Aussage des BVerfG zu gewerkschaftlichen Schutzansprüchen entnommen werden kann.

b) Unterlassungsanspruch gemäß §§ 1004, 823 BGB, Art. 9 Abs. 3 GG

Seine Entscheidung für eine gegenüber gewerkschaftlichen Rechten restriktive Handhabung des § 23 Abs. 3 BetrVG hat das BAG in neuerer Zeit in dem viel beachteten „Burda–Beschluss" erneut aufgegriffen. Dieser Entscheidung vom 20.4.1999[182] lag ein Sachverhalt zu Grunde, in dem die IG Medien, Druck und Papier, Publizistik und Kunst (im Folgenden: IG Medien) die Einhaltung des geltenden Manteltarifvertrages für gewerbliche Arbeitnehmer, der u.a. eine regelmäßige wöchentliche Arbeitszeit von 35 Stunden vorsah, gegenüber zwei Töchtergesellschaften des Burda-Verlages durchzusetzen suchte, die in einem gemeinsamen Betrieb Druckerzeugnisse herstellen. Vorangegangen war die Schließung eines Standortes mit 600 Mitarbeitern in Darmstadt durch die Gesellschaften unter Berufung auf die schwierige Wettbewerbssituation im Bereich der Tiefdruckerzeugnisse. Für einen weiteren Standort in Offenburg sahen die Arbeitgeber Einsparungen mit einem Jahresvolumen von 40 Mio. DM, nach Verhandlungen mit dem Betriebsrat noch 30 Mio. DM vor. Dazu wurde am 29.2.1996 unter der Bezeichnung „Betriebsvereinbarung (Rahmenvereinbarung)" eine Abrede getroffen, die insbesondere beinhaltete, dass zur Vermeidung von 400 Entlassungen die einzelvertragliche Zustimmung der Beschäftigten zu einem als Anlage der Vereinbarung beigefügten „Sparmaßnahmenkatalog" eingeholt werden sollte. Dieser Katalog umfasste u.a. untertarifliche Zuschläge sowie eine wöchentliche Arbeitszeit von 39 Stunden, wobei die 36. und 37. Stunde mit der üblichen Vergütung abgegolten sein sollten, und für die verbleibenden zwei Stunden zusätzlich eine anteilige Grundvergütung vorgesehen wurde. Im Gegenzug war vorgesehen, dass jeder Arbeitnehmer, der eine entsprechende Individualvereinbarung unterzeichnet, eine uneingeschränkte

[180] BVerfG 29.6.1993 AP Nr. 2a zu § 77 BetrVG 1972 Tarifvorbehalt (unter II.2. der Gründe).

[181] BVerfG 29.6.1993 AP Nr. 2a zu § 77 BetrVG 1972 Tarifvorbehalt (unter II.2. der Gründe).

[182] BAG 20.4.1999 AP Nr. 89 zu Art. 9 GG; bestätigt von BAG 13.3.2001 NZA 2001, 1037 (1039).

Beschäftigungsgarantie bis zum 31.12.2000 erhält. Gültigkeit sollten diese Vereinbarungen erlangen, sofern alle Mitarbeiter einen solchen Einzelvertrag abschließen. Nachdem aufgrund mehrfacher Aufforderung durch Arbeitgeber und Betriebsrat immerhin 98,5 % der Beschäftigten eine entsprechende Vereinbarungen unterzeichnet haben, schlossen Arbeitgeber und Betriebsrat am 29.2.1996 eine Zusatzvereinbarung, die vorsah, das ausgehandelte Regelwerk am 1.6.1996 in Kraft zu setzen.
Die IG Medien unternahm in der Folgezeit verschiedene erfolglose Versuche, mit den Arbeitgebern in Verhandlungen über einen Firmentarifvertrag zu treten. Daraufhin beantragte die Gewerkschaft im Beschlussverfahren, die beiden Gesellschaften zu verpflichten, die Anwendung der tarifwidrigen Regelungen zu unterlassen. Die Anträge wurden in den beiden ersten Instanzen abgewiesen. Das BAG hat aber auf die Rechtsbeschwerde hin den Beschluss des LAG Baden-Württemberg aufgehoben[183].
Das LAG Baden-Württemberg hatte sich zur Begründung seiner ablehnenden Entscheidung unter anderem auch auf den bereits genannten Beschluss des BAG vom 20.8.1991 gestützt. Dieser Argumentation ist das BAG ausdrücklich entgegen getreten[184]. Zunächst äußert es sogar Zweifel an der Argumentation in seinem Beschluss vom 20.8.1991, wonach im Bereich der Mitbestimmung nach § 87 Abs. 1 BetrVG kein Abwehrrecht der Gewerkschaft bestehen kann[185], stellt aber letztlich darauf ab, dass diese Argumentation im zu entscheidenden Fall ohne Bedeutung sei[186]. Es gehe im Burda-Fall nicht um Vereinbarungen aufgrund von Mitbestimmungsrechten nach § 87 Abs. 1 BetrVG, sondern um eine Regelung, die generell den Wegfall tariflicher Ansprüche zur Dauer der Arbeitszeit und zur Entgelthöhe zum Inhalt habe. Diesbezüglich bestehe anerkannter Maßen kein Mitbestimmungsrecht des Betriebsrates gemäß § 87 Abs. 1 BetrVG, so dass die Grundsätze der Entscheidung vom 20.8.1991 nicht anzuwenden seien[187].
Im Anschluss an diese Ausführungen begründet das Gericht einen quasinegatorischen Unterlassungsanspruch der Gewerkschaft gemäß §§ 1004, 823 BGB i.V.m. Art. 9 Abs. 3 GG gegenüber allen tarifwidrigen Vereinbarungen, die betriebseinheitliche Regelungen mit kollektivem Charakter enthalten[188]. Der Schutz von Art. 9 Abs. 3 GG erfasse im Rahmen der Bestands- und Betätigungsgarantie der Koalitionen alle Verhaltensweisen, die koalitionsspezifisch

---

183 BAG 20.4.1999 AP Nr. 89 zu Art. 9 GG.
184 BAG 20.4.1999 AP Nr. 89 zu Art. 9 GG (unter B.II.2.b.aa. der Gründe).
185 BAG 20.4.1999 AP Nr. 89 zu Art. 9 GG (unter B.II.2.b.aa.(2) der Gründe).
186 BAG 20.4.1999 AP Nr. 89 zu Art. 9 GG (unter B.II.2.b.aa.(2) der Gründe).
187 BAG 20.4.1999 AP Nr. 89 zu Art. 9 GG (unter B.II.2.b.aa.(2) der Gründe).
188 BAG 20.4.1999 AP Nr. 89 zu Art. 9 GG (unter B.II.2.b.bb. der Gründe); bestätigt von BAG 13.3.2001 NZA 2001, 1037 (1039, unter C.I.2.b. der Gründe).

sind, also insbesondere den Abschluss von Tarifverträgen[189]. Diese verfassungsmäßig garantierte Regelungsbefugnis werde auch von Abreden oder Maßnahmen beeinträchtigt, die zwar nicht die Entstehung oder den rechtlichen Bestand eines Tarifvertrages betreffen, aber – trotz ihrer rechtlichen Unwirksamkeit – darauf gerichtet sind, dessen Wirkung zu vereiteln oder leer laufen zu lassen[190]. Solche Absprachen, „die faktisch geeignet sind, schon aufgrund ihres erklärten Geltungsanspruchs an die Stelle der tariflichen Regelung zu treten", könnten zwar nicht in jeder tarifwidrigen Vereinbarung erblickt werden, jedoch liege ein Eingriff in die Koalitionsfreiheit immer dann vor, wenn eine Tarifnorm als kollektive Ordnung verdrängt werden soll[191]. Dies sei bei tarifnormwidrigen Betriebsvereinbarungen „im Zweifel anzunehmen"[192].

Das BAG begründet also in dieser Entscheidung einen eigenständigen Unterlassungsanspruch der Gewerkschaft gegenüber den Betriebspartnern im Falle eines Verstoßes gegen § 77 Abs. 3 BetrVG, der allerdings nur dann greifen soll, wenn der betreffende Tarifvertrag im Anwendungsbereich der fraglichen betrieblichen Vereinbarung normativ gilt, also grundsätzlich nur bei beiderseitiger Tarifbindung[193]. Damit erweitert das Gericht, trotz der ursprünglichen Einschränkung des Anwendungsbereichs der Regelungssperre durch die Entscheidung für die Vorrangtheorie, die Folgen der in § 77 Abs. 3 BetrVG geregelten Nichtigkeitssanktion, da die Unwirksamkeit einer Vereinbarungen nach dieser Norm nicht mehr nur durch die Parteien der Vereinbarungen oder die regelungsbetroffenen Arbeitnehmer, sondern auch durch eine Gewerkschaft geltend gemacht werden kann.

D. Die Krise des Flächentarifvertrages

Das Primat des Flächentarifvertrages als übergeordnete einheitliche Regelung für eine Vielzahl von Betrieben wird trotz des damit verbundenen wirtschaftsautonomen und ordnungspolitischen Ausgleichs wegen der bereits beschriebenen wirtschaftlichen Veränderungen[194] mittlerweile zunehmend als Wettbewerbs- und Standortnachteil empfunden[195]. Dies resultiert daraus, dass

---

[189] BAG 20.4.1999 AP Nr. 89 zu Art. 9 GG (unter B.II.2.b.bb. der Gründe). Das BAG bezieht sich dabei auf die Rechtsprechung des BVerfG, das erstmalig in der Entscheidung vom 14.11.1995 klar gestellt hatte, dass sich der Schutzbereich des Art. 9 Abs. 3 GG auf alle koalitionsspezifischen Verhaltensweisen bezieht und nicht auf solche gewerkschaftlichen Betätigungen beschränkt ist, die zur Erhaltung und Sicherung der Koalition als unerlässlich betrachtet werden müssen, BVerfG 14.11.1995 BVerfGE 93, 352 (358 ff.).

[190] BAG 20.4.1999 AP Nr. 89 zu Art. 9 GG (unter B.II.2.b.bb. der Gründe).

[191] BAG 20.4.1999 AP Nr. 89 zu Art. 9 GG (unter B.II.2.b.bb. der Gründe).

[192] BAG 20.4.1999 AP Nr. 89 zu Art. 9 GG (unter B.II.2.b.bb. der Gründe). Zum gewerkschaftlichen Unterlassungsanspruch gegenüber nicht normativen Vereinbarungen auf Betriebsebene siehe unten Teil 4. B.

[193] BAG 20.4.1999 AP Nr. 89 zu Art. 9 GG (unter B.II.2.b.bb. der Gründe).

[194] Dazu bereits oben S. 1.

werbs- und Standortnachteil empfunden[195]. Dies resultiert daraus, dass der dargestellte gesetzliche Schutz von Tarifverträgen abweichenden betrieblichen Regelungen entgegensteht[196]. Dadurch wird dem einzelnen Betrieb eine an den jeweiligen betrieblichen Gegebenheiten ausgerichtete Reaktion auf den verstärkten Wettbewerbsdruck insbesondere aus dem Ausland durch eine individuelle Gestaltung der Arbeitsbedingungen verwehrt. Dem Flächentarifvertrag werden daher mittlerweile trotz der unbestrittenen Erfolge des deutschen Tarifmodells in der Vergangenheit Unbeweglichkeit[197], Überregulierung[198] und hohe Kostenverursachung[199] vorgeworfen.
Wegen der Dauer und Schwere der Krise und der sie begleitenden Diskussion wurde bereits frühzeitig von einer echten Existenzgefährdung der Tarifautonomie gesprochen[200]. Der damalige Präsident des Bundesverbandes der deutschen Industrie *Henkel* prophezeit dabei auch in neuerer Zeit wegen der anhaltenden Probleme ein Ende des „deutschen Tarifkartells"[201]. *Lambrich* sieht (wenn auch in ferner Zukunft) das „Ende der Tarifautonomie" kommen[202], die *Hromadka* für „nicht mehr als eine Notordnung für gestörte Vertragsparität" hält[203]. Auch *Adomeit* bezeichnet die Tarifautonomie als ohne Korrekturen durch Wettbewerb, Privatautonomie und sogar „Selbsthilfe" praktisch nicht haltbar und nennt es angesichts der Krise des Flächentarifvertrages „theoretisch fragwürdig", dass sich die Tarifautonomie für eine soziale Errungenschaft halte[204].

I. Das Bedürfnis nach betriebsindividuellen Lösungen

Die Diskussion um den Vorrang des Tarifvertrages entzündet sich in der Praxis inhaltlich regelmäßig daran, dass den Betrieben eine Reaktion auf den verstärkten Wettbewerb durch eine (vorübergehende) Veränderung der Arbeitsbedin-

---

195 *Lambrich* S. 31; *Beathalter* S. 21 ff.
196 Zu den Wirkungen des § 77 Abs. 3 BetrVG Teil 1 C. IV. 1
197 *Bispinck* Tarifpolitik der Zukunft, S. 7.
198 *Junker* ZfA 1996, 383 (384).
199 *Junker* ZfA 1996, 383 (384); *Ehmann/Schmidt* NZA 1995, 193.
200 *Beuthien/Meik* DB 1993, 1518; *Söllner* NZA 1996, 897 (900); *Linnenkohl* BB 1994, 2077 (2082); *Hank* „Krise der Tarifautonomie" FAZ vom 15.4.1993 S. 1; *Rüthers* „Der Bundeseinheitstarifvertrag ist tot" FAZ vom 10.6.1995 S. 11. Die Kritik geht dabei sogar bis zu der Behauptung von *Engels*, die Koalitionen würden als „private Verbände mit delegierter Rechtsetzungsbefugnis ein ganzes Land ruinieren", Wirtschaftswoche vom 5.2.1993 S. 126.
201 „BDI-Chef: Das deutsche Tarifkartell wird zerbrechen" in: Handelsblatt v. 21.2.2000 S. 5.
202 *Lambrich* S. 34, der insbesondere darauf abstellt, dass die für ein Funktionieren des Tarifkartells notwendige (nationale) Geschlossenheit angesichts der beschriebenen Internationalisierung der Wirtschaftsbeziehungen weggefallen ist. In diesem Sinn auch *Junker* NZA 1997, 1305 (1312); *Zöllner* AcP 196 (1996), 1 (20, Fn. 75); *ders.* NZA 1997, 121; *Gentz* FS f. Schaub, 205 (208 f.).
203 *Hromadka* DB 2003, 42 (45).
204 *Adomeit* NJW 2000, 1918.

gungen, namentlich eine Ausweitung der betrieblichen Arbeitszeit und eine Herabsetzung der Tarifentgelte nicht möglich ist, da eine solche Anpassung der Arbeitsbedingungen gegen gesetzliche Regelungen zum Schutz von Tarifverträgen verstößt[205].

1. Beispielsfall aus der betrieblichen Praxis

Die Praxis reagiert auf die neueren Entwicklungen der Wirtschaftsbedingungen häufig mit dem Abschluss von betrieblichen Vereinbarungen über Arbeitsbedingungen, die entgegen tarifvertraglichen Vorgaben eine Ausweitung der regelmäßigen wöchentlichen Arbeitszeit ohne (vollen) Lohnausgleich vorsehen[206]. Daher kommt insbesondere der Frage Bedeutung zu, wie die Dauer der Arbeitszeit und flankierende Regelungen in Hinblick auf einen beschränkten oder ausgeschlossenen Lohnausgleich sowie einen eventuellen Kündigungsverzicht auf Betriebsebene geregelt werden können, ohne gegen den gesetzlichen Schutz des Tarifvertrages zu verstoßen. Diese Frage wird in den Mittelpunkt der vorliegenden Untersuchung gestellt.
Ausgangspunkt der Erörterung soll folgende Fallgestaltung sein[207]:

> *Der Betrieb eines durch Mitgliedschaft im Arbeitgeberverband tarifgebundenen Arbeitgebers ist aufgrund verstärkten Wettbewerbsdrucks aus dem Ausland nicht mehr in der Lage, kostendeckend zu arbeiten. Der Manteltarifvertrag, in dessen Geltungsbereich der Betrieb fällt, sieht eine regelmäßige individuelle wöchentliche Arbeitszeit von 35 Stunden vor, die im Betrieb bisher eingehalten wird. Der Arbeitgeber erklärt sich auf Betreiben des Betriebsrates bereit, zur Vermeidung von Entlassungen oder einer Standortverlagerung ein betriebliches „Bündnis für Arbeit" abzuschließen. Zu diesem Zweck soll für jeden Arbeitnehmer eine auf drei Jahre befristete Beschäftigungsgarantie in Form eines Kündigungsausschlusses abgegeben werden. Wirksam werden soll diese Zusage nach dem Willen des Arbeitge-*

---

[205] Dazu beispielsweise die Fälle BAG 22.6.1993 NZA 1994, 184 ff.; ArbG Stuttgart 20.2.1998 ArbuR 1998, 205; ArbG Elmshorn 26.5.1998 AiB 1998, 650 ff.; BAG 20.4.1999 AP Nr. 89 zu Art. 9 GG; LAG Hamm 9.3.2000 NZA-RR 2001, 42ff.

[206] Vgl. BAG 22.6.1993 NZA 1994, 184 ff.; ArbG Stuttgart 20.2.1998 ArbuR 1998, 205; ArbG Elmshorn 26.5.1998 AiB 1998, 650 ff.; BAG 20.4.1999 AP Nr. 89 zu Art. 9 GG; LAG Hamm 9.3.2000 NZA-RR 2001, 42 ff.

[207] Der Ausgangsfall gibt die Grundzüge der im Wesentlichen jeweils vergleichbaren Sachverhalte wieder, die den einschlägigen Gerichtsentscheidungen zu Grunde liegen, wie z.B. BAG 20.4.1999 AP Nr. 89 zu Art. 9 GG (Burda-Beschluss); BAG 13.3.2001 NZA 2001, 1037 (1039); ArbG Stuttgart 20.2.1998 ArbuR 1998, 205 = BB 1998, 696; ArbG Elmshorn 26.5.1998 AiB 1998, 650 ff.; ArbG Marburg 7.8.1996 NZA 1996, 1331 ff.; NZA 1996, 1337 ff.; ArbG Frankfurt a.M. 28.10.1996 NZA 1996, 1340 ff.; zur Bedeutung betrieblicher Beschäftigungsbündnisse ErfK/*Hanau/Kania* § 77 BetrVG Rz. 33.

bers aber nur dann, wenn für mindestens 95 % der Arbeitnehmer eine von 35 auf 37 Stunden erhöhte regelmäßige wöchentliche Arbeitszeit ohne Lohnausgleich vereinbart werden kann. Betriebsrat und Arbeitgeber haben Bedenken, dass eine entsprechende Vereinbarung wegen des gesetzlichen Schutzes des Tarifvertrages nicht wirksam vereinbart werden kann. Aus diesem Grund beabsichtigen die Betriebspartner, durch Einbeziehung der Arbeitnehmer einen möglichst breiten Konsens herzustellen.

Dieser durchaus praxishäufige Fall wirft bereits bei unbefangener Betrachtung die Frage auf, auf welche Weise Betriebsrat und Arbeitgeber eine Regelung der Arbeitsverhältnisse der Arbeitnehmer erreichen können, die sowohl dem Bedürfnis des Arbeitgebers nach einer betriebseinheitlichen und rechtssicheren Regelung gerecht wird, als auch den Schutz der Tarifautonomie und der Arbeitnehmer beachtet.

2. Die Bedeutung der Regelung materieller Arbeitsbedingungen

Der Beispielsfall betrifft inhaltlich Fragen der Regelung der Dauer der individuellen regelmäßigen wöchentlichen Arbeitszeit, der regelmäßigen Entgelthöhe und des Bestandsschutzes des Arbeitsverhältnisses. Damit geht es im Kern um die betriebliche Regelung sogenannter materieller Arbeitsbedingungen.
Zwar bestehen umfangreiche Schwierigkeiten bei der Unterscheidung der formellen von den materiellen Arbeitsbedingungen[208]. Auch verhindert der zu Gunsten des Tarifvertrages bestehende gesetzliche Schutz in seinem Anwendungsbereich eine abweichende Regelung sämtlicher Arbeitsbedingungen, ohne zwischen solchen formeller und materieller Natur zu unterscheiden. So spricht beispielsweise § 77 Abs. 3 BetrVG in allgemeiner Form von Arbeitsentgelten und „sonstige(n) Arbeitsbedingungen“, die bei bestehender oder üblicher tariflicher Regelung nicht Gegenstand einer Betriebsvereinbarung sein können. Für die Frage der Beurteilung betrieblicher Vereinbarungen unterhalb der Betriebsvereinbarung ist es aber ausreichend, insoweit auf die grundlegende Unterscheidung zurückzugreifen, wonach materielle Arbeitsbedingungen solche sind, die das Verhältnis von Leistung und Gegenleistung regeln und zu den formellen Arbeitsbedingungen vordringlich Regelungen über die generelle Ordnung des Betriebes zählen[209].
Die dargestellte Krise des Flächentarifvertrages und ihr Einfluss auf die Bewertung des deutschen Arbeitsrechtssystems haben ganz überwiegend Auswirkun-

---

[208] Vgl. BAG 8.3.1977 AP Nr. 1 zu § 87 BetrVG 1972 Auszahlung (unter II.2. der Gründe) GK-*Wiese* § 87 Rz. 34; *Galperin/Löwisch* § 87 Rz. 2 f.; *Richardi* § 87 Rz. 34 spricht von einer „zweifelhafte(n) Unterscheidung“.

[209] *Hueck/Nipperdey/Säcker* II/2 S. 1357 f.; GK-*Wiese* § 87 Rz. 34; *Galperin/Siebert* Vor § 56 Anm. 18 u. § 57 Anm. 8; *Richardi* § 87 Rz. 35.

gen auf die Festlegung materieller Arbeitsbedingungen, da diese deutlich Stärker als Fragen der Ordnung des Betriebes Einfluss auf die Wettbewerbsfähigkeit der Unternehmen haben. So geht es auch in den dargestellten einschlägigen Gerichtsentscheidungen schwerpunktmäßig um Vereinbarungen, mit denen Arbeitgeber und Betriebsrat eine Veränderung materieller Arbeitsbedingungen erreichen wollen[210]. Aus diesem Grund wird auch im Rahmen dieser Abhandlung der Schwerpunkt auf die materiellen Arbeitsbedingungen gelegt.

II. Das Regelungsdefizit der Betriebsvereinbarung

Nach den vorliegenden Ergebnissen ist die Befugnis der Betriebspartner zu einer innerbetriebliche Rechtsetzung durch Betriebsvereinbarung im Anwendungsbereich eines Tarifvertrages zum Schutz der ausgeübten und aktualisierten Tarifautonomie und der Erhaltung der Funktionsfähigkeit der Koalitionen deutlich beschränkt. Zunächst ist die Vorbehaltsregelung des § 77 Abs. 3 BetrVG zu beachten. Insbesondere dadurch, dass die h.M. und Rechtsprechung den Schutz des Tarifvertrages durch § 77 Abs. 3 BetrVG auf die Regelung sämtlicher Arbeitsbedingungen auch bei nicht tarifgebundenen Arbeitgebern erstreckt, wird das Primat der koalitionsspezifischen gegenüber der betrieblichen Rechtsnormsetzung verfestigt. Der Einschränkung dieser Sperrwirkung durch das BAG durch die Adaption der Vorrangtheorie steht andererseits die Rechtsprechungsänderung hin zu der Annahme eines gewerkschaftlichen Unterlassungsanspruchs gemäß §§ 823, 1004 BGB, Art. 9 Abs. 3 GG gegenüber.
Da im Anwendungsbereich des damit beschriebenen Schutzes der Tarifautonomie vor einer betrieblichen Regelungskonkurrenz eine betriebsindividuelle Regelung durch Betriebsvereinbarung nicht möglich ist, weist die Betriebsvereinbarung ein Regelungsdefizit auf. Durch den Schutz des Tarifvertrages wird gerade eine solche konkurrierende Regelung der Betriebspartner verhindert, die aufgrund ihrer normativen Wirkung zur einheitlichen Regelung von Arbeitsbedingungen auf Betriebsebene besonders geeignet wäre[211]. Insbesondere sind Betriebsvereinbarungen nicht möglich, die – wie bei der Fallgestaltung im Ausgangsfall - zur Stärkung der Wettbewerbsfähigkeit eines Unternehmens eine Ausweitung der individuellen regelmäßigen wöchentlichen Arbeitszeit ohne (vollen) Lohnausgleich vorsehen. Dadurch wird dem einzelnen Betrieb eine individuelle, an den jeweiligen betrieblichen Gegebenheiten ausgerichtete Reaktion auf den verstärkten Wettbewerbsdruck, insbesondere aus dem Ausland, durch eine Gestaltung der Arbeitsbedingungen mittels einer unmittelbar und

---

[210] BAG 20.4.1999 AP Nr. 89 zu Art. 9 GG (Burda-Beschluss); BAG 13.3.2001 NZA 2001, 1037 (1039); ArbG Stuttgart 20.2.1998 ArbuR 1998, 205 = BB 1998, 696; ArbG Elmshorn 26.5.1998 AiB 1998, 650 ff.; ArbG Marburg 7.8.1996 NZA 1996, 1331 ff.; NZA 1996, 1337 ff.; ArbG Frankfurt a.M. 28.10.1996 NZA 1996, 1340 ff.

[211] Zur Anwendung der Sperrwirkung des § 77 Abs. 3 BetrVG auf nicht normative Regelungen auf Betriebsebene unten Teil 4. A.

zwingend wirkenden betrieblichen Regelung (zumindest ohne das Hinzuziehen der Gewerkschaft) verwehrt.
Trotz der normativen Wirkung und der nach h.M. umfassenden Regelungskompetenz der Betriebspartner weist daher die Betriebsvereinbarung als das klassische Instrument zur innerbetrieblichen Rechtsetzung Grenzen auf, welche die Eignung der Betriebsvereinbarung zur Bewältigung der gegenwärtigen Krise deutlich beschränken. Diese rechtliche Sperrwirkung wird durch die Möglichkeit der Geltendmachung eines gewerkschaftlichen Unterlassungsanspruchs gemäß §§ 1004, 823 BGB i.V.m. Art. 9 Abs. 3 GG nach der Rechtsprechung des BAG im Burda-Beschluss[212] insoweit verstärkt, als auch einem von allen Betriebsparteien getragenen bewussten Rechtsbruch durch den Abschluss und die Umsetzung tarifwidriger und damit unwirksamer Betriebsvereinbarungen durch eine außerhalb des Betriebes stehende Partei die Grundlage entzogen werden kann.

III. Das Ausbleiben einer Gesetzesänderung

Auch angesichts der mittlerweile mehrjährigen kontroversen Diskussion in Arbeitswissenschaft und Praxis und des nach wie vor rasant fortschreitenden aktuellen wirtschaftlichen Wandels sind die Regelungen des bundesdeutschen Arbeitsrechts in ihrer Grundstruktur vom Gesetzgeber nicht angetastet worden. Weder die Gesetzesänderungen vom 24.6.1994[213] und vom 24.3.1997[214] noch die weitreichendste Reform des BetrVG seit dem Inkrafttreten des derzeit geltenden BetrVG von 1972 durch das „Gesetz zur Reform des Betriebsverfassungsgesetzes (BetrVerf-Reformgesetz)“ vom 28.7.2001[215] haben zur Frage der Ausgestaltung des Vorrangs des Tarifvertrages gegenüber abweichenden Vereinbarungen auf betrieblicher Ebene inhaltliche Neuerungen gebracht. Die dafür maßgeblichen Vorschriften der §§ 77 Abs. 3 und 87 Abs. 1 BetrVG sind weder vom Wortlaut noch von ihrer Bedeutung her verändert worden[216]. Der Gesetzgeber hat zwar bei Erlass des BetrVerf-Reformgesetzes gerade in den tiefgreifenden Veränderungen der Arbeits- und Wirtschaftswelt Anlass zur Reform und Modernisierung des BetrVG gesehen[217], sich jedoch auf eine erweiternde Neuordnung der Organisation innerhalb der Betriebsverfassung und der Aufzählung

---

[212] BAG 20.4.1999 AP Nr. 89 zu Art. 9 GG.
[213] BGBl. I., S. 1406.
[214] BGBl. I., S. 594.
[215] BGBl. I 1852 ff., vgl. dazu: *Buchner* NZA 2001, 633 ff.; *Blanke/Rose* RdA 2001, 92 ff.; *Hanau* RdA 2001, 65 ff.; *Reichold* NZA 2001, 857 ff.; *Plander* DB 2000, 2014 ff. ; *Däubler* ArbuR 2001, 1 ff.
[216] *Hanau* RdA 2001, 65 (74).
[217] Vgl. Begr. BT-Drucks. 14/5741, S. 1 - 6.

der operativen Rechte des Betriebsrates beschränkt[218]. Das BetrVerf-Reformgesetz reformierte damit in erster Linie die Arbeitsbedingungen des Betriebsrates, nicht aber die Möglichkeiten zur Gestaltung der Arbeitsbedingungen der Arbeitnehmer[219].

IV. Folgen für die Praxis auf Betriebs- und Verbandsebene

In der betrieblichen Praxis kommt es angesichts des damit auch nach Erlass des BetrVerf-Reformgesetzes fortbestehenden Spannungsverhältnisses zwischen den Vorgaben des Flächentarifvertrages und dem durch den wirtschaftlichen Wandel entstandenen Flexibilisierungsbedarf in der Folge vielerorts zu tarifwidrigem Verhalten. Dabei werden insbesondere (unwirksame) Betriebsvereinbarungen über Arbeitsbedingungen geschlossen, die von Gesetzes wegen den Tarifvertragsparteien vorbehalten sind[220]. Auch die Gerichte müssen sich immer wieder mit diesem Vorgehen befassen[221]. Es sind in diesem Zusammenhang vordringlich die bereits dem Ausgangsfall zu Grunde gelegten Abreden zur Beschäftigungssicherung, also Vereinbarungen über eine Verlängerung der Arbeitszeit und Lohneinbußen gegen temporäre Arbeitsplatzgarantien zu nennen, die teilweise mit Duldung der Gewerkschaften tarifvertragliche Vorgaben auf betrieblicher Ebene unterlaufen[222].

Solche Abreden werden allerdings nicht nur in Form von unmittelbar und zwingend wirkenden Betriebsvereinbarungen getroffen, teilweise wird – wie in dem

---

[218] Zu einer Herabsetzung der Schranken und einer organisatorischen Vereinfachung der Wahl des Betriebsrates vgl. insbesondere die Aufhebung des § 6 BetrVG a.F. und die Neufassung der §§ 9 bis 17a BetrVG. Die Erweiterung der Mitwirkungs- und Mitbestimmungsrechte findet sich vordringlich in den §§ 80, 88, 89, 92, 92a und 99 BetrVG n.F. die dort vorgenommenen Änderungen sind angesichts der überwiegenden Beschränkung darauf, dem Betriebsrat Förderungsaufgaben hinsichtlich allgemeinpolitischer Ziele (Förderung der Vereinbarkeit von Familie und Erwerbstätigkeit, Bekämpfung von Rassismus und Fremdenfeindlichkeit, Förderung der Beschäftigungssicherung und des betrieblichen Umweltschutzes, § 80 Nr. 2b und 7 bis 9) aufzuerlegen, bereits als „symbolische" Gesetzgebung und „Mitbestimmungslyrik" kritisiert worden, *Däubler* ArbuR 2001, 1 (6); *Reichold* NZA 2001, 857 (863); GK-*Wiese* § 88 Rz. 19 u. 31.

[219] *Annuß* NZA 2001, 367; *Hanau* RdA 2001, 65 (74); *Plander* DB 2000, 2014 ff.

[220] *Ehmann/Schmidt* NZA 1995, 193; *Gamillscheg* Kollektives Arbeitsrecht, S. 326 f.

[221] Beispielhaft: BAG 22.6.1993 NZA 1994, 184 ff.; ArbG Stuttgart 20.2.1998 ArbuR 1998, 205; ArbG Elmshorn 26.5.1998 AiB 1998, 650 ff.; BAG 20.4.1999 AP Nr. 89 zu Art. 9 GG; LAG Hamm 9.3.2000 NZA-RR 2001, 42 ff.

[222] Dazu: *Gamillscheg* Kollektives Arbeitsrecht, S. 327; *Brecht/Höland/Reim* ArbuR 2002, 127 ff.; *Gentz* FS f. Schaub, 205 (206); *Birk* ZfA 1986, 73 (101 ff.); GK-*Kreutz* (6. Aufl.) § 77 Rz. 67. Nach einer WSI-Betriebsrätebefragung aus den Jahren 1999 und 2000 haben von Betrieben mit Betriebsrat und mehr als 20 Mitarbeitern bereits ca. 30 % einen derartigen „Beschäftigungspakt" abgeschlossen, davon wiederum 80 % in Form einer Betriebsvereinbarung (Betriebe aus der chemischen Industrie und dem Bergbau blieben unberücksichtigt), vgl. *Seifert* WSI Mitteilungen 2000, 437 (439).

der Burda-Entscheidung zu Grunde liegenden Sachverhalt[223] – ihre Wirkung auch von einer Zustimmung (zumindest einer qualifizierten Mehrheit) der Arbeitnehmer abhängig gemacht, so dass diese Vereinbarungen keine Betriebsvereinbarung, sondern eine nicht normative Übereinkunft von Arbeitgeber und Betriebsrat und damit eine Regelungsabrede darstellt.
Wegen der Häufigkeit der Verstöße gegen geltende Tarifverträge[224] und damit gegen die §§ 77 Abs. 3 und 87 Abs. 1 BetrVG wurde schon von einer „Erosion" des Flächentarifvertrages[225] und einer möglichen gewohnheitsrechtlichen Derogation von § 77 Abs. 3 BetrVG[226] gesprochen. Nach *Rüthers* ist § 77 Abs. 3 BetrVG „die meist mit Füßen getretene Norm des deutschen Arbeitsrechts überhaupt"[227]. *Lambrich* stellt dazu fest, diese Norm sei der „archimedische Punkt" und „die Achillesferse der (...) Arbeitsverfassung"[228]. Andere Autoren formulieren allerdings auch, in dem weitgehenden Ignorieren des § 77 Abs. 3 BetrVG durch die Betriebspartner liege eine „ingeniöse Nichtanwendung" des geltenden Rechts[229]. Das BAG hat zwischenzeitlich ebenfalls konstatiert, es gebe eine „verbreitete Praxis tarifwidriger Vereinbarungen"[230].
Dementsprechend macht sich auch auf der Verbandsebene die Krise des Flächentarifvertrages negativ bemerkbar, da die Unternehmen verstärkt versuchen, der mit der Verbandsmitgliedschaft grundsätzlich verbundenen Bindungswirkung des Tarifvertrages (und damit letztlich der Schranke des § 77 Abs. 3 BetrVG) zu entgehen. Dies vollzieht sich in erster Linie durch den Austritt aus dem Verband[231]. So hat der Arbeitgeberverband Gesamtmetall allein in den Jah-

---

[223] Dazu Teil 1 C. IV. 2.b.
[224] Nach Schätzung des Gesamtmetallpräsidenten *Stumpfe* hält sich in Ostdeutschland nahezu kein Unternehmen mehr an die Flächentarifverträge, in Westdeutschland schätzt er die Zahl auf „40 bis 70 %", zitiert nach *Frieges* DB 1996, 1281 Fn. 4.
[225] *Bauer* NZA 1999, 957 (959); *Lesch* DB 2000, 322.
[226] Allerdings ohne diese zu bejahen: *Zöllner* FS f. Nipperdey 1965 Bd. 2, 699 (702 f.); im Anschluss daran *Birk* ZfA 1986, 73 (104); vgl. auch *Veit* S. 223, die zu recht darauf verweist, dass die zumindest auch maßgebliche Überzeugung der Tarifpartner von der Rechtmäßigkeit einer Nichtbeachtung des § 77 Abs. 3 BetrVG nicht vorliegt; a.A. *Reuter*, der aufgrund seiner Annahme einer originären, verbandstypischen Autonomie der Betriebspartner drastische Worte für die seiner Ansicht nach „ohne soziale Akzeptanz" und daher gegenstandslose Vorschrift findet, die „nicht einmal schlüssig" und letztlich ein „Leichnam" sei, *Reuter* RdA 1991, 193 (199); *ders.* RdA 1994, 152 (154); *ders.* Verhandlungen K 54; vgl. auch *Möschel* BB 2002, 1314 f.; näher Teil 3 C. II.
[227] *Rüthers* RdA 1994, 176 (177); *Säcker* hat zur Vorgängernorm des § 59 BetrVG 1952 festgestellt, in dieser Norm breche sich die Vernunft und siege die Ideologie, RdA 1967, 370.
[228] *Lambrich* S. 27.
[229] Deregulierungskommission, Marktöffnung und Wettbewerb, 1991, Vorwort Nr. 6, S. VI; Diese Wendung greift *Linnenkohl* BB 1994, 2077 ff. auf.
[230] BAG 20.4.1999 AP Nr.89 zu Art. 9 GG (unter B.II.2.b.bb. der Gründe).
[231] *Bahnmüller* Industrielle Beziehungen 2002, 402 (403). Allerdings darf dabei nicht übersehen werden, dass ein Austritt aus dem Verband zunächst noch nichts an der weiterhin beste-

ren 1995 und 1996 über 1000 Mitgliedsunternehmen und damit 12 % des Mitgliederbestandes durch Austritt verloren[232]. Das in diesem Zusammenhang häufig gebrauchte Schlagwort von der „Verbandsflucht“[233] ist angesichts dieser Entwicklung keinesfalls übertrieben. Neben dem Austritt aus dem Verband wird zunehmend auch die Konstruktion einer (fortbestehenden) Mitgliedschaft ohne Tarifbindung (OT-Mitgliedschaft) angewendet, um der zwingenden Wirkung des Flächentarifvertrages zu entgehen[234]. Arbeitgeberverbände ohne Tarifbindung existieren mittlerweile flächendeckend[235].

E. Lösungsansätze zur Ermöglichung betriebsindividueller Regelungen

Die Verstöße gegen § 77 Abs. 3 BetrVG und die verschiedenen Versuche der Mitglieder der Arbeitgeberverbände zur Umgehung der Bindungswirkung des Flächentarifvertrages belegen das offenkundige Bedürfnis der Praxis nach Regelungen, die es ermöglichen, auch im Geltungsbereich eines Tarifvertrages materielle Arbeitsbedingungen betriebsindividuell flexibler zu gestalten[236].
Aufgrund der bereits dargestellten Sperrwirkung kommt die Betriebsvereinbarung als das wegen der normativen Wirkung und der damit verbundenen Erfassung aller Arbeitnehmer im Betrieb, unabhängig von einer individualrechtlichen Einigung, geeignetste Gestaltungsmittel dafür de lege lata nicht in Betracht. Das Spannungsverhältnis zwischen dem betrieblichen Bedürfnis nach einer individuellen Regelung und den Vorgaben des Flächentarifvertrages ist durch das In-

---

henden Tarifgebundenheit ändert, die entgegen dem Grundsatz des § 3 Abs. 1 TVG durch die gesetzliche Fiktion des § 3 Abs. 3 TVG bis zum Eintritt des nach dem zeitlichen Geltungsbereich des Tarifvertrages vorgesehenen Endzeitpunkts aufrecht erhalten wird, *Löwisch/Rieble* § 3 Rz. 73.

232 Vgl. die Angaben des Präsidenten des Arbeitgeberverbandes Gesamtmetall *Stumpfe* NZA 2000, Sonderbeilage zu Heft 24, 1; *Bahnmüller* Industrielle Beziehungen 2002, 402 (403 ff.). Eine ähnliche Größenordnung erreicht auch der Mitgliederverlust bei den Gewerkschaften. So hat die IG Metall von 1995 bis 1998 ebenfalls 12,1 % ihrer Mitglieder verloren (sofern die Fusion mit der Gewerkschaft Textil/Bekleidung im Jahre 1998 unberücksichtigt bleibt), vgl: die Nachweise bei *Winkler* NZA 2000, Sonderbeilage zu Heft 24, 10 (13). Auch angesichts der Tarifabschlüsse des Jahres 2002 hat die Zahl der Verbandsmitglieder auf beiden Seiten weiter abgenommen, vgl. die Nachweise im Tagesspiegel vom 25.5.2002, S. 18.

233 Dazu *Schaub* BB 1995, 2003; *Zöllner* Sonderbeilage zu NZA 2000 Heft 3, 1 (2); zur Flucht auch aus Firmentarifverträgen *Henssler* ZfA 1998, 517 (539).

234 Die OT-Mitgliedschaft wird sowohl in der Form einer Neugründung eines Arbeitgeberverbandes ohne Tarifbindung als auch in der Bildung von verschiedenen Mitgliedschaftsmodellen innerhalb eines Verbandes von der ganz überwiegenden Meinung anerkannt, *Schaub* ZTR 2000, 10 (12 f.); *Schaub* NZA 1998, 617 (621); *Buchner* NZA 1995, 761 (764 ff.); *Otto, S.* NZA 1996, 624 ff.; ist allerdings auch auf Kritik gestoßen, vgl.: *Schaub* NZA 1998, 617 (621) m.w.N.

235 *Stumpfe* in Sonderbeilage zu NZA Heft 24/2000 S. 1 (2).

236 So auch ausdrücklich *Kreutz* in GK § 77 Rz. 67, der allerdings ausschließlich auf die Notwendigkeit normativer betriebsspezifischer Regelungen abstellt.

strument der Betriebsvereinbarung nach dem geltenden Rechtsverständnis nicht aufzulösen. Aus diesem Grund werden in der gegenwärtigen Diskussion unterschiedlichste Vorschläge diskutiert, die entweder darauf abzielen, durch einen Wandel der Tarifpolitik der Sozialpartner mehr Gestaltungsspielraum auf der betrieblichen Ebene zu ermöglichen, oder aber das gesetzlich definierte Verhältnis von Tarif- und Betriebsautonomie de lege ferenda zu modifizieren.
Für die Untersuchung der Frage einer Notwendigkeit alternativer betrieblicher Rechtsgestaltung neben der Betriebsvereinbarung sollen die wesentlichen Lösungsansätze der Tarifpolitik und Rechtswissenschaft dargestellt werden, um die darin liegenden Möglichkeiten und Grenzen der Bewältigung der gegenwärtigen Krise und der Defizite der Betriebsvereinbarung zu beleuchten. Soweit dabei festgestellt werden kann, dass die Mittel der Tarifpolitik und die weitergehenden Änderungsvorschläge de lege ferenda zur Gewährleistung einer ausreichenden betrieblichen Rechtsgestaltung nicht geeignet sind, stellt sich die Frage nach der Regelungsabrede als Alternative zur Betriebsvereinbarung.

I. Lösungsvorschläge de lege lata

Durch die bereits beschriebenen Vorgaben der betrieblichen Realität und die daran anknüpfenden tarifpolitischen Vorschläge besteht ein Angleichungsdruck auf die Inhalte von Flächentarifverträgen[237], der auch auf Verbandsebene verstärkt wahrgenommen und umgesetzt wird. So äußerte der erste Vorsitzende der neu gegründeten Gewerkschaft ver.di *Bsirske* bereits in seiner Antrittsrede, im Tarifrecht seien neue, flexible Lösungen notwendig, welche die Unterschiedlichkeit und Individualisierung der Arbeitnehmerinteressen nicht als Schreckgespenster behandeln, sondern „Autonomie und Absicherung ausbalancieren“[238].
Die Ansätze der Tarifpolitik und deren Umsetzung durch die Tarifvertragsparteien sind dabei äußerst vielschichtig. Vordringlich besteht die Reaktion der Tarifpartner aber in zwei Gestaltungsmitteln, nämlich sog. Öffnungsklauseln und dem Abschluss von Firmentarifverträgen. Die weitergehenden Forderungen an die Tarifpartner im Sinne einer „dezentralen Tarifpolitik“ wie etwa der Ruf nach Einstiegstarifverträgen mit niedrigeren Löhnen für Berufsanfänger und vormalige Arbeitslose[239] sind, soweit ersichtlich, bislang weit gehend ohne Gehör geblieben[240].

---

[237] *Höland/Reim/Brecht* AuA 2001, 358 (360), *dies.* ArbuR 2002, 127 (128).
[238] Antrittsrede von *Frank Bsirske*, dokumentiert in FR vom 21.3.2001 S. 18.
[239] So der ehemalige Bundeswirtschaftsminister *Rexrodt* (FDP) im Tagesspiegel vom 8./9. Mai 2001, S. 19.
[240] Ablehnend z.B der Sprecher der IG Metall *Eilrich*, im Tagesspiegel vom 8./9. Mai 2001, S. 19.

1. Öffnungsklauseln

Die Vorgabe sog. Öffnungsklauseln[241] in Tarifverträgen ist angesichts des beschriebenen wirtschaftlichen Wandels zunächst angemahnt[242] und mittlerweile auch teilweise Realität geworden[243]. So kommt es zunehmend zu der Vereinbarung von sog. Härte- oder Notfallklauseln, die unter bestimmten Voraussetzungen eine Pflicht der Tarifparteien zum Abschluss von Sanierungs- oder Ergänzungstarifverträgen oder der Zustimmung zu vorformulierten Notlösungen vorsehen[244]. Auch die Ausfüllung, Ergänzung oder sogar ausdrückliche Korrektur tariflicher Vorgaben durch die Betriebspartner ist – insbesondere hinsichtlich der Regelung der Arbeitszeit – Inhalt von Flächentarifverträgen geworden[245]. Ansatzpunkt hierfür ist die gesetzliche Regelung in § 4 Abs. 3 Halbsatz 1 TVG, nach der ein Tarifvertrag generell dispositiv gestaltet werden kann. Für die Betriebsvereinbarung schränkt der insoweit speziellere § 77 Abs. 3 S. 2 BetrVG die Vorgabe des TVG dahingehend ein, dass nur „ergänzende" Betriebsvereinbarungen zulässig sind und auch diese nur, wenn der Tarifvertrag sie „ausdrücklich" zulässt. Da die Tarifvertragsparteien auf eine Regelung aber auch völlig verzichten können (mit der Folge, dass eine Sperrwirkung gar nicht erst entsteht), sind über den Wortlaut des § 77 Abs. 3 S. 2 BetrVG hinaus nicht nur ergänzende, sondern auch abweichende Betriebsvereinbarungen möglich[246]. Die Wirkung einer solchen Öffnungsklausel besteht in der Aufhebung der Regelungssperre des § 77 Abs. 3 S. 1 BetrVG und der Unabdingbarkeit der Tarifnormen nach § 4 Abs. 1, 3 und 4 TVG[247]. Die von der Öffnungsklausel zugelassene Regelung wird rechtlich nicht zum Bestandteil des Tarifvertrages, sie erfolgt durch Betriebsvereinbarung (oder – was auch denkbar, aber seltener ist –

---

[241] Zu den verschiedenen Modellen der Öffnung des Tarifvertrages *Wendeling-Schröder/Schubert* NZA 2003, 772 (772 f.); *Seifert* WSI Mitteilungen 2000, 437 (438 f.).

[242] Vgl. die Nachweise bei *Kempen/Zachert* Grundlagen Rz. 270; *Richardi* Gutachten, B 22 f. Laut einer Umfrage der DG-Bank forderten bereits 1996 76 % der mittelständischen Unternehmen tarifvertragliche Öffnungsklauseln, FAZ v. 6.12.1996, S. 19.

[243] Aufzählung für die Tarifabschlüsse 1997 in NZA 1998, 173 (178 f.).

[244] *Dieterich* RdA 2002, 1 (6) m.w.N.; *Kittner* FS f. Schaub, 389 (394 ff.).

[245] *Bispinck* Das Arbeitsrecht der Gegenwart, Bd. 34 (1997), 49 (53 ff.); *Seifert* WSI-Mitteilungen 1999, 156 ff.; *ders.* WSI-Mitteilungen 2000, 437 (438 f.); *Dieterich* RdA 2002, 1 (6) m.w.N.; *Kittner* FS f. Schaub, 389 (400 ff.).

[246] Allgem. Meinung, vgl. nur *Richardi* § 77 Rz. 301; *Hess/Schlochauer/Glaubitz* § 77 Rz. 164; *Fitting/Kaiser/Heither/Engels/Schmidt* § 77 Rz. 121; GK-*Kreutz* § 77 Rz. 154; *Waltermann* RdA 1996, 129 (135 f.); *Junker* ZfA 1996, 383 (405f); *Walker* ZfA 1996, 353 (360); a.A. nur *Heinze* NZA 1995, 5 (7); *Löwisch* NZA 1985, 170 (172); *Zachert* RdA 1996, 140 (145).

[247] GK-*Kreutz* § 77 Rz. 147.

durch einzelvertragliche Vereinbarung[248] oder einseitiges Gestaltungsrecht des Arbeitgebers).
Die zulässige Ausgestaltung des Inhalts und Umfangs von Öffnungsklauseln wird aber kontrovers diskutiert.
Dabei wird insbesondere die Zwangserfassung der Tarifaußenseiter von einer erst durch eine tarifliche Öffnungsklausel zugelassenen Betriebsvereinbarung kritisiert[249]. Gilt der Tarifvertrag vorbehaltlich einer Allgemeinverbindlicherklärung nach § 5 TVG im Grundsatz nur zwischen beiderseits Tarifgebundenen[250], werden hier also nicht organisierte Arbeitnehmer, sogenannte Außenseiter, nicht erfasst, so gilt die normative Wirkung der Betriebsvereinbarung gemäß § 77 Abs. 4 S. 1 BetrVG für alle Arbeitnehmer eines Betriebes im Sinne des § 5 Abs. 1 BetrVG. Wenn ein Tarifvertrag nun ergänzende oder abweichende Betriebsvereinbarungen zulässt, stellt sich die Frage, ob die Zwangserfassung der Außenseiter einer solchen Regelung entgegensteht. Das BAG hat die Erstreckung einer durch tarifliche Öffnungsklausel zugelassenen Betriebsvereinbarung auch auf Tarifaußenseiter in der bereits genannten Entscheidung zum *Leber-Rüthers*-Kompromiss[251] gebilligt, da die Außenseiter nur von der Betriebsvereinbarung erfasst würden, nicht aber von den (geöffneten) Regelungen des Tarifvertrages[252]. Die umfassende Regelungskompetenz der Betriebspartner lebe durch die Ausschaltung der Regelungssperre des § 77 Abs. 3 BetrVG durch die Öffnungsklausel wieder auf[253]. Die Literatur hat sich dieser Argumentation

[248] Günstigere einzelvertragliche Abweichungen vom Tarifvertrag sind allerdings im Rahmen des in § 4 Abs. 3 TVG verankerten Günstigkeitsprinzips auch ohne Öffnungsklausel zulässig.
[249] Vgl. bereits oben Teil 1. C. III. 3.a. Zu der weiterhin diskutierten Frage einer „unzulässigen Selbstentäußerung" der Tarifpartner durch eine Verlagerung von Regelungskompetenzen auf die Betriebspartner: *Wendeling-Schröder* NZA 1998, 624 (625 ff.) m.w.N.; *Gaumann/Schafft* NZA 1998, 176 (179) m.w.N.; *Kissel* NZA 1986, 73 (79); *Däubler* Tarifvertragsrecht, Rn. 243; *Fitting/Kaiser/Heither/Engels/Schmidt* § 77 Rz. 121; GK-*Kreutz* § 77 Rz. 156; *Gamillscheg* Kollektives Arbeitsrecht, S. 816.
[250] Auch wenn für betriebliche und betriebsverfassungsrechtliche Bestimmungen die Tarifgebundenheit des Arbeitgebers ausreicht (§ 3 Abs. 2 TVG), wird für den wichtigsten Bereich von Tarif- und damit auch Öffnungsklauseln, nämlich Arbeitslohn und Arbeitszeit, da es sich hierbei um Inhaltsnormen handelt, gemäß § 3 Abs. 1 TVG beiderseitige Tarifgebundenheit vorausgesetzt.
[251] BAG 18.8.1987 AP Nr. 23 zu § 77 BetrVG 1972, s.o. unter Teil 1. C. III. 3.a.
[252] BAG 18.8.1987 AP Nr. 23 zu § 77 BetrVG 1972 (unter II.3.b. der Gründe); BAG 2.12.1987 BAGE 57, 74 (79, unter II.1.a. der Gründe).
[253] BAG 18.8.1987 AP Nr. 23 zu § 77 BetrVG 1972 (unter II.3.b. der Gründe).

weitgehend angeschlossen[254], diese Ansicht hat aber auch deutliche Kritik erfahren[255].
Unabhängig von dieser Fragestellung und trotz der weitgehenden Zulassung durch die Rechtsprechung des BAG, werden Öffnungsklauseln nur differenziert und in eingeschränktem Umfang angewandt[256]. Dies findet seinen Grund darin, dass der Flächentarifvertrag mit seiner übergeordneten Befriedungs- und Ordnungsfunktion nicht nur von Vertretern der Arbeitnehmer, sondern auch der Arbeitgeber als (im Ergebnis) unverzichtbar angesehen wird[257].
Öffnungsklauseln können zwar in einzelnen, konkret festgelegten Fällen (insbesondere in Härte- und Existenzgefährdungsfällen) ein probates Mittel sein, um schädliche Auswirkungen des wirtschaftlichen Wandels abzufangen, in dem sie z.B. abweichende Betriebsvereinbarungen bei der Erfüllung bestimmter, vorab festgelegter, Kriterien zulassen. Für eine flächendeckende Flexibilisierung von Arbeitsbedingungen sind sie jedoch keine tragfähige Grundlage, da bei der Ver-

---

[254] *Däubler/Kittner/Klebe* § 88 Rz. 1; GK-*Kreutz* (6. Aufl.)§ 77 Rz. 134; *v. Hoyningen-Huene/Meyer-Krenz* ZfA 1988, 293 (304 f.); *Kissel* NZA 1995, 1 (5); *Gaumann/Schafft* NZA 1998, 176 (180 ff.).

[255] Gegen die Zwangserfassung der Außenseiter wurde vorgebracht, es fehle für eine unbegrenzte Einbeziehung der Außenseiter durch die tarifliche Öffnungsklausel, selbst wenn man mit der herrschenden Ansicht von einer Allzuständigkeit der Betriebspartner ausgehe, an einer hinreichenden Legitimation einer solchen Anordnung durch die Tarifpartner, da eine schrankenlose Unterwerfung des Einzelnen unter eine nicht demokratisch oder mitgliedschaftlich legitimierte Normsetzungsbefugnis (hier der Betriebspartner) mit dem Demokratieprinzip unvereinbar sei. Hierauf verweisen unter Berufung auf BVerfG 9.5.72 BVerfGE 33, 125, 158 insbesondere *Löwisch* SAE 1988, 103 (104) und *Walker* ZfA 1996, 353 (365). Darüber hinaus bestehe eine Verletzung der negativen Koalitionsfreiheit gemäß Art. 9 Abs. 3 GG, sofern man darunter für Außenseiter nicht nur ein formelles Fernbleiberecht versteht – so aber BVerfG 26.7.74 BVerfGE 44, 322 (352); zust. *Gaumann/Schafft* NZA 1998, 176 (181) – sondern auch die Möglichkeit annimmt, der Normsetzung der Koalitionen zu entgehen, *Henssler* ZfA 1994, 487 (498); *Walker*, FS f. Kissel, 1205 (1220).

[256] Vgl. dazu beispielhaft die Nachweise für die Tarifabschlüsse 1997: RdA 1998, 173 (178 f.); für die Tarifabschlüsse 2000: BArbBl. 2001, 12 (14 f.) Vgl. auch *Wank* NJW 1996, 2273 (2281); einen Einzelfall für eine allgemeine Öffnungsklausel ohne tatbestandliche Einschränkung stellt § 16 des Rationalisierungsschutzabkommens für das private Versicherungsgewerbe in den neuen Bundesländern (und Berlin-Ost) vom 28.11.1990 dar, abgedruckt in NZA 1996, 264.

[257] So ausdrücklich der Präsident des Arbeitgeberverbandes Gesamtmetall *Stumpfe* in Sonderbeilage zu NZA Heft 24/2000, 1 (2 f.); vgl. auch die „Frankfurter Erklärung zur Reform des Flächentarifs“ der metallindustriellen Arbeitgeberverbände, abgedruckt in NZA 1997, 1334 ff., ebenso wie die „Hamburger Erklärung“ der ver.di Gewerkschaften vom 12.4.2000, abgedruckt in AiB 2000, 326 ff. Für den Erhalt des Flächentarifvertrages auch der damalige Präsident des Zentralverbandes des deutschen Handwerks *Philipp* in: FAZ vom 8.5.1998, S. 18, ebenso wie das Mitglied des geschäftsführenden Vorstands der IG Bergbau, Chemie, Energie *Bischoff* in Sonderbeilage zu NZA Heft 24/2000, 4 (6). Dazu auch: *Brecht/Höland/Reim* RdA 2002, 28 (32).

einbarung einer allgemeinen Öffnungsklausel, die abweichende Betriebsvereinbarungen stets zulässt, und damit einem weitgehenden Wegfall von verbindlichen Festlegungen materieller Arbeitsbedingungen im Tarifvertrag „weitere Verhandlungsrunden auf betrieblicher Ebene“ drohen, welche die Ordnungs- und Befriedungsfunktion des Flächentarifvertrages letztlich aushöhlen würden[258]. Die durch den Wettbewerbsvorteil der zulässigen Anwendung untertariflicher Arbeitsbedingungen und die durch das „Nachziehen“ von Konkurrenzunternehmen mögliche „Lawine ständig sich verschlechternder Arbeitsbedingungen nach unten“[259] und damit letztlich ein Bedeutungsverlust der Koalitionen wäre bei einer weitgehenden Freigabe tariflicher Bestimmungen kaum zu verhindern[260].
Im Ergebnis sind Öffnungsklauseln daher auch unter Berücksichtigung der Rechtsprechung des BAG und der Annahme einer umfassenden Regelungskompetenz der Betriebspartner (und damit einer Einbeziehung der Tarifaußenseiter)[261] nur dann ein tragfähiges Flexibilisierungsinstrument, wenn ausschließlich eine „punktuelle“[262], lediglich „funktionsgerechte“[263] und nicht „zu weite Verlagerung“[264] der Rechtsetzung auf die Betriebsebene stattfindet. Eine vollumfängliche Kompensation der oben beschriebenen Defizite der Betriebsvereinbarung[265] kann hierdurch nicht erfolgen.

2. Firmentarifverträge

Zusätzlich zu Öffnungsklauseln werden insbesondere Firmentarifverträge als Mittel zur betriebsindividuellen Gestaltung materieller Arbeitsbedingungen diskutiert[266]. Gemäß § 2 Abs. 1 TVG ist neben dem Arbeitgeberverband auch der einzelne Arbeitgeber tariffähig. Dessen Tariffähigkeit bleibt auch durch eine Verbandsmitgliedschaft (und damit Bindung an einen eventuellen Flächentarifvertrag) erhalten, da der Verbandsbeitritt lediglich verbandsrechtliche Rechte

---

258 *Lieb* NZA 1994, 289 (291); *Walker* ZfA 1996, 353 (361). *Gaumann/Schafft* NZA 1998, 176 (185 f.) weisen auf die möglichen praktischen Probleme hin, die Voraussetzung des Eingreifens einer Öffnungsklausel festzustellen und den von ihnen zugelassenen Umfang der Tarifabweichungen zu bestimmen. *Kissel* hat bereits 1986 generell vor „erheblichen Gefahren für die Tarifautonomie“ durch die Verlagerung von Regelungsbefugnissen auf die Betriebspartner gewarnt, NZA 1986, 73 (77 f.). Diesen Einwand greift auch das BAG in seiner Entscheidung zum *Leber-Rüthers*-Kompromiss auf, BAG v. 1.4.1987 AP Nr. 23 zu § 77 BetrVG 1972 (unter II.3.b. der Gründe).
259 *Säcker* ArbuR 1994, 1 (11).
260 *Hromadka*, DB 2003, 42 (44) spricht in diesem Zusammenhang von einer „Modernisierungspeitsche“, welche die Tarifvertragsparteien zu akzeptablen Lösungen zwinge.
261 BAG 18.8.1987 AP Nr. 23 zu § 77 BetrVG 1972 (unter II.3.b. der Gründe).
262 *Gaumann/Schafft* NZA 1998, 176 (186).
263 *Henssler* ZfA 1994, 487 (500).
264 *Walker* ZfA 1996, 353 (360).
265 Teil 1 D. II.

und Pflichten zur Folge hat und die von § 2 Abs. 1 TVG verliehene Tariffähigkeit im Außenverhältnis zu beseitigen vermag[267]. Gegenüber einem Verbandstarifvertrag wird sich ein Firmentarifvertrag in der Regel bereits nach dem Grundsatz der Spezialität durchsetzen, der zur Auflösung einer Konkurrenz mehrerer Tarifverträge heran gezogen wird, um durch eine einheitliche Anwendung tariflicher Bestimmungen in einem Betrieb eine praktikable und handhabbare Regelung von Arbeitsbedingungen zu erreichen (Prinzip der Rechtssicherheit und Rechtsklarheit)[268]. Dies gilt auch dann, wenn der Firmentarifvertrag für die Arbeitnehmer ungünstigere Regelungen enthält[269], ohne dass es dafür die ausdrückliche Zulassung durch eine Öffnungsklausel im Flächentarifvertrag bedürfte[270]. Danach besteht mit dem Abschluss eines Firmentarifvertrages eine in rechtlicher Hinsicht wenig begrenzte[271] Möglichkeit, betriebliche Rechtsgestaltung mit normativer Wirkung auch ohne das Instrument der Betriebsvereinbarung zu verwirklichen.
Es ergeben sich jedoch beim Firmentarifvertrag als flächendeckendem Flexibilisierungsinstrument – anstelle rechtlicher Grenzen – tarifpolitische, wirtschaftliche und organisatorische Probleme. So wurde der Firmentarifvertrag als Gestaltungsmittel im Rahmen des bundesdeutschen Tarifsystems lange Zeit nur als Ausnahme angewendet, sofern in einem Unternehmen besondere, von der Branche abweichende Verhältnisse bestanden[272]. Auch die derzeitige Praxis spiegelt – trotz steigender Tendenz der Zahl der Firmentarifvertragsabschlüsse – nach wie vor die Ausnahmestellung von Firmentarifverträgen wider[273]. So wurden von den im Jahr 2001 gültigen 57.000 lediglich 6.800 Tarifverträge als Firmentarifverträge abgeschlossen[274]. Weiterhin sind beispielsweise im Jahr 2000 von

---

[266] BAG 24.1.1996 BB 1996, 1717 (1718); *Veit* S. 427 ff.; *Buchner* DB 1970, 2025 ff. u. 2047 ff.; ausführlich: *Wieland* Recht der Firmentarifverträge, 1998; *Hanau* RdA 1993, 1, (11); *Söllner* NZA 1996, 897 (899); *Wank* NJW 1996, 2273 (2276); für einen verstärkten Einsatz *Kittner* FAZ v. 18.11.1995, S. 17.

[267] BAG 25.9.1996 AP. Nr. 10 zu § 2 TVG Tarifzuständigkeit (unter III.4.c. der Gründe); *Kempen/Zachert* § 2 Rz. 70; Wiedemann/*Oetker* TVG § 2 Rz. 112 ff.; *Schaub* NZA 1998, 617 f.; a.A. nur *Matthes* FS f. Schaub, S. 477 ff.

[268] Dazu: MünchArbR/*Löwisch/Rieble* § 276 Rz. 1 ff.; Wiedemann/*Wank* TVG § 4 Rz. 264 ff.; *Gaumann/Schafft* NZA 1998, 176 (186).

[269] BAG v. 24.1.01 AuA 2002, 138.

[270] *Veit* S. 433 f. Eine solche Öffnungsklausel kann allerdings zur Vermeidung von Verstößen der Mitglieder des Arbeitgeberverbandes gegen die Satzungspflichten durch den Abschluss von Firmentarifverträgen sinnvoll sein. Auch lassen sich auf diese Weise Streitfragen der Tarifkonkurrenz im Vorhinein unterbinden, vgl. *Gaumann/Schafft* NZA 1998, 176 (186 f.).

[271] Vgl. zu den rechtlichen Grenzen *Schaub* NZA 1998, 617 (618).

[272] *V. Hoyningen-Huene* DB 1994, 2026 (2031).

[273] *Dieterich* RdA 2002, 1 (5); *v. Langen* S. 38; *Zachert* Sonderbeilage zu NZA 2000, Heft 24, 17 (18).

[274] Vgl. die Angaben im Tarifbericht 2001, abgedruckt in RdA 2002, 119 (120).

den 650 Unternehmen in der sächsischen Metallindustrie weniger als 6 % Vertragspartner eines Firmentarifvertrages gewesen[275].
Auf das gesamte Bundesgebiet bezogen waren im Jahr 1999 in den alten Bundesländern 68 % der Beschäftigten in Betrieben beschäftigt, die der Geltung eines Verbandstarifvertrages unterliegen, lediglich 8 % arbeiteten unter den Regelungen eines Firmentarifvertrages. In den neuen Bundesländern lagen die Zahlen der Firmentarifverträge prozentual zwar leicht höher (50 % der Betriebe waren Verbandstarifverträgen unterworfen, für 13 % der Betriebe galt ein Firmentarifvertrag)[276], insgesamt kann jedoch nicht von einer wesentlichen Verlagerung der Tarifautonomie auf die Betriebsebene gesprochen werden[277].
Es steht auch nicht zu erwarten, dass die in Deutschland etablierten Verbände ein weitgehendes Abweichen vom System der Verbandstarifverträge und eine Verlagerung auf Firmentarifverträge in näherer Zukunft zulassen werden, da sie sich auf diese Weise – ebenso wie bei einem weitgehenden Einsatz von Öffnungsklauseln – ihres Einflusses auf ordnungspolitische Grundentscheidungen im Bereich der Arbeitsbedingungen begeben würden[278]. Die unter den Stichworten „betriebsnahe Tarifpolitik" und „betriebliche Ergänzungstarifverträge" bekannten Ansätze der Verbände (insbesondere der Gewerkschaften) stellen ebenfalls lediglich Versuche dar, den Flächentarifvertrag punktuell und für bestimmte Einzelfälle branchentypisch zu ergänzen[279].
Aufgrund der Gefahren durch die häufig gestörte Kampfparität bei Verhandlungen und einem möglichen Arbeitskampf[280], dem vielfach fehlenden Erfahrungswissen hinsichtlich des Aushandelns von Tarifverträgen auf Seiten eines

---

275 Vgl. die Angaben von *Winkler* in Sonderbeilage zu NZA Heft 24/2000 S. 10 (11).
276 Siehe dazu die Angaben bei: *Zachert* Sonderbeilage zu NZA 2000, Heft 24, 17 (18).
277 *Zachert* Sonderbeilage zu NZA 2000, Heft 24, 17 (18). Zu diesem Ergebnis kommt auch das damalige Bundesarbeitsministerium: BMA, Tarifvertragliche Arbeitsbedingungen im Jahr 1999, 2/2000, S. 6.
278 *V. Langen* S. 38; *Ehmann* NZA 1991, 1 (3 f.); *Müller-Franken* S. 26; *Zachert* verweist darauf, dass keine „konsistente Strategie" wahrnehmbar sei, die darauf abzielt, „dass nach Vorstellungen der Verbände die entscheidende tarifliche Gestaltungsebene zukünftig der Firmentarifvertrag anstelle des Flächentarifvertrags sein soll", Sonderbeilage zu NZA 2000, Heft 24, 17 (19).
279 Dazu jeweils m.w.N.: *Kempen/Zachert* § 4 Rz. 228; *Wendeling-Schröder* NZA 1998, 624 ff.; *Zachert* Sonderbeilage zu NZA 2000, Heft 24, 17 (19).
280 Firmentarifverträge sind nach allgemeiner Meinung und der ständigen Rechtsprechung des BAG (unter Berücksichtigung einer eventuell bestehenden Friedenspflicht aus einem Verbandstarifvertrag) erstreikbar, grundlegend BGH 19.1.1978 AP. Nr. 56 zu Art. 9 GG Arbeitskampf (unter II.1.d. der Gründe); daran anschließend: BAG 9.4.1991 AP. Nr. 116 zu Art. 9 GG Arbeitskampf (unter II.2. der Gründe); *Krichel* NZA 1986, 731 (732); *Wendeling-Schröder* NZA 1998, 624, (628 f.); *Zachert* Sonderbeilage zu NZA 2000, Heft 24, 17 (20 f.), der darauf hinweist, dass auch gegen einen Arbeitgeber mit OT-Mitgliedschaft (dazu bereits oben Teil 1 D. IV.) ein Firmentarifvertrag erstreikbar ist.

einzelnen Arbeitgebers[281] sowie des daraus resultierenden Kostenrisikos ist ein Firmentarifvertrag auch für die Arbeitgeberseite nur im Einzelfall geeignet, das dargestellte Spannungsverhältnis zwischen Flächentarifvertrag und betrieblichem Flexibilisierungsbedürfnis aufzulösen[282]. Das die Gewerkschaften durchaus auch gegenüber einzelnen Arbeitgebern zu Arbeitskämpfen bereit sind, zeigen die aus der Praxis bekannt gewordenen Fälle[283].
Darüber hinaus sehen die meisten Satzungen der Arbeitgeberverbände schon aus Selbstschutzgründen vor, dass der Abschluss von Firmentarifverträgen (ohne vorherige Zustimmung seitens des Verbandes) satzungsrechtlich unzulässig ist[284]. Damit wird zwar die rechtliche Wirksamkeit eines dennoch abgeschlossenen Firmentarifvertrages nicht berührt[285]. Einen solchen Satzungsverstoß und die verbandsrechtlichen Sanktionen wie beispielsweise den Verbandsausschluss werden einzelne Arbeitgeber aber nur in seltenen Ausnahmen auf sich nehmen. Auch deshalb ist der Firmentarifvertrag allenfalls im Einzelfall (oder für nicht verbandsgebundene Arbeitgeber) ein taugliches Instrument zur innerbetrieblichen Rechtsetzung.
Eine weitreichende Verlagerung der tariflichen Rechtsetzung auf die Ebene von Firmentarifverträgen wäre darüber hinaus mit einem Organisationsaufwand verbunden, der von Verbänden wie Unternehmen kaum zu leisten sein dürfte[286].

---

[281] *Schaub* NZA 1998, 617 (618); Zum Argument der Unterlegenheit des Arbeitgebers bei Verhandlungen um einen Firmentarifvertrag kritisch *Veit* S. 429 f.

[282] *V. Langen* S. 38. Zu der vereinzelt vertretenen Ansicht, Firmentarifverträge könnten bereits wegen mangelnder Parität nicht erstreikt werden, *Zachert* in Sonderbeilage zu NZA Heft 24/2000 S. 17 (20); *Wendeling-Schröder* NZA 1998, 624, (629).

[283] Beispielsweise der durch Streik von der IG Metall erzwungene Firmentarifvertrag mit der Digital Equipment Beteiligungs-GmbH vom Juni 1993, vgl. dazu: Handelsblatt vom 31.8.1993, S. 10. Aus jüngster Zeit: Streik der Gewerkschaft ver.di gegen die Betreiber-GmbH einer Müllverwertungsanlage in Bonn, dazu: BAG 10.12.2002 1 AZR 96/02 (noch nicht veröffentlicht); Streik bei der Fa. Heidelberger Druckmaschinen AG in Kiel, vgl. Pressemitteilung des LAG Schleswig-Holstein Nr. 04/03 vom 14.03.2003, zu finden im Internet unter http://www.arbgsh.de/pr4-03.htm.

[284] Beispielhaft: § 5 Ziffer 2 der Satzung des Arbeitgeberverbandes Dienstleistungsunternehmen (ar.di), im Internet zu finden unter www.arbeitgeberverband.com, § 9 c der Satzung des Kommunalen Arbeitgeberverbandes Baden-Württemberg, im Internet zu finden unter www.kavbw.de; § 7 c der Satzung des Kommunalen Arbeitgeberverbandes Niedersachsen, im Internet zu finden unter www.kav-nds.de; Vgl. dazu auch Wiedemann/*Oetker* § 2 Rz. 116; *Säcker/Oetker* ZfA 1996, 85 ff.; *Buchner* DB 1970, 2025 (2029).

[285] *Säcker/Oetker* ZfA 1996, 85 (86).

[286] *Buchner* NZA 1995, 761 (763). *Hensche* Das Arbeitsrecht der Gegenwart, Bd. 34 (1997), 35 (46 ff.); *Seifert* WSI Mitteilungen 2000, 437 (438), weist darauf hin, dass tarifvertragliche Lösungen angesichts der heterogenen Problemlage in den Betrieben nur sehr eingeschränkt sinnvoll sind. Auch zunächst begrüßte Regelungen, wie der Sanierungstarifvertrag bei der Holzmann AG (dazu im Einzelnen: *Rieble* NZA 2000, 225 ff.), den *Dieterich* in RdA 2002, 1

3. Unternehmensbezogene Verbandstarifverträge

Dem Problem der fehlenden Kampfparität des einzelnen Arbeitgebers bei Abschluss eines Firmentarifvertrages könnte dadurch begegnet werden, dass betriebsindividuelle Regelungen mit normativer Wirkung durch einen sogenannten unternehmensbezogenen Verbandstarifvertrag geschaffen werden.
Da die tariffähigen Verbände bei Abschluss eines Tarifvertrages nicht verpflichtet sind, ihren Zuständigkeitsbereich stets vollständig auszuschöpfen, werden ganz überwiegend auch Verbandstarifverträge für zulässig erachtet, deren Geltungsbereich auf einzelne Arbeitgeber beschränkt ist[287]. Gegen diese Einschränkung von Verbandstarifverträgen werden aber auch rechtliche Bedenken geltend gemacht, die *Wiedemann* dazu veranlassen, anzunehmen, diese Tarifverträge seien nur ausnahmsweise zulässig[288]. So wird dem Arbeitgeberverband von *Zöllner* und *Loritz* die Legitimation zum Abschluss eines solchen Tarifvertrages abgesprochen, sofern nicht ein Einverständnis des betroffenen Arbeitgebers vorliegt[289]. Andere Autoren verweisen auf den Gleichheitssatz des Art. 3 Abs. 1 GG, dessen Anwendung auch auf Tarifverträge ganz überwiegend angenommen wird[290], und halten unternehmensbezogene Verbandstarifverträge allenfalls sehr eingeschränkt für zulässig, sofern für ihren Abschluss ein sachlich rechtfertigender Grund besteht[291]. Umstritten ist dabei, ob bereits eine unterschiedliche wirtschaftliche Leistungskraft der Mitgliedsunternehmen für eine solche sachliche Rechtfertigung ausreichen kann[292].
Insbesondere *Richardi* hat den Gleichheitssatz zusätzlich an verbandsrechtliche Kriterien geknüpft und unternehmensbezogene Verbandstarifverträge daran gemessen, ob der Arbeitgeberverband satzungsmäßig berechtigt ist, entgegen des Gebots, alle Mitglieder gleich zu behandeln, einen firmenindividuellen Tarifvertrag abzuschließen, was nur für „atypische Betriebe" in Betracht komme[293].
Das aufgezeigte Meinungsspektrum bedarf an dieser Stelle keiner abschließenden Bewertung, da die angesprochenen Probleme belegen, dass der unternehmensbezogene Verbandstarifvertrag, ebenso wie der Firmentarifvertrag, allen-

---

(6) ein „Paradebeispiel" für einen Firmentarifvertrag nennt, sind – wie das endgültige Scheitern der Sanierung im Fall Holzmann zeigt – nicht immer erfolgversprechend.

[287] BAG 20.3.1991 AP Nr. 20 zu § 4 TVG Tarifkonkurrenz (unter B.II.2.a. der Gründe); Gamillscheg Arbeitsrecht II, S. 405.

[288] *Wiedemann* TVG § 1 Rz. 51.

[289] *Zöllner/Loritz* § 34 II.

[290] BAG 17.10.1995 AP Nr. 132 zu § 242 BGB Gleichbehandlung (unter II.2.b. der Gründe); *Biedenkopf* S. 82; *Wiedemann* TVG Einl. Rz. 214.

[291] *Wiedemann* TVG § 1 Rz. 51 u. § 2 Rz. 143; *Buchner* DB 1970, 2025 (2030 ff.).

[292] Dafür: *Däubler* Tarifvertragsrecht Rz. 613; *Zöllner/Loritz* § 34 II; dagegen: *Buchner* DB 1970, 2025 (2031).

[293] *Richardi* Kollektivgewalt S. 353; ebenso *Buchner* DB 1970, 2025 (2030 ff.).

falls für bestimmte Einzelfälle dazu geeignet ist, einem betriebsindividuellen Regelungsbedürfnis für materielle Arbeitsbedingungen Rechnung zu tragen. Selbst wenn man der extensiven Ansicht den Vorrang gibt, wonach ein solcher Tarifvertrag (auch verbandsrechtlich) bereits dann zulässig ist, wenn er aus einer unterschiedlichen wirtschaftlichen Leistungskraft der Verbandsunternehmen gerechtfertigt werden kann, so begegnet er doch durchgreifenden praktischen Bedenken. Zunächst ist zu beachten, dass die Verbände bei einem Tarifabschluss ohne Beteiligung des Arbeitgebers die für eine sinnvolle unternehmensindividuelle Regelung erforderliche Sachnähe und Kenntnis nur sehr eingeschränkt erreichen werden[294]. Darüber hinaus werden sich die Verbände nur selten dem Risiko eines solchen Tarifvertrages stellen. Für die Gewerkschaft ist eine individuelle tarifliche Regelung für ein Unternehmen stets mit der Gefahr verbunden, dadurch entsprechende Forderungen anderer Unternehmen zu wecken. Dies wird umso mehr der Fall sein, wenn es, wie in der Konstellation des Ausgangsfalls, um die Unterschreitung flächentarifvertraglicher Vorgaben geht. Der Arbeitgeberverband wiederum muss neben der Beachtung der genannten rechtlichen Bedenken auch aus Gründen des Verbandszusammenhalts darauf bedacht sein, eine Bevorteilung einzelner Mitgliedsunternehmen nur in seltenen und begründeten Ausnahmen zuzulassen.
Eine Eignung zur Schaffung flexibler, betriebsindividueller Arbeitsbedingungen kann einem unternehmensbezogenen Verbandstarifvertrag wegen der genannten rechtlichen und praktischen Bedenken allenfalls sehr eingeschränkt zugesprochen werden.

II. Reformansätze de lege ferenda

Parallel zur Entwicklung der Tarifpolitik werden zur Lösung des Spannungsverhältnisses zwischen den verbindlichen Vorgaben des Flächentarifvertrages und einer flexiblen betrieblichen Lösung im arbeitsrechtlichen Schrifttum zahlreiche Möglichkeiten einer rechtlichen Neuordnung diskutiert[295]. Auch der 61. Deutsche Juristentag beschäftigte sich bereits 1996 in der arbeitsrechtlichen Abteilung B mit der Frage „Empfiehlt es sich, die Regelungsbefugnisse der Tarifparteien im Verhältnis zu den Betriebsparteien neu zu ordnen?“[296] Die in der

---

[294] Kritisch auch *Veit* S. 430; *Hromadka* NZA 1996, 1233 (1237).

[295] Insbesondere sind hier die bekannten, auf zahlreiche Rechtsänderungen zielenden Vorschläge der Deregulierungskommission (Marktöffnung und Wettbewerb, 1991, 8. Kapitel: Der Arbeitsmarkt, S. 133 ff.) zu nennen, die vom Hauptgutachten der Monopolkommission (Mehr Wettbewerb auf allen Märkten, 1994, Kapitel VII: Arbeitsmarkt und Wettbewerb, S. 360 ff.) wieder aufgegriffen wurden. Zu den Reformvorschlägen auch: *Möschel* BB 2002, 1314 (1316); *Richardi* Gutachten, B 13 ff.; *Gamillscheg* Kollektives Arbeitsrecht, S. 287.

[296] Zu den Beschlüssen: NZA 1996, 1277 ff. Der 54 DJT 1982 behandelte demgegenüber als Reaktion auf die Rezession im Jahr 1982 lediglich die Frage nach „Möglichkeiten der Sanierung von Unternehmen durch Maßnahmen im Unternehmens-, Arbeits-, Sozial- und Insol-

mittlerweile mehrjährigen Debatte vorgebrachten Reformvorschläge de lege ferenda sind so zahl- und facettenreich, dass eine umfangreiche Darstellung sämtlicher Ansätze den Rahmen dieser Arbeit überschreiten würde[297]. Es sollen deshalb an dieser Stelle nur die wesentlichen Grundpositionen zu einer gesetzgeberischen Neubestimmung des Verhältnisses der Tarif- zur Betriebsautonomie dargestellt werden, soweit ihre Bewertung auch Rückschlüsse für die rechtlichen Rahmenbedingungen innerbetrieblicher Rechtsetzung de lege lata zulässt. Dies sind zum einen der Vorschlag einer generellen Aufhebung des Tarifvorbehalts gemäß § 77 Abs. 3 S.1 BetrVG zu Gunsten der Betriebsvereinbarung[298], zum anderen die gesetzlich vorgeschriebene zeitweilige Abdingbarkeit des Tarifvertrages durch eine Betriebsvereinbarung in Notsituationen (vordringlich in Form einer gesetzlichen Öffnungsklausel)[299].

1. Aufhebung des Tarifvorbehalts gemäß § 77 Abs. 3 BetrVG

Mit dem Ruf nach einer Abschaffung des § 77 Abs. 3 BetrVG[300] ist eine grundsätzliche Neuorientierung im Verhältnis von Tarifvertrag und Betriebsvereinba-

---

venzrecht". Auch an dieser gegenüber der gegenwärtigen Diskussion sehr zurückhaltenden Fragestellung zeigt sich die dramatische Entwicklung im Bereich der Diskussion um arbeitsrechtliche Gestaltungsfaktoren.

297 Dazu ausführlich: *Wiedemann* Einl. Rz. 66 ff.; *Richardi* Gutachten, B 13 ff.; *Gamillscheg* Kollektives Arbeitsrecht, S. 287. Die Anzahl der Vorstöße und die Vehemenz, mit der eine Entscheidung des Gesetzgebers gefordert wird, veranlasste *Kreutz* dazu, auf die Selbstverständlichkeit hinzuweisen, es müssten „bis zu einer solchen Entscheidung rechtspolitische Bedenken gegenüber der Entscheidung des Gesetzgebers in (§ 77) Abs. 3 (BetrVG) zurücktreten; der Rechtsanwender schuldet dem Gesetz Gehorsam", GK-*Kreutz* § 77 Rz. 80.

298 Zunächst der sog. Kronberger Kreis, „Mehr Markt im Arbeitsrecht" in: Frankfurter Institut für wirtschaftspolitische Forschung e.V., Veröffentlichung Nr. 10 v. 1986, S. 16 ff. (Nr. 12, 14 f.); daran anschließend die Monopolkommission, Hauptgutachten 1992/1993, „Mehr Wettbewerb auf allen Märkten", Kapitel VIII Arbeitsmarkt und Wettbewerb, dort unter 5.2 Nr. 936 ff. Aus neuerer Zeit der damalige BDI-Präsident *Henkel* im Handelsblatt v. 30.9.1998, S. 25 f. und die Mehrheit der Mitglieder des Sachverständigenrates zur Begutachtung der gesamtwirtschaftlichen Entwicklung im Jahresgutachten 1999, vgl. Handelsblatt v. 17.11.1999, S. 5; zustimmend auch *Lesch* DB 2000, 322 (323 f.). Für verfassungswidrig und daher auch ohne Gesetzesänderung unwirksam halten § 77 Abs. 3 BetrVG nur *Ehmann* ZRP 1996, 314 (318); *Halblitzel* NZA 2001, 467 (470) und *Reuter* RdA 1991, 193 (199); *ders.* ZfA 1995, 1 (58); *ders.* RdA 1994, 152 (166); *ders.* FS f. Schaub, 605 (633); einschränkend *Lambrich* S. 380 ff. Zur Vorgängernorm § 59 BetrVG 1952 bereits *Schnorr von Carolsfeld*, Arbeitsrecht, S. 84.

299 Insbesondere Deregulierungskommission, „Marktöffnung und Wettbewerb" 1993, S. 133 ff., 149 (Vorschlag 86) mit abl. Minderheitsvotum von *Mankmann*, S. 159.

300 Monopolkommission, Hauptgutachten 1992/1993, „Mehr Wettbewerb auf allen Märkten", Kapitel VIII Arbeitsmarkt und Wettbewerb, dort unter 5.2 Nr. 937, S. 376; ebenso Kronberger Kreis, „Mehr Markt im Arbeitsrecht" in: Frankfurter Institut für wirtschaftspolitische Forschung e.V., Veröffentlichung Nr. 10 v. 1986, S. 16 ff. (Nr. 12, 14 f.).

rung beabsichtigt[301]. Betriebsvereinbarungen sollen danach immer von tariflichen Vorgaben abweichen dürfen.
Soweit sich diese Forderung in der Streichung des § 77 Abs. 3 BetrVG erschöpft, wird jedoch übersehen, dass die Vorschrift des § 77 Abs. 3 BetrVG zunächst lediglich das Günstigkeitsprinzip im Verhältnis zwischen Tarifvertrag und Betriebsvereinbarung ausschließt. Ungünstigere Betriebsvereinbarungen werden bereits von § 4 Abs. 3 TVG verhindert. Die isolierte Aufhebung dieser Vorschrift hätte daher nur einen geringen Effekt, sie würde lediglich die Möglichkeit eröffnen, günstigere Betriebsvereinbarungen abzuschließen[302]. Das mit diesen Vorschlägen eigentlich verfolgte Ziel, nämlich die Öffnung des Tarifvertrages auch für verschlechternde Betriebsvereinbarungen, ließe sich daher nur mit weiteren Einschnitten erreichen, namentlich der Aufhebung der Unabdingbarkeit der Tarifvertragsnormen (§ 4 Abs. 1, 3 und 4 TVG) und des Günstigkeitsprinzips im Verhältnis von Betriebsvereinbarung und Arbeitsvertrag[303].
Für eine dementsprechende Reform des § 77 Abs. 3 BetrVG hat sich zuletzt die FDP-Fraktion im Deutschen Bundestag ausgesprochen. Sie hat am 28.1.2000 einen Beschlussantrag zur Reform des Tarifvertragsrechts eingebracht, der vorsah, die Bundesregierung aufzufordern, das geltende Tarifrecht zu ändern[304]. Im Wesentlichen umfasste der Beschlussantrag die Forderung, zur Beschäftigungserhaltung und -förderung die zwingende Wirkung von Tarifverträgen gemäß § 77 Abs. 3 BetrVG insoweit aufzuheben, als Vereinbarungen auf Betriebsebene möglich sein sollen, die freiwillig geschlossen werden und denen 75 % der abstimmenden Mitarbeiter des Unternehmens zugestimmt haben.
Darüber hinaus sollte nach dem Antrag der FDP-Fraktion das Günstigkeitsprinzip des § 4 Abs. 3 TVG dergestalt erweitert werden, dass ein Lohnverzicht der Arbeitnehmer oder eine längere Arbeitszeit sich dann als günstiger darstellen sollen, wenn dies den Erhalt des Arbeitsplatzes sichert und wiederum 75 % der abstimmenden Mitarbeiter zugestimmt haben[305]. Diesen Ansatz hat die FDP

---

[301] Grundsätzlich gegen eine solche Neubestimmung *Löwisch* JZ 1996, 812 (818).

[302] *Richardi* Gutachten, B 48 f.; *ders.* NZA 2000, 617 (620); *Hanau* RdA 1993, 1 (3); GK-*Kreutz* § 77 Rz. 80. Relevant würde eine solche Änderung nur für den Zeitraum der Nachwirkung der Tarifnormen gemäß § 4 Abs. 5 TVG.

[303] *Richardi* § 77 Rz. 242; *ders.* NZA 2000, 617 (620).

[304] BT-Drucks. 14/2612, unter Betonung der Entscheidungs- und Vertragsfreiheit von Mitarbeitern und Unternehmern zustimmend *Adomeit* NJW 2000, S. 1918 f.; ablehnend *Dieterich* RdA 2002, 1 ff.

[305] BT-Drucks. 14/2612. Derzeit nimmt das BAG im Rahmen des in Teil 1 C.II.1. dargestellten Günstigkeitsvergleichs nach § 4 Abs. 3 TVG einen Vergleich nur solcher Regelungen vor, die in einem sachlichen Zusammenhang zueinander stehen und denselben Gegenstand betreffen, BAG 23.5.1984 AP Nr. 9 zu § 339 BGB (Bl. 3). Dies schließt es aus, einen Lohnverzicht oder eine längere Arbeitszeit gemeinsam mit einer Beschäftigungsgarantie zu werten und diesen Gesamtaspekt als gegenüber dem jeweiligen status quo (ohne Beschäftigungsgarantie)

auch in ihrem Wahlprogramm zur Bundestagswahl 2002 formuliert[306] und im Juni 2003 einen entsprechenden Gesetzesentwurf vorgelegt[307]. Im Wahlprogramm der Unionsparteien zur Bundestagswahl 2002 wurde dagegen nur gefordert, man brauche eine „tarifrechtliche Flankierung zur Erweiterung des Spielraums für betriebliche Bündnisse für Arbeit" aber auch ein „begründetes Einspruchsrecht" der Tarifvertragsparteien zur Sicherung der Tarifautonomie[308]. Mit weitreichenden Eingriffen in § 77 Abs. 3 BetrVG wären aber die größtenteils bewährte Ordnungs- und Schutzfunktion eines Tarifvertrages mangels ausreichender Verbindlichkeit nicht mehr gewährleistet[309]. Mit einer Geltung von Tarifverträgen „nur auf Abruf"[310] würde sich der Charakter und die Bedeutung der kollektiven Interessenvertretung grundlegend verändern. Tarifverträge wären dann das schwächste Gestaltungsmittel des kollektiven Arbeitsrechts[311], die verbandsautonome Regelung von Arbeitsbedingungen wäre nicht mehr als die Aufstellung von Richtlinien für wirtschaftliche Normallagen, für die sich in Ermangelung der Ordnungs- und Schutzfunktion weder Mitgliedschaft noch Arbeitskampf lohnen würden[312]. Derartige Systemverschiebungen sind aber mit dem in Art. 9 Abs. 3 GG verfassungsrechtlich gesicherten Schutz der Koalitionen nicht vereinbar[313]. Der Kernbereich dieses Grundrechts umfasst gerade auch die Unabdingbarkeit der Tarifnormen hinsichtlich eines ausreichend großen Bereichs der Festlegung von Arbeits- und Wirtschaftsbedingungen[314]. Zentrale Funktionsbedingung der verfassungsrechtlich garantierten Tarifautonomie ist die unmittelbar und zwingende Wirkung der Tarifnormen, die in ihrem Anwendungsbereich einzelvertragliche und kollektive Regelungen zwischen Betriebs-

---

günstigere Regelung anzusehen, BAG 20.4.1999 AP Nr. 89 zu Art. 9 GG (unter B.III.1.b.aa. der Gründe).

306 Wahlprogramm der Freien Demokratischen Partei Deutschlands 2002, zu finden unter www.fdp.de, in Auszügen abgedruckt im Tagesspiegel v. 8.9.2002, S. 26, dazu auch *Hromadka* DB 2003, 42 ff.; *Link* AuA 2002, 260.

307 BT-Drs. 15/1225.

308 Wahlprogramm der Christlich Demokratischen Union Deutschlands 2002, zu finden unter www.cdu.de, in Auszügen abgedruckt im Tagesspiegel v. 8.9.2002, S. 26, dazu *Hromadka* DB 2003, 42 ff.; *Link* AuA 2002, 260.

309 *Veit* S. 260; *Junker* NZA 1997, 1305 (1313); *Richardi* Gutachten, B 43; *Wiedemann* Einl. Rz. 84; *Söllner* NZA 1996, 897 (899).

310 *Dieterich* RdA 2002, 1 (16).

311 *Hanau* RdA 1993, 1 (6).

312 *Dieterich* RdA 2002, 1 (16).

313 *Schaub* NZA 1998, 617; *Wiedemann* Einl. Rz. 84; *Söllner* NZA 1996, 897 (899); *Konzen* NZA 1995, 913 (915, 919); *Richardi* Gutachten, B 44; vgl. auch *Möschel* BB 2002, 1314 (1316).

314 BVerfG 26.6.1991 BVerfGE 84, 212 (224); *Junker* ZfA 1996, 383 (394 f.); *Henssler* ZfA 1994, 487 (498); *Konzen* NZA 1995, 913 (919); *Löwisch* JZ 1996, 812 (816); *Fitting/Kaiser/Heither/Engels/Schmidt* § 77 Rz. 69; *Däubler/Kittner/Klebe* § 77 Rz. 76.

rat und Arbeitgeber im Grundsatz verdrängen müssen[315]. Diese Grenze steht nicht nur der alternativlosen Abschaffung des § 77 Abs. 3 BetrVG entgegen, sie stellt auch den äußeren Rahmen für sämtliche Abreden zwischen den Betriebspartnern dar.

2. Gesetzliche Öffnungsklausel in Notlagen

Um den Bedenken gegen eine zu weit gehende Einschränkung des Tarifvorbehaltes Rechnung zu tragen, ist verschiedentlich gefordert worden, eine Öffnung des Flächentarifvertrages in Form einer gesetzlichen Öffnungsklausel zu Gunsten von Betriebsvereinbarungen lediglich in Notsituationen vorzusehen[316]. Eine gesetzliche Abdingbarkeit tariflicher Vorgaben in Notsituationen wäre – aufgrund des weniger intensiven Eingriffs in Art. 9 Abs. 3 GG - verfassungsrechtlich weit weniger bedenklich, als eine generelle Aufhebung des § 77 Abs. 3 BetrVG[317], und hat auch auf dem 61. Deutschen Juristentag eine deutliche Mehrheit gefunden. Nach dem dort vorgeschlagenen Modell sollen in einer konkret festzustellenden Notlage[318] Abweichungen von tariflichen Leistungen durch Betriebsvereinbarung vorübergehend möglich sein[319]. Es fehlt bisher aber an justiziablen Tatbestandsvoraussetzungen und einem Verfahren zur Feststellung einer Notsituation[320]. Ungeklärt ist daneben auch eine eventuelle (tarifliche) Vorgabe einer Höchstgrenze für die Tarifabweichung, der Umfang einer gerichtlichen Kontrolle und eine Zustimmungs- bzw. Anhörungsberechtigung der Tarifvertragsparteien[321]. Eine konsensfähige und praktikable Ausgestaltung einer gesetzlichen Öffnungsklausel ist bis dato nicht gefunden worden[322].
Letztlich besteht darüber hinaus insoweit ein Legitimationsproblem, als im Fall der betrieblichen Feststellung einer Notsituation (und einer darauf gestützten Abänderung tariflicher Vorgaben) Tarifverträge der Entscheidung von Nichtor-

---

[315] *Dieterich* RdA 2002, 1 (17).

[316] Beschluss Nr. 3 des 61. DJT, DB 1996, 2030 f.; *Richardi* Gutachten, B 44; *Reuter* Verhandlungen, K 55 ff.; *Wendeling-Schröder* Verhandlungen, K 21 ff.; *Hromadka* NZA 1996, 1233 (1237 ff.). So auch der Vorschlag einer von der FAZ eingesetzten Arbeitsgruppe von Juristen und Wirtschaftswissenschaftlern, FAZ v. 5.6.1993, S. 13.

[317] *Henssler* ZfA 1994, 487 (511); *Löwisch* JZ 1996, 812 (820); *Walker* ZTR 1997, 193 (201).

[318] Diese soll vorliegen, wenn die Unternehmensexistenz bedroht ist, oder erhebliche Teile der Belegschaft ihren Arbeitsplatz zu verlieren drohen, vgl. Beschluss Nr. 3, 61. DJT. DB 1996, 2030 f.

[319] Beschluss Nr. 3, 61. DJT. DB 1996, 2030 f.

[320] *Hanau* RdA 1993, 1 (2); *Löwisch* NJW 1997, 905 (907); *Wiedemann* Einl. Rz. 84; *Möschel* BB 2002, 1314 (1317); vgl. dazu bereits die Probleme zur Bestimmung eines Härtefalles im Rahmen der Stufentarifverträge der Metallindustrie zur Angleichung des Lohnniveaus in den neuen Bundesländern von 1993, ausführlich dokumentiert bei *Veit* S. 6 f.

[321] Zu diesem – nicht abschließenden – Fragenbereich *Wiedemann* Einl. Rz. 84.

[322] Vgl. *Möschel* BB 2002, 1314 (1317).

ganisierten unterworfen werden[323]. Betriebsräte würden bei einer solchen Verfahrensweise zu „Schiedsrichtern über die Tarifverträge und ihr Schicksal“[324], obwohl sie nicht in gleichem Umfang wie die Tarifvertragsparteien durch ihre Mitglieder dazu berufen sind[325]. Neben der ungeklärten praktischen Ausgestaltung bestehen also auch in rechtlicher Hinsicht ernsthafte Bedenken gegen eine gesetzliche Öffnungsklausel.

III. Zwischenergebnis

Sowohl die Möglichkeiten, mit einer geänderten, offeneren Tarifpolitik auf die bereits geschilderten Defizite der Betriebsvereinbarung angesichts der aktuellen Anforderungen einer neuen, vernetzten Wirtschaftsordnung zu reagieren als auch der Spielraum für ein gesetzgeberisches Eingreifen sind begrenzt, wenn das bisherige bundesdeutsche Tarifsystem und seine Errungenschaften nicht aufgegeben werden sollen[326].

Gegen einen Einsatz von tariflichen Öffnungsklauseln außerhalb von Not- und Härtefallklauseln bzw. vorab spezifizierten Einzelfällen spricht der damit verbundene Verlust der Ordnungs- und Befriedungsfunktion des Flächentarifvertrages und der damit einhergehende Bedeutungsverlust der Koalitionen. Firmentarifverträge sind insbesondere wegen der gestörten Kampfparität und eines häufig bestehenden Verhandlungsungleichgewichtes zu Lasten kleinerer Arbeitgeber ebenfalls nur im konkreten Einzelfall und unter Berücksichtigung bestehender Verbandssatzungen geeignet, dem Bedürfnis nach betrieblicher Rechtsgestaltung Rechnung zu tragen.

Der Forderung nach einem gesetzgeberischen Eingreifen zur Beschränkung der Tarifautonomie ist bereits der grundlegende Vorwurf entgegen zu halten, dass die für eine solch weitreichende Reform dieses sozial- und wirtschaftspolitisch höchst sensiblen Bereichs notwendige Übereinstimmung einer tragfähigen Mehrheit in Wissenschaft und Praxis nicht erkennbar ist. Die generelle Abschaffung des Tarifvorbehalts in § 77 Abs. 3 BetrVG ist zur Erreichung der Reformziele allein unzureichend und in Kombination mit der Aufhebung der Unabdingbarkeit der Tarifvertragsnormen (§ 4 Abs. 1, 3 und 4 TVG) sowie einer Änderung des Günstigkeitsprinzips verfassungsrechtlich unzulässig. Ohne eine Verfassungsänderung wäre nur eine gesetzlich angeordnete Öffnung des Tarif-

---

323 *Hanau* RdA 1993, 1 (6); *Kempen* ArbuR 1996, 336 (343); *Zachert* ArbuR 1997, 11 (12).

324 *Hanau* RdA 1993, 1 (6); *Reuter* ZfA 1995, 1 (68).

325 *Veit* S. 261; *Wiedemann* Einl. Rz. 84.

326 Auf die Notwendigkeit, Flexibilisierung auf der Betriebsebene zu erreichen, ohne die Bindung des Flächentarifvertrages aufzulösen, hat auch der damalige Präsident des Zentralverbandes des deutschen Handwerks *Philipp* hingewiesen, siehe dazu FAZ vom 8.5.1998, S. 18. In diese Richtung wohl auch *Burghardt/Hinrichs/Hummel/Kummert/Lakies/Wolter* ArbuR 2000, 205, die davon sprechen, es müssten „die Individualrechte gestärkt werden, ohne dabei die Kollektivrechte zu schwächen“; vgl. auch *Hromadka* DB 2003, 42 ff.

vorbehalts in Notfällen möglich. Diese begegnet allerdings Bedenken hinsichtlich ihrer bis dato ungeklärten inhaltlichen und verfahrensmäßigen Ausgestaltung sowie hinsichtlich der Legitimation einer Abbedingung tarifvertraglicher Vorgaben durch nichtorganisierte Betriebsangehörige.
Aus diesen Ergebnissen lässt sich ableiten, dass der grundsätzliche Vorbehalt der Regelung von Arbeitsbedingungen durch Tarifvertrag als zentrale Voraussetzung für eine funktionierende Tarifautonomie unverzichtbar ist. So wird zu Recht betont, die gegenwärtige Krise stelle nicht etwa die Institution des Flächentarifvertrages in Frage, sondern lediglich seine Inhalte[327]. Bei der Beantwortung der Frage, inwieweit die betriebliche Rechtsgestaltung unterhalb der Betriebsvereinbarung zur Behebung der Defizite der Betriebsvereinbarung geeignet ist, sind daher stets der nach diesen Vorgaben bestehende rechtliche Rahmen und die Auswirkungen der betrieblichen Rechtsgestaltung auf die Tarifautonomie zu beachten.

F. Die Regelungsabrede als Alternative zur Betriebsvereinbarung

Die bisher gewonnenen Erkenntnisse geben den rechtlichen und wirtschaftlichen Rahmen der weiteren Untersuchung vor. Danach weist die Betriebsvereinbarung, obwohl sie wegen ihrer normativen Wirkung und der nach h.M. umfassenden Kompetenz der Betriebspartner das wichtigste Rechtsetzungsinstitut auf Betriebsebene ist, aufgrund des verfassungsrechtlich gebotenen Tarifvorbehalts und der damit verbundenen Kompetenzverteilung ein Regelungsdefizit auf. Ein teilweise geforderter gesetzgeberischer Eingriff, für den ohnehin enge verfassungsrechtliche Grenzen bestehen, ist nicht erfolgt und steht zunächst nicht zu erwarten. Die Lösungsansätze der Tarifpolitik sind zwar vielschichtig, aber nicht zur flächendeckenden Flexibilisierung geeignet und nicht immer dezentral praktikabel. Die Reaktionen von Arbeitgebern, Betriebsräten und Arbeitnehmern bestehen in häufigen Gesetzesverstößen und der Schwächung der Verbände durch Mitgliederverlust.

I. Die fehlende wissenschaftliche Erörterung

Wie bereits dargelegt, diskutieren die bis dato vorliegenden wissenschaftlichen Untersuchungen und Reformvorschläge in erster Linie die Betriebsvereinbarung, aber nicht die Regelungsabrede[328].
Es fehlt aber an einer Untersuchung der parallelen Fragestellung, ob die Regelungsabrede als Alternative für Betriebsrat und Arbeitgeber geeignet ist, das bereits beschriebene Spannungsverhältnis zwischen tariflicher und betrieblicher Rechtsgestaltung interessengerecht aufzulösen. Die Autoren, die sich bisher mit nicht normativen Vereinbarungen befasst haben, untersuchen dabei nicht, ob

---

[327] *Junker* NZA 1997, 1305 (1313); *Heinze* NZA 1997, 1 (8); *Zöllner* ZfA 1994, 423 (435).
[328] S.o. S. 1 f.

diese statt der Betriebsvereinbarung zur alternativen Rechtsgestaltung unter der Geltung eines Tarifvertrages geeignet sind[329].

II. Gegenstand der Untersuchung

Im Fortgang dieser Arbeit soll daher untersucht werden, inwieweit die Regelungsabrede zur Gestaltung von materiellen Arbeitsbedingungen auf Betriebsebene geeignet ist und die Defizite der Betriebsvereinbarung nicht aufweist. Dabei kommt es insbesondere darauf an, ob die Regelungsabrede in der Lage ist, dem Anpassungs- und Flexibilisierungsdruck aufgrund des allgemeinen wirtschaftlichen Wandels Rechnung zu tragen, ohne die Funktionsfähigkeit des Flächentarifvertrages zu gefährden und ohne das vom Gesetzgeber bewusst austarierte Verhältnis der kollektiven normativen Regelungen durch Tarifvertrag und Betriebsvereinbarung zu verschieben. Erst wenn Regelungsbereich und Wirkung der Regelungsabrede abgesteckt sind, lässt sich ermessen, inwieweit das Beklagen einer gegenüber dem Flächentarifvertrag mangelhaften betrieblichen Rechtsetzungsmacht gerechtfertigt ist.

Dies setzt zunächst voraus, die Rechtsnatur der Regelungsabrede zu erfassen (dazu Teil 2). Für ihre inhaltliche Reichweite kommt es entscheidend auf die den Betriebspartnern eingeräumte Regelungsbefugnis an. Daher ist, auf der Basis der These der umfassenden Rechtssetzungs- und Regelungskompetenz der Betriebspartner für die Rechtsetzung durch Betriebsvereinbarung, die Regelungsbefugnis im Bereich der Regelungsabrede zu untersuchen (dazu Teil 3). Sofern sich herausstellt, dass im Bereich der Regelungsabrede weitergehende inhaltliche Befugnisse der Betriebspartner bestehen als bei der Rechtsetzung durch Betriebsvereinbarung, wäre damit ein umfassenderer Spielraum der Regelung von Arbeitsbedingungen eröffnet, dessen Wirkung und Grenzziehung im Verhältnis zum Tarifvertrag zu untersuchen ist (dazu Teil 4).

---

329 Vgl. *Molodovsky* Formlose Absprachen als Rechtsform des Mitbestimmungsrechts in sozialen Angelegenheiten nach § 56 BetrVG (1959); *Adomeit* Die Regelungsabrede als die neben der Betriebsvereinbarung zulässige Ausübungsform der Mitbestimmung in sozialen Angelegenheiten (1961); *Schipprowski* Die Regelungsabrede – eine zulässige und zweckmäßige Kooperationsform zur Lösung kollektivrechtlicher Ordnungsprobleme im Rahmen der paritätischen Mitbestimmung nach § 87 Abs. 1 BetrVG (1995); *Senne* Die Regelungsabrede – Bestandsaufnahme und Kritik (1995); *Giesler* Die konkludente Regelungsabrede (1997).

Teil 2. Rechtsnatur und Wirkung der Regelungsabrede

Zur Beantwortung der Frage nach den Möglichkeiten einer Gestaltung materieller Arbeitsbedingungen durch eine Regelungsabrede unter Beachtung der Vorgaben und des notwendigen Schutzes der Tarifautonomie ist zunächst die Rechtsnatur der Regelungsabrede zu bestimmen, da erst hierdurch eine Einordnung der Regelungsabrede in den Ordnungsrahmen des deutschen Arbeits- und Zivilrechts ermöglicht wird.

A. Die rechtssystematische Einordnung der Regelungsabrede

Die Entwicklung und Anerkennung der Regelungsabrede als eigenständiges Rechtsinstitut ist untrennbar mit der geschichtlichen Entwicklung und dem Ausbau der betrieblichen Mitbestimmung der Arbeitnehmerschaft seit 1849 verbunden. Die Rechtsnatur und der sich daraus ergebende Wirkungs- und Anwendungsbereich der Regelungsabrede können daher nicht losgelöst von diesem Hintergrund beurteilt werden.

I. Historische Entwicklung der Regelungsabrede

Angesichts des Wandels der Mitbestimmungsordnung und der bis heute fehlenden positivrechtlichen Kodifizierung der Regelungsabrede verwundert es nicht, dass die Anerkennung und Rechtsnatur der Regelungsabrede insbesondere in der Vergangenheit Gegenstand unterschiedlichster Positionen war. Die Historie der Mitbestimmungsordnung in Deutschland soll im Rahmen dieser Arbeit aber nur in Grundzügen und beschränkt auf die für die Beurteilung der Regelungsabrede wesentlichen Leitlinien nachgezeichnet werden.

1. Die Anfänge der betrieblichen Mitbestimmung von 1849 bis 1919

Bereits zu Beginn der Industrialisierung im 19. Jahrhundert lagen der Frankfurter Nationalversammlung Anfang 1849 zwei Entwürfe einer eigenen Fabrikverfassung vor, welche die Errichtung von Arbeitnehmervertretungen in Form von Gewerberäten bzw. paritätisch besetzten Fabrikausschüssen vorsahen[1]. Ein entsprechendes Gesetz wurde jedoch nicht verabschiedet, die Regelung dieser Fragen vielmehr der nachfolgenden Reichsgesetzgebung überlassen[2]. Diese hat mit dem Erlass des Arbeitnehmerschutzgesetzes vom 1.6.1891 als einer Novellierung der §§ 134a bis 134h GewO[3] erstmals eine rudimentäre Beteiligung der

---

[1] Gesetzentwürfe des Volkswirtschaftlichen Ausschusses der Frankfurter Nationalversammlung, dazu ausführlich *Teuteberg* S. 101 ff., Gesetzestext vollständig abgedruckt S. 109 ff.
[2] *Giesler* S. 9.
[3] RGBl. 1891 (Nr. 18) v. 9.6.1891, S. 261 ff.

Arbeitnehmerschaft an der Aufstellung betrieblicher Regelungen eingeführt. Danach konnten freiwillig sog. Arbeiterausschüsse errichtet werden (§ 134h Nr. 4 GewO), die dann beim Erlass von Arbeitsordnungen im Wesentlichen in Form von Anhörungen[4] zu beteiligen waren. Eine Ausnahme stellte allerdings § 134b Abs. 3 S. 2 GewO dar, wonach Vorschriften über betriebliche Wohlfahrtseinrichtungen und des Verhaltens minderjähriger Arbeitnehmer außerhalb des Betriebes der Zustimmung der Arbeiterausschüsse unterlagen[5]. Die Arbeitsordnungen waren einseitige Maßnahmen des Arbeitgebers, denen das Gesetz bestimmte obligatorische Bestimmungen vorgab[6], ein inhaltlicher Einfluss der Arbeiterausschüsse bestand nicht[7]. Zwar war die Aufstellung einer Arbeitsordnung für Betriebe mit in der Regel mehr als 20 Arbeitern zwingende Vorschrift (§ 134a GewO), deren Nichteinhaltung strafrechtlich geahndet werden konnte (§ 147 Abs. 1 Ziffer 4 GewO). Die Verletzung der Anhörungsrechte eines Arbeiterausschusses war jedoch gesetzlich nicht sanktioniert, eine unter Missachtung des § 134d GewO aufgestellte Arbeitsordnung war nach allgemeiner Ansicht gültig[8]. Daher handelte es sich noch in keiner Weise um ein gleichberechtigtes Zusammenwirken bei der betrieblichen Rechtsgestaltung im Sinne einer echten Teilhabe[9]. *Sinzheimer* charakterisierte die Arbeitsordnungen als den „Übergang von der Despotie zur Monarchie im Gewerbebetrieb“[10].

---

[4] Vgl. z.B. § 134d GewO: „*Vor dem Erlaß der Arbeitsordnung oder eines Nachtrags zu derselben ist den in der Fabrik oder in den betreffenden Abtheilungen des Betriebs beschäftigten großjährigen Arbeitern Gelegenheit zu geben, sich über den Inhalt derselben zu äußern. Für Fabriken, für welche ein ständiger Arbeiterausschuss besteht, wird dieser Vorschrift durch Anhörung des Ausschusses über den Inhalt der Arbeitsordnung genügt.*“

[5] § 134b Abs. 3 S. 2 GewO: „*Mit Zustimmung eines Arbeitsausschusses können in die Arbeitsordnung Vorschriften über das Verhalten der Arbeiter bei Benutzung der zu ihrem Besten getroffenen, mit der Fabrik verbundenen Einrichtungen, sowie Vorschriften über das Verhalten der minderjährigen Arbeiter außerhalb des Betriebes aufgenommen werden.*“

[6] § 134b Abs. 1 GewO. Es handelte sich insbesondere um Bestimmungen zu Beginn und Ende der täglichen Arbeitszeit, Modalitäten der Lohnabrechnung, Kündigungsfristen und die Festsetzung von Betriebsbußen.

[7] Zur Ausnahme des § 134b Abs. 3 S. 2 GewO bereits oben Fn. 5. Die tatsächlich in die GewO aufgenommenen Regelungen blieben im Ergebnis deutlich hinter dem bereits genannten Entwurf einer GewO der verfassungsgebenden Nationalversammlung zurück, der insbesondere die Befugnis einer von Arbeitnehmern besetzten Betriebsvertretung vorsah, an der Konzeption und Aufrechterhaltung einer besonderen Fabrikordnung mitzuwirken, vgl. dazu: *Adomeit* Regelungsabrede, S. 15.

[8] *Neukamp* § 134d Anm. 2.

[9] BAG 3.12.1991 EzA § 87 BetrVG 1972 Betriebliche Lohngestaltung Nr. 30 (unter C.I.1. der Gründe) m.w.N. Der Novelle der GewO lag auch in erster Linie das Ziel einer technischen Erleichterung des Arbeitsvertragsschlusses zu Grunde, sie hatte nur nachrangig den Schutz der Arbeitnehmer vor Augen, worauf *Adomeit* Regelungsabrede, S. 14 f. und *Molodovsky* S. 3 hinweisen.

[10] *Sinzheimer* Arbeitsnormenvertrag S. 20 f.

Die Regelungen der GewO wurden für Bergwerksarbeiter durch das Allgemeine Preußische Berggesetz vom 24.7.1892[11] und vom 14.7.1905[12] übernommen. Eine Ausweitung der Pflicht zur Bildung von Arbeiterausschüssen bewirkte später das Gesetz über den Vaterländischen Hilfsdienst vom 5.12.1916[13], das erstmals ein über die bloße Anhörung hinaus reichendes Mitbestimmungsrecht für Fragen der Lohn- und sonstigen Arbeitsbedingungen vorsah[14]. Eine erneute Erweiterung der Beteiligungsrechte der Arbeitnehmer brachten die Verordnung über Tarifverträge, Arbeiter- und Angestelltenausschüsse und Schlichtung von Arbeitsstreitigkeiten vom 23.12.1918 (TVVO)[15] und die den Streik im Bergbau und in der Metallindustrie Berlin beendenden Vereinbarungen vom 12.3.1919[16] bzw. 19.4.1919[17]. Darin wurde die Bildung von Betriebsräten vorgesehen, die bei Lohn- und Gehaltsfragen sowie bei Einstellungen und Kündigungen zu beteiligen waren. Allerdings waren die Beteiligungsrechte nach wie vor nicht mit einem Zwang zur Einigung verbunden, so dass die einseitige Regelungsmacht des Arbeitgebers de facto fortbestand[18].

Diesen Anfängen der betrieblichen Mitbestimmung war die Regelungsabrede noch fremd. Zwar sprach die TVVO in einigen Vorschriften bereits von „Vereinbarungen" zwischen Arbeitgeber und Arbeitnehmervertretung. So bestimmte § 20 TVVO für die nach dieser Verordnung zu bildenden Schlichtungsausschüsse: „*Die Schlichtungsausschüsse können von dem Arbeitgeber, den Arbeiterausschüssen und den Angestelltenausschüssen (...) oder, wo ein Ausschuß (...) nicht besteht, von der Arbeiterschaft oder der Angestelltenschaft angerufen werden, wenn zwischen beiden Teilen bei Streitigkeiten über die Löhne oder sonstigen Arbeitsverhältnisse eine Einigung nicht zustande gekommen ist (...)*".

---

[11] Preußische Gesetzessammlung 1892, 131, dort die §§ 80a ff.

[12] Preußische Gesetzessammlung 1905, 307.

[13] RGBl. I 1916, 1333. In § 11 des Gesetzes wurde bestimmt: „*In allen für den vaterländischen Hilfsdienst tätigen Betrieben, (...) in denen in der Regel mindestens fünfzig Arbeiter beschäftigt werden, müssen ständige Arbeitsausschüsse bestehen. Soweit für solche Betriebe ständige Arbeitsausschüsse (...) nicht bestehen, sind sie zu errichten.*" Dazu *Teuteberg* S. 508 ff.

[14] § 13 des Gesetzes, diese Bestimmung sah zusätzlich für den Fall der Nichteinigung ein Schlichtungsverfahren vor: „*Kommt in einem Betriebe (...) bei Streitigkeiten über die Lohn- oder sonstigen Arbeitsbedingungen eine Einigung zwischen dem Arbeitgeber und dem Arbeitsausschuss nicht zustande, so kann (...) von jedem Teile der in § 9 Abs. 2 bezeichnete Ausschuß als Schlichtungsstelle angerufen werden. (...) Unterwirft sich der Arbeitgeber dem Schiedsspruch nicht, so ist den beteiligten Arbeitnehmer auf ihr Verlangen die zum Aufgeben der Arbeit berechtigende Bescheinigung (§ 9) zu erteilen.*"

[15] RGBl. I 1918, 1456.

[16] Abgedruckt in: Deutscher Reichsanzeiger Nr. 65 v. 20.3.1919.

[17] Dazu *Flatow/Kahn-Freund* Einl. Anm. 2.

[18] Vgl. zur Unverbindlichkeit des nach der TVVO möglichen Schiedsspruchs des für Streitigkeiten zuständigen Schlichtungsausschusses § 27 TVVO. Zum Ganzen auch *Teuteberg* S. 513.

§ 26 S. 1 TVVO sprach von einer Vereinbarung und ergänzte § 20 TVVO wie folgt: „*Kommt* (vor dem Schlichtungsausschuss, Anm. d. Verf.) *eine Vereinbarung zustande, so ist ihr Inhalt durch eine tunlichst von sämtlichen Mitgliedern des Schlichtungsausschusses und von den Vertretern beider Teile zu unterzeichnende Bekanntmachung zu veröffentlichen, sofern nicht beide Teile darüber einig sind, daß die Veröffentlichung unterbleiben soll*“[19]. Die Diskussion um nicht normative Vereinbarungen auf Betriebsebene konnte aber trotz der vom Gesetzeswortlaut angesprochenen „Einigungen“ naturgemäß erst mit dem Aufkommen einer im Einzelnen kodifizierten Mitbestimmungsordnung und deren Ausübungsform, der Betriebsvereinbarung, einsetzen.

2. Das Betriebsrätegesetz von 1920

Die fortlaufende Entwicklung der betrieblichen Mitbestimmung mündete im Anschluss an die revolutionären gesellschaftlichen Umwälzungen in das in Art. 165 WRV aufgestellte Programm eines Rätesystems[20], wonach Arbeiter und Angestellte dazu aufgerufen wurden, „gleichberechtigt in Gemeinschaft mit den Unternehmern an der Regelung der Lohn- und Arbeitsbedingungen sowie der gesamten wirtschaftlichen Entwicklung der produktiven Kräfte mitzuwirken“. In Vollziehung dieses Teilhabegedankens ersetzte das Betriebsrätegesetz vom 4.2.1920 (BRG)[21] die einseitig vom Arbeitgeber vorgegebenen Arbeitsordnungen als Institut des Gesetzes von 1891 durch eine von Arbeitgeber und Betriebsrat (bzw. Arbeiter- und Angestelltenrat) zu treffende Vereinbarung über die Arbeitsordnung oder sonstige Dienstvorschriften[22]. Die Arbeitsordnung der GewO wurde damit zum Unterfall einer Einigung zwischen Arbeitgeber und Betriebsrat[23]. Für die Fälle einer Nichteinigung wurde erstmalig die verbindliche Entscheidung eines Schlichtungsausschusses vorgesehen[24]. § 75 BRG bestimmte dazu: „*Sollen gemäß § 66 Ziffer 5 gemeinsame Dienstvorschriften vereinbart werden, so hat der Arbeitgeber den Entwurf, soweit die Bestimmungen nicht auf Tarifvertrag beruhen, dem Betriebsrat vorzulegen. Kommt über den Entwurf keine Einigung zustande, so können beide Teile den Schlichtungsausschuß anrufen, der eine bindende Entscheidung trifft. Die Verbindlichkeit der Entscheidung erstreckt sich nicht auf die Dauer der Arbeitszeit*“[25]. Damit war,

[19] Weitere Vorschriften sind z.B. die §§ 27 Abs. 1, 29 TVVO.
[20] Dazu *Nörr* ZfA 1986, 403 (428 ff.); *Sinzheimer* Arbeitsrecht, S. 321 ff.; GK-*Wiese* Einl. Rz. 12.
[21] RGBl. I 1920, 147. Zur Entstehungsgeschichte des BRG *Flatow/Kahn-Freund* Einl. S. 20 ff.
[22] *Flatow/Kahn-Freund* § 75 Anm. 1 (S. 377).
[23] *Flatow/Kahn-Freund* § 80 Anm. 1.
[24] §§ 66 Nr. 5, 78 Nr. 3, 80 Abs. 1 i.V.m. §§ 75, 104 lit. IV BRG, § 134a GewO.
[25] Die §§ 78 und 80 BRG sahen das gleiche Prozedere für die Vereinbarung von Arbeitsordnungen vor, § 78 Ziffer 3 BRG: „*Der Arbeiterrat und der Angestelltenrat oder, wo ein solcher*

wie zuerst *Freese* formulierte[26], die Entwicklung von der „individuellen zur konstitutionellen Fabrik“ vollzogen[27].
Zwar war dem BRG der Begriff der Betriebsvereinbarung[28] noch nicht bekannt, die darin vorgesehenen formellen Einigungen zwischen den Betriebspartnern wiesen allerdings in mehrfacher Hinsicht bereits den Charakter einer Betriebsvereinbarung nach heutigen Verständnis auf: Der Inhalt der im Einvernehmen mit dem Betriebsrat zu erlassenden Arbeitsordnung unterteilte sich fortan in einen obligatorischen und einen für den Arbeitgeber fakultativen Teil. § 78 Ziffer 3 BRG verwies dabei auf § 134b GewO, der bestimmte: „*Die Arbeitsordnung muß Bestimmungen enthalten: 1. über Umfang und Ende der regelmäßigen täglichen Arbeitszeit, sowie der für die erwachsenen Arbeiter vorgesehenen Pausen; 2. über Zeit und Art der Abrechnung und Lohnzahlung; (...) Dem Besitzer der Fabrik bleibt überlassen, neben den (...) bezeichneten, noch weitere die Ordnung des Betriebes und das verhalten der Arbeiter im Betriebe betreffende Bestimmungen in die Arbeitsordnung aufzunehmen.*“[29]
Der zwingend schriftliche Abschluss einer Arbeitsordnung wurde allerdings auf einen numerus clausus bestimmter Betriebszweige und Branchen beschränkt. So waren Arbeitsordnungen beispielsweise zu erlassen für „*gewerbliche Betriebe mit in der Regel mehr als 20 Arbeitern*“ (§§ 133g, 134a GewO), „*in offenen Verkaufsstellen, in welchen in der Regel mindestens 20 Gehilfen oder Lehrlinge beschäftigt werden*“ (§ 139k GewO) oder „*in besonders gefährlichen gewerblichen Betrieben zwecks Durchführung des Betriebsschutzes*“ (§ 120d, 120e Abs. 1 GewO).
Damit blieb bereits unter der Geltung des BRG Raum für formlose Absprachen der Betriebspartner in den Fällen, in denen der erwähnte numerus clausus und die bei Nichteinhaltung der Schriftform drohende Nichtigkeitsfolge des § 125 BGB keine Anwendung fanden[30]. Die Möglichkeit, auch mündliche Abreden zu schließen, umfasste danach auch solche Vereinbarungen, die inhaltlich dem Ka-

---

nicht besteht, der Betriebsrat hat die Aufgabe (...) die Arbeitsordnung oder sonstige Dienstvorschriften für eine Gruppe der Arbeiter im Rahmen der geltenden Tarifverträge nach Maßgabe des § 80 mit dem Arbeitgeber zu vereinbaren (...)“, § 80 BRG: „*Sollen gemäß § 78 Ziffer 3 Arbeitsordnungen (...) vereinbart werden, so findet § 75 entsprechende Anwendung.*“
[26] *Freese* Die konstitutionelle Fabrik (1922), S. 12.
[27] Vgl. *Kaskel* S. 241; *Wiese* JuS 1994, 99 (100).
[28] Der Begriff Betriebsvereinbarung geht bekanntermaßen auf *Flatow* (Betriebsvereinbarung und Arbeitsordnung, 1921) zurück, der bereits die normative und zwingende Wirkung der Betriebsvereinbarung beschrieben hat. Den Begriff der Betriebsvereinbarung übernahm der Gesetzgeber in § 7 des Gesetzes über die Beschäftigung von Schwerbeschädigten v. 12.1.1923 sowie § 3 der Verordnung über das Schlichtungswesen v. 30.10.1923.
[29] Zum Ganzen: *Adomeit* Regelungsabrede, S. 17 ff.
[30] *Giesler* S. 12.

talog des § 87 BetrVG zuzuordnen sind und nach dem heutigen Verständnis als Betriebsvereinbarung anzusehen wären[31].
Eine nicht normative Absprache nach dem heutigen Verständnis der Regelungsabrede kannte das BRG aber dennoch nicht. Wie *Adomeit*[32] herausgearbeitet hat, knüpfte die Mitbestimmungsordnung des BRG allein an die Ausübung der einseitigen Herrschaftsmacht des Arbeitgebers. Danach konnte der Betriebsrat seine Teilhaberechte nur dann ausüben, wenn der Arbeitgeber von seiner Regelungsbefugnis in Form einer normativen Arbeitsordnung Gebrauch machte. Es standen also unabhängig vom schriftlichen Abschluss einer Arbeitsordnung oder dem mündlichen Abschluss einer sonstigen, ebenfalls normativen Abrede (für einen außerhalb des numerus clausus des BRG liegenden Bereich) stets nur normative Vereinbarungen zur Verfügung[33]. *Adomeit*[34] hat dies als „formelles System der Mitbestimmung" bezeichnet und ihm begrifflich das heutige materielle System der Mitbestimmung gegenüber gestellt, bei dem die Mitbestimmung an enumerativ bestimmte Sachverhalte anknüpft[35]. Nach *Adomeit* kann lediglich im Rahmen des letztgenannten Systems eine Regelungsabrede diskutiert werden, da nur hier der Betriebsrat unabhängig von der Rechtsform einer Mitbestimmungsvereinbarung zur Mitbestimmung berechtigt ist[36]. Die Problematik einer formlosen, nicht normativen Regelungsabrede konnte sich unter der Geltung des BRG in Ermangelung einer zwingenden Formvorschrift für die Betriebsvereinbarung und einer ausschließlich auf normative Beteiligungen gerichteten Mitbestimmungsordnung nicht stellen[37].

3. Das Gesetz zur Ordnung der nationalen Arbeit und die Ablösung durch Kontrollrats- und Länderbetriebsrätegesetze

Die kontinuierliche Entwicklung einer demokratischen und gleichberechtigten Mitbestimmung wurde zunächst durch das nationalsozialistische Gesetz zur Ordnung der nationalen Arbeit (AOG) vom 20.1.1934[38] unterbrochen. Das AOG hob das BRG und die §§ 134a f. der GewO (§ 65 AOG) auf und setzte an die Stelle der Betriebsvereinbarung das einseitig vom Arbeitgeber als „Führer des Betriebes" (§§ 1 ff. AOG) zu erlassende Institut der Betriebsordnung: *„In jedem Betrieb, in dem in der Regel mindestens zwanzig Angestellte und Arbeiter be-*

---

[31] *Molodovsky* S. 5 f.; *Flatow* S. 29; *Giesler* S. 12.
[32] *Adomeit* Regelungsabrede, S. 19 f.
[33] *Adomeit* Regelungsabrede, S. 19 f. Die normative Wirkung anderer Abreden als der Aufstellung einer Arbeitsordnung wurde im BRG zwar nicht angesprochen, aber einhellig vorausgesetzt, *Flatow/Kahn-Freund* § 66 Ziffer 3 Anm. 5 (unter VIII).
[34] *Adomeit* Regelungsabrede, S. 19 f.
[35] Beispielsweise § 87 Abs. 1 BetrVG.
[36] *Adomeit* Regelungsabrede, S. 20.
[37] *Senne* S. 9
[38] RGBl. I 1934 45 ff.

schäftigt sind, ist vom Führer des Betriebes eine Betriebsordnung für die Gefolgschaft des Betriebes (§ 1) schriftlich zu erlassen" (§ 26 AOG). Als Inhalt der Betriebsordnung bestimmte § 27 AOG unter anderem „*Anfang und Ende der regelmäßigen täglichen Arbeitszeit und der Pausen*" sowie „*Zeit und Art der Gewährung des Arbeitsentgelts*".
Gleichberechtigte Einigungen zwischen Arbeitgeber und Arbeitnehmervertretungen, die nach der Terminologie des AOG als „Vertrauensräte" bezeichnet wurden, waren im AOG nicht mehr vorgesehen[39]. Das Mitbestimmungsrecht aus dem BRG von 1920 wurde zum bloßen Beratungsrecht reduziert: „*Der Vertrauensrat hat die Aufgabe, alle Maßnahmen zu beraten, die (...) der Gestaltung und Durchführung der allgemeinen Arbeitsbedingungen, insbesondere der Betriebsordnung (...) dienen*" (§ 6 Abs. 2 AOG).
Erst das Kontrollratsgesetz Nr. 22 vom 10.4.1946[40] (KRG) ermöglichte wieder die Errichtung und Tätigkeit von Betriebsräten, denen es selbst überlassen wurde, das Verfahren festzulegen, nach welchem sie bestimmte, in Art. 5 Ziffer 1 KRG festgelegte Aufgaben (insbesondere Verhandlungen mit dem Arbeitgeber zur Errichtung einer Betriebsordnung) erfüllten[41]. Das KRG stellte allerdings nur Rahmenregelungen auf, so dass (vielfach auf der Grundlage bereits geschaffener Länderverfassungen) in nahezu allen Ländern, die unter Kontrolle der Alliierten standen[42], Betriebsrätegesetze erlassen wurden, welche die Bildung von Betriebsräten und die Schaffung einer Betriebsverfassung vorsahen[43]. Übereinstimmend wurde zwar das Institut der Betriebsvereinbarung wieder aufgegriffen, ansonsten bestand aber eine starke Rechtszersplitterung[44]. Insbesondere sahen einige Betriebsrätegesetze strengen Formzwang für die Betriebsvereinbarung vor[45], während andere völlige, oder zumindest teilweise Formfreiheit normierten[46]. Formfreie betriebliche Abreden waren daher in regional stark unterschiedlicher Ausprägung möglich.

4. Das BetrVG 1952 und die Entwicklung der Regelungsabrede

Das Betriebsverfassungsgesetz vom 11.10.1952[47] (BetrVG 1952), dessen Erlass von heftigen parlamentarischen Diskussionen und politischen Streiks begleitet

---

[39] Zur Geschichte der Mitbestimmung während des Nationalsozialismus: *Weber* ZfA 1993, 517 (544 ff.).
[40] Amtsblatt des Kontrollrates 1946, Nr. 6, S. 133.
[41] Art. 5 Ziffer 2 KRG.
[42] Ausnahmen bildeten nur Nordrhein-Westfalen, Hamburg und Niedersachsen.
[43] *Hueck/Nipperdey/Säcker* II/2 S. 1071; *Weber* ZfA 1993, 517 (544); eingehend: *Adomeit* Regelungsabrede, S. 23 ff.
[44] *Molodovsky* S. 7 ff.
[45] Z.B. § 30 BRG Bremen; § 12 BRG Schleswig-Holstein; § 36 BRG Württemberg-Baden.
[46] *Molodovsky* S. 8.
[47] BGBl. I 1952, S. 681 ff. Das Gesetz trat am 14.11.1952 in Kraft.

wurde[48], beendete die durch die verschiedenen Landesgesetze eingetretene Rechtszersplitterung im Betriebsverfassungsrecht. Die Mitbestimmung wurde erstmalig ausdrücklich an bestimmte Tatbestände geknüpft. So stellte § 56 BetrVG 1952 einen Katalog der Mitbestimmungsrechte für soziale Angelegenheiten auf, § 60 BetrVG 1952 regelte die Mitbestimmung in personellen Angelegenheiten. Das Rechtsinstitut der Betriebsvereinbarung als typische Ausübungsform der Mitbestimmung wurde beibehalten und unabhängig von ihrem Regelungsinhalt einer konstitutiven Schriftform unterworfen: „*Die Betriebsvereinbarungen werden durch Arbeitgeber und Betriebsrat gemeinsam beschlossen. Sie sind schriftlich niederzulegen, von beiden Seiten zu unterzeichnen, durch den Arbeitgeber an geeigneter Stelle im Betrieb auszulegen und in gut leserlichem Zustand zu erhalten*" (§ 52 Abs. 2 S. 2 BetrVG 1952)[49]. Der Abschluss „mündlicher Betriebsvereinbarungen" war hierdurch unmöglich geworden. Damit war der Weg frei für die Diskussion um die Möglichkeit einer formfreien Vereinbarung neben der Betriebsvereinbarung.

Angestoßen wurde die fachliche Auseinandersetzung von dem in der Praxis aufkommenden Bestreben, neben dem nunmehr förmlich vorgeschriebenen Verfahren beim Erlass einer Betriebsvereinbarung eine unkompliziertere Art der verbindlichen Übereinkunft zu schaffen[50]. Insbesondere der mit der Einhaltung der Schriftform verbundene Zeitaufwand wurde hierfür als Ausgangspunkt genommen[51]. Dieser Ansatz wurde durch die bereits beschriebene Wortwahl des Gesetzgebers begünstigt, der mit z.T. sehr unterschiedlichen Formulierungen neben der Betriebsvereinbarung auch andere Arten der Einigung zwischen Betriebsrat und Arbeitgeber erwähnt hat[52] (wie z.B. die „Übereinstimmung"[53] und die „Verständigung"[54]) und insbesondere in § 56 Abs. 1 BetrVG 1952 allgemein

---

[48] So äußerte der SPD-Abgeordnete Erich Ollenhauer am 19.7.1952 im Bundestag: „Dieser Kampf um das Mitbestimmungsrecht bleibt auf der Tagesordnung, auch wenn Sie dieses Gesetz in dieser unmöglichen Form annehmen. Sie haben hier die Mehrheit und Sie haben es für richtig gehalten, die Willenskundgebungen der Gewerkschaftler beiseite zu schieben und zu mißachten.", BT-Protokolle I. Wahlperiode 1949, S. 10.245 (D). Das Gesetz wurde mit 195 Ja-Stimmen gegen 139 Nein-Stimmen bei 7 Enthaltungen angenommen, BT-Protokolle I. Wahlperiode 1949, S. 10.281 (C), 10.295 (D). Zum Ganzen näher: *Forsthoff/Hueck* S. 5 ff; *Fitting/Kaiser/Heither/Engels/Schmidt* Einl. Rz. 5 f.

[49] Dazu *Fitting/Kraegeloh/Auffarth* (6. Aufl.) § 56 Rz. 36.

[50] *Siebert* RdA 1958, 164 (165) sprach von der Notwendigkeit einer „weniger feierlichen Form des Zusammenwirkens"; vgl. auch *Adomeit* Regelungsabrede, S. 13. *Stege/Weinspach* § 77 Rz. 45 sehen im Verfahren bei Erlass der Betriebsvereinbarung sogar häufig einen Widerspruch zu den Bedürfnissen der Praxis, lassen aber dabei die mit der normativen Wirkung verbundene Rechtssicherheit außer Acht. In neuerer Zeit betonen insbesondere *Peterek* FS f. Gaul, 471 u. 474 und *Birk* ZfA 1986, 73 (79) die Praktikabilität der Regelungsabrede.

[51] *Siebert* RdA 1958, 164 (165); vgl. auch *Adomeit* Regelungsabrede, S. 13; *Frey/Pulte* S. 12.

[52] Zu den einzelnen Begriffen im BetrVG 1952 und dem BetrVG 1972 s.o. Teil 1 A.

[53] § 52 Abs. 1 S. 1 BetrVG 1952.

[54] §§ 7 Abs. 1 S. 2, 61 Abs. 1 S. 2, 70 Abs. 2 BetrVG 1952.

von der Durchführung der „gemeinsam mit dem Betriebsrat gefassten Beschlüsse“ sprach.
Vor diesem Hintergrund setzte die Diskussion um die Anerkennung einer neben der Betriebsvereinbarung bestehenden formlosen Ausübungsform der Beteiligungsrechte bereits kurz nach Erlass des BetrVG 1952 ein. Die ersten Befürworter des Rechtsinstituts der Regelungsabrede waren *Fitting*[55], *Kraegeloh*[56], und *Siebert*[57], die insbesondere zur Regelung von Einzelfällen[58] und Mitbestimmung bei einzelnen Entscheidungen des Arbeitgebers[59] die Möglichkeit einer auch formfreien Einigung anerkannten. Im Anschluss daran sprach auch *Gumpert* von der formlosen Zustimmung des Betriebsrates zu einzelvertraglichen Abmachungen und Anweisungen im Rahmen des Direktionsrechts, die auch neben der Betriebsvereinbarung zulässig seien[60].
Die damalige Diskussion war im Kern verknüpft mit der Frage, ob das Mitbestimmungsrecht des Betriebsrates nicht ohnehin auf generelle Dauervereinbarungen beschränkt werden und die Regelung von Einzelfällen dem arbeitgeberseitigen Direktionsrecht überlassen bleiben sollte[61]. Diesem Ansatz folgten insbesondere *G.Hueck*[62] und *Hessel*[63], die annahmen, dass die Mitbestimmungsrechte des Betriebsrates (namentlich die in § 56 BetrVG 1952 aufgeführten Tatbestände der Mitbestimmung in sozialen Angelegenheiten) nur durch den Abschluss einer förmlichen Betriebsvereinbarung umzusetzen waren und daher die Regelungsabrede ablehnten. *Nikisch* wollte in abgeschwächter Form die Ausübung des Mitbestimmungsrechts jedenfalls „im Wesentlichen“ nur durch Betriebsvereinbarung zulassen[64].
Dieser zunächst aufkommende Streit hat im weiteren Verlauf der Fachdiskussion zunehmend an Bedeutung verloren. Es ist der Analyse des Begriffs und Inhalts der Betriebsvereinbarung durch *Nipperdey* zu verdanken, dass die Kriterien der Dauerhaftigkeit und der Regelung genereller Sachverhalte zur Bestim-

---

[55] *Fitting* AR-Blattei Betriebsverfassung XIV. B. II. 1.
[56] *Kraegeloh* DB 1952, 950 f.
[57] *Siebert* BB 1952, 950 ff.
[58] *Siebert* BB 1952, 950 ff. spricht von der betrieblichen Einigung über Einzelfälle.
[59] *Kraegeloh* DB 1952, 950 f. und *Fitting* AR-Blattei Betriebsverfassung XIV. B. II. 1. grenzen diesen Begriff von der Teilnahme des Betriebsrates an der Normsetzung durch Betriebsvereinbarung ab.
[60] *Gumpert* BB 1953, 359 f.
[61] *Adomeit* Regelungsabrede, S. 67 f. Für die Befürworter dieser Ansicht war die Regelungsabrede als Rechtsinstitut entbehrlich, vgl. *Dietz* RdA 1962, 390 (395). Zu diesem Streit ausführlich *Simitis/Weiss* DB 1973 1240 (1240 f.); Richardi § 87 Rz. 15. Zur Bedeutung für die Entwicklung der Regelungsabrede als Ausübungsform der Mitbestimmungsrechte *Schipprowski* S. 61 ff.
[62] *G.Hueck* RdA 1952, 366 (367).
[63] *Hessel* DB 1953 801 ff.
[64] *Nikisch* DB 1964, 622 (623 f.).

mung des Inhalts von Betriebsvereinbarungen aufgegeben wurden[65]. *Nipperdey* arbeitete heraus, dass eine Betriebsvereinbarung auch als sogenannte „Einzelbetriebsvereinbarung" möglich ist, mit der das Arbeitsverhältnis eines einzelnen Arbeitnehmers oder ein Einzelfall der Festlegung von Arbeitsbedingungen geregelt werden konnte. So sah *Nipperdey* eine Betriebsvereinbarung als zulässig an, mit der die Betriebspartner die Verlegung der Arbeitszeit für einen bestimmten Tag regeln[66]. Im Anschluss an seine Studien wurde in Rechtsprechung und Lehre verstärkt auf den kollektiven Bezug abgestellt, ohne dass es weiter auf Dauer und Anlass der Regelung angekommen wäre, da diese keine tauglichen Abgrenzungscharakteristika und nur schwer definitorisch zu erfassen seien[67]. Für eine Anerkennung der Regelungsabrede um überhaupt eine Regelung von Einzelfällen oder nur dem Direktionsrecht unterliegenden Sachverhalten zu ermöglichen, bestand danach keine Notwendigkeit mehr[68].

Der wissenschaftliche Diskurs war damit jedoch keinesfalls beendet. Aufbauend auf den vorangehenden Erörterungen der Regelungsabrede als Institut zur Einzelfallregelung ergab sich in der Folge ein Bedürfnis für die Anerkennung der Regelungsabrede im Zusammenhang mit dem Streit über die individualrechtlichen Folgen einer unterbliebenen Mitbestimmung des Betriebsrates. *Dietz* hatte dazu unter der Geltung des § 56 BetrVG 1952 die *Theorie der erzwingbaren Mitbestimmung* entwickelt, nach der erst dann, wenn der Betriebsrat seine Mitbestimmungsbefugnisse durch Abschluss einer Betriebsvereinbarung oder einen Spruch der Einigungsstelle ausgeübt („erzwungen") hatte, die Gestaltungsbefugnisse des Arbeitgebers aufgrund seines Weisungsrechts oder aufgrund einzelvertraglicher Abreden mit den Arbeitnehmern eingeschränkt waren[69]. Bis zu einer solchen Umsetzung des Beteiligungsrechts durfte der Arbeitgeber danach im Rahmen seiner Leitungsmacht einseitig regelnd tätig werden[70]. *Dietz* sah daher den Kern der Mitbestimmungsrechte als Befugnis des Betriebsrates, eine kollektive dauerhafte Ordnung des betrieblichen Zusammenwirkens durch Abschluss von normativen Regelungen in Form von Betriebsvereinbarungen (initiativ) verlangen zu können[71]. Für eine nicht normative Vereinbarung in Form der Regelungsabrede, die mangels unmittelbarer und zwingender Wirkung nicht zur

---

[65] *Hueck/Nipperdey* II (6. Aufl.) S. 781 (833).
[66] *Hueck/Nipperdey* II (6. Aufl.) S. 781 (833).
[67] *Hilger* FS f. Sitzler, 153 (157); *Siebert* RdA 1958, 161 (163); *Strasser* RdA 1956, 448 (449).
[68] *Schipprowski* S. 78 ff.
[69] *Dietz* FS f. Nipperdey S. 147 ff.; *ders.* BB 1954, 349 ff.; *ders.* FS f. Sitzler, 131 (146); *ders.* (4. Aufl.) § 56 Rz. 7 ff. Im Anschluss an Dietz: *Dieckhoff* DB 1965, 555 (556); *Ramm* JZ 1964, 546 (551 ff.); *Richardi*, Kollektivgewalt S. 277 ff.; *Vielhaber* BB 1953, 358.
[70] *Schipprowski* S. 67.
[71] *Dietz* (4. Aufl.) § 56 Rz. 7; *ders.* FS f. Nipperdey S. 147 (148); *ders.* BB 1959, 1210.

Implementierung einer kollektiven Ordnung geeignet ist, war nach dieser Konzeption kein Raum[72].
Die herrschende Lehre[73] und das BAG[74] entschieden sich jedoch für die auf *Fitting* und *Kraegeloh*[75] zurückgehende *Theorie der notwendigen Mitbestimmung*. Danach bedarf der Arbeitgeber bei jeder mitbestimmungspflichtigen Regelung eines vorangehenden Einvernehmens mit dem Betriebsrat, dessen Beteiligung Wirksamkeitsvoraussetzung für eine individualrechtliche Umsetzung der jeweiligen Maßnahme ist[76]. Zweck der Mitbestimmungsrechte des Betriebsrates ist demnach, die Regelungsbefugnis des Arbeitgebers zum Schutz der Arbeitnehmer unabhängig von einer vorangehenden Geltendmachung der Mitbestimmungsrechte durch den Betriebsrat einzuschränken und einseitige Maßnahmen im mitbestimmungspflichtigen Bereich mit Rechtsunwirksamkeit zu sanktionieren[77]. Diese Auslegung des § 56 BetrVG 1952 war für sich genommen noch ohne Aussage darüber, in welcher Form die Mitbestimmung des Betriebsrates ausgeübt werden konnte[78]. Allerdings lag in der zum Schutz der Beteiligungsrechte vorgesehenen strengen Unwirksamkeitssanktion eine Gefahr für einen ordnungsgemäßen betrieblichen Ablauf in den Fällen, in denen der Abschluss einer Betriebsvereinbarung aus Zeitgründen nicht zweckmäßig erschien, oder eine Betriebsvereinbarung geschlossen wurde, die der Schriftform des § 52 Abs. 2 BetrVG 1952 (versehentlich) nicht gerecht wurde[79]. Um gerade in diesen Fällen eine Unwirksamkeit im Individualbereich zu vermeiden, wurde auf die Regelungsabrede zurückgegriffen, die auch ohne normative Wirkung in der Lage sein sollte, die mitbestimmungsrechtliche Schranke der Regelungsmacht des Arbeitgebers zu beseitigen[80]. In der Regelungsabrede wurde so eine Möglich-

---

72 *Schipprowski* S. 69 f.

73 *Fitting/Kaiser/Heither/Engels/Schmidt* § 87 Rz. 595 ff.; *Däubler/Kittner/Klebe* § 87 Rz. 4; *Galperin/Löwisch* § 87 Rz. 16 ff.; *Stege/Weinspach* § 87 Rz. 3; GK-*Wiese* § 87 Rz. 98 ff. Kritisch: *Richardi* § 87 Rz. 101 ff.

74 BAG 7.9.1956 BAGE 3, 207 (212 f.); BAG 1.2.1957 BAGE 3, 266 (272 f.); BAG GS 3.12.1991 AP Nr. 51 zu § 87 BetrVG 1972 Lohngestaltung (unter D.II. der Gründe); BAG 11.6.2002 NZA 2003, 570 (572 f., unter III.3. der Gründe).

75 *Fitting/Kraegeloh* (3. Aufl.) § 56 Rz. 11; *Fitting* DB 1952, 627 (630); *Kraegeloh* BB 1952, 581 f.

76 *Fitting/Kaiser/Heither/Engels/Schmidt* § 87 Rz. 599; *Däubler/Kittner/Klebe* § 87 Rz. 4; GK-*Wiese* § 87 Rz. 98 ff.

77 BAG 19.4.1963 AP Nr. 2 zu § 56 BetrVG 1952 Entlohnung (unter 3.d. der Gründe); *Hueck/Nipperdey/Säcker* II/2 S. 1392.

78 Darauf weist auch *Adomeit* Regelungsabrede, S. 72 hin.

79 *Gumpert* BB 1953, 359 f; *Siebert* RdA 1958, 161 (165); *Schipprowski* S. 85 f.; vgl. dazu aus neuerer Zeit den Fall einer geplanten Einführung von Kurzarbeit durch Betriebsvereinbarung, die allerdings nicht ordnungsgemäß unterzeichnet wurde: BAG 14.2.1991 NZA 1991, 607 (608, insbesondere unter IV.4.b. der Gründe).

80 *Galperin* BB 1960, 453 (459).

keit gefunden, die drohenden Nichtigkeitsfolgen der Theorie der notwendigen Mitbestimmung abzuschwächen.
Vor dem Hintergrund der Tatsache, dass sich die Theorie der notwendigen Mitbestimmung alsbald in weitem Umfang durchgesetzt hat[81], sind alle Versuche, dem Aufkommen des Instituts der Regelungsabrede zu begegnen oder doch zumindest ihren Anwendungsbereich zu begrenzen[82], nicht übermäßig lange aufrecht erhalten worden[83]. Dabei dürfte auch die Tatsache eine bedeutende Rolle gespielt haben, dass die betriebliche Praxis, ohne der wissenschaftlichen Diskussion Beachtung zu schenken, ein deutliches Bedürfnis an der Möglichkeit einer formfreien und schnellen Einigung zeigte[84]. Der betrieblichen Anwendung folgte die Behandlung und Anerkennung der Regelungsabrede durch die Fachgerichte[85], welche die Möglichkeit formloser Vereinbarungen ohne vertiefende Erörterung als selbstverständlich voraussetzten. So spricht das BAG in einer Entscheidung vom 7.9.1956 einem Betriebsrat, dem bereits durch rechtskräftiges Feststellungsurteil des LAG das Recht auf Abschluss einer Betriebsvereinbarung über die Aufstellung von Akkordlöhnen zuerkannt worden war, weitergehende Ansprüche ab und führt aus, der Betriebsrat habe „eine der mehreren Möglichkeiten in Anspruch genommen, die für die Verwirklichung des Mitbestimmungsrechts denkbar sind“ [86]. Dieses Urteil soll – trotz der uneindeutigen Formulierungen[87] – nach dem Willen des BAG durchaus als Anerkennung der Regelungsabrede verstanden werden[88].
In der Folge wurden solchen Vereinbarungen von den Gerichten durch Anleihe beim Recht der Betriebsvereinbarung schärfere rechtliche Konturen verliehen, indem für sie z.B. eine Kündigungsmöglichkeit analog § 77 Abs. 5 BetrVG[89] und eine Nachwirkung analog § 77 Abs. 6 BetrVG vorgesehen wurde[90]. *Schauber* spricht zwar angesichts dieser Entwicklung von einer „Knochenerweichung

[81] GK-*Wiese* § 87 Rz. 99 ff. m.w.N.
[82] So z.B. *Schauber* RdA 1963 375 (376 f.) und weitere Autoren, welche die Regelungsabrede nur in Einzel- oder Eilfällen für zulässig hielten, generelle und dauerhafte Regelungen aber der Betriebsvereinbarung vorbehalten wollten, vgl. die Nachweise bei *Nikisch* Bd. III, S. 307.
[83] Ausdrücklich *G.Hueck*, der 1962 zugeben musste, die Regelungsabrede sei inzwischen wohl anerkannt, RdA 1962, 376 (379).
[84] *Galperin/Löwisch* § 77 Rz. 100.
[85] Bereits frühzeitig: LAG Hamm 1.12.1953 BB 1954, 317 („betriebliche Einigung über Einzelfälle“); LAG Düsseldorf 28.8.1956 BB 1956, 1140 („Einvernehmen mit dem Betriebsrat“); vgl. auch LAG Hannover 19.7.1954 BB 1954, 968 („ohne Widerspruch des Betriebsrates“).
[86] BAG 7.9.1956 AP Nr. 2 zu § 56 BetrVG 1952 (unter 2. der Gründe).
[87] Dazu: *Adomeit* Regelungsabrede, S. 68.
[88] BAG 15.12.1961 AP Nr. 1 zu § 56 BetrVG 1952 Arbeitszeit (unter III.4. der Gründe). Auch: BAG 8.2.1963 AP Nr. 4 zu § 56 BetrVG 1952 Akkord (unter II.4. der Gründe).
[89] Bsp.: BAG 10.3.1992 AP Nr. 1 zu § 77 BetrVG 1972 Regelungsabrede (unter B.II.d. der Gründe).
[90] BAG 23.6.1992 AP Nr. 51 zu § 87 BetrVG 1972 Arbeitszeit (unter II.2.b. der Gründe).

der Rechtswissenschaft“[91], der Streit um die Existenz und Zulässigkeit der Regelungsabrede kann aber seit Inkrafttreten des BetrVG 1972 am 15.1.1972 im Wesentlichen als beendet angesehen werden.

5. Das BetrVG von 1972

Mit dem BetrVG vom 15.1.1972 (BetrVG 1972)[92] hat der Gesetzgeber die Begriffsvielfalt zur Bezeichnung von Übereinkünften zwischen den Betriebspartnern in Kenntnis der bis dahin in der betrieblichen wie in der Gerichtspraxis vollzogenen Ausarbeitung der Regelungsabrede fortgeschrieben[93]. Daher kann spätestens zu diesem Zeitpunkt die ausnahmslose Anerkennung der Regelungsabrede konstatiert werden[94]. Das BetrVG 1972 brachte inhaltlich eine Erweiterung der Mitbestimmungstatbestände in § 87 BetrVG und mit § 77 Abs. 2 bis 6 BetrVG eine eingehende Regelung des Rechts der Betriebsvereinbarung, allerdings nicht der Regelungsabrede. Die auch legislatorische Bestätigung der Existenz der Regelungsabrede zeigte sich aber erneut durch den Erlass des SprAuG vom 20.12.1988, in dessen § 2 Abs. 1 S. 2 vom „Abschluss einer Betriebsvereinbarung oder sonstigen Vereinbarung mit dem Betriebsrat“ die Rede ist[95]. Ungeachtet einer bis heute in Teilen kontroversen Diskussion um die inhaltliche Ausgestaltung und den rechtlichen Rahmen der Regelungsabrede besteht anhand der aufgezeigten Entwicklung mittlerweile kein Zweifel mehr daran, dass Betriebsrat und Arbeitgeber neben förmlichen Betriebsvereinbarungen auch rechtsverbindliche formlose Vereinbarungen (Regelungsabreden) schließen können[96].

II. Die dogmatische Einordnung der Regelungsabrede

Aus der dargestellten Entwicklung der Regelungsabrede als formfreies Pendant zur normativen Betriebsvereinbarung, die als besondere Einigungsform der Betriebspartner gesetzlich genauer geregelt wurde, ist erklärlich, dass die Regelungsabrede ganz überwiegend (ebenso wie die Betriebsvereinbarung[97]) als privatrechtlicher Vertrag angesehen wird[98].

---

[91] *Schauber* RdA 1963 375 (376 f.), ebenfalls kritisch *Senne* S. 47 ff. u. 60 ff.

[92] BGBl. I 1972, S. 13.

[93] Zur Gesetzesterminologie s.o. Teil 1 A.

[94] Zutreffend *Giesler* S. 24.

[95] Dass mit dieser Formulierung die Regelungsabrede gemeint ist, ist communis opinio, *Hromadka* § 2 Rz. 12.

[96] BAG 10.3.1992 AP Nr. 1 zu § 77 BetrVG 1972 Regelungsabrede (unter B.II.d. der Gründe); *Richardi* § 77 Rz. 224; *Fitting/Kaiser/Heither/Engels/Schmidt* § 77 Rz. 216; MünchArbR/*Matthes* § 332 Rz. 31; GK-*Kreutz* § 77 Rz. 8 f.; *Nikisch* Bd. III, S. 306 ff.; *Neumann-Duesberg* S. 408 ff.; *Adomeit* Rechtsquellenfragen, S. 150 ff.; *Schipprowski* S. 8.

[97] Die Betriebsvereinbarung wird nach heute nahezu einhelliger Auffassung als privatrechtlicher Vertrag in der Gestaltungsform eines „Normenvertrages“ angesehen, BAG 30.1.1970 AP

1. Das weite Verständnis von Kreutz

Kreutz[99] hat angesichts der Tatsache, dass der Begriff der Regelungsabrede zumeist für alle Formen der Mitwirkung des Betriebsrates verwendet wird, die nicht Betriebsvereinbarung sind, darauf hingewiesen, dass darunter auch die „einseitige Zustimmung" des Betriebsrates zu einer Maßnahme des Arbeitgebers falle. *Kreutz* will daher den Begriff der Regelungsabrede nicht auf Verträge beschränken, sondern jede Form des „Einverständnisses aller Beteiligten" genügen lassen[100].

Die von *Kreutz* gewählte Terminologie der „einseitigen Zustimmung" und des „Einverständnisses aller Beteiligten" ist dabei insofern missglückt, als eine Zustimmung stets ein einseitiges, selbständiges und empfangsbedürftiges Rechtsgeschäft ist, mit dem das Einverständnis mit einem von anderen vorgenommenen Rechtsgeschäft erklärt wird[101]. Das Gesetz unterscheidet unter dem Oberbegriff der stets einseitigen Zustimmung (§ 182 BGB) nur die vorherige Zustimmung (Einwilligung, § 183 BGB) und die nachträgliche Zustimmung (Genehmigung, § 184 BGB). Im Betriebsverfassungsrecht spielt die Zustimmung nur als spezielle Ausübungsform der Mitwirkungsrechte des Betriebsrates bei bestimmten Maßnahmen eine Rolle (§§ 94 Abs. 1, 95 Abs. 1, 99, 102 Abs. 6, 103 Abs. 1). Nur für diese Fälle hat der Gesetzgeber die Wirksamkeit einer einseitig vom Arbeitgeber vorgenommenen Maßnahme an die Zustimmung bzw. fehlende Zustimmungsverweigerung geknüpft, die ihrerseits ein einseitiges Rechtsgeschäft ist[102].

Zwar ist auch in diesen Fällen zum Teil vorgesehen, dass bei einer fehlenden „Einigung" die Einigungsstelle entscheiden kann[103]. Damit wird jedoch nur eine

---

Nr. 142 zu § 242 BGB Ruhegehalt (unter B.IV.3.b. der Gründe) *Richardi* § 77 Rz. 26; GK-*Kreutz* § 77 Rz. 35; *Fitting/Kaiser/Heither/Engels/Schmidt* § 77 Rz. 13; *Galperin/Löwisch* § 77 Rz. 6; *v. Hoyningen-Huene* Betriebsverfassungsrecht, S. 218; MünchArbR/*Matthes* § 328 Rz. 97; mittlerweile auch: *Hess/Schlochauer/Glaubitz* § 77 Rz. 5 f. Die weiteren, zu dieser Frage vertretenen Erklärungsmodelle spielen keine nennenswerte Rolle mehr, soweit man vom verbandsrechtlichen Verständnis der sog. Satzungstheorie absieht, näher dazu unten Teil 3 B. II. 1.

[98] *Hueck/Nipperdey/Säcker* II/2 S. 1306; MünchArbR/*Matthes* § 328 Rz. 1; *Richardi* § 77 Rz. 227; GK-*Kreutz* § 77 Rz. 10; *Heinze* NZA 1994, 580 (583); *Molodovsky* S. 82 f.; *ders.* DB 1961, 338 (339).

[99] GK-*Kreutz* § 77 Rz. 10.

[100] GK-*Kreutz* § 77 Rz. 10. Ähnlich auch *Senne*, die ein Einigsein der Betriebspartner in Form von informellen Absprachen anerkennt, dies aber von einem vertraglichen Handeln durch Betriebsvereinbarung und Regelungsabrede abgrenzen will, *Senne* S. 13 ff.

[101] MünchKommBGB/*Schramm* Vor § 182 Rz. 2.

[102] *V. Hoyningen-Huene* Betriebsverfassungsrecht, S. 209; *Richardi* Vorbem. zum 4. Teil Rz. 30.

[103] So bei § 94 Abs. 1 und § 95 Abs. 1, in anderen Fällen kann die Zustimmung lediglich ersetzt werden, §§ 99 Abs. 4, 100 Abs. 2, 102 Abs. 6, 103 Abs. 2).

Einigung nach nicht erteilter, stets einseitiger Zustimmung angesprochen, ohne dass es in diesen Fällen immer (auch bei der Erteilung einer Zustimmung) einer solchen einvernehmlichen (vertraglichen) Regelung bedürfte[104]. Ein solches, paritätisches Recht zur Mitbestimmung, bei dem der Betriebsrat eine Regelung auch gegen den Willen des Arbeitgebers erzwingen kann, steht dem Betriebsrat nur ausnahmsweise und insbesondere bei den in § 87 BetrVG aufgeführten sozialen Angelegenheiten zu[105]. Der von *Kreutz* verfolgte Gedanke bezieht sich also nicht auf ein Zustandekommen der Regelungsabrede durch eine Zustimmung im Sinne des § 182 BGB zu einer einseitigen Maßnahme des Arbeitgebers, die mangels beidseitiger Willenseinigung gerade keinen Vertragsschluss darstellen würde. So formuliert Kreutz ausdrücklich, das Erfordernis vorheriger Zustimmung folge „dabei nicht etwa aus der Dogmatik der Zustimmung (§§ 182 ff. BGB), sondern aus den betriebsverfassungsrechtlichen Zustimmungs- und Mitbestimmungstatbeständen selbst“[106].

Wenn man sich von der „Dogmatik der Zustimmung“ löst, umschreibt das nach Kreutz lediglich erforderliche „Einverständnis aller Beteiligten“ aber nichts anderes, als eine vertragliche Einigung. *Kreutz* führt seine Überlegungen dementsprechend nicht mit der Benennung von rechtlichen Konsequenzen seiner Unterscheidung in eine „einseitige Zustimmung zur Herbeiführung des Einverständnisses aller Beteiligten“ und einer (konkludenten) vertraglichen Einigung zu Ende[107]. Richtiger Weise sollte eine solche Differenzierung vermieden werden, da sich auch das einseitig erklärte Einverständnis des Betriebsrates überwiegend als Annahme eines zumindest konkludenten Angebots des Arbeitgebers (und damit als Vertrag) erfassen lässt[108]. In den verbleibenden Fällen ist zu beachten, dass sich eine eindeutige Zuordnung des jeweiligen Parteiverhaltens in Offerte und Akzept beim Abschluss von Verträgen nicht stets erreichen lässt, ohne dass dadurch ein Vertragsschluss immer verneint werden müsste[109]. *Leenen* hat diesbezüglich auf das Beispiel eines Vertragsschlusses „im Wege gemeinsamer Zustimmung“ zu einem zuvor (gemeinsam oder von einem Dritten) vorformulierten Vertragstext hingewiesen[110]. Zwar ist auch hier der Begriff der „Zustimmung“ verfehlt, da es nicht um ein stets einseitiges Einverständnis mit einem von einem anderen vorgenommenen Rechtsgeschäft geht[111]. Besser wäre es also von einem Vertragsschluss im Wege der „gemeinsamen Einverständnis-

---

104 *Richardi* Vorbem. zum 4. Teil Rz. 28 f.

105 Daneben besteht diese weite Form des Mitbestimmungsrechts auch bei der Aufstellung eines Sozialplans (§§ 112, 112a BetrVG) und bei bestimmten Maßnahmen der betrieblichen Berufsbildung (§ 97 Abs. 2 BetrVG).

106 GK-*Kreutz* § 77 Rz. 10 a.E.

107 GK-*Kreutz* § 77 Rz. 10.

108 *Schipprowski* S. 186.

109 MünchKommBGB/*Kramer* § 145 Rz. 2.

110 *Leenen* AcP 188 (1988), 381 (399 ff.).

111 Vgl. MünchKommBGB/*Schramm* Vor § 182 Rz. 2.

erklärung" zu sprechen. Das Beispiel zeigt aber, dass auch ohne eine eindeutige Zuordnung der abgegebenen Erklärungen in Angebot und Annahme ein Vertrag geschlossen werden kann, sofern nur eine Willenseinigung vorliegt. Dies gilt entsprechend auch für die Regelungsabrede. Regelungsabreden können daher auch in Form von Protokollnotizen oder Briefwechseln zustande kommen[112], sie behalten in jedem Fall ihren rechtsgeschäftlichen Charakter.

2. Die „selbständige Einigung" nach Birk und Däubler

Gegen eine Einordnung der Regelungsabrede als Vertrag sprechen auch nicht die Überlegungen von *Birk* und *Däubler*, die neben vertraglichen Vereinbarungen in Form der Regelungsabrede „selbständige Einigungen" unterscheiden wollen, die im Gegensatz zur Regelungsabrede keine Verpflichtungswirkung erzeugen, sondern nur den Arbeitgeber im Rahmen der Mitbestimmung zu einer bestimmten Maßnahme legitimieren sollen[113]. Der Begriff der „selbständigen Einigung" als Gegenstück zur Regelungsabrede betrifft nur die Wirkung der (in beiden Fällen vertraglichen) Einigung, die nach der Terminologie von *Birk* und *Däubler* im Falle der Regelungsabrede in der Begründung von schuldrechtlichen Pflichten und im Fall der „selbständigen Einigung" in der Herbeiführung der notwendigen Mitwirkung des Betriebsrates besteht[114]. Beide Arten von Einigungen unterfallen nach der dieser Arbeit zugrunde gelegten Terminologie dem Begriff der Regelungsabrede und sind privatrechtliche Verträge[115].

3. Die Einschränkende Auffassung von Adomeit

Gegen die Einordnung der Regelungsabrede als privatrechtlichen Vertrag hat sich aber *Adomeit* ausgesprochen[116]. Zunächst sah *Adomeit* in der Regelungsabrede in Anlehnung an die Entscheidungsfindung bei Personengesellschaften (z.B. § 712 Abs. 1 BGB), der GmbH (§ 48 Abs. 1 GmbHG) oder der Erbengemeinschaft (§§ 2038 Abs. 2, 745 Abs. 1 BGB) einen Beschluss. Die dauernde, ständig wiederkehrende Notwendigkeit von einvernehmlichen Regelungen sei im Vertragsrecht weniger anzutreffen und lege die Parallele zu den genannten Rechtsinstituten nahe[117]. Allerdings räumt *Adomeit* ein, dass die übrige Dogmatik der zivilrechtlichen Personenmehrheiten für das Zustandekommen der Regelungsabrede kaum verwertbar ist[118].

---

[112] *Peterek* FS f. Gaul, 471 (475).

[113] *Birk* ZfA 1986, 73 (80 f.); *Däubler* Arbeitsrecht 1, S. 479.

[114] *Birk* ZfA 1986, 73 (80 f.); *Däubler* Arbeitsrecht 1, S. 479.

[115] S.o. Teil 1 B; vgl. dazu auch *Giesler* S. 29.

[116] *Adomeit* Regelungsabrede, S. 96 ff.; *ders.* BB 1967, 1003 (1008). Ähnlich auch zunächst *Neumann-Duesberg* FS f. Bogs, 275 (283).

[117] *Adomeit* Regelungsabrede, S. 96 ff.

[118] *Adomeit* Regelungsabrede, S. 99.

Dieser zutreffende Einwand kann aber nicht auf die „übrige Dogmatik“ beschränkt bleiben, er steht der von *Adomeit* vorgenommenen Zuordnung schon im Grundsatz entgegen. Lediglich die Willensbildung innerhalb des Betriebsrates setzt ein formelles Beschlussverfahren voraus (§ 33 BetrVG), bei dem eine Parallele zu den genannten weiteren zivilrechtlichen Instituten zur Entscheidungsfindung denkbar wäre. Die Regelungsabrede selbst ist aber stets die Übereinkunft von zwei Partnern und weder ein in Abstimmung erzielter Beschluss einer Personenmehrheit noch überhaupt auf eine größere Anzahl von Beteiligten ausgerichtet[119].
Aufgrund dieser Umstände ist es erklärlich, dass *Adomeit* selbst schon frühzeitig trotz der Einordnung der Regelungsabrede als Beschluss auch von einer rechtsgeschäftlichen Einigung gesprochen hat[120]. Später hat er unter Hinweis darauf, dass sich das kollektive Arbeitsrecht einer systematischen Einordnung innerhalb der Gesamtrechtsordnung vielfach entziehe und beispielsweise auch Merkmale des öffentlichen Rechts in sich vereine, die Regelungsabrede schlicht als „Willenseinigung“ charakterisiert[121]. Innerhalb dieser „juristischen Elementarfigur“ soll der zivilrechtliche Vertrag dann nur ein Unterfall sein[122]. Bereits daran wird deutlich, dass die Ansätze von *Adomeit* sich in der Rechtsfolge nicht von der Systematisierung der Regelungsabrede als Vertrag durch die herrschende Lehre unterscheiden. Auch nach *Adomeit* sind nämlich auf die Erklärungen der Betriebspartner beim Abschluss einer Regelungsabrede die Grundsätze für zivilrechtliche Rechtsgeschäfte anwendbar[123]. Mit dieser Prämisse verliert eine Differenzierung zwischen einem Vertrag und einer „Willenseinigung“ beim Abschluss der Regelungsabrede aber gänzlich ihre Notwendigkeit und ist daher für die vorliegende Arbeit verzichtbar.

4. Zwischenergebnis

Im Ergebnis kann daher festgehalten werden, dass die Regelungsabrede eine vertragliche Vereinbarung ist, die den zivilrechtlichen Regeln für Rechtsgeschäfte gemäß den §§ 145 ff BGB unterworfen ist[124]. Auf die Regelungsabrede sind daher beispielsweise die allgemeinen Vorschriften über die Auslegung rechtsgeschäftlicher Erklärungen (§§ 133, 157 BGB), Willensmängel (§§ 116 ff BGB) und der Nichtigkeit von Willenserklärungen und Rechtsgeschäften

---

[119] *Giesler* S. 31.
[120] *Adomeit* Regelungsabrede, S. 69.
[121] *Adomeit* BB 1967, 1003 (1008).
[122] *Adomeit* BB 1967, 1003 (1008).
[123] *Adomeit* Regelungsabrede, S. 69 u. 102 ff.; *ders.* BB 1967, 1003 (1007).
[124] BAG 10.3.1992 DB 1992, 1734 (1735, unter II.1.d. der Gründe); *Richardi* § 77 Rz. 227; *Molodovsky* DB 1961, 338 (341); *Neumann-Duesberg* FS f. Bogs 1959, 275 (280); *Schipprowski* S. 186 f.; *Heinze* NZA 1994, 580 (584); *Giesler* S. 32; *Peterek* FS f. Gaul, 471 (474 f.).

(§§ 134, 138, 139, 140 BGB) anwendbar, soweit dem keine spezifischen arbeitsrechtlichen Vorgaben entgegenstehen[125]. So wird vom BAG[126] und Teilen der Literatur[127] auch die Möglichkeit eines Abschlusses der Regelungsabrede durch schlüssiges Verhalten des Betriebsrates angenommen[128]. Die vertragsrechtliche Zuordnung ist Ausgangspunkt der weiteren Erörterung und muss insbesondere bei der Untersuchung der Wirkung der Regelungsabrede und der Regelungsbefugnis der Betriebspartner berücksichtigt werden.

B. Arten der Regelungsabrede

Mit dem Begriff der Regelungsabrede wird zunächst nur die Rechtsnatur einer Vereinbarung als formloser, nicht normativer Vertrag festgelegt. Über den Gegenstand der Vereinbarungen ist damit noch wenig gesagt. Bereits oben wurde anhand der terminologischen Vielfalt zur Bezeichnung von Abreden der Betriebspartner abseits der Betriebsvereinbarung deutlich, dass es je nach ihrem Inhalt verschiedene Arten der Regelungsabrede gibt[129]. Zur Einordnung der Regelungsabrede in den Gegenstand dieser Untersuchung sollen daher die Kategorien denkbarer Regelungsabreden in ihren Grundzügen dargelegt werden.
Zu unterscheiden sind dabei nach ihrem Inhalt im Wesentlichen vier Arten der Regelungsabrede, und zwar rein obligatorisch wirkende Vereinbarungen zwischen Betriebsrat und Arbeitgeber, Regelungsabreden mit betriebsverfassungsrechtlicher Wirkung, Regelungsabreden als Form der Ausübung der Mitbestimmungsrechte des Betriebsrates und Regelungsabreden zur Gestaltung von Arbeitsbedingungen. Die Arten der Regelungsabrede sind aber nicht streng voneinander zu trennen. Es sind auch Überschneidungen möglich, so dass eine Regelungsabrede beispielsweise schuldrechtliche Verpflichtungen zwischen den Betriebspartnern begründen, und gleichzeitig die Ausübung eines Mitbestimmungsrechts darstellen kann, etwa wenn sich der Arbeitgeber in einer Regelungsabrede mit dem Betriebsrat auf einen Verteilungsschlüssel für Gratifikationen einigt (der nach § 87 Abs. 1 Nr. 10 BetrVG als Frage der betrieblichen Lohngestaltung mitbestimmungspflichtig ist) und dem Betriebsrat

---

[125] *Adomeit* Regelungsabrede, S. 96 ff.; *Molodovsky* S. 83 f.; *ders.* DB 1961, 338 (341); *Säcker* DB 1965, 1856 f.; *Schipprowski* S. 187; *Heinze* NZA 1994, 580; *Giesler* S. 32. Zur Frage einer Regelungsabrede in Form eines Vertrages zu Gunsten Dritter gemäß § 328 BGB noch unten Teil 4 A. II.

[126] BAG 8.2.1963 AP Nr. 4 zu § 56 BetrVG 1952 Akkord (unter II.4. der Gründe); BAG 15.12.1961 AP Nr. 1 zu § 56 BetrVG 1952 Arbeitszeit.

[127] *Hess/Schlochauer/Glaubitz* § 77 Rz. 97; einschränkend *Blomeyer* BB 1969, 101 (103 ff.); *Adomeit* RdA 1963, 263 (265); *Heinze* NZA 1994, 580 (583 f.).

[128] Kritisch dazu: GK-*Kreutz* § 77 Rz. 11; *Fitting/Kaiser/Heither/Engels/Schmidt* § 77 Rz. 218; *Richardi* § 77 Rz. 227; LAG Frankfurt a.M. 17.3.1983 ZIP 1983, 1114 (1115 f.); zum ganzen eingehend: *Schipprowski* S. 191 ff.; *Giesler* Die konkludente Regelungsabrede (1997).

[129] Teil 1. B.

Lohngestaltung mitbestimmungspflichtig ist) und dem Betriebsrat für seine Zustimmung Fortbildungskurse im Abrechnungswesen zur Kontrolle des betrieblichen Lohnwesens zusagt[130].

Im Rahmen der Untersuchung der Frage inwieweit die Regelungsabrede als innerbetriebliche Vereinbarung zwischen Betriebsrat und Arbeitgeber eine Alternative zur Betriebsvereinbarung darstellen kann, sollen weitere denkbare Arten von Vereinbarungen, wie etwa drei- oder vierseitige Abreden unter Einbeziehung der Tarifpartner, außer Betracht bleiben, da bei diesen Abreden die Ebene betrieblicher Vereinbarungen verlassen würde.

I. Die ausschließlich obligatorisch wirkende Vereinbarung

Die Regelungsabrede kommt als Vertrag des Privatrechts zunächst dann in Betracht, wenn die Betriebspartner ausschließlich eine obligatorische Wirkung inter pares begründen wollen[131]. Solche Vereinbarungen geben dem jeweils Berechtigten einen schuldrechtlichen Anspruch auf Erfüllung, den er gegebenenfalls im Beschlussverfahren vor dem Arbeitsgericht durchsetzen kann (§§ 2a Abs. 1 Nr. 1, Abs. 2, 80 ff ArbGG)[132]. Es ist zwar trotz des Wortlauts von § 77 Abs. 4 S. 1 BetrVG, der Betriebsvereinbarungen stets unmittelbare und zwingende Wirkung beilegt, nicht ausgeschlossen, dass Arbeitgeber und Betriebsrat auch in einer Betriebsvereinbarung schuldrechtliche Verpflichtungen untereinander begründen[133]. Da für solche Vereinbarungen die normative Wirkung aber ohne Bedeutung ist, bietet sich der Abschluss einer Regelungsabrede an und wird gerade für diese Fälle allgemein anerkannt[134].

Im Rahmen solcher Regelungsabreden kann sich der Arbeitgeber beispielsweise verpflichten, die Kosten der Betriebsratsarbeit über den in § 40 festgelegten Rahmen hinaus zu tragen[135], dem Betriebsrat Auskünfte zu erteilen, auf die kein Anspruch besteht oder etwa die geplante Anschaffung einer neuen EDV-Anlage vorab mit dem Betriebsrat zu beraten. Der Betriebsrat wiederum kann z.B. eine

---

[130] Vgl. die weiteren Beispiele bei ErfK/*Hanau/Kania* § 77 BetrVG Rz. 32.

[131] GK-*Kreutz* § 77 Rz. 12; *Heinze* NZA 1994, 580 (583).

[132] *Giesler* S. 40; *Heinze* NZA 1994, 580 (584). Dies gilt auch, wenn die Regelungsabrede einen Unterlassungsanspruch begründet, BAG 23.6.1992 EzA Nr. 50 zu § 87 BetrVG 1972 Arbeitszeit (unter B.II.2.a. der Gründe). Zu den durch Regelungsabrede begründbaren Pflichten unten Teil 2. C. III.

[133] *Fitting/Kaiser/Heither/Engels/Schmidt* § 77 Rz. 50; *Galperin/Löwisch* § 77 Rz. 59; *Richardi* § 77 Rz. 59 f.; MünchArbR/*Matthes* § 328 Rz. 2; a.A.: GK-*Kreutz* § 77 Rz. 187 ff.; *Nikisch* Bd. III, S. 280 ff.; *Birk* ZfA 1986, 73 (79).

[134] *Hueck/Nipperdey/Säcker* II S. 1270; *Richardi* § 77 Rz. 63. Für diejenigen, die schuldrechtliche Abreden in Betriebsvereinbarungen für unzulässig halten, ist die Regelungsabrede sogar die einzige Möglichkeit der Begründung obligatorischer Verpflichtungen zwischen Betriebsrat und Arbeitgeber: GK-*Kreutz* § 77 Rz. 189; *Birk* ZfA 1986, 73 (79).

[135] GK-*Kreutz* § 77 Rz. 14.

Zusage dahingehend abgeben, Vorschläge für ein neues Arbeitszeitmodell zu entwickeln oder Arbeitnehmerschulungen für die Bedienung einer neuen Betriebssoftware zu organisieren. Charakteristisch für solche Vereinbarungen ist, dass die Betriebsparteien eigene Verpflichtungen unabhängig von Beteiligungsrechten des Betriebsrates eingehen.

II. Die Regelungsabrede mit betriebsverfassungsrechtlicher Wirkung

Eine formlose betriebliche Einigung kommt auch dann in Betracht, wenn Arbeitgeber und Betriebsrat bestimmte betriebsverfassungsrechtliche Fragen klären und darüber eine Einigung erzielen wollen[136]. Hierunter fallen z.B. Abreden über organisatorische Belange des Betriebsrates (wie die Freistellung von Betriebsratsmitgliedern nach §§ 38 Abs. 2, 37 Abs. 2 BetrVG, oder die Teilnahme an Schulungsveranstaltungen, § 37 Abs. 6 und 7 BetrVG[137]), über die Frage, ob ein Mitbestimmungsrecht besteht[138] oder über personelle Einzelmaßnahmen gemäß den §§ 99, 100 Abs. 2, 102 BetrVG[139].
Die Funktion dieser Regelungsabrede besteht in der Streitklärung und Streitschlichtung[140] und der Herbeiführung einer für beide Seiten tragfähigen Lösung. Ist eine Einigung über die fraglichen Belange erfolgt, dann können Arbeitsgericht und Einigungsstelle nicht mehr angerufen werden[141].
Diese Vereinbarungen sind zwar nicht unmittelbar auf den Inhalt der Arbeitsverhältnisse gerichtet, sie entfalten aber sachlogisch eine indirekte Drittwirkung je nach der geregelten Materie[142]. So sind nach erfolgter Einigung Betriebsratsmitglieder wirksam freigestellt (§§ 37 Abs. 2, 38 Abs. 2 BetrVG) und eine personelle Einzelmaßnahme kann (vorbehaltlich anderer Unwirksamkeitsgründe) durchgeführt werden[143].

III. Die Form der Ausübung der Mitbestimmungsrechte

Nahezu einhellig anerkannt ist die Regelungsabrede auch als eine neben der Betriebsvereinbarung zulässige Form der Ausübung der Mitbestimmungsrechte des Betriebsrates, insbesondere der Mitbestimmung in sozialen Angelegenheiten gemäß § 87 Abs. 1 BetrVG[144]. Grundsätzlich kann der Betriebsrat wählen,

---

[136] GK-*Kreutz* § 77 Rz. 16; *Peterek* FS f. Gaul, 471 (474).
[137] *Neumann-Duesberg* S. 415 f.; GK-*Kreutz* § 77 Rz. 16.
[138] *Fitting/Kaiser/Heither/Engels/Schmidt* § 77 Rz. 222.
[139] *Hueck/Nipperdey/Säcker* II/2 S. 1302.
[140] *Peterek* FS f. Gaul, 471 (474); GK-*Kreutz* § 77 Rz. 16.
[141] *Schipprowski* S. 13.
[142] *Peterek* FS f. Gaul, 471 (474).
[143] GK-*Kreutz* § 77 Rz. 16.
[144] BAG 10.3.1992 AP Nr. 1 zu § 77 BetrVG 1972 Regelungsabrede (unter B.I.2. der Gründe); BAG GS 16.9.1986 AP Nr. 17 zu § 77 BetrVG 1972 (unter C.II.3.c. der Gründe); LAG Berlin DB 1991, 2593 (2594, unter II.b.4. der Gründe); *Däubler/Kittner/Klebe* § 77 Rz. 79 u.

ob er sein Mitbestimmungsrecht in der Form einer Betriebsvereinbarung oder durch Abschluss einer Regelungsabrede ausüben will[145]. Wenn wegen der notwendigen Gestaltung der Arbeitsverhältnisse eine betriebseinheitliche Regelung angestrebt wird, ist der Abschluss einer Betriebsvereinbarung aufgrund der normativen Wirkung zweckmäßiger[146].
Die Ausübung des Mitbestimmungsrechts in Form einer Regelungsabrede spielt insbesondere dann eine Rolle, wenn eine Betriebsvereinbarung rechtlich oder aus Zweckmäßigkeitserwägungen heraus nicht in Betracht kommt, z.B. zur Ausübung der Mitbestimmungsrechte bei einer Einzelmaßnahme[147]. In rechtlicher Hinsicht hängt diese Frage maßgeblich von der bereits oben dargestellten Frage des Verhältnisses von § 77 Abs. 3 zu § 87 Abs. 1 Eingangssatz BetrVG ab[148]. Dabei sind die unterschiedlichen Regelungsgegenstände beider Vorschriften zu beachten. § 77 Abs. 3 BetrVG entzieht den Betriebspartnern die Regelungsbefugnis für den Abschluss einer Betriebsvereinbarung zu Gunsten der Tarifautonomie, und zwar auch bei bloßer Tarifüblichkeit[149], § 87 Abs. 1 Eingangssatz BetrVG trifft eine Aussage darüber, dass die Mitbestimmungsrechte in sozialen Angelegenheiten (nur) durch einen bestehenden Tarifvertrag verdrängt werden[150]. Das Mitbestimmungsrecht besteht nach der herrschenden Vorrangtheorie[151], die in § 87 Abs. 1 Eingangssatz BetrVG eine gegenüber § 77 Abs. 3 BetrVG speziellere Regelung sieht und der sich auch das BAG angeschlossen hat[152], nur dann nicht, wenn ein Tarifvertrag tatsächlich besteht. In

---

81; GK-*Kreutz* § 77 Rz. 19; *Richardi* § 87 Rz. 76; *Galperin/Löwisch* § 87 Rz. 21; *Peterek* FS f. Gaul, 471 (472); *Otto* NZA 1992, 97 (108); *Birk* Leitungsmacht S. 117; *Säcker* Gruppenautonomie S. 353; *Jahnke* S. 169; ausführlich: *Schipprowski* S. 125 ff.; generell ablehnend nur *Senne* S. 73 ff. Die Regelungsabrede ist aber auch für alle sonstigen Formen der Mitbestimmungsrechte zulässig, vgl. *Schipprowski* S. 151 ff.

145 BAG 10.3.1992 AP Nr. 1 zu § 77 BetrVG 1972 Regelungsabrede (unter B.I.2.a. der Gründe).

146 *Peterek* FS f. Gaul, 471 (483). Der Betriebsrat kann nach Ansicht des BAG sogar verlangen, dass eine bisher durch Regelungsabrede getroffene Vereinbarung einer Regelung durch Betriebsvereinbarung zugeführt wird, wenn dies sachgerecht erscheint und rechtlich zulässig ist, BAG 8.8.1989 AP Nr. 3 zu § 87 BetrVG 1972 Initiativrecht (unter B.II.3.c. der Gründe).

147 GK-*Kreutz* § 77 Rz. 12.

148 Dazu bereits Teil 1 C. IV. 1.b. Vgl. auch *Richardi* § 77 Rz. 247 ff.; *Kempen/Zachert* Grundlagen Rz. 277 ff.; *Fitting/Kaiser/Heither/Engels/Schmidt* § 77 Rz. 109 ff.;

149 Dazu oben Teil 1 C. IV., näher unten Teil 3 C. II.

150 Auf diese Unterscheidung weist *Richardi* § 77 Rz. 249 u. § 87 Rz. 166 f. hin. Ebenso: *Fitting/Kaiser/Heither/Engels/Schmidt* § 77 Rz. 112; *Hess/Schlochauer/Glaubitz* § 77 Rz. 136.

151 Dazu bereits Teil 1 C. IV. 1.b.; Mittlerweile ständige Rechtsprechung: BAG GS 3.12.1991 BAGE 69, 134 (145 ff.) = AP Nr. 51 zu § 87 BetrVG 1972 Lohngestaltung (unter C.I.4. der Gründe); *Däubler/Kittner/Klebe* § 77 Rz. 66; *Kempen/Zachert* Grundlagen Rz. 277 ff.; *Däubler* Arbeitsrecht 1, S. 473.

152 BAG 24.2.1987 AP Nr. 21 zu § 77 BetrVG 1972 (unter B.II.4. der Gründe); BAG GS 3.12.1991 AP Nr. 51 zu § 77 BetrVG 1972 Lohngestaltung (unter C.I. der Gründe).

diesen Fällen kommt nach der Vorrangtheorie eine erzwingbare Betriebsvereinbarung nach § 87 Abs. 1 BetrVG nicht in Betracht. Auch der für Mitbestimmungstatbestände generell verdrängte § 77 Abs. 3 BetrVG kommt dann nicht zur Anwendung, so dass der Abschluss einer freiwilligen Betriebsvereinbarung, die nach dem Günstigkeitsprinzip auch tariflichen Regelungen vorgehen kann, möglich wäre[153]. In allen anderen Fällen, also auch wenn ein Tarifvertrag nur üblicher Weise besteht, ist das Mitbestimmungsrecht des Betriebsrates nach der Vorrangtheorie nicht ausgeschlossen und kann mangels Anwendbarkeit von § 77 Abs. 3 BetrVG auch durch Betriebsvereinbarung ausgeübt werden[154].
Der Gegenentwurf der sog. Zwei-Schranken-Theorie will stattdessen den Schutz der Tarifautonomie durch § 77 Abs. 3 BetrVG generell, also auch für den Regelungsbereich des § 87 Abs. 1 BetrVG zur Anwendung bringen[155]. Danach bestünde bei bestehendem Tarifvertrag zwar ebenfalls kein Mitbestimmungsrechte nach § 87 Abs. 1 BetrVG. Bei einer lediglich üblichen tariflichen Regelung wäre aber nach wie vor ein Mitbestimmungsrecht des Betriebsrates gegeben. Dieses Recht ließe sich aber nicht durch den Abschluss einer Betriebsvereinbarung ausüben (da diese durch § 77 Abs. 3 BetrVG gesperrt ist), sondern nur durch eine Regelungsabrede. Für die Vertreter der Zwei-Schranken-Theorie ist also die Regelungsabrede als Ausübungsform der Mitbestimmung für den Fall einer tarifüblichen Regelung unverzichtbar[156].
Rechtliche Erwägungen für die Zulassung der Ausübung eines Mitbestimmungsrechts durch Regelungsabrede sind darüber hinaus in der bereits dargestellten herrschenden Anwendung der Theorie der notwendigen Mitbestimmung zu finden[157]. Nur durch eine Regelungsabrede kann auch für den Fall des nicht ordnungsgemäßen Abschlusses einer Betriebsvereinbarung die strenge Nichtigkeitssanktion vermieden und der Arbeitgeber zur Vornahme der durch das Mitbestimmungsrecht zunächst gesperrten Maßnahme auf individualrechtlicher Ebene legitimiert werden[158].

---

[153] Auf die damit verbundenen Gefahren für die Tarifautonomie durch ein „Überbieten" durch Betriebsvereinbarung verbundenen weisen *Veit* S. 230 f. und *Richardi* § 77 Rz. 248 hin. *Hanau* BB 1977, 350 spricht diesbezüglich von einem „sinnwidrigen Ergebnis". Von den Vertretern der Vorrangtheorie spricht sich angesichts dieses Problems *Säcker* dafür aus, die Sperrwirkung des § 87 Abs. 1 BetrVG auf jede betriebsvereinbarungsrechtliche Regelung zu beziehen, so dass darunter auch freiwillige Betriebsvereinbarungen und Regelungsabreden fallen würden, BB 1979, 1201 (1202).

[154] *Richardi* § 77 Rz. 248 ff.

[155] GK-*Kreutz* § 77 Rz. 139 ff.; *ders.* Grenzen S. 220 f. *Fitting/Kaiser/Heither/Engels/Schmidt* § 77 Rz. 113; *Galperin/Löwisch* § 77 Rz. 76; *Kempen/Zachert* Grundlagen Rz. 277 ff.; *Veit* S. 230 ff.; *Jahnke* S. 167; *Moll* S. 34 ff.; *Waltermann* S. 285 ff.; *Hanau* RdA 1973, 281 (284).

[156] Vgl. *Richardi* § 77 Rz. 249.

[157] Dazu oben Teil 2 A. I. 4.

[158] Siehe oben Teil 2 A. I. 4.

Zweckmäßigkeitserwägungen für die Ausübung des Mitbestimmungsrechts durch Regelungsabrede können beispielsweise darin begründet liegen, dass ein Einzelfall geregelt werden soll (wie etwa die einzelne Gewährung von Urlaub, § 87 Abs. 1 Nr. 5 BetrVG), eine personelle Einzelmaßnahme in Frage steht oder ein Eilfall vorliegt[159].

IV. Die Regelungsabrede zur Gestaltung von Arbeitsbedingungen

Alle bereits genannten Arten der Regelungsabrede bezwecken lediglich, Rechtswirkungen zwischen den Betriebsparteien herbei zu führen, und haben allenfalls mittelbare Auswirkung auf den Inhalt der Arbeitsverhältnisse, soweit sie kollektivrechtliche Schranken für die Individualrechtliche Ebene beseitigen. Zur Klärung der Ausgangsfrage, inwieweit die Regelungsabrede eine rechtlich zulässige und praktikable Alternative zur Betriebsvereinbarung bei der Regelung von materiellen Arbeitsbedingungen, namentlich der Dauer der individuellen regelmäßigen wöchentlichen Arbeitszeit, darstellt, ist damit noch wenig beigetragen. Die Regelungsabrede wird aber nicht nur zur Erzeugung von Rechtswirkungen inter pares, zur Klärung betriebsverfassungsrechtlicher Fragen oder zur Ausübung der Mitbestimmungsrechte angewendet. Es gibt auch Regelungsabreden, mit denen die Betriebspartner rechtsgestaltend auf den Inhalt der Arbeitsverträge einwirken wollen. Diese Regelungsabreden überschneiden sich mit den bereits genannten Arten beispielsweise dort, wo ein Tatbestand des Mitbestimmungskatalogs des § 87 Abs. 1 BetrVG betroffen ist oder die Betriebspartner auch gegenseitige schuldrechtliche Verpflichtungen begründen wollen. Diese Regelungsabreden werden gerade zur Bewältigung solcher Fragen heran gezogen, für die klassischer Weise die Betriebsvereinbarung vorgesehen ist, nämlich der inhaltlichen Ausgestaltung der Arbeitsverhältnisse der Arbeitnehmer, auch in Arbeitszeit- und Lohnfragen[160].
Typisches Beispiel hierfür sind die bereits oben angesprochenen „Bündnisse für Arbeit“ auf betrieblicher Ebene[161], also gerade der Sachverhalt des in Teil 1 beschriebenen Ausgangsfalls[162]. Dabei handelt es sich um Abreden zur Beschäftigungssicherung, mit denen eine Verlängerung der Arbeitszeit und ggf. Lohneinbußen gegen temporäre Arbeitsplatzgarantien wegen ihrer bereits genannten Defizite ohne Abschluss einer Betriebsvereinbarung umgesetzt werden sollen[163].

---

[159] MünchArbR/*Matthes* § 328 Rz. 100; *Fitting/Kaiser/Heither/Engels/Schmidt* § 77 Rz. 223.
[160] *Peterek* FS f. Gaul, 471 (473).
[161] Vgl. *Hanau* DB 1998, 69 (76); *Wolter* RdA 2002, 218 f.
[162] Teil 1 D. I. 1.
[163] Zu den Defiziten der Betriebsvereinbarung bereits oben Teil 1. D. II. In erster Linie soll mit der Regelungsabrede in diesen Fällen ein Verstoß gegen § 77 Abs. 3 BetrVG vermieden werden. Zur Frage, ob nicht auch Regelungsabreden vom Verbot des § 77 Abs. 3 BetrVG erfasst werden näher unten Teil 4. A. I. Zum Ganzen: *Gamillscheg* Kollektives Arbeitsrecht,

Diese Art der Regelungsabrede beschränkt sich aber nicht nur auf Vereinbarungen zur Beschäftigungssicherung, sie ist für die Gestaltung jeder Art von Arbeitsbedingungen denkbar (z.B. die Regelung der Gewährung zusätzlicher Leistungen des Arbeitgebers an die Arbeitnehmer, eine Verlegung der Kernarbeitszeit, die Modalitäten einer privaten Internetnutzung usw.). Inhalt der Regelungsabrede zwischen Arbeitgeber und Betriebsrat ist dabei primär die Einigung über ein Vertragsangebot, dass der Arbeitgeber den Arbeitnehmern unterbreiten soll[164].

Entsprechende Beispielsfälle über den typischen Anwendungsfall der betrieblichen „Bündnisse für Arbeit" liegen insbesondere in Form von dazu ergangenen Gerichtsentscheidungen vor[165]. Aus jüngerer Zeit ist zunächst der dem bereits oben beschriebenen „Burda-Beschluss" des BAG[166] zu Grunde liegende Sachverhalt zu nennen[167]. Hier hatten die Betriebspartner ihre Übereinkunft zwar mit der Bezeichnung „Betriebsvereinbarung (Rahmenvereinbarung)" überschrieben. Tatsächlich handelte es sich aber um eine Regelungsabrede und gerade nicht um eine Betriebsvereinbarung[168]. Die in der Vereinbarung vorgesehene Anpassung der Arbeitsbedingungen in Form einer geringer als bisher vergüteten wöchentlichen Mehrarbeit im Gegenzug zu einer befristeten Beschäftigungsgarantie sollte nicht bereits durch Erlass der „Betriebsvereinbarung" eintreten. Eine solche normative Wirkung hatten Arbeitgeber und Betriebsrat ausdrücklich abbedungen. Stattdessen war das Wirksamwerden des Inhalts der Vereinbarung nach dem Willen der Betriebspartner von der Zustimmung der Arbeitnehmer in Form von Einzelverträgen abhängig.

Neben der Fallgestaltung des „Burda-Beschlusses" ist auch eine Vereinbarung aus dem Frühjahr 1996 im Betrieb des Wärmetechnikproduzenten Viessmann Werke GmbH & Co als beispielhaft für ein betriebliches Bündnis für Arbeit durch Regelungsabrede zu nennen[169]. Der Arbeitgeber hatte im damaligen Fall ursprünglich beschlossen, eine neue Gastherme aus Kostengründen nicht an seinem deutschen, sondern an einem tschechischen Standort fertigen zu lassen und bereits mit Baumaßnahmen im Ausland begonnen. Auf Initiative des Betriebsrates kam eine Einigung darüber zustande, die Produktion am Standort in Nordhessen durchführen zu lassen, um dort Arbeitsplätze zu sichern und neue

---

S. 327; *Brecht/Höland/Reim* ArbuR 2002, 127 ff.; *Gentz* FS f. Schaub, 205 (206); *Birk* ZfA 1986, 73 (101 ff.); GK-*Kreutz* § 77 (6. Aufl.) Rz. 67.

164 Zur Wirkung der Regelungsabrede und zur Notwendigkeit eines Umsetzungsaktes näher unter Teil 2. C. II.

165 ArbG Stuttgart 20.2.1998 ArbuR 1998, 205 = BB 1998, 696; ArbG Elmshorn 26.5.1998 AiB 1998, 650 ff.; BAG 20.4.1999 AP Nr. 89 zu Art. 9 GG.

166 BAG 20.4.1999 AP Nr. 89 zu Art. 9 GG.

167 Teil 1 C. IV. 2.b.

168 BAG 20.4.1999 AP Nr. 89 zu Art. 9 GG (unter B.II.1.b.bb. der Gründe).

169 ArbG Marburg 7.8.1996 NZA 1996, 1331 ff.; NZA 1996, 1337 ff.; ArbG Frankfurt a.M. 28.10.1996 NZA 1996, 1340 ff.; *Buchner* NZA 1996, 1304 ff.; *Veit* S. 11 u. 250 ff.

zu schaffen. Dafür sollten die Arbeitnehmer ohne Lohnausgleich statt bisher 35 Stunden nun 38 Stunden in der Woche arbeiten. Die Geschäftsleitung bot im Gegenzug neben der Verlagerung der Produktion den Ausschluss betriebsbedingter Kündigungen bis zum 30.4.1999 an. Die Vorschläge der Betriebsleitung billigte der Betriebsrat mit der Mehrheit der nicht gewerkschaftsangehörigen Mitglieder, allerdings nur unter der Voraussetzung, dass die Arbeitnehmer der gefundenen Lösung einzelvertraglich zustimmen. Diese Zustimmung erklärten immerhin 96,4 % der Arbeitnehmer. Nachdem die IG Metall ein Amtsenthebungsverfahren gemäß § 23 Abs. 1 BetrVG gegen die zustimmenden Mitglieder des Betriebsrates vor dem Arbeitsgericht Marburg angestrengt hat, einigten sich die Verfahrensbeteiligten während der zweitinstanzlichen Behandlung durch das LAG Frankfurt a.M. außergerichtlich. Vereinbart wurde der Abschluss eines verbandsbezogenen Firmentarifvertrages zwischen dem hessischen Metallarbeitgeberverband und der IG Metall[170], der inhaltlich mit der auf Betriebsebene gefundenen Lösung weitgehend deckungsgleich war[171].
Weitere gleich gelagerte Fälle, in denen auf der Basis einer Regelungsabrede zwischen Betriebsrat und Arbeitgeber einzelvertragliche Abweichungen von einem geltenden Tarifvertrag in Form von Mehrarbeit ohne Lohnausgleich gegen Beschäftigungszusagen vereinbart wurden, finden sich z.B. beim Mönchengladbacher Textilmaschinenhersteller Schlafhorst AG und Co.[172] und der mit der Produktion von Medizintechnik befassten Aesculap AG & Co KG aus Tuttlingen[173]. Alle diese Fällen haben die bereits im Ausgangsfall dieser Untersuchung beschriebene Grundstruktur gemeinsam[174].

V. Zwischenergebnis

Gegenstand der vorliegenden Untersuchung von Alternativen zur Betriebsvereinbarung sind nur die zuletzt angeführten Regelungsabreden, die das Ziel haben, materielle Arbeitsbedingungen (insbesondere die Arbeitszeitdauer) zu gestalten. Die weiteren möglichen Inhalte einer Regelungsabrede weisen zwar Berührungspunkte mit der ebenfalls durch Regelungsabrede möglichen Ausübung von Mitbestimmungsrechten und der Begründung schuldrechtlicher Verpflichtungen auf. Die mit den übrigen Formen der Regelungsabrede verbundenen

---

170 FAZ v. 18.3.1998, S. 17.

171 Vorgesehen war eine Mehrarbeit von noch zwei (nicht mehr drei) Stunden und eine Verlängerung der Laufzeit der Vereinbarung um ein Jahr, FAZ v. 18.3.1998, S. 17.

172 FAZ v. 25.1.1994, S. 15; Handelsblatt v. 26.1.1994, S. 4 und v. 29./30.1.1994, S. 3.

173 FAZ v. 13.7.1998, S. 26. Im dortigen Fall wird die Vereinbarung zwar als Betriebsvereinbarung bezeichnet, wurde aber ebenfalls einzelvertraglich umgesetzt.

174 Teil 1 D. I. 1.

Rechtsprobleme können in dieser Arbeit aber keine Vertiefung finden, um nicht den Rahmen dieser Untersuchung zu verlassen[175].
Ob eine Regelungsabrede eine praktikable Alternative zur Gestaltung von Arbeitsbedingungen durch Betriebsvereinbarung darstellt, hängt vordringlich von ihrer Wirkung (dazu Teil 2 C.) und davon ab, ob die Regelungsbefugnis der Betriebspartner bei Abschluss einer solchen Regelungsabrede auch die inhaltliche Regelung der Arbeitszeitdauer und der im Rahmen des Ausgangsfalls dargestellten flankierenden Regelungen umfasst (dazu Teil 3). Erforderlich ist weiterhin eine Untersuchung der Begrenzungen des Anwendungsbereichs der Regelungsabrede durch den notwendigen Schutz der Tarifautonomie (dazu Teil 4.).

C. Die Wirkung der Regelungsabrede zur Gestaltung materieller Arbeitsbedingungen

I. Das Fehlen einer unmittelbaren und zwingenden Wirkung

Der Regelungsabrede als privatrechtlichem Rechtsgeschäft kommt – in Ermangelung einer gesetzlichen Normgeltungsanordnung, wie sie mit § 77 Abs. 4 BetrVG für die Betriebsvereinbarung existiert – bei der Gestaltung von Arbeitsbedingungen keine unmittelbare und zwingende Wirkung zu[176]. Im Regelfall enthält sie daher nur die wechselseitige schuldrechtliche Verpflichtung von Arbeitgeber und Betriebsrat, sich entsprechend der getroffenen Abrede zu verhalten[177]. Anderenfalls würde sie in jeder Hinsicht an die Stelle der Betriebsvereinbarung treten, womit letztlich die Formvorschrift des § 77 Abs. 2 BetrVG obsolet wäre[178]. Dieses Schriftformerfordernis dient aber dazu, Rechtsnormen festzuhalten, klarzustellen und im Betrieb bekannt zu machen, um auf diese Weise

---

[175] Dazu *Molodovsky* Formlose Absprachen als Rechtsform des Mitbestimmungsrechts in sozialen Angelegenheiten nach § 56 BetrVG (1959); *Adomeit* Die Regelungsabrede, 2. Auflage (1961); *Schipprowski* Die Regelungsabrede – eine zulässige und zweckmäßige Kooperationsform der Betriebspartner zur Lösung kollektivrechtlicher Ordnungsprobleme im Rahmen der paritätischen Mitbestimmung nach § 87 Abs. 1 BetrVG (1994); *Senne* Die Regelungsabrede – Bestandsaufnahme und Kritik (1995); *Giesler* Die konkludente Regelungsabrede (1997).

[176] Allgemeine Ansicht: BAG 20.11.1990 AP Nr. 48 zu § 77 BetrVG 1972 (unter C.I.4.c. der Gründe); BAG 10.3.1992 AP Nr. 1 zu § 77 BetrVG 1972 Regelungsabrede (unter B.II.1.d.bb. der Gründe); *Hess/Schlochauer/Glaubitz* § 77 Rz. 105; GK-*Kreutz* § 77 Rz. 20; MünchArbR/*Matthes* § 328 Rz. 97; *Däubler/Kittner/Klebe* § 77 Rz. 79; *Stege/Weinspach* § 77 Rz. 45.

[177] BAG 24.2.1987 AP Nr. 21 zu § 77 BetrVG 1972 (unter B.II.1.a. der Gründe); Peterek FS f. Gaul, 471 (480). Zum Inhalt der durch Regelungsabrede begründeten Verpflichtungen eingehend unten Teil 2 C. III.

[178] *Siebert* RdA 1958, 164 (165); *Molodovsky* S. 59 f.

ihre Wirkung mit einem Höchstmaß an Rechtssicherheit zu begleiten[179]. Der Formzwang der Betriebsvereinbarung ist daher Korrelat ihrer normativen Gestaltungskraft[180], so dass die Betriebspartner bei Nichteinhaltung der Anforderungen des § 77 Abs. 2 S. 1 BetrVG keine unmittelbar und zwingend wirkenden Regelungen setzen können[181].

In seinen frühen Untersuchungen hat *Adomeit* allerdings zunächst in Zweifel gezogen, dass einer Regelungsabrede in keinem Fall normative Wirkung zukommen kann[182]. *Adomeit* hat die Regelungsabrede dabei mit der „in gewisser Hinsicht normativ" wirkenden vertraglichen Einheitsregelung und einer generellen Betriebsanweisung verglichen[183]. Daran wird deutlich, dass er dieser These einen sehr extensiven Begriff der „normativen Wirkung" zu Grunde gelegt hat und sich damit nicht im Widerspruch zu der ganz überwiegend abgelehnten originären Rechtsnormwirkung der Regelungsabrede befand. *Adomeit* zog lediglich eine Parallele zu generellen und dauerhaften Regelungen, ohne der Regelungsabrede tatsächlich eine unmittelbare und zwingende Wirkung zuzubilligen[184]. Dies ist vordringlich der bereits oben dargestellten überkommenen Diskussion um die Regelungsabrede als Instrument zur Regelung von Einzelfällen geschuldet[185], für die vorliegende Erörterung aber ohne Aussagekraft.

In neuerer Zeit spricht nur *Gamillscheg* auch der Regelungsabrede im Einzelfall eine normative Wirkung zu[186]. Er ist der Ansicht, es müsse für jeden Mitbestimmungstatbestand gesondert festgestellt werden, ob das Gesetz mit der betrieblichen Praxis dergestalt in Übereinstimmung gebracht werden muss, dass auch einer formlosen Einigung Normwirkung zukommen kann[187]. Vor allem bei einer Beteiligung des Betriebsrates nach § 87 Abs. 1 Nr. 2 (Beginn und Ende der täglichen Arbeitszeit) und Nr. 3 (vorübergehende Verkürzung oder Verlängerung der betriebsüblichen Arbeitszeit) sei eine solche Wirkungsweise zu bejahen[188]. Hier sei eine schriftliche Vereinbarung in der betrieblichen Praxis die Ausnahme, so dass eine Anpassung der Wirkungen der Regelungsabrede an die Rechtswirklichkeit erfolgen müsse. Insofern sei der Zweck der Schriftform des § 77 Abs. 2 BetrVG „verzichtbar"[189]. Jedenfalls sei die nur obligatorische Wir-

---

[179] BAG 3.6.1997 AP Nr. 69 zu § 77 BetrVG 1972 (unter II.1.b.aa der Gründe).
[180] *Adomeit* Regelungsabrede, S. 78.
[181] *Kirchhof* S. 228.
[182] *Adomeit* BB 1967, 1003 (1008).
[183] *Adomeit* BB 1967, 1003 (1008).
[184] *Giesler* S. 33.
[185] Oben Teil 2 A. I. 4.
[186] *Gamillscheg* Arbeitsrecht II, S. 332 u. 365 f.; *ders.* Anm. zu LAG Köln 6.6.1990 LAGE Nr. 2 zu § 87 BetrVG Kurzarbeit S. 8 f.
[187] *Gamillscheg* Arbeitsrecht II, S. 332 u. 365 f.; *ders.* Anm. zu LAG Köln 6.6.1990 LAGE Nr. 2 zu § 87 BetrVG Kurzarbeit S. 8 f.
[188] *Gamillscheg* Arbeitsrecht II, S. 332.
[189] *Gamillscheg* Anm. zu LAG Köln 6.6.1990 LAGE Nr. 2 zu § 87 BetrVG Kurzarbeit S. 8 f.

kung der Regelungsabrede in den Fällen abzulehnen, in denen eine Betriebsvereinbarung mangels Formgültigkeit und eine Berufung auf die Nichtigkeit wegen § 242 BGB ausscheidet[190]. Danach wäre also auch der Inhalt einer mündlichen Absprache zwischen Betriebsrat und Arbeitgeber zur Verlegung der täglichen Arbeitszeit unmittelbar auf alle Arbeitsverhältnisse anzuwenden.
Diese Ansicht ist jedoch abzulehnen. Zunächst bleibt *Gamillscheg* eine tragfähige dogmatische Begründung für eine Restriktion des Wortlauts des § 77 Abs. 4 S. 1 BetrVG schuldig, der normative Bestimmungen nur durch Betriebsvereinbarungen vorsieht, die gemäß § 77 Abs. 2 S. 1 BetrVG immer der Schriftform bedürfen. Der Gesetzgeber hat mit dem BetrVG 1972 den normativen Geltungsbefehl für Betriebsvereinbarungen in Kenntnis der Entwicklung der Regelungsabrede unverändert gelassen[191]. Dieser Geltungsbefehl knüpft aber nicht an die handelnden Personen, Arbeitgeber und Betriebsrat, an, so dass jede ihrer Kollektivabsprachen (also auch Regelungsabreden) normative Wirkung haben können, soweit es die Betriebspartner dergestalt festlegen[192]. Die unmittelbare und zwingende Wirkung ist stattdessen rechtssatzbezogen und kommt ausschließlich der formgebundenen Betriebsvereinbarung zugute. Des Weiteren kann aus der praktischen Umsetzung eines Mitbestimmungsrechts in zumeist nicht schriftlicher Form nicht geschlossen werden, dass diese „Rechtswirklichkeit" den eindeutigen Wortlaut des § 77 Abs. 2 und 4 BetrVG entbehrlich mache. Der Zweck der Schriftform, Rechtswirkungen, die nicht vom Willen des Regelungsunterworfenen abhängig sind, festzuhalten, klarzustellen und im Betrieb bekannt zu machen, ist auch hier zu beachten. Dieser kann nicht zur Disposition der Besonderheiten des jeweiligen Mitbestimmungstatbestandes gestellt werden. Es steht den Betriebspartnern frei, sich auch bei der Mitbestimmung nach § 87 Abs. 1 Nr. 2 und Nr. 3 BetrVG der Normsetzung durch Betriebsvereinbarung zu bedienen. Soweit sie stattdessen nur eine mündliche Einigung herbeiführen, ist es ihnen allerdings nicht möglich, Rechtsnormen zu setzen. Damit korrespondiert, dass Arbeitgeber und Betriebsrat für die Einhaltung des Mitbestimmungsverfahrens verantwortlich sind und der regelungsbetroffene Arbeitnehmer auf den eventuellen Formmangel einer beabsichtigten Betriebsvereinbarung keinen Einfluss hat[193]. Eine normative Wirkung einer Regelungsabrede existiert nicht.

---

190 *Gamillscheg* Anm. zu LAG Köln 6.6.1990 LAGE Nr. 2 zu § 87 BetrVG Kurzarbeit S. 8 f.
191 Dazu bereits oben Teil 2 A. I.5.
192 *Kirchhof* S. 213.
193 *Veit* S. 328 f.; *Otto* NZA 1992, 97 (108).

II. Der strukturelle Unterschied zur Betriebsvereinbarung

1. Die unterschiedliche Gestaltungswirkung

Die Betriebsvereinbarung ist kraft staatlicher Anordnung in § 77 Abs. 4 S. 1 BetrVG in der Lage, den Inhalt der Arbeitsverhältnisse durch eine Einigung zwischen Arbeitgeber und Betriebsrat unmittelbar zu gestalten, so dass es dazu keines weiteren Umsetzungsaktes mehr bedarf[194]. Ihre Regelungen gelten darüber hinaus zwingend und verdrängen abweichende arbeitsvertragliche Vereinbarungen, soweit diese nicht nach dem Günstigkeitsprinzip Vorrang genießen[195].

Eine Regelungsabrede weist diese „Besonderheit der Betriebsvereinbarung als Gestaltungsfaktor von Arbeitsbedingungen"[196] nicht auf. Um durch eine Regelungsabrede Arbeitsbedingungen im Betrieb zu gestalten[197], muss ihr Inhalt vom Arbeitgeber auf einzelvertraglicher Ebene umgesetzt werden[198].

Dies kann zunächst im Rahmen des arbeitgeberseitigen Direktionsrechts durch einseitige Weisung erfolgen[199]. Ansonsten bedarf es einer Vertragsänderung, also im Regelfall einer individualvertraglichen Übereinkunft mit den einzelnen Arbeitnehmern[200]. Für begünstigende Leistungen ist an eine Gesamtzusage zu denken. Abseits davon ist auch eine Vertragsänderung durch Änderungskündigung, die sich im Rahmen des Anwendungsbereichs des KSchG an § 2 KSchG messen lassen muss oder sogar wegen Wegfalls der Geschäftsgrundlage gemäß § 313 BGB denkbar.

Für die vorliegend untersuchten materiellen Arbeitsbedingungen ist zu beachten, dass diese per definitionem immer das Verhältnis von Leistung und Gegenleistung betreffen[201], so dass diesbezüglich vom Grundsatz her kein arbeitgeber-

---

[194] BAG GS 16.9.1986 AP Nr. 17 zu § 77 BetrVG 1972 (unter II.2.b. der Gründe); *Richardi* § 77 Rz. 134.

[195] *Richardi* § 77 Rz. 159; *Annuß* NZA 2001, 756 (763).

[196] So ausdrücklich GK-*Kreutz* § 77 Rz. 165.

[197] Für diesen Bereich hat *Molodovsky*, S. 51 f u. 56 f., den bereits genannten Begriff der einwirkungsfähigen Regelungsabrede geprägt, s.o. Teil 1 B. Zu den verschiedenen Arten der Regelungsabrede und ihrem Inhalt näher Teil 2 B.

[198] BAG GS 16.9.1986 AP Nr. 17 zu § 77 BetrVG 1972 (unter C.IV.3.der Gründe); BAG 20.11.1990 NZA 1991, 426 (427, unter I.2. der Gründe); BAG 14.2.1991 NZA 1991, 607 (608, unter IV.3. der Gründe).

[199] *Birk*, AR-Blattei Direktionsrecht, A I. Dies ist selbstverständlich nur dann möglich, wenn die zu regelnde Materie der einseitigen Gestaltungskompetenz des Arbeitgebers zugewiesen ist und der Arbeitgeber die Grenzziehungen der arbeitsrechtlichen Leitungsbefugnis nicht überschreitet, GK-*Kreutz* § 77 Rz. 20.

[200] *Fitting/Kaiser/Heither/Engels/Schmidt* § 77 Rz. 217; *Brune* AR-Blattei, Betriebsvereinbarung A IV 2, Rz. 23.

[201] Dazu oben Teil 1 D. I. 2.

seitiges Direktionsrecht besteht[202]. Das Direktionsrecht des Arbeitgebers kann zwar die Leistungspflicht des Arbeitnehmers nach Zeit, Ort und Art konkretisieren, aber gerade nicht in das arbeitsvertragliche Austauschverhältnis, also das Verhältnis von Leistung und Gegenleistung eingreifen[203]. Daher kann der Arbeitgeber eine Änderung der Arbeitsverhältnisse hinsichtlich materieller Arbeitsbedingungen, insbesondere bezüglich der Dauer der Arbeitszeit oder der Höhe des Arbeitsentgelts, nicht einseitig ohne eine Vertragsanpassung durchsetzen.

2. Der Unterschied in der Bindungswirkung

Will sich der Arbeitgeber von den individualrechtlichen Rechtswirkungen der Umsetzung einer Regelungsabrede wieder lösen, genügt es umgekehrt nicht, sich mit dem Betriebsrat dahingehend zu einigen, oder etwa die Regelungsabrede zu kündigen[204], da die einzelvertragliche Umsetzung dadurch unberührt bleibt. Denkbar hierfür wären ein Aufhebungsvertrag, erneut eine Änderungskündigung, ein Verzicht des Arbeitnehmers oder ein Widerruf (sofern sich der Arbeitgeber ein Widerrufsrecht vorbehalten hat). Die Rechtswirkungen einer individualrechtlich transformierten Regelungsabrede können daher nicht wie bei der Betriebsvereinbarung durch einseitige Kündigung der Vereinbarung durch den Arbeitgeber gegenüber dem Betriebsrat (§ 77 Abs. 5 BetrVG) oder einer aufhebenden Einigung mit dem Betriebsrat (§ 77 Abs. 6 BetrVG), also auf kollektiver Ebene, beseitigt werden. Hierfür ist das z.T. wesentlich aufwendigere individualrechtliche Procedere zu bemühen, dass auf der grundsätzlichen Einigungsnotwendigkeit aller von der Rechtsgestaltung betroffenen Parteien basiert. Daher kann die durch eine Umsetzung der Regelungsabrede begründete Bindungswirkung einer Regelungsabrede für den Arbeitgeber höher ausfallen als die einer förmlichen Betriebsvereinbarung[205].

Dies hat auch der 1. Senat des BAG in einem Beschluss vom 21.8.1990 bestätigt[206]. In dem dortigen Beschlussverfahren wurde seitens der Rechtsbeschwerde unter Bezugnahme auf die freie Kündbarkeit der Betriebsvereinbarung vorgetragen, es könne nicht richtig sein, dass sich der Arbeitgeber von einer im Wege der Betriebsvereinbarung begründeten Leistungspflicht leichter lösen könne als

---

[202] *Giesler* S. 38; *Haug* BB 1986, 1921 (1930); *Schipprowski* S. 231; vgl. auch ErfK/*Preis* § 611 BGB Rz. 275 u. 474 f.

[203] ErfK/*Preis* § 611 BGB Rz. 275; vgl. auch *Giesler* S. 38; *Haug* BB 1986, 1921 (1930).

[204] Zur Kündigungsmöglichkeit analog § 77 Abs. 5 BetrVG: BAG 10.3.1992 AP Nr. 1 zu § 77 BetrVG 1972 Regelungsabrede (unter B.II.d. der Gründe).

[205] Darauf hat *Hanau* AuA 1995, 401 (404) hingewiesen; ebenso *Peterek* FS f. Gaul, 471 (479 u. 485 f.); *v. Hoyningen-Huene* DB 1984, Beilage Nr. 1, 1 (7); *Senne* S. 30.

[206] BAG 21.8.1990 EzA Nr. 36 zu § 77 BetrVG 1972; vgl. auch BAG 20.11.2001 -1 AZR 12/01- (unter II.3. der Gründe, noch nicht veröffentlicht, zu finden unter www.bundesarbeitsgericht.de).

von einer einzelvertraglichen Zusage[207]. Dem entgegnet das BAG, schon der Ausgangspunkt dieser Ansicht sei unzutreffend. Dazu führt das Gericht wörtlich aus: „Daß eine ohne (...) Einschränkung auf Dauer zugesagte Leistung notfalls nur durch eine Änderungskündigung beseitigt werden kann, gegen die der Arbeitnehmer Kündigungsschutz genießt, besagt nicht, daß der Arbeitgeber in einer Betriebsvereinbarung nicht eine Verpflichtung begründen dürfte, von der er sich leichter lösen kann."[208]
In der betrieblichen Praxis gibt es auch durchaus Fälle, in denen von Seiten des Betriebsrates die höhere Bindungswirkung einer Regelungsabrede bewusst angestrebt wird. In einer empirischen Untersuchung von *Knuth, Büttner* und *Schank* als Forschungsbericht im Auftrag des damaligen Bundesministeriums für Arbeit und Sozialordnung[209] beschreiben die Autoren einen Fall, in dem die Betriebspartner zwar schriftliche Vereinbarungen schließen, diese aber ausdrücklich nicht als normative Betriebsvereinbarung verstanden wissen wollen und sie auch nicht im vollen Wortlaut bekannt geben[210]. Der Betriebsrat begründet diese Vorgehensweise unter anderem ausdrücklich damit, dass die Geschäftsleitung, wenn sie eine solche Vereinbarung aufkündigen wolle, sich direkt an die Arbeitnehmer wenden müsse[211]. Der Arbeitgeber sei dann unmittelbar mit der Belegschaft konfrontiert, die in ihren Handlungsmöglichkeiten nicht durch das BetrVG beschränkt sei und entsprechend reagieren könne. Im Fall einer formellen Betriebsvereinbarung müsse sich dagegen der Betriebsrat gegenüber der Belegschaft verantworten, und zwar auch dann, wenn ihm Verhandlungen über eine Verschlechterung von Arbeitsbedingungen durch das Anrufen der Einigungsstelle aufgezwungen worden seien[212].

3. Die Regelungsabrede als aliud zur Betriebsvereinbarung

An der Gestaltungs- und Bindungswirkung hinsichtlich des Inhalts der Arbeitsverhältnisse wird deutlich, dass sich der Unterschied zwischen Regelungsabrede und Betriebsvereinbarung nicht in der gemäß § 77 Abs. 4 BetrVG nur der Betriebsvereinbarung beigegebenen normativen Wirkung erschöpft. Dies ist lediglich das Hauptmerkmal des grundlegenden rechtssystematischen Unterschieds beider Regelungsinstitute. Die Betriebsvereinbarung ist trotz ihrer Einordnung als privatrechtliche Vereinbarung[213] stets ein kollektivrechtliches Gestaltungs-

---

[207] BAG 21.8.1990 EzA Nr. 36 zu § 77 BetrVG 1972 (unter B.II.5. der Gründe).
[208] BAG 21.8.1990 EzA Nr. 36 zu § 77 BetrVG 1972 (unter B.II.5. der Gründe).
[209] *Knuth/Büttner/Schank* Zustandekommen und Analyse von Betriebsvereinbarungen und praktische Erfahrungen mit Einigungsstellen, Teil I Ergebnisse, 1983.
[210] *Knuth/Büttner/Schank* S. 76.
[211] Zitat des Betriebsrates: „Wir werden denen (der Geschäftsleitung, Anm. d. Verf.) dann sagen, sie sollen ihren Beschluss selbst der Belegschaft mitteilen."; vgl. dazu auch *Hanau* AuA 1995, 401 (404).
[212] *Knuth/Büttner/Schank* S. 77.

mittel der Arbeitsverhältnisse der Arbeitnehmer, das sich in seiner Anwendung und inhaltlichen Ausgestaltung einem unmittelbaren Einfluss des regelungsbetroffenen Arbeitnehmers entzieht[214]. Dem Arbeitgeber steht mit dem Betriebsrat als Interessenvertretung der Gesamtheit der Arbeitnehmer ein Kollektivorgan als Partner einer Vereinbarung zur unmittelbaren Regelung von Arbeitsbedingungen zur Verfügung[215]. Aus diesen Gründen kann die Betriebsvereinbarung nicht ausschließlich auf individualvertraglicher Grundlage erfasst werden[216]. Sie entfaltet ihre Wirkung ohne Berücksichtigung eines unmittelbar privatautonomen Akts des regelungsbetroffenen Arbeitnehmers[217].

Die einzelne Betriebsvereinbarung beansprucht damit unabhängig von einem jeweils geäußerten Willen des Normunterworfenen Geltung und weist Eigenschaften einer heteronomen Regelung auf[218]. Die Betriebsvereinbarung wird dementsprechend, auch wenn sie Arbeitsbedingungen im Betrieb gestaltet, nicht Inhalt der Arbeitsverträge der betroffenen Arbeitnehmer. Ihre zwingende Wirkung führt nur für die Dauer ihrer Geltung zu einer Verdrängung der arbeitsvertraglichen Vereinbarung, ohne diese nichtig zu machen[219]. Damit korrespondiert, dass die durch Betriebsvereinbarung eingeräumten Rechte der Arbeitnehmer durch § 77 Abs. 4 S. 2 bis 4 BetrVG der einzelvertraglichen Gestaltung entzogen und in besonderer Weise abgesichert sind: Ein Verzicht ist nur mit Zustimmung des Betriebsrates möglich, die Verwirkung dieser Rechte ist ausgeschlossen und Ausschlussfristen für ihre Geltendmachung sind, ebenso wie die Abkürzung von Verjährungsfristen, nur durch Tarifvertrag oder Betriebsvereinbarung zulässig.

Die Regelungsabrede entfaltet im Gegensatz dazu bei der Gestaltung des Inhalts der Arbeitsverhältnisse ausschließlich eine Wirkung auf der Basis des allgemeinen Vertragsrechts durch ihre individualvertragliche Umsetzung. Ihre Umsetzung ist stets abhängig vom Willen des Regelungsunterworfenen und daher privatautonomer Natur. Zwar ist auch im Fall der Regelungsabrede zunächst der Betriebsrat als Interessenvertretung der Arbeitnehmer Vertragspartner des Arbeitgebers. Der Inhalt einer Regelungsabrede wird aber im Falle ihrer Umsetzung zum Inhalt der Arbeitsverträge, so dass dieser, durch die von der Regelungsabrede inhaltlich vorgegebene Umsetzung, nicht wie bei der Betriebsvereinbarung lediglich verdrängt, sondern dauerhaft verändert wird. Es ist daher

---

213 Dazu bereits oben Teil 2 A II.

214 *Kreutz* Grenzen S. 99 ff. spricht in diesem Zusammenhang von einem „privatheteronomen Rechtsgeschäft".

215 Ganz h.M. GK-*Kreutz* § 77 Rz. 38; *ders.* Grenzen S. 16 ff; *Richardi* § 77 Rz. 31; *Säcker* Gruppenautonomie S. 341; *Reichold* S. 548; *Waltermann* S. 193 f.

216 So aber *Jacobi* S. 348 ff.; *Reichold* S. 545.

217 *Kreutz* Grenzen, S. 54 u. 56.

218 *Kreutz* Grenzen, S. 54 ff.

219 BAG 21.9.1989 AP Nr. 43 zu § 77 BetrVG 1972 (unter IV.3. der Gründe); BAG 28.3.2000 AP Nr. 83 zu § 77 BetrVG 1972 (unter II.2.a. der Gründe).

verfehlt, die Regelungsabrede als „funktionales Äquivalent zur Betriebsvereinbarung“ zu bezeichnen[220]. Die Regelungsabrede unterliegt im Gegensatz zur Betriebsvereinbarung sowohl bei Ihrem Abschluss als auch bei ihrer Umsetzung der Relativität der Schuldverhältnisse[221]. *Peterek* führt zutreffend aus, bei der Regelungsabrede handele es sich „nicht um eine halbe oder um eine nicht zum Vollrecht erstarkte Betriebsvereinbarung, sondern um eine *a n d e r e* Form der betrieblichen Regelung“[222].

III. Die durch Regelungsabrede begründeten Pflichten

Der Inhalt der den Gegenstand dieser Untersuchung bildenden Regelungsabreden zur Gestaltung der Arbeitsverhältnisse besteht zunächst in der Einigung über ein Vertragsänderungsangebot, dass der Arbeitgeber den Arbeitnehmern unterbreiten soll[223]. Gleichzeitig kann darin die Ausübung des Mitbestimmungsrechts (sofern ein solches Recht besteht) bezüglich der Änderung der Einzelverträge gesehen werden oder aber zumindest die Verpflichtung des Betriebsrates, dieser Änderung später zuzustimmen[224].
Durch Regelungsabrede begründete schuldrechtliche Ansprüche können gegebenenfalls im Beschlussverfahren vor dem Arbeitsgericht durchgesetzt werden (§§ 2a Abs. 1 Nr. 1, Abs. 2, 80 ff ArbGG)[225]. Der Inhalt dieses Anspruchs ergibt sich aber erst aus einer Betrachtung der für Arbeitgeber und Betriebsrat als Vertragspartner wechselseitig begründeten Pflichten.

1. Pflichten des Arbeitgebers

Der Anspruch des Betriebsrates besteht zunächst in der Verpflichtung des Arbeitgebers zur Durchführung der Regelungsabrede. § 77 Abs. 1 S. 1 BetrVG bestimmt, dass Vereinbarungen zwischen Betriebsrat und Arbeitgeber von Letzterem durchgeführt werden, soweit nichts Anderes vereinbart ist. Unter diese

---

220 So aber *Däubler/Kittner/Klebe* § 77 Rz. 78.

221 Vgl. *Fischer* S. 218.

222 *Peterek* FS f. Gaul, 471 (476), Hervorhebung im Original; a.A. aber zur Begründung der Umdeutung einer nichtigen Betriebsvereinbarung in eine Regelungsabrede ErfK/*Hanau/Kania* § 77 BetrVG Rz. 45, die in der Regelungsabrede lediglich „ein Minus zur Betriebsvereinbarung“ sehen.

223 Dazu bereits oben Teil 2. C.

224 Letzteres nimmt das ArbG Marburg 7.8.1996 NZA 1996, 1331 (1334, unter B.II.2.a. der Gründe) an. Dazu näher unten Teil 4 C. I.

225 *Heinze* NZA 1994, 580 (584); *Giesler* S. 40; *Galperin/Löwisch* § 77 Rz. 102; für den durch Regelungsabrede begründeten Unterlassungsanspruch, BAG 23.6.1992 EzA Nr. 50 zu § 87 BetrVG 1972 Arbeitszeit (unter B.II.2.a. der Gründe). Zu Fragen der Zwangsvollstreckung näher *Molodovsky* DB 1961, 338 (340 f.); *Adomeit* Regelungsabrede, S. 110 f.; *Neumann-Duesberg* FS f. Bogs, 275 (290 f.).

Bestimmung fallen auch Regelungsabreden[226], so dass sich die Durchführungspflicht des Arbeitgebers bereits aus dem Gesetz ergibt. Es kommt daher nicht darauf an, ob die jeweilige Regelungsabrede eine entsprechende Pflicht selbst begründet oder sie lediglich voraussetzt[227]. Die Durchführungspflicht des Arbeitgebers gemäß § 77 Abs. 1 S. 1 BetrVG ist aber zunächst nur Ausdruck der gesetzlichen Kompetenzabgrenzung, nach der die Organisations- und Leitungsgewalt auch bei der Durchführung gemeinsamer Vereinbarungen beim Arbeitgeber verbleibt, der Betriebsrat hierauf also keinen unmittelbaren Einfluss haben soll[228]. Aufgrund der normativen Gestaltungskraft der Betriebsvereinbarung, die einen Transformationsakt obsolet macht, statuiert § 77 Abs. 1 S. 1 BetrVG eine Normenvollzugspflicht[229].

Es stellt sich aber die Frage, ob die bei der Regelungsabrede notwendige Umsetzung auch Teil der Durchführungspflicht des Arbeitgebers ist, ob also diesbezüglich eine echte Transformationspflicht besteht. Soweit in der Literatur dazu Stellung genommen wird, besteht weit gehend Einigkeit darüber, dass das Bestehen oder Nichtbestehen einer solchen Pflicht durch Auslegung der Vereinbarung zu ermitteln ist[230]. *Molodovsky* verweist dabei auf den für das Mitbestimmungsrecht bestimmenden Gedanken der einheitlichen Regelung der betrieblichen Arbeitsbedingungen und des sozialen Schutzes der Arbeitnehmer als maßgebliche Auslegungskriterien[231]. Umstritten ist lediglich, ob dabei (vorbehaltlich eines eindeutigen Auslegungsergebnisses) davon auszugehen ist, dass eine Transformationspflicht generell selten beabsichtigt ist[232], oder ob dafür im Gegenteil eine Vermutung spricht[233].

Zutreffend dürfte letzteres sein, da die Betriebspartner, wenn sie schon Regelungen für die Arbeitsverhältnisse treffen wollen, wohl auch die Umsetzung

---

[226] Teil 1 B.

[227] BAG 24.2.1987 AP Nr. 21 zu § 77 BetrVG 1972 (unter B.II.1.a. der Gründe); von einer Durchführungspflicht aus der Vereinbarung selber gehen *Hueck/Nipperdey/Säcker* II/2 S. 1307 f. und *Giesler* S. 33 aus.

[228] GK-*Kreutz* § 77 Rz. 23; insofern missverständlich *Giesler* S. 33, der ausführt, die Durchführungspflicht treffe „meist nur den zur Umsetzung berufenen Arbeitgeber".

[229] *Schipprowski* S. 232 ff.

[230] *Adomeit* Rechtsquellenfragen, S. 152; *ders.* BB 1967, 1003 (1005 ff.); *Dietz/Richardi* (6. Auflage) § 87 Rz. 63; *Hueck/Nipperdey/Säcker* II/2 S. 1308; *Molodovsky* S. 55 ff.; *ders.* DB 1961, 338 (340); uneingeschränkt befürwortend nur *Herrmann* NZA 2000, Sonderbeilage zu Heft 3, 14 (21).

[231] *Molodovsky* S. 56.

[232] So *Adomeit* Rechtsquellenfragen, S. 152; *Haug* BB 1986, 1921 (1929); Wegen der Beschränkung der Regelungsabrede auf ein Instrument zur Ausübung der Mitbestimmung auch *Schipprowski* S. 231 (236 f.).

[233] *Molodovsky* S. 55 ff.; *Hanau* AuA 1995, 401 (403); *Neumann-Duesberg* S. 424 f.; *ders.* FS f. Bogs, 275 (287) geht sogar von einer gesetzlichen Transformationspflicht aus, allerdings nur, weil er in der Regelungsabrede einen Verbandsbeschluss sieht.

dieser Maßnahme in die Einzelarbeitsverhältnisse anstreben. Im Einzelfall kann, wie gesagt, etwas anderes gelten (z.B. dann, wenn die Umsetzung in das Ermessen des Arbeitgebers gestellt ist), generell ist aber davon auszugehen, dass der Arbeitgeber gegenüber dem Betriebsrat verpflichtet ist, solche Regelungsabreden in die Arbeitsverträge umzusetzen[234].

2. Pflichten des Betriebsrates

Eine mit der vertraglichen Umsetzung korrespondierende gleichwertige Verpflichtung des Betriebsrates existiert bei der Regelungsabrede zur Gestaltung von Arbeitsbedingungen nicht, weil der Betriebsrat nicht der Vertragspartner der Arbeitnehmer ist und dementsprechend auf der Ebene des Individualvertrages keine unmittelbaren Rechtswirkungen erzeugen kann[235]. Es wird aber teilweise angenommen, der Betriebsrat habe entsprechend der einem Tarifvertrag innewohnenden Einwirkungspflicht die Aufgabe, die Arbeitnehmer dazu anzuhalten, auf die Angebote des Arbeitgebers einzugehen[236] bzw. die Pflicht, die Durchführung der Regelungsabrede nicht zu behindern ("Friedenspflicht")[237]. Vom Gesetzgeber, der mit dem BetrVG die Grundlage des Handelns des Betriebsrates geschaffen hat, sind derartige Pflichten des Betriebsrates nicht vorgesehen worden[238]. Es spricht aber nichts gegen die Möglichkeit, entsprechende Pflichten des Betriebsrates in der Regelungsabrede ausdrücklich zu vereinbaren[239]. Ob einer Regelungsabrede aber stets auch ohne ausdrückliche Vereinbarung tarifvertragsgleiche Pflichten innewohnen, erscheint zweifelhaft. Dem Betriebsrat stehen im Unterschied zur Gewerkschaft schon keine verbandsrechtlichen Mittel zu, mit denen er auf die Arbeitnehmer einwirken könnte[240].

---

234 *Molodovsky* S. 63 f.; *Schipprowski* S. 236 f.

235 Vgl. *Herrmann* NZA 2000, Sonderbeilage zu Heft 3, 14 (22).

236 *Neumann-Duesberg* S. 424 f.; *ders.* FS f. Bogs, 275 (285); *Molodovsky* S. 58 f.; *ders.* DB 1961, 338 (340).

237 *Molodovsky* S. 58 f.

238 Dies ist allerdings auch beim TVG unterblieben, obwohl für Tarifverträge unstreitig die Existenz einer Friedenspflicht angenommen wird, ErfK/*Schaub* § 1 TVG Rz. 63 ff. m.w.N.

239 Das BAG hat in einer neueren Entscheidung ausdrücklich festgestellt, dass die Mitwirkungsrechte des Betriebsrates durch Regelungsabrede über den im BetrVG genannten Bereich erweitert werden können, BAG 14.8.2001 AP Nr. 4 zu § 77 BetrVG 1972 Regelungsabrede (unter III.1. der Gründe). Dies ist für die Betriebsvereinbarung insbesondere aufgrund der normativen Wirkung und der damit verbundenen Eingriffsmöglichkeiten in die Vertragsfreiheit der Arbeitnehmer umstritten, vgl. dazu *Veit* S. 276 ff. m.w.N. Diese Bedenken sind bei der Regelungsabrede, die weder normativ wirkt noch einigungsstellenbewehrt ist, nicht relevant. Allerdings gilt auch für die Regelungsabrede, dass sie nur innerhalb der durch das BetrVG vermittelten Regelungsbefugnis abgeschlossen werden darf, BAG 14.8.2001 AP Nr. 4 zu § 77 BetrVG 1972 Regelungsabrede (unter III.1. der Gründe), dazu näher Teil 3 C.

240 *Herrmann* NZA 2000, Sonderbeilage zu Heft 3, 14 (20 f.); dazu auch *Löwisch/Rieble* TVG § 1 Rz. 271.

Die tarifliche Friedenspflicht hat in der Betriebsverfassung schon aus strukturellen Unterschieden kein Gegenstück, weil in ihrem Geltungsbereich nicht der Arbeitskampf, sondern die Zwangsschlichtung durch die Einigungsstelle zur Lösung von Konflikten vorgesehen ist, §§ 87 Abs. 2, 112 Abs. 5 BetrVG. Dementsprechend besteht für die Betriebspartner auch ein umfassendes Verbot von Arbeitskampfmaßnahmen, § 74 Abs. 2 S. 1 BetrVG.
Allerdings lässt eine Regelungsabrede zur Gestaltung materieller Arbeitsbedingungen die Pflichtenstellung des Betriebsrates nicht unberührt. So untersagen es ihm schon das Gebot der vertrauensvollen Zusammenarbeit (§ 2 Abs. 1 BetrVG) und dessen Konkretisierung durch das Verbot einer Betätigung, durch die der Arbeitsablauf oder der Betriebsfrieden gestört wird (§ 74 Abs. 2 S. 2 BetrVG), eine gemeinsame Vereinbarung zu behindern[241]. Damit wird gesetzlich gerade keine positive Einwirkungspflicht festgeschrieben, die dem Arbeitgeber einen entsprechenden Anspruch gewähren würde. Dies entspricht auch dem Sanktionssystem des BetrVG, wonach der Betriebsrat im Grundsatz nicht zu einer Handlung, Duldung oder Unterlassung gezwungen werden kann. § 23 Abs. 1 BetrVG gewährt lediglich einem quantitativ erheblichen Teil der Arbeitnehmer, dem Arbeitgeber und einer im Betrieb vertretenen Gewerkschaft das Recht, im Falle von Pflichtverletzungen beim Arbeitgeber den Ausschluss eines Mitgliedes oder die Auflösung des Betriebsrates zu beantragen. § 23 Abs. 1 BetrVG erfasst nach einhelliger Auffassung auch Pflichten, die durch Tarifvertrag oder Betriebsvereinbarung konkretisiert werden, sofern sie ihre Grundlage im BetrVG haben[242], und auch die Pflichten gemäß den §§ 2 Abs. 1, 74 Abs. 2 S. 2 BetrVG, so dass es gerechtfertigt erscheint, diese Vorschrift auch auf durch Regelungsabrede begründete Pflichten anzuwenden, soweit sie ihre Grundlage in §§ 2 Abs. 1, 74 Abs. 2 S. 2 BetrVG finden. Daneben sind andere Sanktionen z.B. in Form von Beseitigungs- oder Unterlassungsansprüchen nicht ausgeschlossen[243].
Weitergehende Verpflichtungen bedürfen dann aber einer gesonderten Begründung, im Falle der Regelungsabrede also einer ausdrücklichen Vereinbarung. Ohne eine solche Vereinbarung trifft den Betriebsrat im Rahmen einer Regelungsabrede zur Gestaltung materieller Arbeitsbedingungen rechtlich lediglich die Pflicht, eine gemeinsame Vereinbarung nicht zu behindern, §§ 2 Abs. 1, 74 Abs. 2 S. 2 BetrVG und sich entsprechend der gegebenenfalls in der Regelungsabrede festgelegten Pflichten zu verhalten.

---

[241] *Schipprowski* S. 211.
[242] Richardi/*Thüsing* § 23 Rz. 17; *Fitting/Kaiser/Heither/Engels/Schmidt* § 23 Rz. 15; ErfK/*Eisemann* § 23 BetrVG Rz. 3.
[243] *Richardi* § 23 Rz. 2.

IV. Die Umsetzung der Regelungsabrede

Die Pflicht zur Umsetzung einer Regelungsabrede zur Gestaltung materieller Arbeitsbedingungen erfüllt der Arbeitgeber, indem er den Arbeitnehmern das mit dem Betriebsrat ausgehandelte Vertragsänderungsangebot im Sinne des § 145 BGB unterbreitet[244]. Um trotz der jeweils herbei zu führenden einzelvertraglichen Übereinkunft eine betriebseinheitliche Gestaltung der Arbeitsverhältnisse zu gewährleisten, kann der Arbeitgeber, wie im Ausgangsfall beschrieben[245], die Wirksamkeit des Angebots von der aufschiebenden Bedingung (§ 158 Abs. 1 BGB) abhängig machen, dass eine bestimmte Zustimmungsquote (z.B. 90 %) erreicht wird. Obwohl die Wirksamkeit des Angebotes dann von der Zustimmung der Arbeitnehmer abhängig ist, liegt insofern keine Potestativbedingung vor. Vom notwendigen Standpunkt des Einzelarbeitsverhältnisses aus stellt sich die Zustimmung der anderen Arbeitnehmer in einer ausreichenden Quote nämlich als ungewisses äußeres Ereignis dar[246]. Dies ist jedoch unschädlich, da das Vertragsangebot des Arbeitgebers kein Gestaltungsrecht und daher grundsätzlich nicht bedingungsfeindlich ist[247]. In der Praxis kann das Wirksamwerden der Vertragsänderung (durch ganz überwiegende Zustimmung der Belegschaft) beispielsweise durch Aushang des Arbeitgebers angezeigt werden[248].

D. Zwischenergebnis

Das Aufkommen der Regelungsabrede und ihre Anerkennung erklären sich zunächst aus der erstmals durch das BetrVG 1952 für die Betriebsvereinbarung vorgesehene konstitutiven Schriftform und einem praktischen Bedürfnis nach formfreien Abreden. Durch die Anerkennung der Regelungsabrede wurde darüber hinaus die strenge Nichtigkeitssanktion der Theorie der notwendigen Mitbestimmung abgemildert. Gesetzgeber, Rechtsprechung und Lehre haben die Regelungsabrede mittlerweile uneingeschränkt anerkannt. Sie ist ein privatrechtlicher Vertrag, mit dem schuldrechtliche Verpflichtungen erzeugt, betriebsverfassungsrechtliche Fragen geklärt und Mitbestimmungsrechte ausgeübt werden können.

Die Regelungsabrede kann daneben Grundlage für eine Gestaltung materieller Arbeitsbedingungen sein. Ihr kommt aber keine normative Wirkung zu, so dass sie dazu einer Umsetzung auf individualvertraglicher Ebene bedarf. Ihre Regelungen werden im Falle ihrer Umsetzung durch einzelvertragliche Gestaltung

---

244 Im Bereich der materiellen Arbeitsbedingungen scheidet eine Umsetzung im Wege der Ausübung des Direktionsrechts aus, dazu bereits Teil 2 C. II. 1.

245 Teil 1 D. I. 1.

246 Vgl. dazu: Palandt/*Heinrichs* Einf. v § 158 Rz. 10.

247 Vgl. dazu: MünchKommBGB/*Westermann* § 158 Rz. 25; Palandt/*Heinrichs* Einf. v § 158 Rz. 13.

248 So geschehen bei der Schlafhorst AG & Co, Handelsblatt v. 26.1.94, S. 4.

zum Inhalt der Arbeitsverträge. Damit weist die Regelungsabrede eine schwächere Gestaltungs-, aber höhere Bindungswirkung auf als die Betriebsvereinbarung. Beide Vereinbarungen zwischen Arbeitgeber und Betriebsrat sind nicht wesensverwandt, die Regelungsabrede ist gegenüber der Betriebsvereinbarung ein aliud.

Der Arbeitgeber ist grundsätzlich zur Umsetzung der Regelungsabrede in die Arbeitsverträge verpflichtet, kann sich hierzu im Bereich der materiellen Arbeitsbedingungen aber nicht seines Direktionsrechts bedienen.

Teil 3. Die Regelungsbefugnis der Betriebspartner

Im Rahmen der Erörterung der verschiedenen möglichen Inhalte einer Regelungsabrede hat sich gezeigt, dass sie von den Betriebsparteien auch zur Gestaltung von Arbeitsbedingungen der Arbeitnehmer, z.B. in Form von Regelungen zur Dauer der Arbeitszeit und Lohnhöhe, als Ersatz für eine Betriebsvereinbarung angewendet wird[1]. Wie das Beispiel der häufigen tarifwidrigen Betriebsvereinbarungen belegt[2], ist mit dem Vorkommen bestimmter Formen von Vereinbarungen in der betrieblichen Praxis aber noch nicht gesagt, dass sie auch rechtlich zulässig wären[3]. Die Regelungsabrede ist zur Lösung der Ausgangsfrage nach alternativen Formen der Rechtsgestaltung auf Betriebsebene daher ungeachtet ihrer bereits vollzogenen praktischen Anwendung nur dann geeignet, wenn die Regelungsbefugnis der Betriebspartner beim Abschluss einer Regelungsabrede die Möglichkeit der Gestaltung von materiellen Arbeitsbedingungen (insbesondere in Form von Regelungen zur Dauer der individuellen regelmäßigen Arbeitszeit) umfasst[4]. Da der Arbeitgeber als originäre Partei des Arbeitsvertrages mit dem Arbeitnehmer zur Gestaltung von Arbeitsbedingungen aufgrund seiner Privatautonomie befugt ist[5], stellt sich damit im Kern die Frage nach der funktionellen Zuständigkeit des Betriebsrates[6].
Diese Frage wird von der weitaus überwiegenden Ansicht in Rechtsprechung und Lehre mit dem Verweis auf eine umfassende Kompetenz der Betriebspartner beantwortet[7]. Der Gesetzgeber hat allerdings nur für die Betriebsvereinbarung, nicht aber für die Regelungsabrede eine nähere gesetzliche Ausgestaltung geschaffen, die Rückschlüsse auf die funktionelle Zuständigkeit des Betriebsrates ermöglichen kann. Daher wird die Frage der Befugnisse des Betriebsrates bei dem Abschluss betrieblicher Vereinbarungen in der bisherigen wissenschaftlichen Behandlung ganz überwiegend nur für die (einheitlich verstandene)

---

[1] Teil 2 B. IV.
[2] Dazu Teil 1 D. IV.
[3] Für die genannten Beispiele der Regelungsabrede im Rahmen betrieblicher Bündnisse für Arbeit zeigt sich dies auch in den Ergebnissen der dazu geführten gerichtlichen Streitigkeiten. Dazu näher Teil 4 B. I.
[4] Diese Frage ist der in Teil 4 behandelten Problematik der durch eine Regelungsabrede begründbaren Pflichten und der Auflösung einer Regelungskollision mit einem Tarifvertrag vorgelagert, da es bei beiden Fragen auf den möglichen Inhalt der Vereinbarungen ankommt.
[5] Vgl. *Richardi* Kollektivgewalt, S. 320; *ders.* ZfA 1992, 307 (330); *Kreutz* Grenzen, S. 61; *Waltermann* S. S. 85 f.; *Nebel* S. 159 ff.
[6] Dazu (für die Betriebsvereinbarung) *Veit* Die funktionelle Zuständigkeit des Betriebsrats (1998); *Müller-Franken* Die Befugnis zu Eingriffen in die Rechtsstellung des Einzelnen durch Betriebsvereinbarung (1997); *Aksu* Die Regelungsbefugnis der Betriebsparteien durch Betriebsvereinbarung (2000).
[7] Teil 1 C. III. 2.

Rechts- und Regelsetzung durch Betriebsvereinbarung untersucht und beantwortet. Zur dieser Frage liegen dementsprechend zahlreiche Monographien und eingehende wissenschaftliche Stellungnahmen vor[8]. Die grundsätzliche Befugnis der Betriebspartner, für einen umfassenden Bereich rechtsgestaltend tätig zu werden, wird dabei ganz überwiegend nicht problematisiert, sondern –zumeist stillschweigend – vorausgesetzt[9]. Es wird dabei davon ausgegangen, dass Arbeitgeber und Betriebsrat befugt sind, jede durch Arbeits-[10] oder Tarifvertrag[11] regelbare Materie zum Gegenstand einer Betriebsvereinbarung zu machen[12]. Einhellig anerkannt wurde frühzeitig lediglich, dass die Zuständigkeit der Betriebspartner auf solche Angelegenheiten beschränkt ist, die mit dem Arbeitsverhältnis in Zusammenhang stehen, und dass die Lebensgestaltung außerhalb des Betriebes dem Regelungszugriff der Betriebsparteien entzogen ist[13]. Es gibt aber auch Stimmen, welche die Beurteilung der Regelungskompetenz durch die h.M. kritisch hinterfragen und den Schutz des Einzelnen gegenüber der Kollektivmacht nicht nur für die außerbetriebliche Lebensführung, sondern auch für die Gestaltung des Arbeitsverhältnisses stärker betonen wollen[14].

Die funktionelle Zuständigkeit des Betriebsrates beim Abschluss einer Regelungsabrede wird demgegenüber allenfalls am Rande erörtert[15]. Dabei wird – soweit in der Literatur zu diesem Problemkreis Stellung genommen wird -, entsprechend der jeweiligen Argumentation zur Betriebsvereinbarung, auch für die Regelungsabrede geltend gemacht, dass der Betriebsrat nur im Rahmen seines

---

[8] Siehe die Nachweise in Fußnote 1.

[9] *Biberacher* S. 114 ff.; *Breidenstein* S. 34 ff., 50 ff.; *Karakatsanis* S. 122; *Nause* S. 14 ff.; *Travlos-Tzanetatos* S. 75 ff.; vgl. auch *Müller-Franken* S. 32.

[10] BAG GS 7.11.1989 AP Nr. 46 zu § 77 BetrVG 1972 (unter C.I.2. der Gründe); *Otto* NZA 1992, 97 (101); vgl. auch *Herrmann* NZA 14 (15).

[11] BAG GS 7.11.1989 AP Nr. 46 zu § 77 BetrVG 1972 (unter C.I.2. der Gründe); BAG 9.4.1991 AP Nr. 1 zu § 77 BetrVG 1972 Tarifvorbehalt (unter II.2. der Gründe).

[12] Teil 1 C. III. 2.

[13] BAG 19.1.1999 NZA 1999, 546 (549, unter A.II.4.a. der Gründe); MünchArbR/*Matthes* § 327 Rz. 55; *Kreutz* Grenzen, S. 48 f.; GK-*Kreutz* § 77 Rz. 331; *Fitting/Kaiser/Heither/Engels/Schmidt* § 77 Rz. 56; *Richardi* § 77 Rz. 104; *Galperin/Löwisch* § 77 Rz. 49; *Travlos-Tzanetatos* S. 143 ff.

[14] *Becker* S. 13 spricht insoweit von der „Freiheitssicherung vor dem Arbeitsverhältnis" und der „Freiheitssicherung im Arbeitsverhältnis". Zu den einschränkenden Ansichten *Veit* S. 30 ff.; *Aksu* S. 20 ff.; *Müller-Franken* S. 32 ff. jeweils m.w.N.

[15] Zur funktionellen Zuständigkeit des Betriebsrates für Fälle der Regelungsabrede ausdrücklich aber *Schipprowski* S. 250 f., allerdings versteht Schipprowski unter dem Begriff der Regelungsabrede nur eine Ausübungsform der Mitbestimmungsrechte (vgl. oben Teil 1 A.) und hält die Zuständigkeit des Betriebsrates ohne weitere Problematisierung für gegeben, *Schipprowski* S. 251 f.

Kompetenzkreises tätig werden kann[16], die Regelungsbefugnis der Betriebspartner also identisch ist[17]. Sofern man mit der herrschenden Ansicht bereits bei der Betriebsvereinbarung eine umfassende Regelungskompetenz annimmt, ließe sich danach diese weite Kompetenz unproblematisch auf die Regelungsabrede übertragen[18]. Wenn man dagegen mit einigen Stimmen in der Literatur eine globale Regelungsbefugnis ablehnt, könnte es ebenfalls nahe liegen, die inhaltliche Regelungsmacht der Betriebspartner bei Betriebsvereinbarung und Regelungsabrede einheitlich eingeschränkt zu bestimmen[19].
Allerdings ist die Regelungsabrede, wie dargelegt, nicht nur eine abgeschwächte Form der Betriebsvereinbarung, sondern ein strukturell unterschiedliches Regelungsinstrument[20]. Ihr fehlt die normative Wirkung der Betriebsvereinbarung, so dass sie lediglich eine im Rahmen ihrer Umsetzung individualrechtliche Gestaltungswirkung auf die Arbeitsverhältnisse der regelungsbetroffenen Arbeitnehmer entfaltet. Dabei fällt die Bindungswirkung der Umsetzung der Regelungsabrede für den Arbeitgeber höher aus als die der Betriebsvereinbarung[21]. Es stellt sich damit die Frage, ob sich aus diesen Unterschieden ergibt, dass der Umfang der Regelungsbefugnis der Betriebspartner für die Regelungsabrede anders zu bestimmen ist, als für die Betriebsvereinbarung[22].

A. Die Relevanz der Unterscheidung von Regel- und Rechtsetzung

Bereits diese Überlegungen zeigen, dass zur Bestimmung der inhaltlichen Reichweite der Kompetenzen von Arbeitgeber und Betriebsrat bei der Gestaltung materieller Arbeitsbedingungen die bereits dargelegte Unterscheidung zwischen Rechtssetzungs- und Regelungskompetenz nicht außer Betracht bleiben darf[23]. Für die Regelungsabrede ist mangels einer staatlichen Normgeltungsanordnung nur die Regelungsbefugnis relevant, nicht aber die Frage der Reichweite der Normsetzungskompetenz der Betriebspartner[24].

---

[16] *Veit* S. 329; *dies.* Industrielle Beziehungen 1997, 216 (228 f. u. 232); MünchArbR/*Matthes* § 328 Rz 99; GK-*Kreutz* § 77 Rz. 14; *Fitting/Kaiser/Heither/Engels/Schmidt* § 77 Rz. 220; *Herrmann* NZA 2000 Sonderbeilage zu Heft 3. 14 (22).

[17] MünchArbR/*Matthes* § 328 Rz. 99: „Gegenstand der Regelungsabrede kann jede Regelung sein, die auch Inhalt einer Betriebsvereinbarung sein könnte."; *Veit* S. 329 unter Hinweis darauf, dass Regelungsabrede und Betriebsvereinbarung gleicher Maßen zur Wahrnehmung von Mitbestimmungsrechten geeignet sind.

[18] So z.B. *Hess/Schlochauer/Glaubitz* § 77 Rz. 98 m.w.N.

[19] Dafür *Veit* S. 329; *dies.* Industrielle Beziehungen 1997, 216 (228 f. u. 232); *Herrmann* NZA 2000 Sonderbeilage zu Heft 3. 14 (22).

[20] *Peterek* FS f. Gaul, 471 (476).

[21] Näher Teil 2 C. II. 2.

[22] Vgl. *Herrmann* NZA 2000, Sonderbeilage Heft 3, 14 (21).

[23] Dazu bereits Teil 1 C. II. 2.

[24] *Schipprowski* S. 252 unterscheidet insoweit begrifflich die Normsetzungsbefugnis von der „obligatorischen Regelungskompetenz".

Allerdings muss dabei beachtet werden, dass bei der Betriebsvereinbarung nach der herrschenden Auffassung Rechts- und Regelungskompetenz identisch sind[25]. Da die Frage des Umfangs der Kompetenzen des Betriebsrates in der wissenschaftlichen Diskussion regelmäßig nur für den Bereich der Betriebsvereinbarung, und dort ohne eine Differenzierung zwischen Regelungs- und Rechtsetzungskompetenz, erörtert werden und angesichts der näheren Ausgestaltung des Rechts der Betriebsvereinbarung gegenüber der höchst lückenhaften Kodifikation der Regelungsabrede, ist bei der Frage der inhaltlichen Kompetenz der Betriebspartner bei Abschluss einer Regelungsabrede in Teilbereichen ein Rekurs auf die bei der Betriebsvereinbarung vorgebrachte Argumentation unerlässlich. Erst aus einer Gesamtschau der vorgetragenen Argumente und einer Bewertung für die Regelungsbefugnis bei Abschluss einer Regelungsabrede kann erarbeitet werden, ob die These von einer identischen Reichweite der Rechtsetzungs- und Regelungskompetenz der Betriebspartner gerechtfertigt ist.
Ausgangspunkt der Überlegungen ist jedoch die Feststellung, dass für die Tarifautonomie eine umfassende Regelungskompetenz der Tarifvertragsparteien aus der privatautonomen Ermächtigung durch den Verbandsbeitritt des Mitglieds folgt, der zugleich Regelungsermächtigung und Regelungsunterwerfung beinhaltet[26]. Wenn sich für die Gestaltung materieller Arbeitsbedingungen durch betriebliche Vereinbarungen ebenfalls eine solche Regelungsermächtigung durch die Arbeitnehmer finden lässt (dazu unter B. I.), oder sich eine umfassende Regelungsbefugnis aus der Betriebsautonomie selber ergibt (dazu unter B. II.), wäre in der Tat der Schluss der herrschenden Ansicht auf eine umfassende Regelungsbefugnis der Betriebspartner zulässig. Anderenfalls muss der Umfang der Regelungskompetenz der Betriebspartner anhand der gesetzlichen Kompetenzfestlegung bestimmt werden (dazu unter C.).

B. Die Übereinstimmung der inhaltlichen Reichweite von Tarif- und Betriebsautonomie

Eine entsprechend der Gestaltungsbefugnisse der Tarifvertragsparteien im Rahmen der Tarifautonomie umfassende Regelungsbefugnis zur Gestaltung von Arbeitsbedingungen durch Betriebsrat und Arbeitgeber kann sich dann ergeben, wenn sich der Abschluss einer Regelungsabrede als kollektive Ausübung der Privatautonomie der Arbeitnehmer darstellt oder die Betriebsautonomie als solche einen derartigen Schluss rechtfertigt.

---

[25] Teil 1 C. III. 2. a.
[26] Dazu bereits Teil 1 C. II. 2.

I. Die kollektive Ausübung von Privatautonomie durch Abschluss einer Regelungsabrede

Die Regelungsmacht der Betriebspartner ebenso wie die der Tarifvertragsparteien als kollektive Ausübung privatautonomer Gestaltungsbefugnisse und daher als umfassend zu begreifen, setzt voraus, dass sich diesbezüglich ebenfalls eine dem Beitritt zu einem der tarifschließenden Verbände vergleichbare Regelungsermächtigung durch die Arbeitnehmer feststellen lässt. Diese kann zunächst in einem selbstbestimmten Unterwerfungsakt des Arbeitnehmers bestehen. Die Regelungsbefugnis von Betriebsrat und Arbeitgeber ist aber auch dann ein Fall der kollektiven Privatautonomie, wenn die Arbeitnehmer ohne einen vorangehenden Unterwerfungsakt am Abschluss einer Regelungsabrede als Regelungsurheber beteiligt sind, oder sich aus der notwendigen individualvertraglichen Umsetzung ein Rückbezug der Regelungskompetenz der Betriebspartner auf die Selbstbestimmung der Arbeitnehmer ergibt.

1. Selbstbestimmter Unterwerfungsakt der Arbeitnehmer

Denkbare Anknüpfungspunkte für einen selbstbestimmten Unterwerfungsakt der Arbeitnehmer als Grundlage einer umfassenden Regelungskompetenz der Betriebspartner sind insbesondere der Abschluss der Arbeitsvertrages, der Eintritt in den Betrieb, die Wahl des Betriebsrates und das Verständnis des Betriebes als eigenständigem Verband, zu dem der Arbeitnehmer beitritt.

a) Abschluss des Arbeitsvertrages und Eintritt in den Betrieb

Bei der Begründung des arbeitsvertraglichen Schuldverhältnisses und der Aufnahme der Tätigkeit im Betrieb wird in der weitaus überwiegenden Zahl der Fälle eine Unterwerfung unter die Regelungsmacht der Betriebspartner nicht ausdrücklich erklärt. Daher stellt sich die Frage, ob in den dabei vorgenommenen Handlungen eine stillschweigende Unterwerfung des Arbeitnehmer unter die Gestaltungsmacht der Betriebspartner zu sehen sein kann[27].

aa) Der personenrechtliche Statusvertrag

Das Verständnis bereits des Abschlusses des Arbeitsvertrages als Unterwerfungsakt liegt dem Ansatz von *Meyer-Cording* zu Grunde. Er behauptet, dass neben den staatlich begründeten Zwangsnormen in Form von Gesetzen auch sogenannte „Wahlnormen“ existieren[28]. Diese Wahlnormen in Form von Vereinssatzungen, Tarif- und Betriebsnormen und AGB stellen danach für be-

---

[27] *Kreutz* Grenzen, S. 64; *H.Hanau* S. 60. Dass auch eine stillschweigende Unterwerfung möglich ist, zeigen die Fälle eines Beitritts zu Organisationen oder eines schlichten Betretens eines Gebäudes, für das eine Hausordnung besteht, *Kirchhof* S. 93.

[28] *Meyer-Cording* S. 97 ff.

stimmte präexistente Ordnungen die Regelung des Rechtsverhältnisses der mit ihr in Verbindung tretenden Mitglieder dar[29]. Wird der dadurch vorgegebene Status durch Abschluss eines Statusvertrages gewählt, so soll er für die Betroffenen privatautonom gelten[30]. Damit sei insbesondere der Arbeitsvertrag kein gewöhnlicher Austauschvertrag, sondern ein personenrechtlicher Statusvertrag, mit dem sich der Arbeitnehmer privatautonom den objektiven Ordnungskräften des Betriebes unterwerfe[31]. Der Arbeitsvertrag enthalte demnach einen schuldrechtlichen Teil, in dem Leistung und Gegenleistung der Austauschbeziehung geregelt werden, und einen „normativen“ Teil, der die privatautonome Unterwerfung unter die institutionelle Ordnung des Betriebes beinhalte[32].

Der Ansatz *Meyer-Cordings* kann aber bereits von seinen Grundannahmen her nicht überzeugen. Der Arbeitsvertrag ist für den Arbeitnehmer nicht der Statusvertrag zum Zutritt zu einer präexistenten Ordnung, sondern Austauschvertrag zum Zwecke der Einkommenserzielung[33]. Schon der Wille des Arbeitnehmers bei Vertragsabschluss wird regelmäßig nicht auf eine stillschweigende Unterwerfung unter (weitgehend unbekannte) Regelungswerke und eine inhaltliche Ermächtigung der Betriebspartner gerichtet sein, sondern auf die Erwirtschaftung von Einnahmen[34]. Auch können zukünftige Regeln vom Willen des Arbeitnehmers bei einem solchen Unterwerfungsakt nicht erfasst sein, da sie bei Abschluss des Vertrages noch nicht erlassen und folglich für den Einzelnen auch noch nicht erkennbar gewesen sind[35].

Insbesondere bei der Tätigkeit in einem Betrieb, in dem bei Abschluss des Arbeitsvertrages noch kein Betriebsrat existiert, wird der mit der späteren Errichtung eines Betriebsrates eintretende Zustand kaum von einem bei Vertragsabschluss stillschweigend vorhandenen Willen zur Unterwerfung gedeckt sein[36]. Des Weiteren ist eine Anerkennung einer betrieblichen Regelsetzung durch den Arbeitsvertrag auch deshalb nicht möglich, weil nur der Arbeitgeber, nicht aber beide Betriebspartner Vertragspartner des Arbeitnehmers bei Abschluss des Arbeitsvertrages sind[37].

Die von *Meyer-Cording* angenommene Unterwerfung wäre im Fall der Betriebsverfassung auch bereits deshalb nicht privatautonom, weil ihr Inhalt bei Vertragsabschluss nicht einvernehmlich modifiziert werden könnte. So gelten z.B. Betriebsvereinbarungen unabhängig vom Willen des Einzelnen bei Ab-

---

[29] *Meyer-Cording* S. 101.
[30] *Meyer-Cording* S. 102 f.
[31] *Meyer-Cording* S. 90 u. 102.
[32] *Meyer-Cording* S. 103.
[33] *Veit* S. 174; *Müller-Franken* S. 57.
[34] *Canaris* ArbuR 1966, 129 (139).
[35] *Kirchhof* S. 94.
[36] *Kirchhof* S. 94.
[37] *Veit* S. 180 f.; *H.Hanau* S. 60; *Aksu* S. 36.

schluss des Arbeitsvertrages unmittelbar und zwingend (§ 77 Abs. 4 S. 1 BetrVG), so dass hier auch die Regelungsbefugnis der Betriebspartner nicht von dem Vertragsschluss zwischen Arbeitnehmer und Arbeitgeber abhängt. Für Regelungsabrede fehlt zwar eine solche staatliche Geltungsanordnung, doch hängt auch ihre Wirksamkeit nicht vom rechtsgeschäftlichen Willen des Arbeitnehmers ab, allenfalls kann dies für die Umsetzung der Regelungsabrede gelten[38]. Vor allem kann in einem freiheitlichen Rechtssystem auf der Basis des Grundgesetzes in einem Arbeitsvertrag kein personenrechtlicher Statusvertrag gesehen werden[39]. Die Umsetzung der politischen Idee der Freiheit und Gleichheit des Individuums und die dadurch bewirkte Überwindung der ständischen und zünftischen Ordnung des Mittelalters bedingt, dass der Inhalt des Arbeitsverhältnisses primär nach der freien Willensübereinstimmung der Arbeitsvertragsparteien bestimmt wird[40]. Die verfassungsrechtliche Wertentscheidung, nach der die individuelle Existenz in den Mittelpunkt der Rechtsordnung gerückt wird, verträgt sich nicht mit der Lehre *Meyer-Cordings*, die eine fortwährende Unterwerfung des Einzelnen unter verschiedene Statusverhältnisse konstruiert[41].

bb) Der Eingliederungsvertrag

Auch *von Stebut* begründet die rechtliche Gestaltungsmacht der Betriebspartner mit einer dahin gehenden Interpretation des Arbeitsvertrages. Er sieht im „Normalarbeitsvertrag" einen betriebsbezogenen Eingliederungsvertrag, zu dessen rechtlichem Inhalt auch die Eingliederung in die betriebliche Ordnung gehört[42]. Der Arbeitsvertrag umfasse nicht nur die Verpflichtungen zur Leistung abhängiger Arbeit gegen Entgelt, sondern auch das Recht und die Pflicht des Arbeitnehmers, sich in die betriebliche Ordnung einzugliedern[43]. Diese Pflicht und auch ihre betriebsverfassungsrechtliche Wirkung gehöre zum notwendigen Inhalt von Arbeitsverträgen[44].
Von Stebut sieht folglich im Abschluss des Arbeitsvertrages eine freiwillige und bewusste Unterwerfung unter die betriebliche Ordnung, allerdings in abstrakter Form. Dabei sollen inhaltliche Veränderungen im Arbeitsverhältnis, verschlechternde Betriebsvereinbarungen und vom Arbeitgeber aufgrund seines Weisungsrechts vorgenommene Konkretisierungen auch nach Abschluss des Arbeitsvertrages und auch bei einer erst danach folgenden Errichtung eines Betriebsrates auf die anfängliche Unterwerfung zurückzuführen sein[45]. Damit wird

---

[38] Dazu näher Teil 2 C. 4.
[39] *Kreutz* Grenzen S. 63.
[40] *Picker* GS f. Knobbe-Keuk, 879 (881).
[41] *Müller-Franken* S. 58 f.
[42] *V. Stebut* FS f. Kissel, 1135 (1150 ff.).
[43] *V. Stebut* FS f. Kissel, 1135 (1163).
[44] *V. Stebut* FS f. Kissel, 1135 (1157).
[45] *V. Stebut* FS f. Kissel, 1135 (1155 ff.).

nicht nur die Normsetzung, sondern gerade auch die inhaltliche Regelungsbefugnis der Betriebspartner auf den Arbeitsvertrag zurückgeführt. Der „Normalarbeitsvertrag“ trägt nach diesem Ansatz also die Möglichkeit einer nachträglichen Einwirkung auf seinen Inhalt durch die Betriebspartner als von der Rechtsordnung legitimierte Methode der Inhaltsanpassung bereits in sich[46].
Gegen diese Ansicht sprechen im Ergebnis die gleichen Bedenken, die bereits der Annahme eines personenrechtlichen Statusvertrages entgegenstehen. Der Wille der Arbeitnehmer bei Abschluss des Arbeitsvertrages ist nicht darauf gerichtet, eine betriebliche Ordnung anzuerkennen[47]. Der Arbeitgeber könnte eine solche Unterwerfung auch nicht zum Inhalt seines Vertragsangebots machen, da ihm die betriebliche Mitbestimmungsordnung gesetzlich vorgegeben ist[48]. Auch gegenüber einem Arbeitnehmer, der sich ausdrücklich gegen eine Einbeziehung der Mitbestimmungsordnung in seinen Arbeitsvertrag ausspricht, würden sämtliche Mitwirkungsrechte des Betriebsrates gelten, die dieser durch Regelungsabrede ausüben kann[49]. Der Arbeitsvertrag wird nach dem Ansatz *von Stebuts* also wiederum auf eine „Eintrittskarte“[50] in den Betrieb reduziert, der maßgebliche Inhalt der Gestaltung von Arbeitsbedingungen wird ihm dabei zu Unrecht entzogen[51].
Die Betriebsverfassung ist eigenständig und weder vom Willen der Arbeitsvertragsparteien, noch vom Inhalt des arbeitsvertraglichen Schuldverhältnisses abhängig[52]. Auf eine freiwillige Unterwerfung des einzelnen Arbeitnehmers kommt es nicht an. Eine solche Unterwerfung kann daher auch nicht als Grundlage einer umfassenden Regelungskompetenz der Betriebspartner dienen[53].

cc) Die Vertragsrechtsakzessorietät der Betriebsverfassung

An den Arbeitsvertrag als Legitimationsquelle knüpft auch die Ansicht von *Reichold* an, der diesen als Grundlage der Kompetenzen der Betriebspartner (für die Rechtsgestaltung durch Betriebsvereinbarung) begreift, ohne zwischen der Regel- und der Rechtsetzung zu differenzieren. *Reichold* sieht selbst in der Betriebsvereinbarung nur formal innerbetriebliche Rechtsgestaltung, der Struktur nach aber auf vertraglicher Grundlage geschaffenes Recht[54]. Er führt die Betriebsvereinbarung auf eine kraft Selbstbindung der Arbeitnehmer bestehende

---

[46] *V. Stebut* FS f. Kissel, 1135 (1157).
[47] *Aksu* S. 37.
[48] *H.Hanau* S. 60 Fn. 102.
[49] Dazu Teil 2 B. III. Ebenso würden trotz des gegenteiligen Willens des Arbeitnehmers Betriebsvereinbarungen normativ und zwingend gelten (§ 77 Abs. 4 S. 1 BetrVG).
[50] *Birk* Leitungsmacht, S. 64; *Veit* S. 177.
[51] *Veit* S. 177.
[52] *Aksu* S. 37.
[53] Vgl. *Veit* S. 177 f.; *Aksu* S. 37.
[54] *Reichold* S. 545.

Legitimation zurück[55]. Der Arbeitsvertrag soll dabei ein Zweckkontrakt sein, der zum Einen die gegenseitigen Hauptleistungspflichten bestimmt oder bestimmbar festlegt und sie gegenständlich und räumlich eingrenzt. Zum Anderen begründe der Arbeitsvertrag die Sozialverantwortung des Arbeitgebers in Form von Schutz- und Fürsorgepflichten bzw. die entsprechenden Sorgfalts- und Treuepflichten des Arbeitnehmers[56]. Diese Pflichten entstünden unabhängig von der Existenz eines Betriebsrates[57], so dass sich die Rechtswirkung dieses „Sozialprivatrechts" im betriebsratslosen Betrieb nur auf eine Selbstbindung des Arbeitnehmers zurückführen lasse[58]. Die Arbeitnehmer haben danach die bestehende Arbeits-, Betriebs- und Hausordnung in Form von allgemeinen Arbeitsbedingungen oder vertraglichen Einheitsregelungen privatautonom akzeptiert[59]. An diesem Befund könne sich aber durch die Implementierung eines Betriebsrates nichts verändern, da dieser nur das arbeitsvertraglich begründete einseitige Weisungs- und Gestaltungsrecht des Arbeitgebers durch Gestaltungsteilhabe „sozialverträglich materialisiere"[60]. Zweck der Betriebsverfassung sei es damit, im Rahmen des arbeitsvertraglichen Dauerschuldverhältnisses „Freiheit auf Gegenseitigkeit zu organisieren".[61] Der Betriebsrat wird nach diesem Ansatz zur Gewährleistung von Verteilungs- und Behandlungsgerechtigkeit nur als „Vertragshelfer für die betrieblichen Arbeitsbedingungen"[62] „intern in die Willensbildung des Arbeitgebers eingeschaltet"[63]. Die Betriebsvereinbarung unterliege dabei einer innerbetrieblichen Angemessenheitskontrolle und wage den Sprung von der vertraglichen Einheitsregelung zur Rechtsnorm nur aus Gründen materialer Vertraglichkeit[64]. Da der Betriebsrat somit nur die bereits bestehende Gestaltungsmacht des Arbeitgebers begrenze und die Betriebspartner nicht mehr können, als der Arbeitgeber alleine aufgrund seines Direktionsrechts vermag, könne von einer Fremdbestimmung keine Rede sein[65]. Vielmehr sei auch die Betriebsvereinbarung eine Ausübungsform der Privatautonomie und ihre Wirkung daher vertraglich gerechtfertigt[66].

Nach dieser für die Betriebsvereinbarung entwickelten Argumentation entstünde auch die inhaltliche Kompetenz der Betriebspartner als Gegenstand „materia-

---

[55] *Reichold* S. 545; vgl. auch *Blomeyer* NZA 1996, 337 (345), der ausführt, die Betriebsvereinbarung finde „ihre letzte Legitimation" im Arbeitsvertrag.

[56] *Reichold* S. 542.

[57] *Reichold* S. 542.

[58] *Reichold* S. 543.

[59] *Reichold* S. 543.

[60] *Reichold* S. 545; vgl. auch *Blomeyer* NZA 1996, 337 (345).

[61] *Reichold* S. 495 ff.

[62] *Reichold* S. 549.

[63] *Reichold* S. 545 f u. 548 f.

[64] *Reichold* S. 545.

[65] *Reichold* S. 542 ff. u. 546.

[66] *Reichold* S. 546.

ler Vertraglichkeit“ auf privatautonomer Grundlage und könnte auch für die Regelungsabrede als umfassend begriffen werden.

Der Sicht von *Reichold* ist zuzugeben, dass sich die Betriebsverfassung, ebenso wie die tarifliche Rechtssetzung, an der rechtsgeschäftlichen Ordnung und am Arbeitsvertrag orientiert, dass also von einer Vertragsrechtsakzessorietät der Betriebsverfassung gesprochen werden kann. Damit wird aber noch keine Aussage über die inhaltliche Reichweite der betrieblichen Rechtsgestaltung getroffen. Zu beachten ist dabei, dass die Betriebsverfassung vertragsrechtsakzessorisch sein kann, ohne zugleich ein Fall der Privatautonomie zu sein[67]. Denn die Frage, ob die Regelungen betrieblicher Vereinbarungen materiell-rechtlich als „materiale Vertraglichkeit“ einzuordnen sind[68], ist von der Frage der Regellegitimation zu trennen[69]. Damit kann aber der Ansatz der Vertragsrechtsakzessorietät für sich nicht begründen, dass der Arbeitsvertrag alleinige Grundlage der Regelungskompetenz von Arbeitgeber und Betriebsrat ist.

Die Sicht von *Reichold* überdehnt die legitimatorische Basis, die der Arbeitsvertrag der betrieblichen Regelsetzung bieten kann. Zunächst ist wiederum zu beachten, dass dem Arbeitnehmer nur der Arbeitgeber als Vertragspartner gegenüber steht, nicht aber beide Betriebspartner. Aus diesem Grund könnte der Arbeitsvertrag auch nur Grundlage der Regelungsbefugnis des Arbeitgebers sein, nicht aber des Betriebsrates[70]. Würde man dagegen davon ausgehen, dass sich der Arbeitnehmer mit Vertragsabschluss selbstbestimmt der Regelungsbefugnis der Betriebsparteien unterwirft, so berührte sich diese Argumentation mit dem Verständnis des Arbeitsvertrages als Eingliederungs- bzw. Statusvertrag[71] und begegnet den bereits oben genannten Bedenken[72]. Der Arbeitnehmer begründet weder mit dem Abschluss des Arbeitsvertrages, noch mit dem Eintritt in den Betrieb eine Regelungskompetenz der Betriebspartner für Vereinbarungen, die darauf gerichtet sind, seine Rechtssphäre zu gestalten[73].

Eine rein privatvertragliche Sichtweise kann auch nicht auf der Grundlage eines Vergleichs mit Allgemeinen Geschäftsbedingungen begründet werden[74]. Allgemeinen Geschäftsbedingungen werden vor deren Wirksamwerden stets privatautonom vereinbart und sind (jedenfalls potentiell) beiden Vertragsparteien auch dem Inhalt nach bekannt. Gleiches kann für die Regelungsabrede (oder auch für die Betriebsvereinbarung) nicht behauptet werden. Weder liegt bereits

---

67 *Aksu* S. 39.

68 So *Reichold* S. 541 ff.; *Blomeyer* NZA 1996, 337 (345).

69 *Veit* S. 182 f.

70 *Veit* S. 180 f.; *H.Hanau* S. 60.

71 *Aksu* S. 39.

72 Dazu oben Teil 3 B. I. 1.a.aa) und bb).

73 Teil 3 B. I. 1.a.aa) und bb).

74 So aber *Reichold* S. 546; vgl. auch *Reuter* RdA 1991, 193 (197 f.); *ders.* RdA 1994, 152 (159).

in ihrer Einfügung in die rechtsgeschäftliche Ordnung eine privatautonome Legitimation, noch ist ihr Inhalt dem Arbeitnehmer vor dem Abschluss eines Arbeitsvertrages bereits bekannt. Der Arbeitnehmer hat zu keinem Zeitpunkt einer Regelung durch den Arbeitgeber oder durch beide Betriebspartner zugestimmt.
In Ermangelung einer auf den Willen des Arbeitnehmers zurückzuführenden Begründung einer Regelungsbefugnis bedarf die inhaltliche Ausgestaltung einer Regelungsabrede selbst nach dem materiell-vertraglichen Verständnis von *Reichold* einer eigenständigen Kompetenzbegründung, die auf Grundlage des Arbeitsvertrages nicht ersichtlich ist.

dd) Das Direktionsrecht als Grundlage der Regelungskompetenz

Einige Autoren stützen die Rechts- und Regelsetzung durch Betriebsvereinbarung auf das arbeitgeberseitige Direktionsrecht, das seine Grundlage im Arbeitsvertrag habe, und sehen darin eine privatautonome Grundlage[75].
Soweit der Arbeitgeber ohnehin einseitig zur Rechtsgestaltung innerhalb des Arbeitsverhältnisses in der Lage sei, bedürfe es für den Fall einer Beschränkung dieser Gestaltungsmacht durch Teilhabe des Betriebsrates keiner weiteren Legitimation als dem Arbeitsvertrag[76]. *Jahnke* betont, der einseitige oder zweiseitige Ursprung der Regelung sei für den Arbeitnehmer jedenfalls dann ohne Bedeutung, wenn die Vereinbarung nur solche Materien regelt, die dem Direktionsrecht des Arbeitgebers unterliegen[77]. Nur für darüber hinaus gehende Regelungen sei der Arbeitsvertrag nicht ausreichend und eine weitere Legitimation erforderlich[78].
Ob der Ausgangspunkt dieser Ansicht, wonach das Direktionsrecht seine Grundlage im Arbeitsvertrag findet[79] (und nicht im Gesetz oder den Rechten des Arbeitgebers[80]), zutreffend ist, muss an dieser Stelle nicht entschieden werden[81]. Jedenfalls kann daraus keine privatautonome Grundlage für die Regelungsbefugnis der Betriebspartner im Rahmen der Regelungsabrede hergeleitet werden[82]. Selbst wenn das Direktionsrecht im Arbeitsvertrag begründet läge, so änderte dies nichts daran, dass der Arbeitsvertrag, wie dargelegt, unter keinem

---

[75] *Jahnke* S. 110; *Hammer* S. 89 ff.; *Hönn* S. 212.
[76] *Jahnke* S. 110.
[77] *Jahnke* S. 110.
[78] *Jahnke* S. 111, er verweist auf eine Legitimation durch Mitgliedschaft in der tarifschließenden Gewerkschaft bzw. die Wahl des Betriebsrates.
[79] So die h.M.: BAG 23.1.1992 AP Nr. 39 zu § 611 BGB Direktionsrecht (unter II.1. der Gründe); *Däubler* Arbeitsrecht; Rn. 155; *Jahnke* S. 110 f.; *Waltermann* S. 90 f.; *Hromadka* DB 1995, 2601.
[80] Dazu *Birk* Leitungsmacht, S. 58 ff.
[81] Dagegen: *Birk* Leitungsmacht, S. 51 ff. u. 58 ff.; *Veit* S. 178 f.; *Kreutz* S. 176 m.w.N.
[82] Für die Betriebsvereinbarung *Veit* S. 178 f.; *Aksu* S. 42.

rechtlichen Gesichtspunkt einen selbstbestimmten Akt der Unterwerfung unter die Regelungsmacht der Betriebspartner darstellt[83].
Auch ist für die hier interessierende Frage der Regelungsbefugnis für Abreden zur Gestaltung materieller Arbeitsbedingungen zu beachten, dass dieser Bereich, wie bereits dargelegt, der einseitigen Änderung im Rahmen des Direktionsrechts des Arbeitgebers nicht zugänglich ist[84]. Das Direktionsrecht des Arbeitgebers kann zwar die Leistungspflicht des Arbeitnehmers nach Zeit, Ort und Art konkretisieren, aber gerade nicht in das arbeitsvertragliche Austauschverhältnis, also das Verhältnis von Leistung und Gegenleistung eingreifen[85]. Das Direktionsrecht kann aber in keinem Fall die Grundlage einer Regelungsbefugnis für einen Bereich bilden, für den es keine Wirkung entfaltet.

ee) Zwischenergebnis

Eine Grundlage für die Regelungsbefugnis der Betriebspartner in der Form einer selbstbestimmten, rechtsgeschäftlichen Unterwerfung unter die Gestaltungsmacht Dritter kann nicht auf den Abschluss des Arbeitsvertrages oder den Eintritt in den Betrieb gestützt werden. Weder lässt sich der Arbeitsvertrag als personenrechtlicher Statusvertrag begreifen, noch bekundet der Arbeitnehmer mit Vertragsschluss seinen rechtsgeschäftlichen Willen zur Eingliederung in die betriebliche Ordnung. Auch die Vertragsrechtsakzessorietät der Betriebsverfassung ist für sich genommen als Basis einer Regelungskompetenz unergiebig. Auch das Direktionsrecht des Arbeitgebers ist nicht in der Lage, die Reichweite der Regelungsbefugnis der Betriebspartner zu begründen.

b) Die Wahl des Betriebsrates

Wenn der Arbeitsvertrag als Anknüpfungspunkt einer umfassenden Regelungsbefugnis der Betriebspartner ausscheidet, kann ein selbstbestimmter, rechtsgeschäftlicher Unterwerfungsakt aber noch in der Wahl des Betriebsrates durch die Arbeitnehmer liegen[86]. Dafür wäre allerdings Voraussetzung, dass die Arbeitnehmer mit der Wahl die Regelungsbefugnis der Betriebspartner inhaltlich begründen[87].
Eben in diesem Sinne wird die Wahl des Betriebsrates von einigen Autoren verstanden und ihr eine dem Gewerkschaftsbeitritt vergleichbare, inhaltlich legiti-

---

[83] *Waltermann* S. 91; *H.Hanau* S. 67; *Aksu* S. 42.
[84] Teil 2 C. II. 1.; dazu: ErfK/*Preis* § 611 BGB Rz. 275 u. 474 f.; *Giesler* S. 38; *Haug* BB 1986, 1921 (1930); *Schipprowski* S. 231.
[85] ErfK/*Preis* § 611 BGB Rz. 275; vgl. auch *Giesler* S. 38; *Haug* BB 1986, 1921 (1930).
[86] *Müller-Franken* S. 60; *Aksu* S. 42.
[87] *Veit* S. 185.

mierende Funktion zuerkannt[88]. Zum Teil wird betont, die Wahl sei ein freier, im Ermessen der Belegschaft stehender, also nicht erzwingbarer Vorgang[89]. Im Wahlakt komme daher auch der Wille zur Einrichtung und Beibehaltung des Betriebsrates sowie zur Interessenwahrnehmung zum Ausdruck. Aus diesem Grund habe die Stimmabgabe unverkennbar rechtsgeschäftlichen Charakter und stelle eine freiwillige rechtsgeschäftliche Unterwerfung unter die Regelungskompetenz der Betriebspartner dar[90]. Teilweise wird angeführt, dass für die Regelung kollektiver Angelegenheiten auch eine „kollektive Selbstbestimmung" der Arbeitnehmer in Form der Betriebsratswahl ausreichend wäre[91]. Dabei würde aufgrund des kollektiven Charakters der zu treffenden Regelungen die privatautonome Entscheidungsmacht des Einzelnen entsprechend der Beteiligtenzahl relativiert[92].

In diesem Zusammenhang darf jedoch nicht übersehen werden, dass scharf zwischen der demokratischen und einer eventuellen privatautonomen Legitimationswirkung der Betriebsratswahl zu differenzieren ist[93]. Unzweifelhaft erfolgt eine demokratische Legitimation des Betriebsratsamtes durch die Wahl[94]. Erst durch sie erhält der Betriebsrat sein Mandat[95]. Dies lässt jedoch noch keine Rückschlüsse auf die Reichweite der Regelungsbefugnis zu, da der Betriebsrat durch die Wahl zunächst nur organisatorisch personell legitimiert wird[96].

Von dieser Frage muss eine eventuelle privatautonome Begründung der inhaltlichen Reichweite des Betriebsratshandelns unterschieden werden, die allein in der Lage wäre, die Regelungsbefugnis der Betriebspartner auf der Grundlage der Selbstbestimmungsordnung zu erklären[97]. Die Geltung der Entscheidung eines gewählten Gremiums kann allein aus vorangehender selbstbestimmter Unterwerfung der Privatautonomie zugerechnet werden, nicht aber aus der „demokratischen" Überlegung, der Mehrheitswille sei der sachlich richtige[98]. In der Betriebsratswahl kann aber aus mehreren Gründen kein Akt der Selbstbestim-

---

88 So ausdrücklich *Jahnke* S. 111; in die gleiche Richtung: *Hanau* JZ 1969, 642 (643); *Gast* Vertragsrecht S. 75 ff.; *Säcker* Gruppenautonomie S. 345; *ders.* ZfA 1972 Sonderheft, 41 (51); *Travlos-Tzanetatos* S. 70; vgl. auch *Kreutz* Grenzen, S. 67; *Schwarze* S. 145.

89 *Jahnke* S. 111.

90 *Jahnke* S. 111.

91 *Gast* Vertragsrecht S. 77.

92 *Gast* Vertragsrecht S. 77.

93 Eingehend *Veit* S. 189 f.

94 *Veit* S. 188 u. 190; *Käppler* FS f. Kissel, 475 (480); GK-*Wiese* Einl. Rz. 54; *ders.* FS f. Kissel, 1269 (1280).

95 *Veit* S. 190.

96 *Belling* Haftung, S. 55.

97 *Veit* S. 186; *Müller-Franken* S. 60; *Aksu* S. 44.

98 *Kreutz* Grenzen, S. 70; *Reichold* S. 539 f.

mung gesehen werden[99]. Zunächst wäre die dadurch erfolgende Legitimation notwendiger Weise lückenhaft, da sie die Regelungskompetenz der Betriebspartner weder für später eintretende, noch für nicht wahlberechtigte Arbeitnehmer (§ 7 BetrVG) rechtfertigen kann[100]. Auch wird die Betriebsratswahl nach den Grundsätzen der Verhältnis- und Mehrheitswahl durchgeführt (§ 14 Abs. 2 BetrVG). Dabei entsteht notwendiger Weise ein Moment der Fremdbestimmung, da die Minderheit dem Votum der Mehrheit unterliegt und somit der Wille des Einzelnen vernachlässigt wird[101]. Damit ist die Annahme einer privatautonomen Begründung einer betrieblichen Regelungsbefugnis aber nicht zu vereinbaren. In der Wahl einen rechtsgeschäftlichen Akt zu sehen, würde darüber hinaus im Umkehrschluss voraussetzen, dass der Einzelne den Betriebspartner durch Nichtbeteiligung an der Wahl die betriebliche Regelungsmacht wieder entziehen könnte[102]. Die inhaltliche Ausgestaltung und der Abschluss einer Regelungsabrede vollzieht sich aber vollständig ohne Berücksichtigung der Beteiligung oder Nichtbeteiligung des Einzelnen an der Betriebsratswahl[103]. Der Arbeitnehmer kann auch nicht etwa in Form eines imperativen Mandats auf das Handeln des Betriebsrates Einfluss nehmen und die abzuschließende Vereinbarung nach seinen Vorstellungen gestalten[104]. Nicht einmal die Durchführung einer Betriebsratswahl lässt sich auf den Willen aller Arbeitnehmer zurückführen, da sie auch (nötigenfalls zwangsweise) von lediglich drei Arbeitnehmern oder einer im Betrieb vertretenen Gewerkschaft initiiert werden kann, § 17 Abs. 3 und 4 BetrVG.
Im Ergebnis kann daher in der Wahl des Betriebsrates kein selbstbestimmtes Unterwerfen unter eine betriebliche Regelungsbefugnis gesehen werden.

c) Mitgliedschaftliche Legitimation

Die Regelungsbefugnis der Betriebspartner kann auch dann entsprechend der Gestaltungskompetenz der Tarifpartner als umfassend verstanden werden, wenn der einzelne Arbeitnehmer die Betriebspartner zur Ausübung ihrer Regelungsmacht mitgliedschaftlich legitimiert hätte, wie es bei den Tarifvertragsparteien der Fall ist[105]. Dies wäre der Fall, wenn sich im Rahmen der Betriebsverfassung ebenso wie bei der Tarifautonomie ein Verband ausmachen ließe, dem der einzelne Arbeitnehmer freiwillig beitritt und sich dadurch der Verbandsordnung

---

[99] Vgl. *Veit* S. 186 ff.; *Waltermann* S. 90 f.; *ders.* NZA 1995, 1177 (1180); *Müller-Franken* S. 60 ff; *Aksu* S. 43 f..
[100] *Veit* S. 186; *Aksu* S. 43; dies erkennt auch *Jahnke* S. 111.
[101] *Kreutz* Grenzen, S. 69.
[102] Für die Betriebsvereinbarung *Aksu* S. 43.
[103] Für die Betriebsvereinbarung *Hönn* S. 212; *Kraft* ZfA 1983, 171 (190).
[104] BVerfG 27.3.1979 NJW 1979, 1875 (1876); *Reichold* S. 540; *Konzen* ZfA 1985, 469 (484).
[105] Dazu Teil 1 C. II. 2.

und einer fortdauernden Gestaltung seines Rechtskreises durch Mehrheitsbeschluss unterwerfen würde, sich aber dieser Wirkung durch Austritt auch wieder entziehen könnte[106].
Ein Verband wird verstanden als eine gegenüber ihren Mitgliedern verselbständigte Organisationseinheit im Sinne eines körperschaftlichen Zusammenschlusses einer Mehrzahl von Personen zur Erreichung eines bestimmten Zwecks[107]. Der Zusammenschluss zu einem Verband erfolgt freiwillig, hat einen vom Wechsel der Mitglieder unabhängigen Bestand und einen eigenen Namen. Darüber hinaus muss ein Satzungsrecht in eigenen Angelegenheiten und eine Festlegung des Organisationsgefüges im Rahmen einer Satzung bestehen. Ein Verband muss dazu die Fähigkeit haben, einen Gesamtwillen zu bilden und über Organe verfügen, durch die er Rechtswirkungen zur Erreichung seines Zwecks bewirken kann[108].
In der Literatur existieren verschiedene Ansätze, welche die Betriebsverfassung auf verbandlicher Grundlage erklären und auf diese Weise eine umfassende Regelungskompetenz der Betriebspartner zu begründen versuchen[109]. Zwar sind diese Ansätze wiederum auf die Regelung von Arbeitsbedingungen durch Betriebsvereinbarung bezogen. Sofern jedoch das verbandsrechtliche Verständnis der Betriebsverfassung zutrifft, wäre entsprechend der für die Tarifautonomie entwickelten Argumentation mindestens die Regelsetzung (im Rahmen der Betriebsvereinbarung und der Regelungsabrede) mitgliedschaftlich begründet und könnte als umfassend verstanden werden[110].
Als historischer Ausgangspunkt der Frage einer Verbandsstruktur auf Betriebsebene kann die Streitfrage über die Rechtsnatur der Betriebsvereinbarung gesehen werden. Zwar stehen die von *Herschel*[111] kurz vor Erlass des BetrVG 1952 begründete Satzungstheorie und deren Modifizierung, die sog. Beschlusstheorie[112], die beide in der Betriebsvereinbarung die Schaffung betriebsautonomen Satzungsrechts sahen, einer nahezu einhelligen Ablehnung durch den überwiegenden Teil der Literatur gegenüber, der auf privatrechtlicher Grundlage die Betriebsvereinbarung als kollektiven Normenvertrag auffasst[113]. Der Ansatz der Satzungs- und Beschlusstheorie ist jedoch in neuerer Zeit von Vertretern eines

---

[106] Vgl. *Wiedemann* Gesellschaftsrecht, S. 162; *Flume* S. 317 ff.
[107] *Larenz* AT S. 149; *Wiedemann* Gesellschaftsrecht, S. 4; *Müller-Franken* S. 63; *Leinemann* Betriebs- und Unternehmensverfassung 1971, 145 (153).
[108] Zu diesen Voraussetzungen *Wiedemann* Gesellschaftsrecht S. 90 f.; *Galperin* RdA 1959, 321 (324 f.); *Nebel* S. 55.
[109] Dazu sogleich unter aa) und bb).
[110] Vgl. oben Teil 1 C. II. 2.
[111] *Herschel* RdA 1948/1949, 47 ff.; *ders.* BArbBl. 1954, 731 ff.; ihm folgend *Galperin* BB 1949, 374 ff.
[112] *Adomeit* BB 1962, 1246 (1248 f.); *ders.* später kritisch: Rechtsquellenfragen, S. 146 f.; *Bogs* RdA 1956, 1 (5 ff.).
[113] Dazu Teil 2 A. II.

verbandsbezogenen Verständnisses der betrieblichen Ordnung wieder aufgegriffen worden[114].

aa) Der Betriebsverband aus Arbeitgeber und Arbeitnehmern

Eine mitgliedschaftliche Legitimation wird dabei von einigen Autoren aus einem sich aus Arbeitgeber und Arbeitnehmern zusammensetzenden Betriebsverband hergeleitet, dem der einzelne Arbeitnehmer mit Abschluss des Arbeitsvertrages freiwillig beitrete[115]. Auch der Regierungsentwurf zum BetrVG 1952 sprach vom Betrieb noch als „Arbeitsverband von Arbeitgeber und Arbeitnehmer, der mit Hilfe von Arbeitsmitteln bei räumlicher Zusammenfassung bestimmte nichthoheitliche Aufgaben fortgesetzt verfolgt“[116]. Diese Legaldefinition wurde jedoch unter Hinweis auf den bereits in Rechtsprechung und Lehre entwickelten Betriebsbegriff nicht in die verabschiedete Gesetzesfassung übernommen[117].
Gleichwohl hat zunächst *Reuter* argumentiert, das Arbeitsverhältnis im betriebsratsfähigen Betrieb sei „nicht mehr Austauschverhältnis, sondern Verbandsbeziehung“[118]. Daher sei das primäre Regelungsinstrument für die Gestaltung von Arbeitsbedingungen nicht der Arbeitsvertrag, sondern die Betriebsvereinbarung[119]. Die wesentlichen Arbeitsbedingungen würden ohnehin in der Form von allgemeinen Arbeitsbedingungen vorgegeben und nicht privatautonom ausgehandelt, daher könnten diese auch durch Betriebsvereinbarungen ersetzt werden[120], so dass sowohl die betriebliche Rechtsetzung als auch die Regelungsbefugnis der Betriebspartner mitgliedschaftlich legitimiert wäre. *Reuter* begründet seine These damit, dass im modernen Betrieb an die Stelle des bilateralen Interessenausgleichs durch Kompromissreglungen Regelungssysteme einer multilateralen Interessenabstimmung getreten seien[121]. Diese Regelungssysteme konstituieren danach die Rechtsordnung des Betriebes in der gleichen Weise, wie Satzungen die Rechtsordnungen sonstiger Verbänden festlegen. Es komme daher nicht auf eine vertragliche Art und Weise der privatautonomen Legitimation,

---

[114] *Reuter* zuletzt in FS f. Schaub, 605 (626 ff.); *ders.* Neubestimmung, S. 29 (37); *ders.* RdA 1991, 193 (196); *ders.* ZfA 1993, 221 (226 ff.); *ders.* ZfA 1995, 1 (67); *Nebel* S. 162 ff.; *Kessal-Wulf* S. 321 ff.
[115] *Galperin* Das Arbeitsrecht der Gegenwart Bd. 1 (1964), 75 (78); *Nebel* S. 86 ff., 124 ff.; *Reuter* ORDO 36 (1985), 51 (57 f.); *ders.* ZfA 1993, 221 (251); *ders.* RdA 1994, 152 (157 ff.); *ders.* ZfA 1995, 1 (33); *ders.* Verhandlungen, K 35 (39 ff.); *ders.* FS f. Schaub, 605 (627); *Ehmann/Lambrich* NZA 1996, 346 (351); *Lambrich* S. 183 ff.; vgl. auch *Lunk* S. 62 ff.
[116] BT-Drucks. I/1546, S. 2; vgl. dazu auch *Hueck* Betriebsvereinbarung, S. 36 f.
[117] BT-Drucks. I/3585 S. 3.
[118] *Reuter* RdA 1991, 193 (197).
[119] *Reuter* RdA 1991, 193 (197); *ders.* ZfA 1995, 1 (36).
[120] *Reuter* RdA 1991, 193 (198).
[121] *Reuter* ZfA 1995, 1 (33).

also darauf an, ob das Mitglied die Verbandsregelungen mit ausgehandelt oder ihnen zugestimmt habe. Vielmehr sei entscheidend, dass es über eine Position verfüge, die den Inhaber der Regelungsmacht zu einer Rücksichtnahme auf seine Interessen zwinge[122]. *Reuter* sieht in der Betriebsvereinbarung dementsprechend eine Satzung des Betriebsverbandes und räumt ihr nicht nur einen umfassenden Regelungsbereich, sondern auch einen generellen Vorrang vor arbeitsvertraglichen Regelungen (einschließlich allgemeinen Arbeitsbedingungen)[123] und Tarifverträgen ein[124].

Im Anschluss an *Reuter* hat in jüngerer Zeit *Nebel* den Betriebs- und Verbandsbegriff *Galperins* wieder aufgegriffen, der jeden Verband als körperschaftlich organisierten, sozialrechtlichen „überindividuellen Organismus" ansah, dessen Grundordnung auf gegenseitigen Treueverhältnissen beruhe[125]. Der Arbeitgeber gehört dabei für *Nebel* zum „personellen Substrat" des Betriebsbegriffs und bildet mit den einzelnen Arbeitnehmern einen körperschaftlichen Betriebsverband, dessen Zweck „die Regelung der betrieblichen Angelegenheiten im Rahmen des Betriebsverfassungsgesetzes 1972 unter der Leitmaxime des Wohls der Arbeitnehmer und des Betriebes" gemäß § 2 Abs. 1 BetrVG sei[126]. Der Betriebsrat sei sowohl Organ der Belegschaft als auch des Betriebsverbandes, und auch der Arbeitgeber werde als Organ des Betriebsverbandes vom Arbeitnehmer durch Abschluss des Arbeitsvertrages „gewählt". Die Betriebsvereinbarung ist danach die Satzung des Zusammenschlusses von Arbeitgeber und Belegschaft[127].

Unterstützung erfährt die Ansicht von *Reuter* neuerdings auch von *Lambrich*, der ebenfalls eine privatautonome Legitimation auf der Grundlage eines verbandsrechtlichen Verständnisses annimmt[128]. Der aus Arbeitgeber und Arbeitnehmern zusammengesetzte Verband verfolgt nach *Lambrich* einen unmittelbar aus der geschichtlichen Zwecksetzung der Betriebsautonomie abgeleiteten Verbandszweck, der zunächst ganz allgemein mit der „Regelung der innerbetrieblichen Angelegenheiten" und der gemeinsamen „Organisation der betrieblichen Produktionsveranstaltung". beschrieben wird[129]. Angesichts der zwischen den Betriebspartnern bestehenden Interessengegensätze reduziert *Lambrich* den gemeinsamen Zweck letztlich nur noch auf die „grundsätzliche Absicht (...), die

---

[122] *Reuter* ZfA 1995, 1 (33).

[123] *Reuter* RdA 1991, 193 (198); *ders.* FS f. Schaub, 605 (632 ff.).

[124] *Reuter* RdA 1991, 193 (200 f.).

[125] Auf dieser Grundlage betrachtete *Galperin* die Belegschaft als Betriebsverband im engeren Sinne und den Zusammenschluss von Belegschaft und Arbeitgeber als Betriebsverband im weiteren Sinne, *Galperin* Das Arbeitsrecht der Gegenwart Bd. 1 (1964), 75 (78, 81 u. 91).

[126] *Nebel* S. 86 u. 103.

[127] *Nebel* S. 86 ff., 105 f u. 108 f.

[128] *Lambrich* S. 183 ff., insbesondere 186.

[129] *Lambrich* S. 188 f.

zur Aufrechterhaltung der betrieblichen Arbeitsprozesse erforderlichen Bestimmungen zu treffen“[130].

bb) Der Betrieb als „überindividueller Organismus“

Kessal-Wulf bezieht sich wie *Nebel* auf *Galperin*[131], sieht aber nicht in einem Zusammenschluss von Arbeitgeber und Belegschaft, sondern im Betrieb als arbeitstechnische Einheit einen „überindividuellen Organismus“, der aus einem Zusammenschluss mehrerer Personen zu einer rechtlich organisierten, von ihrem Mitgliederbestand unabhängigen Einheit bestehe[132]. Der (überindividuelle) Zweck dieses Innenverbandes liege in der gemeinsamen Verwaltung der arbeitstechnischen Einheit des Betriebes und in der Koordination der gegenläufigen Interessen von Arbeitgeber und Arbeitnehmerschaft auf der Grundlage von § 2 Abs. 1 BetrVG[133]. Dem Betrieb als Verband trete der einzelne Arbeitnehmer durch Abschluss des Arbeitsvertrages bei[134], so dass auf diese Weise eine freiwillige, rechtsgeschäftliche Grundlage für Eintritt und Verbleib im Verband bestehe. Der Arbeitnehmer sei sich bei Vollzug dieses freiwilligen Aktes bewusst, dass er sich einem System der teilweise kollektiv geregelten Arbeitsbedingungen anschließe und zur Förderung des gemeinsamen Verbandszwecks eine Integrationsleistung erbringen müsse[135]. Der Betrieb bestehe als Verband auch ohne die Erfassung durch das BetrVG und ermögliche eine Einordnung der Wirkungen der Betriebsvereinbarung auf freiwilliger Basis[136].

cc) Kritik

Der Verbandslehre kann nicht gefolgt werden, da ihre zentralen Prämissen nach geltendem Recht nicht haltbar sind. Weder existiert ein gemeinsamer Verband aus Arbeitgeber und Arbeitnehmern oder in Form des Betriebes selber, noch kann im Arbeitsvertrag ein Beitrittsakt zu einem Verband gesehen werden[137].
Die Behauptung der Existenz eines Verbandes auf Betriebsebene geht an der rechtlichen und tatsächlichen Realität vorbei[138].
Zunächst ist der Betrieb selber kein verbandsrechtlicher Zusammenschluss. Der Betrieb ist nach der gängigen Definition eine organisatorische Einheit, inner-

---

[130] *Lambrich* S. 190.
[131] *Galperin* Das Arbeitsrecht der Gegenwart Bd. 1 (1964), 75 (81 u. 91).
[132] *Kessal-Wulf* S. 321 ff.
[133] *Kessal-Wulf* S. 333.
[134] *Kessal-Wulf* S. 329 ff.
[135] *Kessal-Wulf* S. 330 ff.
[136] *Kessal-Wulf* S. 329 f.
[137] *Reichold* S. 540.
[138] *Zöllner* 25 Jahre BAG, 745 (757); *Richardi* Gutachten, B 25 u. 30; *ders.* RdA 1994, 394 (399); *Leinemann* Betriebs- und Unternehmensverfassung 1971, 49 (57); *Bracker* S. 58; *Reichold* S. 540; *Veit* S. 33 u. 175 ff.; *Aksu* S. 47 ff. u. 56 ff.; *Rieble* RdA 1996, 151 (153).

halb derer der Unternehmer allein oder in Gemeinschaft mit seinen Mitarbeitern mit Hilfe von sächlichen oder immateriellen Mitteln arbeitstechnische Zwecke fortgesetzt verfolgt[139]. Damit wird zwar zur Kennzeichnung der Betriebseigenschaft maßgeblich darauf abgestellt, dass ein verfasstes Organisationsgefüge besteht. Für die Annahme eines Verbandes bedarf es jedoch mehr als nur der Existenz einer organisatorischen Einheit, nämlich der rechtlichen Voraussetzungen einer verbandsmäßigen Zusammenfassung[140]. Es fehlt beim Betrieb aber bereits an einem (freiwilligen) Zusammenschluss von Personen zur Erreichung eines gemeinsamen Zwecks, da der Arbeitgeber allein den Betriebszweck und die dazu aufgewendeten Mittel festlegt[141]. Der Arbeitnehmer mag typischer Weise auf seine Arbeit als wirtschaftliche Existenzgrundlage ebenso angewiesen sein, wie es der Arbeitgeber auf die Mitwirkung der Arbeitnehmer zur Erreichung wirtschaftlichen Erfolgs ist. Darin liegen jedoch nur die Besonderheiten des Arbeitsverhältnisses als beiderseitiger Erwerbsgrundlage. Dies reicht aber nicht aus, den vom Arbeitgeber mit der Betriebsführung verfolgten Zweck als gemeinsames Ziel der Arbeitsvertragsparteien anzusehen[142]. Vielmehr richtet sich das Interesse des Arbeitgebers darauf, das dem Betrieb zugeführte unternehmerische Kapital möglichst gewinnbringend einzusetzen. Die Arbeitnehmerschaft verfolgt vordringlich den Zweck einer steten Verbesserung ihrer Arbeitsbedingungen, insbesondere in Form einer Erhöhung der Arbeitsentgelte[143]. Die von den Vertretern der Verbandslehre vorgetragenen „Zwecke“ in Form der „Regelung der betrieblichen Angelegenheiten im Rahmen des Betriebsverfassungsgesetzes“[144] bzw. die „grundsätzliche Absicht (...), die zur Aufrechterhaltung der betrieblichen Arbeitsprozesse erforderlichen Bestimmungen zu treffen“[145] sind demgegenüber schon in ihrer Generalisierung nicht geeignet, einen gemeinsamen Zweck zu begründen. Sie sind lediglich Ausdruck des Zusammenwirkens divergierender Interessen innerhalb des Betriebes, das gemeinsame Regelungen erforderlich macht.

Das Arbeitsverhältnis bleibt damit ein zweiseitiges Austauschverhältnis, bei dem im Übrigen der einzelne Arbeitnehmer den vom Arbeitgeber mit dem Betrieb verfolgten arbeitstechnischen Zweck nicht einmal zu kennen braucht[146]. Ein extensives Verständnis bereits des Betriebes als Verband würde dagegen nahe legen, diese Argumentation auch auf andere Rechtsbeziehungen zu über-

---

[139] Vgl. nur BAG 29.5.1991 EzA § 4 BetrVG 1972 Nr. 6 (unter B.II.1. der Gründe); Richardi § 1 Rz. 17, jeweils m.w.N.

[140] Zu den Voraussetzungen des Bestehens eines Verbandes näher Teil 3 B. IV.2.c.cc.

[141] *Aksu* S. 47.

[142] *Senne* S. 110 f.; *Aksu* S. 47 f.

[143] *Konzen* Anm. zu BAG 5.12.1975 AP Nr. 1 zu § 87 BetrVG 1972 Betriebsbuße (unter I.1.a.); *Weber* S. 30 f.

[144] *Nebel* S. 86 u. 103.

[145] *Lambrich* S. 190.

[146] Vgl. *Zöllner* 25 Jahre BAG, 745 (753); *Aksu* S. 48.

tragen, die zur Erreichung wirtschaftlicher Ziele eingegangen werden. So könnte beispielsweise zwischen Produzenten und Verbrauchern ein ähnliches Zwecksetzungsverhältnis konstruiert werden, wie zwischen Arbeitgeber und Arbeitnehmer, da eine vergleichbare gegenseitige Angewiesenheit besteht[147]. Hierdurch lässt sich aber ebenso wenig ein Verband begründen, wie Käufer und Verkäufer oder Mieter und Vermieter nicht durch das Ziel, einen Kauf- bzw. Mietvertrag schließen und erfüllen zu wollen, zum Verband verfasst werden[148]. Auch Arbeitgeber und Arbeitnehmer bilden keinen „Betriebsverband" im Rechtssinne[149]. Dieser Ansatz vermag einen Verbandszweck, den Arbeitgeber und Arbeitnehmer gemeinsam verfolgen, ebenso wenig zu begründen. Der Zweck, den der Arbeitgeber mit der organisatorischen Einheit des Betriebes verfolgt, wird – wie soeben dargelegt – von ihm einseitig vorgegeben. Ein weiterführender gemeinsamer Zweck lässt sich auch nicht aus der Maxime des vertrauensvollen Zusammenarbeitens im Sinne des § 2 Abs. 1 BetrVG ableiten, da dieses Leitprinzip nur die grundsätzlich gegenläufigen Interessen der Betriebsparteien flankieren soll und damit nicht Ansatzpunkt für die Begründung eines Gesamtwillens sein kann[150]. Gerade in dieser Vorschrift kommt zum Ausdruck, dass die unterschiedlichen Zwecke und Interessen der am Betrieb Beteiligten eines kompromissgestützten Ausgleichs bedürfen[151]. Auch die Existenz der Einigungsstelle, das Verbot von Arbeitskämpfen und Handlungen, die den Arbeitsablauf und den Betriebsfrieden stören (§ 74 Abs. 2 BetrVG), sind nur vor dem Hintergrund gegenläufiger Interessen und drohender Konflikte verständlich[152].

Auch die gesetzliche Mitbestimmungsordnung ist bipolar aufgebaut und verfolgt lediglich den Ausgleich von Funktionsdefiziten im Arbeitsvertrag im Hinblick auf die Regelung betrieblicher Angelegenheiten[153]. Ein verbandsrechtlicher Zweck lässt sich deshalb auch auf die Beteiligungsrechte des Betriebsrates nicht stützen[154]. Diese dienen vielmehr dem Schutz der Privatautonomie des

---

[147] *Aksu* S. 48.

[148] *Senne* S. 112.

[149] So aber *Galperin* Das Arbeitsrecht der Gegenwart Bd. 1 (1964), 75 (78); *Nebel* S. 86 ff., 124 ff.; *Reuter* Verhandlungen, K 35 (39 ff.); *ders.* FS f. Schaub, 605 (627); *Ehmann/Lambrich* NZA 1996, 346 (351); *Lambrich* S. 183 ff.; *Lunk* S. 62 ff.

[150] *Söllner* RdA 1968, 437 (439); *Leinemann* Betriebs- und Unternehmensverfassung 1971, 49 (57); *Zöllner* 25 Jahre BAG, 745 (757); *Bracker* S. 58; GK-*Thiele* (4. Aufl.) Einl. Rz. 60 u. 83.

[151] Zu den divergierenden Interessen auch *Konzen* Anm. zu BAG 5.12.1975 AP Nr. 1 zu § 87 BetrVG 1972 Betriebsbuße (unter I.1.a.); *Zöllner* 25 Jahre BAG, 754 (756).

[152] *Weber* S. 34 f.; *Müller-Franken* S. 100.

[153] GK-*Thiele* (4. Aufl.) Einl. Rz. 83 u. § 77 Rz. 33.

[154] *Veit* S. 175 f; *Aksu* S. 58.

einzelnen Arbeitnehmers und sind nicht Ausdruck eines betrieblichen Zweckverhältnisses[155].
Arbeitgeber und Arbeitnehmer als verbandsrechtliche Einheit zu begreifen ist aber nicht nur mit der zweipoligen Struktur der Betriebsverfassung, sondern auch mit dem Charakter des Arbeitsvertrages als schuldrechtlichem Austauschverhältnis nicht zu vereinbaren[156]. Das Arbeitsleben unterliegt der rechtsgeschäftlichen Ordnung des Vertragsrechts, in deren Mittelpunkt das rechtsgeschäftliche Dienstleistungsversprechen des Arbeitnehmers steht[157]. Mit Abschluss des Arbeitsvertrages wird das Arbeitsverhältnis als Austauschbeziehung begründet. Sein Inhalt bestimmt sich zwar auch nach betriebsverfassungsrechtlichen Regelungen, regelt aber im Kern Rechte und Pflichten der Arbeitsvertragsparteien und enthält keine verbandsbezogenen Erklärungen wie etwa die „Wahl" des Arbeitgebers als Organ[158]. Auch wenn dem Arbeitnehmer bei Vertragschluss die Möglichkeit einer Gestaltung von Arbeitsbedingungen durch Betriebsvereinbarung bekannt sein mag[159], so kann darin nicht allein deswegen ein freiwilliger Unterwerfungsakt gesehen werden. Der Arbeitnehmer hat in der Regel weder die Wahl, noch den Willen, sich der Gestaltung seines Arbeitsverhältnisses mittels Betriebsvereinbarungen durch rechtsgeschäftliche Zustimmung zu unterwerfen, oder sich dieser Fremdwirkung später wieder zu entziehen[160].
Auch *Reuter* erkennt die im Arbeitsvertrag fehlende freiwillige Anerkennung eines Verbandsstatutes und räumt ein, dass für den Arbeitnehmer, anders als etwa für das Mitglied sonstiger Verbände, eine Kündigung als Reaktion auf eine Maßnahme des Verbandes, die seine Interessen verletzt, ausscheidet[161]. Diesen Unterschied meint *Reuter* dadurch überwinden zu können, dass er auf die Möglichkeit einer „inneren Kündigung" als das Machtmittel verweist, das den Arbeitgeber zur Rücksichtnahme zwingen würde[162]. Die „innere Kündigung" ist, selbst wenn man ihr Drohpotential ebenso optimistisch beurteilt wie *Reuter*[163], jedenfalls kein rechtliches Gestaltungsmittel. Sie vermag nichts an den von Ar-

---

155 *Veit* S. 175 f; *Belling* Haftung, S. 116 f.
156 *Fitting/Kaiser/Heither/Engels/Schmidt* § 77 Rz. 14; GK-*Kreutz* § 77 Rz. 36; *Veit* S. 175; vgl. auch *Hess/Schlochauer/Glaubitz* § 77 Rz. 6.
157 *Richardi* § 77 Rz. 68; *ders.* Gutachten, B 30 ff.; *Veit* S. 175 ff.; *Reichold* S. 541; *Rieble* S. 271 u. 426; *Picker* GS f. Knobbe-Keuk 879, 924 f.
158 *Veit* S. 177; *Senne* S. 113.
159 Darauf stellen *Ehmann/Lambrich* NZA 996, 346 (351) ab.
160 *Veit* S. 176. *Waltermann* S. 89; *Nebel* gesteht die fehlende Freiwilligkeit des Betriebsverbandes selbst ein, S. 57 u. 88. Ebenso *Schack* S. 193, der allerdings den gemeinsamen Zweck als „juristisches Tatbestandsmerkmal" ansieht, das von den Vorstellungen und Wertungen der Vertragsparteien unabhängig sein soll.
161 *Reuter* ZfA 1995, 1 (33).
162 *Reuter* ZfA 1995, 1 (33).
163 Dagegen *Hammer* S. 61.

beitgeber und Betriebsrat getroffenen Vereinbarungen zu ändern und kann daher mit der Kündigungsmöglichkeit eines echten Verbandsmitglieds unter keinem rechtlichen Gesichtspunkt verglichen werden.
Die Annahme eines Betriebsverbandes ist letztlich insgesamt mit der rechtsgeschäftlichen Struktur der Betriebsverfassung unvereinbar. Die gegen die Verbandslehre geäußerten Bedenken sind daher mehr als nur ein „konservatives Unbehagen gegenüber einem Vorstoß in juristisches Neuland“[164]. Durch die These der Verbandsorganisation der Betriebsverfassung werden tatsächlich-soziologische Erwägungen zu Unrecht zur Grundlage einer normativen Wertung gemacht[165].

d) Zwischenergebnis

Die inhaltliche Reichweite der Regelungskompetenz der Betriebspartner kann auch nicht auf eine mitgliedschaftliche Legitimation gestützt werden. Sämtliche verbandsrechtlichen Erklärungsmodelle sind mit der Struktur der gegenwärtigen Betriebsverfassung nicht zu vereinbaren.
Damit kann sich die Regelungsbefugnis der Betriebspartner beim Abschluss einer Regelungsabrede insgesamt nicht auf eine vorab erteilte Kompetenzeinräumung durch die Arbeitnehmer im Wege eines selbstbestimmten Unterwerfungsakts berufen. Hierfür stellt weder der Arbeitsvertrag, noch der Eintritt in den Betrieb, die Wahl des Betriebsrates, das Direktionsrecht des Arbeitgebers oder eine vermeintliche Verbandsverfassung auf Betriebsebene eine tragfähige Grundlage dar.

2. Der Arbeitnehmer als Regelungsurheber

Eine privatautonome Grundlage der Regelungsbefugnis der Betriebspartner kann sich aber dann ergeben, wenn der einzelne Arbeitnehmer beim Abschluss einer Regelungsabrede unmittelbar oder mittelbar beteiligt wäre, da der Abschluss dieser Vereinbarungen in diesem Fall auf den rechtsgeschäftlichen Willen des Einzelnen zurückgeführt werden könnte. *Kreutz* spricht insoweit plastisch von der „Regelungsurheberschaft“[166].

a) Unmittelbare Beteiligung der Arbeitnehmer bei Abschluss einer Regelungsabrede

Dies wäre zunächst der Fall, wenn der Abschluss einer Regelungsabrede unmittelbar durch eine eigene Handlung des Arbeitnehmers vollzogen würde[167]. Re-

---

[164] So aber *Galperin* Das Arbeitsrecht der Gegenwart Bd. 1 (1964), 75 (88).
[165] *Veit* S. 372; *Preis* S. 16.
[166] *Kreutz* Grenzen, S. 17.
[167] Für die Betriebsvereinbarung *Müller-Franken* S. 47.

gelungsabreden werden aber als privatrechtlicher Vertrag zwischen Betriebsrat und Arbeitgeber abgeschlossen[168]. Bereits nach der gesetzlichen Regelung in § 77 Abs. 2 S. 1 BetrVG werden jedenfalls Betriebsvereinbarungen „von Betriebsrat und Arbeitgeber gemeinsam" beschlossen. Dies ist bei er Regelungsabrede nicht anders. Der einzelne Arbeitnehmer wirkt also am Zustandekommen der Regelungsabrede nicht selbst durch eine eigene Handlung, die Anknüpfungspunkt einer privatautonomen Grundlage der Regelungsbefugnis sein könnte, mit.

Reichold hat diesen zunächst eindeutigen Befund im Rahmen der Erörterung der Betriebsvereinbarung für die Mitglieder des Betriebsrates eingeschränkt, da diese am Abschluss der jeweiligen Vereinbarung unmittelbar beteiligt seien[169]. Aus diesem Grund könne für die handelnden Betriebsratsmitglieder nicht von einer Fremdbestimmung gesprochen werden[170]. Mit diesem für die Betriebsvereinbarung begründeten Befund ließe sich aber auch die Regelungsbefugnis bei der Regelungsabrede für die Betriebsratsmitglieder privatautonom erklären.

Aus der Mitwirkung am Zustandekommen einer Vereinbarungen aber eine privatautonome Grundlage der Regelungskompetenz der Betriebspartner nur für die betreffenden Betriebsratsmitglieder zu konstruieren, verkennt aber die Aufgabenstellung des Betriebsrates. Diese Ansicht setzt voraus, dass der Betriebsrat bei Abschluss einer Vereinbarungen mit dem Arbeitgeber dazu aufgerufen ist, auch die privatautonome Besorgung eigener Angelegenheiten der Betriebsratsmitglieder wahrzunehmen. Dies ist jedoch nicht der Fall. Dem ist entgegen zu halten, dass die gesetzliche Zuweisung von Aufgaben an den Betriebsrat stets fremdnützig ausgestaltet ist[171]. Mit dieser Fremdnützigkeit wäre es aber unvereinbar, die Wahrnehmung der Privatautonomie der Betriebsratsmitglieder zum Gegenstand des Handelns des Betriebsrates zu machen[172]. Darüber hinaus bestehen Bedenken hinsichtlich der Einhaltung des arbeitsrechtlichen Gleichbehandlungsgebotes, wenn die Regelungsbefugnis der Betriebspartner für Teile der Belegschaft unterschiedlich erklärt wird[173]. Schließlich bildet der Betriebsrat seinen Willen nach dem Mehrheitsprinzip (§ 33 Abs. 1 S. 1 BetrVG), so dass auch für einzelne Betriebsratsmitglieder nie ausgeschlossen werden kann, dass sich der Abschluss einer Regelungsabrede gegen ihren Willen vollzieht. Von einer selbstbestimmten Regelung eigener Angelegenheiten kann aber für die überstimmten Mitglieder des Betriebsrates nicht gesprochen werden[174].

---

[168] Oben Teil 2 A. II.
[169] *Reichold* S. 511.
[170] *Reichold* S. 511.
[171] *Miersch* S. 114; *Konzen* ZfA 1985, 469 (482); *Richardi* Einl. Rz. 100
[172] *Aksu* S. 30.
[173] *Müller-Franken* S. 48; *Aksu* S. 30.
[174] *Kirchhof* S. 87; *Müller-Franken* S. 48.

b) Die Wahrnehmung von Mitwirkungsrechten der Arbeitnehmer durch den Betriebsrat

Eine umfassende Regelungsbefugnis der Betriebspartner bei Abschluss einer Regelungsabrede zur Gestaltung materieller Arbeitsbedingungen kann also nicht darauf gegründet werden, dass der einzelne Arbeitnehmer den Abschluss dieser Vereinbarung durch eine eigene Handlung herbeiführt. Mit dem Befund, dass Arbeitgeber und Betriebsrat jede Regelungsabrede gemeinsam abschließen, ist aber noch nicht gesagt, dass der Betriebsrat auch selber Partei und damit Zuordnungsobjekt der jeweiligen Vereinbarungen wird. Es wäre möglich, dass diese Rechtsstellung den einzelnen Arbeitnehmern oder der Belegschaft insgesamt zukommt. Damit stellt sich auch für die Kompetenz der Betriebspartner bei der Regelungsabrede die von *Kreutz* für die Betriebsvereinbarung formulierte Frage, ob „Regelungsurheber und Regelungsadressat" bei Abschluss der Vereinbarung identisch sind[175]. Wenn der einzelne Arbeitnehmer, obwohl nicht an ihrem Abschluss beteiligt, Partei der Regelungsabrede wäre, dann läge darin ein Akt der Selbstbindung des einzelnen Arbeitnehmers, da der Inhalt der Vereinbarung mittelbar auf seine autonome Rechtsstellung gegründet wäre[176]. Dies wäre ein Ansatzpunkt für eine durch eine kollektiv ausgeübte Privatautonomie umfassende Regelungsbefugnis der Betriebspartner.

Geht man dagegen davon aus, dass die Belegschaft als Gesamtheit der Arbeitnehmer Partei und Regelungsadressat der Regelungsabrede ist, ist zweifelhaft, ob noch von einer Selbstbestimmung der Arbeitnehmer ausgegangen werden kann. Jedenfalls dann, wenn der Betriebsrat selber als Partei der Regelungsabrede anzusehen ist, kann die Regelungsbefugnis der Betriebspartner unter keinem Gesichtspunkt mehr auf eine individuelle Selbstbestimmung des einzelnen Arbeitnehmers zurückgeführt und daher als kollektive Ausübung von Privatautonomie verstanden werden.

Gegen die Relevanz dieser Fragestellung wird angeführt, die Belegschaft „als solche" sei nicht handlungsfähig, so dass nur über eine Zurechnung des Handelns des Betriebsrates nachgedacht werden könnte[177]. Damit stünde aber bereits fest, dass kein individuell zurechenbarer Akt der Privatautonomie des einzelnen Arbeitnehmers vorliegen könne. Entscheidend sei allein, dass die Beteiligungsrechte jedenfalls nicht von den Arbeitnehmern unmittelbar wahrgenommen würden[178].

Diese Auffassung verkürzt aber die Reichweite der Privatautonomie auf Bereiche des aktiven Eigenhandelns und setzt den Abschluss der Regelungsabrede

---

[175] *Kreutz* Grenzen, S. 17; vgl. auch *Veit* S. 112.

[176] Für die Betriebsvereinbarung *Veit* S. 112; *Kreutz* Grenzen, S. 17; in diesem Sinn auch *Jacobi* S. 295.

[177] *Müller-Franken* S. 50.

[178] *Aksu* S. 31; *Müller-Franken* S. 50.

mit der Rechtsinhaberschaft gleich. Wenn die Beteiligungsrechte dem einzelnen Arbeitnehmer zugeordnet werden müssen, wäre aber – ungeachtet der fehlenden aktiven Beteiligung am Abschluss der Regelungsabrede – eine privatautonome Grundlage der Regelungsbefugnis der Betriebspartner möglich[179]. Eine privatautonome Grundlage kann daher nicht allein deswegen verneint werden, weil der einzelne Arbeitnehmer am Abschluss der Regelungsabrede unbeteiligt ist.
Die Frage der Begründung einer umfassenden Regelungsbefugnis der Betriebspartner anhand einer kollektiven Ausübung von Privatautonomie hängt also entscheidend von der Parteistellung bei Abschluss einer Regelungsabrede und damit von der Zuordnung der Mitwirkungs- und Beteiligungsrechte des BetrVG ab. Mit der Frage nach der Trägerschaft der Mitwirkungsrechte ist die Problematik der rechtlichen Stellung des Betriebsrates im Verhältnis zum einzelnen Arbeitnehmer und zur Belegschaft verknüpft. Entgegen vereinzelt geäußerten Bedenken[180] ist daher die Wechselwirkung der Stellung des Betriebsrates und seiner Zuständigkeiten durchaus klärungsbedürftig[181].

aa) Die funktionsbezogene Betrachtungsweise

Die Zuordnung der Mitwirkungsrechte unbeachtet lässt lediglich die funktionsbezogene Betrachtungsweise der Stellung des Betriebsrates durch *Nikisch*. Er war der Ansicht, dass der Betriebsrat lediglich eine ihm durch das BetrVG zugewiesene Funktion ausübt, aber weder eigene Rechte noch solche der Arbeitnehmer wahrnimmt[182]. Im BetrVG sah Nikisch ein reines Organisationsgesetz, das der Tätigkeit der Betriebsräte nur einen funktionellen Rahmen gebe, in dem es Bildung, Zusammensetzung, Geschäftsführung und auch Tätigwerden festlege[183]. Danach erschöpfe sich die Bedeutung der Beteiligungsrechte in einer reinen Beschreibung von Funktionen, ihre Zuordnung zu einem Rechtsträger sei entbehrlich, da sie weder als eigene Rechte wahrgenommen werden könnten noch ihre Verletzung Rechtsfolgen auf Seiten der Beteiligten auslöse[184]. Eine privatautonome Grundlage der Regelungsbefugnis von Betriebsrat und Arbeitgeber bei Abschluss einer Regelungsabrede durch eine Zuweisung zur Selbstbestimmung der Arbeitnehmer lässt sich nach diesem Ansatz nicht begründen.
Diese Ansicht verengt jedoch durch den Ausschluss materiell-rechtlicher Bezugspunkte die Bedeutung der Beteiligungsrechte ohne die damit verbundenen

---

[179] So, für die Betriebsvereinbarung, *Veit* S. 112, unter Verweis auf *Jacobi* S. 295.
[180] *Heinze* ZfA 1988, 53 (56 u. 62); *Zöllner/Loritz* § 45 III 1; GK-*Kraft* § 1 Rz. 49 u. 53.
[181] *Veit* S. 112 f.
[182] *Nikisch* Bd. III, S. 342.
[183] *Nikisch* RdA 1964, 305 (307); *ders.* Bd. III S. 342.
[184] *Nikisch* Bd. III, S. 18 unter Verweis auf die Sicherung der Gesetzeseinhaltung durch mögliche Sanktionen in Form der Anordnung der Unwirksamkeit oder von strafrechtlichen Folgen.

Fragen abschließend zu beantworten[185]. So wird insbesondere der Zweck der Mitwirkung des Betriebsrates, die Arbeitnehmer über ihre Repräsentanten an der Betriebsführung zu beteiligen[186], nicht berücksichtigt. Die Beteiligungsrechte der betrieblichen Vertretungen sind nicht Selbstzweck oder der Selbstverwirklichung ihrer Repräsentanten zu dienen bestimmt, wie es eine rein funktionsbezogene Sichtweise nahe legen würde[187]. Des Weiteren geht das BetrVG nicht nur von einer reinen Funktionsumschreibung aus, wenn es beispielsweise Anhörungs- und Informationsrechte oder die auf den Betriebsrat als Rechtssubjekt zugeschnittenen Sanktionsmöglichkeiten in § 23 Abs. 1 und 3 statuiert[188]. Gegen einen rein im Sinne einer Aufgabenzuweisung verstandenen Ansatz spricht auch, dass dadurch der Umfang der dem Betriebsrat eingeräumten Regelungskompetenz von der weit gehend beliebigen Ausformung des Funktionsbegriffs abhängig wäre[189].
Es ist stattdessen für eine zutreffende Einordnung unentbehrlich, zwischen der Funktion des Betriebsrates, die in einer Generalzuweisung zum Tätigwerden zur Beteiligung und zum Wohl der Arbeitnehmer im Sinne des § 2 Abs. 1 BetrVG bestehen kann und den ihm dazu eingeräumten subjektiven Rechten auch in Form von Eingriffsbefugnissen zu trennen. Mit einer „Allzuständigkeit" zur Funktionsausübung ist nämlich noch nicht dargetan, dass auch eine umfassende Eingriffsbefugnis zur Erfüllung dieser Funktion besteht[190]. Die Sicht von Nikisch greift daher zu kurz.

bb) Die einzelnen Arbeitnehmer als Träger der Mitwirkungsrechte

Unter Trennung der Rechtsinhaberschaft von der Befugnis zur Rechtsausübung wurden in frühen Stellungnahmen die Beteiligungsrechte der Betriebsverfassung als originäre Rechte der einzelnen Arbeitnehmer angesehen[191], die ihnen allerdings ausschließlich zur gemeinsamen Ausübung eingeräumt würden[192]. Die Mitbestimmung des Betriebsrates sei daher lediglich von den einzelnen Arbeitnehmern abgeleitet und werde für diese ausgeübt[193]. Dieser gedankliche Ansatz war auch Grundlage dafür, den Betriebsrat als gesetzlichen Vertreter für die Ausübung der Mitbestimmungsrechte des Einzelnen anzusehen, dem zur Aus-

---

[185] Zur Kritik an *Nikisch* eingehend *Veit* S. 115 ff.
[186] GK-*Wiese* Einl. Rz. 78 f.; *Richardi* NZA 1988, 673 (675).
[187] GK-*Wiese* (6. Aufl.) Einl. Rz. 49; *ders.* ZfA 1989, 645 (650).
[188] *Hueck/Nipperdey/Säcker* II/2 S. 1085.
[189] *Kraft* ZfA 1983, 171 (174).
[190] *Richardi* FG f. Lübtow, 755 (756 f.); *Veit* S. 117 f.; *Hess/Schlochauer/Glaubitz* § 87 Rz. 40.
[191] *Hueck/Nipperdey/Säcker* II/2 S. 1085; *Jacobi* S. 295 f.; *Schnorr von Carolsfeld* S. 414. Dazu ausführlich und m.w.N. *Veit* S. 118 ff.
[192] GK-*Thiele* (4. Aufl.) Einl. Rz. 70 f.; vgl. auch *Belling* Haftung, S. 115 ff.
[193] *Hueck/Nipperdey/Säcker* II/2 S. 1085; *Weitnauer* FS f. Duden, 705 (709).

übung dieses Amtes wiederum eigene Rechte und Pflichten zugewiesen seien[194]. In eine ähnliche Richtung geht es, wenn man den Betriebsrat dazu berufen sieht, die tatsächlichen und rechtlichen Mängel in der Handlungs- und Vertragsfreiheit der Arbeitnehmer auszugleichen und ihn als Sachwalter, vergleichbar einem gesetzlichen Vertreter oder privaten Amtsträger ansieht[195]. Unabhängig von der Schlüssigkeit dieser Überlegungen unter der Geltung des BRG und des BetrVG 1952[196] ist mittlerweile anerkannt, dass jedenfalls unter der Geltung des BetrVG 1972 der Betriebsrat die Mitwirkungsrechte zwar im Interesse der Arbeitnehmer aber im eigenen Namen ausübt[197]. Daher kommt eine gesetzliche Stellvertretung, die ein Handeln im Namen der Arbeitnehmer voraussetzen würde, nicht in Betracht.
Andere Autoren, die von einer Zuordnung der Mitwirkungsrechte zu den einzelnen Arbeitnehmern ausgehen, sehen den Betriebsrat deshalb als Repräsentanten der Arbeitnehmer an und bezeichneten ihn als Amtswalter in einer ähnlichen Funktion wie ein Testamentsvollstrecker, Vormund oder Pfleger bzw. sonstiger Vermögensverwalter[198]. Auf diese Weise wird die Regelungszuständigkeit des Betriebsrates wiederum durch den erst auf diese Weise möglichen Ausgleich der tatsächlichen und rechtlichen Mängel in der Wahrnehmung der Eigenzuständigkeit der Arbeitnehmer begründet, allerdings ohne ein Handeln im Namen der Arbeitnehmer vorauszusetzen[199].
In diese Richtung geht auch die Auffassung von *Belling*, der ebenfalls den einzelnen Arbeitnehmer als Träger der Mitwirkungsrechte ansieht und dem Betriebsrat die Zuständigkeit zur Wahrnehmung dieser Rechte und diesbezüglich auch Rechtsfähigkeit einräumt[200]. Belling beschreibt mit seinem Ansatz „die Verbindung von individueller Rechtsträgerschaft mit kollektiver Rechtsausübung“[201] und begründet dies mit einer streng individualrechtlichen Sichtweise[202]. Der Schutz der Arbeitnehmer müsse Grundlage und Ausgangspunkt der Zuordnung der Beteiligungsrechte sein. Auf dieser Basis nehme der Betriebsrat

194 *Kaskel/Dersch* § 52 II 2; *Jacobi* S. 297 u. 350; *Sinzheimer* S. 219.
195 GK-*Thiele* (4. Aufl.) Einl. Rz. 56.
196 Auf den jeweiligen Gesetzeswortlaut beriefen sich insbesondere *Jacobi* S. 297 und *Hueck/Nipperdey* II/1 S. 483 f.
197 *Richardi* Einl. Rz. 100; *Miersch* S. 114; *Konzen* ZfA 1985, 469 (482). Vgl. auch bereits oben unter Teil 3 B. IV. 2.
198 *Hueck/Nipperdey/Säcker* II/2 S. 1093; vgl. auch *Richardi* Einl. Rz. 100; *Nikisch* Bd. III, S. 19.
199 GK-*Thiele* (4. Aufl.) Einl. Rz. 56 ff.; *Hueck/Nipperdey/Säcker* II/2 S. 1093.
200 *Belling* Haftung, S. 116. Dazu ausführlich *Veit* S. 121 ff.
201 *Belling* Haftung, S. 119.
202 *Belling* Haftung, S. 116

die Rechte der Arbeitnehmer lediglich treuhänderisch und im Rahmen einer gesetzlichen Sonderbeziehung zu den einzelnen Arbeitnehmern wahr[203].
Auch diesen Ansätzen ist jedoch entgegen zu halten, dass sie den Zweck der Beteiligungsrechte unzutreffend einordnen. Der Grundgedanke der Mitwirkung des Betriebsrates, die Arbeitnehmer in demokratischer Weise an der Betriebsführung zu beteiligen und insbesondere ihre grundrechtliche Selbstbestimmung zu schützen[204], schließt es aus, eine behauptete Eigenzuständigkeit der Arbeitnehmer durch eine Wahrnehmung des Betriebsrates zu ersetzen[205]. Die Einordnung des Betriebsrates als gesetzlicher Vertreter, Sachwalter oder sonst zur Rechtswahrnehmung Berufenem liefe letztlich auf eine „Vormundschaft über Mündige"[206] hinaus, die im BetrVG keine Stütze findet[207]. Anders als es bei der Testamentsvollstreckung oder Vormundschaft der Fall ist, geht es bei den Beteiligungsrechten nicht darum, Mängel in der Selbstwahrnehmung durch Fremdbestimmung zu ersetzen, sondern darum, die Privatautonomie der Arbeitnehmer durch gleichberechtigte Teilhabe zu ergänzen[208]. Dementsprechend heißt es auch im Bericht der Mitbestimmungskommission im Rahmen der Vorarbeiten des BetrVG 1972, es gehe um die „Grundsätze der Selbstbestimmung, der Achtung vor der Würde des Menschen und den Ausgleich oder den Abbau einseitiger Machtstellungen durch Kooperation der Beteiligten und die Mitwirkung an Entscheidungen durch die von der Entscheidung Betroffenen"[209].
Der Einordnung der Beteiligungsrechte als subjektive Rechte der einzelnen Arbeitnehmer kann aber auch aufgrund ihres kollektiven Charakters nicht gefolgt werden[210]. Der einzelne Arbeitnehmer hat keinen eigenständigen Anteil an den Beteiligungsrechten[211]. Weder ist der Einzelne dispositionsbefugt, noch lässt sich ein nach diesem Ansatz notwendiger Einfluss der einzelnen Arbeitnehmer auf den Abschluss von Vereinbarungen über betriebsverfassungsrechtliche Fragen zwischen Arbeitgeber und Betriebsrat erkennen[212]. Zwar gibt es Mitwirkungsrechte, die ausdrücklich dem einzelnen Arbeitnehmer zugewiesen sind

---

203 *Belling* Haftung, S. 114 ff. Für die Einordnung des Betriebsrates als Treuhänder auch *Heinze* FS f. Gaul, 305 (320), der allerdings die Beteiligungsrechte der Belegschaft zuordnet.
204 BAG 13.3.1973 AP Nr. 1 zu § 87 BetrVG 1972 Werkmietwohnungen (unter B.1. der Gründe); BAG 4.7.1989 AP Nr. 20 zu § 87 BetrVG 1972 Tarifvorrang (unter B.II.2.a. der Gründe); *Veit* S. 120; GK-*Wiese* Einl. Rz. 78 f.; *Richardi* NZA 1988, 673 (675).
205 *Kreutz* Grenzen, S. 163; *Veit* S. 120 m.w.N.
206 Vgl. *Säcker* Gruppenautonomie, S. 247.
207 *Müller-Franken* S. 54.
208 BAG GS 3.12.1991 AP Nr. 51 zu § 87 BetrVG 1972 (unter C.II.1.a. der Gründe); *Veit* S. 120; *Richardi* Einl. Rz. 103; *Kreutz* Grenzen, S. 163.
209 BT-Drucks. VI/334, S. 65.
210 *Richardi* Kollektivgewalt, S. 232; *Nikisch* Bd. III S. 16 u. 340 f.
211 GK-*Thiele* (4. Aufl.), Einl. Rz. 70.
212 *Veit* S. 121 m.w.N.

(§§ 81 bis 86 BetrVG), gerade deren Existenz legt jedoch nahe, dass die übrigen Beteiligungsrechte nicht dem Einzelnen zugeordnet werden können[213].

cc) Die Belegschaft als Trägerin der Mitwirkungsrechte

Angesichts der dargestellten Probleme bei der Einordnung der Beteiligungsrechte als Rechte der einzelnen Arbeitnehmer werden diese häufig der Belegschaft als Personengesamtheit zugewiesen[214]. Der Betriebsrat handelt danach bei Abschluss einer Betriebsvereinbarung im eigenen Namen[215] und wird daher als Organ der Betriebsverfassung[216], der Belegschaft[217] bzw. des Belegschaftsverbandes[218] oder als gesetzlicher Verwalter (bzw. Vertreter) der Belegschaft sui generis[219] bezeichnet. Dieser Auffassung liegt der Gedanke zu Grunde, dass der Betriebsrat die Belegschaft repräsentiert[220].
Ein nach diesem Sinne verstandenes Organ der Belegschaft kann der Betriebsrat aber nur dann sein, wenn man der Belegschaft jedenfalls in Hinblick auf die Trägerschaft der Mitwirkungsrechte Rechtsfähigkeit zuerkennt[221] und den Betriebsrat nur zur Rechtsausübung berechtigt sieht[222]. Ob der Belegschaft eine solche Rechtsfähigkeit zukommt, ist umstritten.

(1) Die These von der Rechtsfähigkeit der Belegschaft

Der Begriff „Belegschaft" ist im BetrVG nur in § 80 Abs. 1 Nr. 2 und in § 111 Abs. 1 S. 1 erwähnt. Er erhält dort aber keine eigenständige Bedeutung, sondern ersetzt lediglich die sonst im Gesetz gewählte Bezeichnung „die Arbeitneh-

---

213 Diesen Umkehrschluss zieht *Kreutz* Grenzen, S. 30; vgl. auch *Veit* S. 121.
214 BAG 27.6.1989 EzA § 42 BetrVG 1972 Nr. 4 (unter B.II.2.b.aa. der Gründe); GK-*Thiele* (4. Aufl.) Einl. Rz. 52; *Fabricius* S. 232; *Dietz* § 1 Rz. 23; *Konzen* S. 32; *Nebel* S. 104; *Galperin/Löwisch* vor § 1 Rz. 19; *Heinze* FS f. Gaul, 305 (320). Bereits zu Zeiten des Betriebsrätegesetzes von 1920: *Kaskel* S. 174 f.; *ders.* NZfAR 1921, Sp. 11 (14 f.); auch noch *Kaskel/Dersch* (4. Aufl.), S. 329; *Mansfeld* BRG, 3. Auflage, Vor § 1 Rz. 2.
215 BAG 27.6.1989 EzA § 42 BetrVG 1972 Nr. 4 (unter B.II.2.b.aa. der Gründe)
216 *Galperin/Löwisch* vor § 1 Rz. 19.
217 *Fitting/Kaiser/Heither/Engels/Schmidt* § 1 Rz. 197.
218 *Kunze* FS f. Schilling, 333 (340).
219 *Hess/Schlochauer/Glaubitz* vor § 1 Rz. 24; *Neumann-Duesberg* S. 234 ff.
220 Zur Idee der Repräsentation *Söllner* § 20 I 1; *Richardi* Einl. Rz. 99; *Veit* S. 126 ff. Der Idee der Repräsentation in der Betriebsverfassung steht dabei nicht entgegen, dass es sich dabei um ein konstitutionelles Strukturprinzip des Staatsrechts handelt (so aber GK-*Thiele* (4. Aufl.) Einl. Rz. 81; *Reichold* S. 549), da es nur auf die Begründung des Betriebsratsamtes aufgrund einer Wahl durch die Belegschaft ankommt, *Richardi* Einl. Rz. 99; *Hueck/Nipperdey/Säcker* II/2 S. 1086.
221 So ausdrücklich *Fabricius* S. 232; zu dieser Prämisse *Veit* S. 125.
222 *Kaskel* S. 290.

mer"[223], so dass hieraus keine Rückschlüsse hinsichtlich ihrer Rechtsfähigkeit gezogen werden können.
Von den Autoren, welche die Trägerschaft der Mitwirkungsrechte unzutreffender Weise den einzelnen Arbeitnehmern zusprechen[224], wird die Frage der Rechtsnatur der Belegschaft unterschiedlich beurteilt. Einige gehen davon aus, dass die Arbeitnehmer als Rechtsträger in ihrer Gesamtheit lediglich eine gemeinschaftsverbundene Personenvielfalt[225] oder eine schlichte Rechtsgemeinschaft[226] sind. Andere bejahen dagegen eine Rechtsgemeinschaft im Sinne der §§ 741 ff BGB[227] bzw. eine Gesamthandsgemeinschaft[228] mit der entsprechenden Rechtssubjektivität.
Auch Vertreter des Teils der Literatur, der die Belegschaft als Träger der Mitwirkungsrechte ansieht, bejahen eine Teilrechtsfähigkeit der Belegschaft. Bereits frühzeitig ging *Kaskel*[229] davon aus, die Belegschaft sei als juristische Teilperson und als Träger der Mitbestimmungsrechte selbst teilrechtsfähig[230].
Diese Lehre ist von *Dietz* aufgegriffen worden, der in der Belegschaft einen öffentlich-rechtlichen, da von Gesetz wegen gebildeten Verband sah[231]. Der Verbandsgedanke findet sich auch dergestalt, dass wegen des Kollektivbezugs der Mitwirkungsrechte die Belegschaft einen mit ausschließlich betriebsverfassungsrechtlichen Befugnissen ausgestatteten Verband sui generis darstellen soll[232]. Die jeweiligen Vertreter des Verbandsgedankens nehmen ähnlich wie die Lehre von der juristischen Teilperson eine beschränkte Rechtsfähigkeit des Belegschaftsverbandes an[233].

(2) Grundsätzliche Bedenken

Wie bereits oben gezeigt, trifft es nicht zu, dass die Mitbestimmungsrechte des BetrVG Individualrechte der Arbeitnehmer sind, sie haben ausschließlich einen

---

223 *Däubler/Kittner/Klebe* Einl. Rz. 92; GK-*Kraft* § 1 Rz. 39.
224 Dazu oben Teil 3 B. I. 2.b.bb.
225 *Jacobi* S. 296.
226 *Hueck/Nipperdey* (6. Aufl.) II, S. 687.
227 *Weitnauer* FS f. Duden, 705 (706 u. 715).
228 *Schnorr von Carolsfeld* S. 414.
229 *Kaskel* S. 174 f.; *ders.* NZfAR 1921, Sp. 11 (14 f.).
230 *Mansfeld* BRG, 3. Auflage, Vor § 1 Rz. 2; auch noch *Kaskel/Dersch* (4. Aufl.), S. 329, vgl. auch *Reichold* S. 305.
231 *Dietz* DB 1952, 969 (971); ihm folgend *Nebel* S. 86; *Senne* S. 124 ff.; vgl. auch *Fabricius* S. 232 ff. Er sieht in der Belegschaft einen teilrechtsfähigen Verband, weil die Annahme eines individualrechtlichen Mitbestimmungsrechtes eine Fiktion darstelle, GK- *Fabricius* (6. Aufl.) Vor § 42 Rz. 17.
232 *Siebert* BB 1952, 832 (833); *Galperin* Das Arbeitsrecht der Gegenwart Bd. 1 (1964), S. 75 (85); *Gester* Belegschaft und Betriebsrat, S. 58 f.
233 Vgl. nur *Galperin* Das Arbeitsrecht der Gegenwart Bd. 1 (1964), S. 75 (85).

kollektiven Bezug[234]. Der einzelne Arbeitnehmer hat keinen eigenständigen Anteil an den Beteiligungsrechten[235], daher können die Arbeitnehmer auch nicht auf dieser Grundlage zu einer Rechtsgemeinschaft zur Ausübung der Beteiligungsrechte verfasst sein[236].
Aber auch für die Anerkennung einer (Teil-)Rechtsfähigkeit der Belegschaft als Rechtsinhaberin der Mitwirkungsrechte fehlt jeglicher Anhaltspunkt im Gesetz[237]. Die Zuweisung der Rechtsfähigkeit an die Belegschaft zur Ausübung des Mitbestimmungsrechts ist für sich genommen ohne weiteren Erklärungswert[238].

(3) Fehlende Existenz eines Belegschaftsverbandes

Eine Grundlage für eine Rechtsfähigkeit der Belegschaft lässt sich auch nicht im Verbandsgedanken finden. Hierfür müsste die Belegschaft die bereits oben genannten Merkmale eines Verbandes aufweisen[239] und eine entsprechend verselbständigte Organisationseinheit auf der Basis eines freiwilligen Zusammenschlusses zur Erreichung eines bestimmten Zwecks mit eigener Satzungsgewalt und eigenen Organen darstellen.[240].
Die Belegschaft erfüllt diese Voraussetzungen einer Verbandsorganisation nicht[241]. Begründung, Ausgestaltung und auch Auflösung des privaten Verbandes sowie der Ein- oder Austritt und die Ausübung der Mitgliedschaftsrechte beruhen stets auf einem privatautonomen Akt[242]. Es fehlt aber bereits an einem solchen Begründungsakt für die Schaffung eines Belegschaftsverbandes. Zwar wird teilweise der Arbeitsvertrag als freiwilliger Beitrittsakt gesehen[243]. Unabhängig davon, ob im Abschluss eines Arbeitsvertrages mehr gesehen werden kann, als die Begründung eines zweiseitigen Schuldverhältnisses zwischen Arbeitgeber und Arbeitnehmer[244], darf dieser Akt jedenfalls bereits deswegen nicht als Beitrittsakt zu einem Belegschaftsverband verstanden werden, weil daran der Arbeitgeber beteiligt ist und nicht ausschließlich die Belegschaftsangehöri-

---

234 *Richardi* Kollektivgewalt, S. 232; *Nikisch* Bd. III S. 16 u. 340 f.; oben Teil 3 B. IV. 2.b.
235 GK-*Thiele* (4. Aufl.) Einl. Rz. 70.
236 *Richardi* Einl. Rz. 91.
237 *Nikisch* Bd. III, S. 15 f.
238 *Jacobi* S. 292 f.; *Richardi* Einl. Rz. 89.
239 Dazu bereits in Teil 3 B. I. 1.c.
240 *Wiedemann* Gesellschaftsrecht S. 90 f.; *Larenz* AT S. 149; *Galperin* RdA 1959, 321 (324 f.); *Nebel* S. 55.
241 *Veit* S. 125 f; *Neumann-Duesberg* S. 200.
242 *Lunk* S. 62.
243 *Kessal-Wulf* S. 321 ff.; ähnlich *Adomeit* Gesellschaftliche Elemente, S. 7 ff.; *ders.* Arbeitsrecht für die 90er Jahre, S. 5 ff.; *Schack* S. 21 ff. u. 191 ff.
244 Dazu bereits Teil 3 B. I. 1. a.

gen. Damit bliebe nur, die Einrichtung eines Betriebsrates bzw. seine erstmalige Wahl als verbandlichen Begründungsakt zu erfassen[245].
Dem ist jedoch entgegen zu halten, dass zum Einen auch eine Gewerkschaft das Verfahren zur Einrichtung eines Betriebsrates in Gang setzen kann (§ 17 Abs. 3 und 4 BetrVG) und zum Anderen mit dieser Wahl nicht die Begründung eines Verbandes bezweckt, sondern nur die Voraussetzung zur Wahrnehmung der Mitwirkungsrechte geschaffen wird[246]. Selbst wenn man im Betriebsrat das Organ eines Verbandes sehen will, so ist zu beachten, dass die Wahl eines Organs stets einen bereits existierenden Verband voraus setzt, der nicht erst durch diese Wahl begründet werden kann[247]. Darüber hinaus kann von einem privatautonomen Begründungsakt durch die Einrichtung eines Betriebsrates auch deshalb nicht gesprochen werden, weil der einzelne Arbeitnehmer unabhängig von seiner Teilnahme an der Wahl ohne Berücksichtigung seines Willens von der Betriebsverfassung erfasst wird[248]. Ein privatautonomer Gründungsakt lässt sich daher ebenso wenig feststellen, wie eine freiwillige Mitgliedschaft.
Auch wird durch die Belegschaft kein eigenständiger verbandsbegründender Zweck verfolgt. Dieser wird zwar zum Teil in der Verwirklichung und Durchführung der durch das BetrVG vorgesehenen Mitwirkungsbefugnisse gesehen[249]. Dabei wird aber übersehen, dass der Verbandszweck als wesentliches Strukturmerkmal des privatrechtlichen Personenverbandes der privatautonomen Gestaltung der Verbandsmitglieder unterliegt[250]. Die Mitwirkungsrechte des BetrVG sind aber nach Inhalt und Reichweite durch das Gesetz vorgegeben und der Dispositionsbefugnis der Belegschaft nicht zugänglich[251]. Somit fehlt es insgesamt an den privatautonomen Gestaltungsvoraussetzungen eines Belegschaftsverbandes.
Es existiert auch kein eigener Name, unter dem der Belegschaftsverband im Rechtsverkehr auftreten könnte[252]. Dem behaupteten Belegschaftsverband fehlt darüber hinaus eine Satzung und ein Satzungsrecht in eigenen Angelegenheiten.

---

245 Dafür *Nebel* S. 56; vgl. auch *Lunk* S. 64 u. 73.
246 *Aksu* S. 50 f.
247 *Kreutz* Grenzen S. 72; *Leinemann* Betriebs- und Unternehmensverfassung 1971, 145 (153).
248 *Aksu* S. 51.
249 *Nebel* S. 58; *Lunk* S. 69; *Leinemann* Betriebs- und Unternehmensverfassung 1971, 145 (155).
250 *Wiedemann* Gesellschaftsrecht, S. 8; *Aksu* S. 52.
251 *Konzen* ZfA 1985, 469 (484); dies erkennt auch *Nebel* S. 58, der unzutreffender Weise auf einen Vergleich zum genossenschaftlichen Prüfungsverband abstellt, dem sein Prüfungszweck auch vorgegeben sei. Der Prüfungsverband kann sich aber im Gegensatz zur abschließenden Ausgestaltung der Mitwirkungsrechte des BetrVG weitere Zwecke setzen (§ 63b Abs. 4 S. 1 GenG), *Meyer/Meulenbergh/Beuthien* § 63b Rz. 4 f.; *Müller-Franken* S. 90 f.
252 *Müller-Franken* S. 80; *Aksu* S. 52 f.

Zum Teil wird zwar das BetrVG als Satzung der Belegschaft angesehen[253], dem kann jedoch nicht gefolgt werden. Das BetrVG ist als Gesetz der Betriebsverfassung vorgegeben und ist weder der selbstbestimmten Disposition der Betriebspartner, noch der Belegschaft zugänglich. Damit kann im BetrVG aber keine verbandsautonome Satzung gesehen werden[254]. Die Belegschaft ist ebenfalls nicht in der Lage, sich eine Geschäftsordnung zu geben[255]. Der Belegschaft steht somit unter keinem Gesichtspunkt ein Satzungsrecht in eigenen Angelegenheiten zu[256].

Weitere konstitutive Voraussetzungen eines Personenverbandes sind die Bildung eines Gesamtwillens und die Teilnahme am Rechtsverkehr durch ein Organ[257]. Es ist aber auch kein Organ der Belegschaft ersichtlich, durch das sie in diesem Sinne handlungsfähig würde. In einem Verband steht die Gesamtwillensbildung der Mitgliederversammlung als einzig autonomem Organ zu[258]. Daher wäre hier zunächst an die Betriebsversammlung gemäß §§ 42 ff BetrVG zu denken. Gegen eine solche Einordnung der Betriebsversammlung als Organ eines Belegschaftsverbandes spricht bereits deren gesetzliche Ausgestaltung. Der Zweck einer Betriebsversammlung im Sinne der §§ 42 ff BetrVG besteht ausschließlich in der Aussprache, Unterrichtung und Verständigung zwischen Betriebsrat und Arbeitnehmerschaft (§§ 43 Abs. 1 S. 1, 45 S. 1 BetrVG), sowie der Entgegennahme des Geschäftsberichts des Arbeitgebers (§ 43 Abs. 2 BetrVG). Das gilt unabhängig davon, ob es sich um eine regelmäßige Betriebsversammlung gemäß § 43 Abs. 1 BetrVG oder um eine sonstige[259] Betriebsversammlung (§§ 43 Abs. 3, 44 Abs. 2 BetrVG) handelt. In diesem Rahmen kann die Belegschaft weder zwingenden Einfluss auf den Betriebsrat nehmen[260] noch kann die Betriebsversammlung Vertretungsmacht gegenüber dem Arbeitgeber geltend machen. Die Gesamtheit der Arbeitnehmerschaft kann auf einer Betriebsversammlung keine rechtsgeschäftlichen Erklärungen abgeben, geschweige denn eine Vereinbarung mit dem Arbeitgeber schließen[261]. Zulässig und gesetzlich vorgesehen sind lediglich unverbindliche Anträge und Stellungnahmen der Betriebsversammlung gegenüber dem Betriebsrat gemäß § 45 S. 2 BetrVG. Damit

---

253 *Leinemann* Betriebs- und Unternehmensverfassung 1971, 145 (155 f); *Galperin* RdA 1959, 321 (323 f.).

254 *Neumann-Duesberg* S. 197; *Müller-Franken* S. 81.

255 *Neumann-Duesberg* S. 197.

256 *Neumann-Duesberg* S. 197; *Reichold* S. 540; *Nikisch* DB 1962, 506 (507); *Zöllner* 25 Jahre BAG, 745 (754); *Konzen* ZfA 1985, 469 (484).

257 *Wiedemann* Gesellschaftsrecht, S. 212 f. u. 262 f.; *Nikisch* DB 1962, 506 (507).

258 *Neumann-Duesberg* S. 194.

259 Das BetrVG 1952 sprach in § 42 Abs. 2 treffender von außerordentlichen Betriebsversammlungen.

260 Es besteht kein imperatives Mandats, vgl.: BVerfG 27.3.1979 NJW 1979, 1875 (1876); *Reichold* S. 540; *Konzen* ZfA 1985, 469 (484).

261 *Hueck/Nipperdey/Säcker* II/2 S. 1257.

kann die Betriebsversammlung nicht als gesamtwillensbildendes Organ eines Belegschaftsverbandes angesehen werden.
Auch der Betriebsrat kommt als ein solches Organ nicht in Betracht. Er ist, wie bereits ausgeführt, unabhängig von Anweisungen der Belegschaft und ihr nicht verantwortlich[262]. Daher kann er auch nicht den Gesamtwillen der Belegschaft bilden[263], zumal er in keiner Form eine autonome Mitgliederversammlung darstellt[264].
Somit kann festgehalten werden, dass die Belegschaft keinen Personenverband darstellt.

(4) Zwischenergebnis

Die Belegschaft ist nach dem Ergebnis der vorangehenden Untersuchung nicht das Zuordnungsobjekt der betriebsverfassungsrechtlichen Mitwirkungsrechte. Sie erhält durch das BetrVG keine Befugnisse, nach denen sie einen eigenständigen Willen bilden oder eigene Rechte ausüben kann[265]. Sie ist allerdings nicht lediglich als faktische Interessengemeinschaft zu sehen, denn der Belegschaft kommt auch rechtliche Relevanz zu[266]. Die Ausgestaltung und der Umfang der gemeinsamen Interessenwahrnehmung beruhen aber ausschließlich auf den Regelungen des BetrVG. Aus diesem ergibt sich in keinerlei Hinsicht eine, eine eigenständige Rechtspersönlichkeit begründende, betriebsverfassungsrechtliche Organisation der Belegschaft[267]. Aus diesen Erwägungen heraus wird in der Belegschaft zutreffender Weise überwiegend eine lediglich tatsächliche Gemeinschaft gesehen, deren bloß soziologische Verbundenheit zwar rechtlich relevant ist, aber keine eigenständigen Rechtsbeziehungen der Belegschaft entstehen lässt[268]. Die Belegschaft kann daher nicht als (teil-)rechtsfähige Trägerin der Mitwirkungsrechte angesehen werden.

dd) Der Betriebsrat als Zuordnungsobjekt

Nach den bisher vorliegenden Ergebnissen verbleibt als Träger der Mitwirkungsbefugnisse nur der Betriebsrat, der dann auf der Grundlage des BetrVG zur Wahrnehmung eigener subjektiver Rechte im eigenen Namen, wenn auch

---

262 *Veit* S. 125; *Reichold* S. 540; *Konzen* ZfA 1985, 469 (484).
263 *Aksu* S. 56.
264 *Aksu* S. 56.
265 MünchArbR/*v. Hoyningen-Huene* § 299 Rz. 29; *Richardi* Einl. Rz. 94.
266 Darauf weist *Zöllner* 25 Jahre BAG, 745 (752) hin, der als Beispiel die Wahl des Betriebsrates durch die Belegschaft nennt (§ 14 BetrVG).
267 *Richardi* Einl. Rz. 94.
268 MünchArbR/*v. Hoyningen-Huene* § 299 Rz. 28; GK-*Kraft* § 1 Rz. 42; *Richardi* Einl. Rz. 94 f.; *Heinze* ZfA 1988, 53 (63).

fremdnützig (für die Belegschaft), berufen ist[269]. Der Betriebsrat wird dann nicht auf der Grundlage eines konkret ausgestalteten Rechtsverhältnisses für den einzelnen Arbeitnehmer oder die Belegschaft tätig, er ist lediglich Instrument der Beteiligung der Belegschaft an der betriebsverfassungsrechtlichen Ordnung[270]. Hierfür lässt sich anführen, dass nur bei dieser Betrachtungsweise eine wenig sinnvolle Aufspaltung der Rechtsträgereigenschaft bezüglich der Beteiligungsrechte und dem eigenen Rechts- und Pflichtenkreis des Betriebsrates vermieden wird[271].

Zudem weist der Wortlaut der einzelnen Vorschriften des BetrVG die Beteiligungsrechte ausdrücklich dem Betriebsrat zu[272]. Zwar spricht die Überschrift des vierten Teils des BetrVG von der „Mitwirkung und Mitbestimmung der Arbeitnehmer“[273]. Dies ist jedoch nur Ausdruck der Fremdnützigkeit des Betriebsratshandelns, der die Interessen der Arbeitnehmer wahrnimmt, aber selbst Rechtsträger ist[274]. Anderenfalls wäre kaum zu erklären, warum § 10 2. Halbsatz ArbGG dem Betriebsrat im arbeitsgerichtlichen Verfahren Beteiligtenfähigkeit zuerkennt und davon spricht, „die nach dem BetrVG (...) beteiligten Personen und Stellen“ seien in bestimmten Verfahren Beteiligte[275]. Als beteiligtenfähige Stelle im Sinne dieser Vorschrift zählt anerkannter Maßen auch der Betriebsrat[276], der auch in Verfahren außerhalb der Arbeitsgerichtsbarkeit, namentlich der ordentlichen Gerichtsbarkeit und den Verwaltungs- und Sozialgerichten, Prozessbeteiligter sein kann[277].

Auch der Wortlaut des § 77 BetrVG spricht für die hier verfolgte Argumentation, weil er nahe legt, dass Partei der Regelungsabrede nur der Betriebsrat selber sein kann. Nicht nur werden Betriebsvereinbarungen danach von Arbeitgeber und Betriebsrat gemeinsam beschlossen (§ 77 Abs. 2 S. 1 BetrVG), bereits § 77 Abs. 1 S. 1 BetrVG spricht ausdrücklich von „Vereinbarungen zwischen Betriebsrat und Arbeitgeber“.

---

[269] *Kreutz* Grenzen, S. 30 f.; *Reichold* S. 548 f.; *Veit* S. 126 ff. m.w.N.; *Richardi* Einl. Rz. 106; GK-*Kraft* § 1 Rz. 43 u. 49; MünchArbR/*v. Hoyningen-Huene* § 299 Rz. 14 u. 16; *ders*. RdA 1992, 355 (356); *Heinze* ZfA 1988, 53 (62).

[270] *Veit* S. 127; *Richardi* § 77 Rz. 106.

[271] *Kreutz* Grenzen, S. 33; *Neumann-Duesberg* S. 118 f. Zu den eigenen Pflichten des Betriebsrates bereits *Jacobi* S. 297.

[272] Vgl. nur §§ 23 Abs. 1, 23 Abs. 3, 75, 77 Abs. 1, 87 Abs. 1, 92, 99 Abs. 2, 101, 102, 104 und 112 Abs. 1 BetrVG.

[273] Darauf verweisen *Fabricius* S. 224; *Hueck/Nipperdey/Säcker* II/2 S. 1085 f.

[274] *Heinze* ZfA 1988, 53 (63) spricht von den Arbeitnehmern als „Interessenträger“ im Gegensatz zur Rechtsträgerschaft des Betriebsrates.

[275] *Heinze* DB 1983 Beil. 9, 1 (7); *Veit* S. 128.

[276] *Germelmann/Matthes/Prütting/Müller-Glöge* § 10 Rz. 24 m.w.N.

[277] Vgl. nur die ausdrückliche Regelung in den §§ 98 Abs. 2, 104 u. 250 AktG sowie *Germelmann/Matthes/Prütting/Müller-Glöge* § 10 Rz. 28 u. § 85 Rz. 12.

Der Befund, dass der Betriebsrat Träger von betriebsverfassungsrechtlichen Rechten und Pflichten ist und ihm die Beteiligungsrechte als eigene subjektive Rechte zustehen, setzt aber voraus, dem Betriebsrat eine partielle Rechts-, Vermögens- und Geschäftsfähigkeit zuzugestehen[278]. Der Betriebsrat ist zwar nach nahezu einhelliger Meinung keine juristische Person und daher weder generell rechts- noch generell vermögensfähig[279]. Überwiegend wird ihm aber für einzelne Bereiche sowie zur Wahrnehmung seiner Interessen und Aufgaben eine partielle Vermögensfähigkeit[280] bzw. partielle betriebsverfassungsrechtliche Rechtsfähigkeit[281] zuerkannt. Dabei wird insbesondere auf die Kostentragungspflicht des Arbeitgebers nach § 40 Abs. 1 BetrVG hingewiesen, die zwingend vermögensrechtliche Beziehungen zwischen Betriebsrat und Arbeitgeber begründet[282].
Die Rechtsfähigkeit des Betriebsrates ist allerdings nicht unumstritten und war Inhalt unterschiedlicher Gerichtsentscheidungen.

(1) Die Rechtsfähigkeit des Betriebsrates

Die einschlägigen Entscheidungen ergingen insbesondere zu der Frage, ob der Betriebsrat als Stellvertreter der Arbeitnehmer bevollmächtigt werden kann. Diese Frage hängt namentlich von der Beurteilung seiner Rechtsfähigkeit ab. Wie sich im Umkehrschluss aus § 165 BGB ergibt, setzt die Abgabe einer eigenen Willenserklärung im fremden Namen mindestens Rechtsfähigkeit (wenn auch nur beschränkte Geschäftsfähigkeit) voraus[283].

(a) Die Entscheidung des LAG Baden Württemberg vom 22.6.1964

Erstmals Anlass zur Beschäftigung mit dieser Frage gab eine Entscheidung des LAG Baden-Württemberg vom 22.6.1964. In diesem Urteil, das vor der Geltung des § 10 2. Halbsatz ArbGG ergangen ist, hat das Gericht angenommen, der Betriebsrat selber sei nicht rechtsfähig und daher im gerichtlichen Verfahren auch nicht parteifähig[284]. Im dortigen Verfahren wurde eine vom Arbeitgeber betriebene Betriebskantine zunächst von einer Arbeitnehmerin übernommen, die dem Arbeitgeber bestehende Warenvorräte vergütete. Später übernahm der Betriebs-

---

[278] *Kreutz* Grenzen, S. 35 f; *Veit* S. 129 f; *Richardi* Einl. Rz. 109 ff.; *Herschel* ZfA 1984, 65.
[279] BAG 24.4.1986 EzA § 1 BetrVG 1972 Nr. 4 (unter II.2.a. der Gründe); *Hess/Schlochauer/Glaubitz* Vor § 1 Rz. 27; *Senne* S. 33; *Nikisch* Bd. III, S. 172; GK-*Thiele* (4. Aufl.) Einl. Rz. 72; *Jahnke* RdA 1975, 343.
[280] *Richardi* Einl. Rz. 109 ff.
[281] GK-*Kraft* § 1 Rz. 75 m.w.N.
[282] *Konzen* ZfA 1985, 469 (485); *Richardi* Einl. Rz 109 ff.; *Dütz/Säcker* DB 1972 Beil. 17, 7 (15 f).
[283] MünchKommBGB/*Schramm* § 165 Rz. 12; *Konzen* ZfA 1985, 469 (476); *Belling/Hartmann* NZA 1998, 673 (678).
[284] LAG Baden-Württemberg, Außenkammer Stuttgart 22.6.1964 BB 1964, 963 f.

rat die Führung der Kantine. Die Arbeitnehmerin unterlag mit ihrer Leistungsklage auf Bezahlung der bei Übergabe vorhandenen Warenvorräte gegen den Betriebsrat, da dieser nach Auffassung des Gerichts nicht rechts- und damit auch nicht parteifähig ist[285].
Diesen Fall nahm *Gumpert* zum Anlass, die Verwaltung von betrieblichen Sozialeinrichtungen durch den Betriebsrat zu erörtern[286]. Er betont das Erfordernis einer juristischen Person, die als Betreiber der Sozialeinrichtung und Vertragspartner im Rahmen abzuschließender Schuldverhältnisse fungiert. Der Betriebsrat kommt dafür nach *Gumpert* mangels Rechtsfähigkeit nicht in Betracht. Es sei zwar denkbar, dass sich die grundsätzlich nicht rechtsfähige Belegschaft zu einem Verein oder einer Gesellschaft zusammen schließt. *Gumpert* führt jedoch zutreffend an, dass es hierfür regelmäßig an einem entsprechenden rechtsgeschäftlichen Willen der Arbeitnehmer fehlen wird. Entsprechendes gelte für die Mitglieder des Betriebsrates, die zwar ebenfalls die Möglichkeit haben, einen Verein oder eine Gesellschaft zu gründen, denen ein entsprechender Wille aber ebenfalls regelmäßig nicht unterstellt werden könne[287]. Damit komme als Träger der Kantine nur der Arbeitgeber in Betracht, der die Betreibung der Sozialeinrichtung in Stellvertretung vornehmen lasse. Stellvertreter sei aber mangels Rechtsfähigkeit nicht der Betriebsrat, sondern nach Maßgabe des Einzelfalls „alle Mitglieder des Betriebsrates gemeinsam oder ein vom Betriebsrat im Einvernehmen mit dem Arbeitgeber eingesetzter Ausschuß oder die Mehrheit der Betriebsratsmitglieder“[288].
Diese Auflösung der Frage über eine Stellvertretung des Arbeitgebers ist, wenn man dem Betriebsrat jede Rechtsfähigkeit abspricht, konsequent, da ihm dann auch keine Vollmacht erteilt werden kann.

(b) Die Entscheidung des BAG vom 19.7.1977

In einem anderen Fall hat das BAG dem Betriebsrat selber die Möglichkeit zugesprochen, als Vertreter tätig zu werden[289]. Dort hatten sich Betriebsrat und Arbeitgeber in einer mit „Betriebsvereinbarung“ überschriebenen Abrede über die Auswirkung und Anrechnung einer Tariflohnerhöhung auf die betrieblichen Löhne und Gehälter geeinigt. Nachdem die Betriebspartner später übereinstimmend von der Unwirksamkeit der Vereinbarung wegen Verstoßes gegen § 77 Abs. 3 BetrVG ausgingen, wurde der Arbeitgeber von einem Arbeitnehmer auf Zahlung eines erhöhten Lohns in Anspruch genommen, da der Betriebsrat die Vereinbarung als rechtsgeschäftlicher Vertreter der Arbeitnehmer abgeschlos-

---

285 LAG Baden-Württemberg Außenkammer Stuttgart 22.6.1964 BB 1964, 963 f.
286 *Gumpert* BB 1964, 964.
287 *Gumpert* BB 1964, 964.
288 *Gumpert* BB 1964, 964.
289 BAG 19.7.1977 AP Nr. 1 zu § 77 BetrVG 1972 (unter 1. der Gründe); auf dieses Urteil nimmt *Schipprowski* S. 239 zustimmend Bezug.

sen habe und diese daher einzelvertraglich wirksam sei. Die Klage blieb zwar erfolglos, das BAG nahm aber im Anschluss an die Ausführungen des LAG ohne weitere Begründung an, dass es „zulässig (und damit auch möglich) ist, dem Betriebsrat rechtsgeschäftliche Vertretungsmacht einzuräumen", er müsse aber „solchenfalls ausdrücklich oder wenigstens doch erkennbar im Namen des bzw. der Vertretenen" handeln, woran es im zu entscheidenden Fall fehle[290]. Auch in den weiteren Ausführungen stellt das BAG nicht auf die Mitglieder des Betriebsrates ab, so dass die Ansicht des Gerichts festgestellt werden muss, der Betriebsrat selbst könne ohne Weiteres bevollmächtigt werden und habe auch eine entsprechende Rechtsfähigkeit.
Im gleichen Sinn hat auch in jüngerer Zeit das LAG Baden-Württemberg in einem Urteil vom 16.1.1997 eine Stellvertretung durch den Betriebsrat verneint, dabei aber ausgeführt, der Betriebsrat habe „keine Vertretungsbefugnis im Einzelfall, soweit ihm oder einzelnen Mitgliedern nicht ausdrücklich entsprechende Vollmachten durch den oder die Arbeitnehmer erteilt wurden."[291] Auch hier wird die Möglichkeit einer Bevollmächtigung des Betriebsrates ohne weitere Erwägungen vorausgesetzt und diesem damit eine entsprechende Rechtsfähigkeit zuerkannt.

(c) Die Entscheidung des BAG vom 24.4.1986

In einer weiteren Entscheidung des BAG stand erneut die Trägerschaft einer Betriebskantine in Frage[292]. Hier ging es zwar nicht um die Frage einer Bevollmächtigung des Betriebsrates. Das BAG hatte dennoch Anlass, sich mit der Frage der Rechtsfähigkeit des Betriebsrates auseinander zu setzen.
Der Betriebsrat hatte im damaligen Fall die Einrichtung einer Kantine initiiert und sie mit Duldung des Arbeitgebers in Eigenregie geführt. Angelegenheiten der Kantinenbetreibung wurden auf Betriebsratssitzungen behandelt. Zur finanziellen Abwicklung wurde ein Girokonto mit einem Kreditrahmen von DM 20.000 eingerichtet. Nach Auftreten massiver Verluste gewährte der Arbeitgeber „der Belegschaftskantine der Fa. (...), vertreten durch den Betriebsratsvorsitzenden und den stellvertretenden Betriebsratsvorsitzenden" ein Darlehen in Höhe von DM 35.000. Den wegen weiterer wirtschaftlicher Schwierigkeiten bei der Kantinenführung später zurückgetretenen Betriebsratsvorsitzenden nahmen die übrigen Betriebsratsmitglieder mit ihrer Klage auf Zahlung der Verluste in Anspruch. Sie führen aus, die Kantine sei in der Form eines nicht rechtsfähigen Vereins geführt worden, dessen Vorsitzender der Betriebsratsvor-

---

290 BAG 19.7.1977 AP Nr. 1 zu § 77 BetrVG 1972 (unter 1. der Gründe, Bl. 3).
291 LAG Baden-Württemberg 16.1.1997 NZA-RR 1997, 387 (388, unter I.2.a. der Gründe). Dennoch wird dieses Urteil von *Belling/Hartmann* NZA 1998, 673 (678) fälschlicher Weise zur Begründung dafür herangezogen, der Betriebsrat könne grundsätzlich nicht als Stellvertreter handeln.
292 BAG 24.4.1986 AP Nr. 7 zu § 87 BetrVG 1972 Sozialeinrichtung.

sitzende gewesen sei. Wegen schuldhafter Pflichtverletzung sei er den Vereinsmitgliedern, bestehend aus den zur Zeit der Klageerhebung gewählten Betriebsratsmitgliedern, schadensersatzpflichtig.
Das LAG Hamm ist dieser Ansicht gefolgt und hat ausgeführt, der Betriebsrat sei „Träger der Kantine in Form eines nicht rechtsfähigen Vereins“[293], beim Betriebsrat seien die Voraussetzungen eines Vereins gegeben.
Auf die Revision des ehemaligen Betriebsratsvorsitzenden hat das BAG die Klage abgewiesen. Das Gericht betont zunächst die notwendige Differenzierung zwischen dem Betriebsrat als solchem und seinen Mitgliedern als natürlichen Personen[294]. Im Anschluss daran prüft das BAG konsequenter Weise zunächst, ob die Mitglieder des Betriebsrates einen Verein gegründet haben. Dies sei zwar möglich, im zu entscheidenden Fall aber verneint das BAG die Vereinsgründung anhand einer Würdigung der Umstände des Einzelfalls[295]. Erst danach wendet sich das BAG der Frage zu, ob der Betriebsrat selber Träger der Kantine sein kann und verneint auch dies. Das Gericht führt aus, der Betriebsrat sei dazu „rechtlich nicht in der Lage. Die Rechtsnatur des Betriebsrates ist zwar umstritten. (...) Einigkeit besteht aber darüber, daß der Betriebsrat weder rechts- noch vermögensfähig ist (...). Dementsprechend kann der Betriebsrat nur im Rahmen der ihm gesetzlich zugewiesenen Aufgaben berechtigt und verpflichtet werden, nicht aber als Rechtssubjekt außerhalb seines gesetzlichen Wirkungskreises privatrechtlichen Geschäfte tätigen mit der Folge, daß er selbst Gläubiger und Schuldner von privatrechtlichen Forderungen, auch Schadensersatzforderungen wird (...).“[296] Das Führen einer Kantine im Sinne einer unternehmerischen Eigenverantwortlichkeit gehöre gerade nicht zum betriebsverfassungsrechtlichen Wirkungskreis des Betriebsrates[297]. Die Kantine sei eine dem Arbeitgeber zuzuordnende Sozialeinrichtung gemäß § 87 Abs. 1 Nr. 8 BetrVG, ein Schaden sei daher auch allenfalls dem Arbeitgeber entstanden[298].
In dieser Entscheidung wird dem Betriebsrat also jede Rechtsfähigkeit abgesprochen und auf eine eventuelle Vereinsgründung durch die Mitglieder des Betriebsrates abgestellt wird.

---

[293] Vgl. BAG 24.4.1986 AP Nr. 7 zu § 87 BetrVG 1972 Sozialeinrichtung (unter I. u. II.1.a.aa. der Gründe).
[294] BAG 24.4.1986 AP Nr. 7 zu § 87 BetrVG 1972 Sozialeinrichtung (unter II.1.a.aa. der Gründe).
[295] BAG 24.4.1986 AP Nr. 7 zu § 87 BetrVG 1972 Sozialeinrichtung (unter II.1.a.bb. der Gründe).
[296] BAG 24.4.1986 AP Nr. 7 zu § 87 BetrVG 1972 Sozialeinrichtung (unter II.2.a. der Gründe).
[297] BAG 24.4.1986 AP Nr. 7 zu § 87 BetrVG 1972 Sozialeinrichtung (unter II.2.a. der Gründe).
[298] BAG 24.4.1986 AP Nr. 7 zu § 87 BetrVG 1972 Sozialeinrichtung (II.2.a. u. III. der Gründe).

(d) Beurteilung der Rechtsprechung

Die unterschiedlichen Ausführungen der Gerichte zur Rechtsfähigkeit des Betriebsrates und (implizit) zu dem dadurch wirksamen Handeln als Vertreter, legt bereits die Vermutung nahe, dass eine einheitliche Lösung nicht gefunden werden kann. Die beiden genannten Ansätze, die dem Betriebsrat unzutreffender Weise die Rechtsfähigkeit ganz absprechen bzw. ihm ohne weitere Begründung die Befugnis zugestehen, als Stellvertreter zu handeln, sind dabei argumentativ unergiebig. Die Ausführungen des BAG in der letztgenannten Entscheidung weisen allerdings in die richtige Richtung, wenn dort die notwendige Differenzierung zwischen dem Betriebsrat und seinen Mitgliedern betont wird. Zweifellos können die Betriebsratsmitglieder bei entsprechendem Willen selbst als rechtsfähige, natürliche Personen bevollmächtigt werden[299] oder eine juristische Person des Privatrechts in Form einer Gesellschaft[300] oder eines Vereins[301] gründen, die als Stellvertreter auftreten kann. Dieser rechtsgeschäftliche Wille wird zumeist nicht vorliegen[302].
Für den Betriebsrat selber gilt dies – nach der Begründung des BAG – nur dann, wenn ein solches Handeln zu seinem „Wirkungskreis", also zu den ihm durch das BetrVG übertragenen Aufgaben, gehört. Insofern sind die Ausführungen des BAG im Urteil vom 24.4.1986 widersprüchlich, wenn dort die Rede davon ist, der Betriebsrat sei weder rechts- noch vermögensfähig, könne aber im Rahmen der ihm gesetzlich zugewiesenen Aufgaben berechtigt und verpflichtet werden[303]. Rechtsfähigkeit ist gerade die Fähigkeit, Träger von Rechten und Pflichten zu sein[304], also berechtigt und verpflichtet zu werden.

(2) Schlussfolgerungen

Die geschilderten Fallgestaltungen belegen, dass dem Betriebsrat die Rechtsfähigkeit weder generell, noch überhaupt nicht, sondern partiell zusteht. Wie bereits dargelegt ist es konsequent, dann, wenn man den Betriebsrat als Träger der durch das BetrVG eingeräumten Mitwirkungsrechte ansieht, dem Betriebsrat die partielle Rechts-, Vermögens- und Geschäftsfähigkeit zuzusprechen. Diese kann sich aber nicht in der oben genannten Zuordnung der Kostenerstattungsansprüche nach § 40 Abs. 1 BetrVG erschöpfen. Der Betriebsrat ist, wie gezeigt, Inhaber der Mitwirkungsrechte des BetrVG. Da diese Rechte gesetzlich mit organisatorischen Befugnissen und prozessualen Antragsrechten verbunden sind,

---

[299] *Konzen* ZfA 1985, 469 (489).
[300] Dafür *Galperin/Löwisch* vor § 1 Rz. 31.
[301] So BAG 24.4.1986 AP Nr. 7 zu § 87 BetrVG 1972 Sozialeinrichtung (II.2.a. der Gründe).
[302] So zu Recht BAG 24.4.1986 AP Nr. 7 zu § 87 BetrVG 1972 Sozialeinrichtung (II.1.b.bb. der Gründe).
[303] BAG 24.4.1986 AP Nr. 7 zu § 87 BetrVG 1972 Sozialeinrichtung (II.2.a. der Gründe).
[304] MünchKommBGB/*Schmitt* § 1 Rz. 6.

muss dem Betriebsrat die zur Wahrnehmung der Beteiligungsrechte notwendige partielle Rechts-, Vermögens- und Geschäftsfähigkeit zuerkannt werden[305]. Es ist daher zutreffend, wenn der Betriebsrat als „Rechtssubjekt in seinem Wirkungskreis" gekennzeichnet wird[306]. Das BAG spricht insofern in einer neueren Entscheidung für den Betriebsrat von einer „auf die Erfüllung seiner Aufgaben begrenzten Teilrechtsfähigkeit"[307]. Der Betriebsrat ist also immer dann rechts- vermögens- und geschäftsfähig, wenn er zur Ausübung von Kompetenzen aus dem ihm betriebsverfassungsrechtlich zugewiesenen Aufgabenkreis tätig wird[308]. Diesbezüglich ist er Träger von Rechten und Pflichten[309]. Maßgeblich für die Rechte und Pflichten des Betriebsrates ist damit die jeweilige gesetzliche Regelung im BetrVG, nach dessen Vorgaben sich im Übrigen auch sein Verhältnis zur Belegschaft bestimmt[310].
Dementsprechend kann der Betriebsrat auch selbst rechtsgeschäftlich bevollmächtigter Stellvertreter sein, aber immer nur dann, wenn er im Rahmen der ihm nach dem BetrVG zugewiesenen Aufgaben tätig wird[311]. Ein solches Vorgehen setzt allerdings den ausdrücklichen rechtsgeschäftlichen Willen der Beteiligten voraus, der höchst selten feststellbar sein wird und auch in den genannten Fällen nicht vorlag.
Es ist aber nicht ausgeschlossen, dass der Betriebsrat z.B. zur Regelung von Gegenständen aus dem Mitbestimmungskatalog als Vertreter der Arbeitnehmer tätig wird. Arbeitgeber und Arbeitnehmer können unbestritten individualvertragliche Regelungen beispielsweise über Beginn und Ende der täglichen Arbeitszeit treffen. Da diese Materie gesetzlich dem Aufgaben- und Mitwirkungsbereich des Betriebsrates zugeordnet wurde (§ 87 Abs. 1 Nr. 2 BetrVG), spricht nichts dagegen, dass eine individualvertragliche Regelung durch den Betriebsrat als Stellvertreter der Arbeitnehmer geschlossen wird. Ebenso könnte auf diese Weise die Aufstellung allgemeiner Urlaubsgrundsätze oder die Festsetzung der zeitlichen Lage des Urlaubs für einzelne Arbeitnehmer geregelt werden (§ 87 Abs. 1 Nr. 5 BetrVG). Es lassen sich auch individualvertragliche Regelungen zwischen Arbeitgeber und Arbeitnehmern in Stellvertretung durch den Betriebs-

---

305 *Veit* S. 129 f; *Richardi* Einl. Rz. 111; *Konzen* FS f. Wolf, 279 (296); *Heinze* DB 1983, Beil. 9, 1 (7).
306 *Richardi* Einl. Rz. 106.
307 BAG 9.12.1997 AP Nr. 11 zu § 77 BetrVG Tarifvorbehalt (unter II.2. der Gründe).
308 *Belling/Hartmann* NZA 1998, 673 (677).
309 Zur Definition der Rechtsfähigkeit als der Fähigkeit, Träger von Rechten und Pflichten zu sein MünchKommBGB/*Schmitt* § 1 Rz. 6.
310 Vgl. *Richardi* § 77 Rz. 50 u. 64; GK-*Kraft* § 1 Rz. 51.
311 Auch *Veit/Waas* BB 1991, 1329 (1334) halten eine Bevollmächtigung des Betriebsrates selber für möglich. Den Ausgangspunkt der partiellen Rechtsfähigkeit im Rahmen seines Aufgabenkreises teilen *Belling/Hartmann* NZA 1998, 673 (678), die allerdings ohne weitere Begründung und inhaltliche Differenzierung davon ausgehen, es gehöre ganz allgemein nicht zu den Aufgaben des Betriebsrates, als Vertreter im zivilrechtlichen Sinne zu agieren.

rat im Rahmen einer Betriebsänderung abschließen (z.B. für spezielle Regelungen neben einem Interessenausgleich und Sozialplan), sofern alle Beteiligten einen entsprechenden rechtsgeschäftlichen Willen haben. Auch hier würde der Betriebsrat im Rahmen seiner ihm gesetzlich zugewiesenen Aufgaben tätig (§§ 112, 112a BetrVG). Ob eine solche Vertragsgestaltung im Einzelfall zweckmäßig ist, spielt für ihre rechtliche Zulässigkeit keine Rolle.
Der Betriebsrat kann damit zwar nicht „außerhalb seines gesetzlichen Wirkungskreises privatrechtliche Geschäfte tätigen", wie das BAG zutreffend ausführt, weil ihm dann bereits die Rechtsfähigkeit fehlt. Handelt er aber innerhalb seines gesetzlich vorgesehenen Aufgabenbereichs, so besitzt er auch die Rechtsfähigkeit zum Abschluss privatrechtlicher Verträge. Der Bereich der Rechtsfähigkeit des Betriebsrates (und damit der möglichen Stellvertretung durch den Betriebsrat) ist also gegenständlich abzugrenzen. Er lässt sich damit weder uneingeschränkt verneinen noch pauschal positiv festlegen. Er kann nur im Einzelfall anhand der Frage geklärt werden, ob der Betriebsrat im Rahmen seiner gesetzlichen Aufgabenzuweisung handelt.
In den Fällen, in denen eine Materie in Frage steht, die nicht zum gesetzlichen Aufgabenkreis des Betriebsrates zählt, kommt lediglich eine Bevollmächtigung der Mitglieder des Betriebsrates in Betracht. Handeln Betriebsratsmitglieder „ultra vires"[312], also nicht auf der Grundlage einer Bevollmächtigung des Betriebsrates selber und ohne dass nach den Umständen des Einzelfalls eine Bevollmächtigung der Betriebsratsmitglieder angenommen werden kann, so entstehen Verbindlichkeiten, für die sie persönlich nach den allgemeinen Regeln der Rechtsgeschäftslehre haften[313]. Nur auf der Grundlage dieser Differenzierung lässt sich die Teilrechtsfähigkeit des Betriebsrates auch bei der Frage einer Bevollmächtigung konsequent erfassen.

ee) Zwischenergebnis

Der Betriebsrat, nicht aber der einzelne Arbeitnehmer oder die Belegschaft als Ganzes, ist Träger der ihm gesetzlich zugeordneten Mitbestimmungs- und Mitwirkungsrechte des BetrVG. Zur Wahrnehmung dieser Rechte hat der Betriebsrat eine partielle, gesetzlich vorgegebene, Rechts-, Vermögens- und Geschäftsfähigkeit, die es ihm auch ermöglicht, innerhalb dieser Befugnisse als Stellvertreter tätig zu werden. Damit gibt das BetrVG den Rechts- und Kompetenzrahmen für die Rechtsetzung unter Beteiligung des Betriebsrates vor. Eine schon aufgrund der Zuweisung der Mitwirkungsrechte (zu den einzelnen Arbeitnehmern) bestehende privatautonome Grundlage einer umfassenden Regelungskompetenz der Betriebspartner existiert nicht.

---

[312] *Reichold* S. 502.
[313] BAG 24.4.1986 AP Nr. 7 zu § 87 BetrVG 1972 Sozialeinrichtung (II.2.b. der Gründe).

c) Gewillkürte Stellvertretung:

Mit dem Ergebnis, dass der Betriebsrat selbst Zuordnungsobjekt der betriebsverfassungsrechtlichen Mitwirkungsrechte ist, steht zugleich fest, dass sich das Handeln des Betriebsrates bei Abschluss einer Regelungsabrede nicht auf eine generelle rechtsgeschäftliche Bevollmächtigung durch die Arbeitnehmer stützen lässt.
Aus einer solchen Bevollmächtigung könnte sich eine zwar eine privatautonome Begründung einer umfassende Regelungskompetenz des Betriebsrates (jedenfalls im Rahmen der Bevollmächtigung) auf der Grundlage einer Ausübung privatautonomer Gestaltungsbefugnisse ergeben[314]. Dem Betriebsrat werden seine Beteiligungsrechte jedoch nicht durch die Arbeitnehmer, sondern durch das BetrVG verliehen.
Dementsprechend fehlt es auch an der (zumindest konkludenten) Erteilung einer generellen Vollmacht durch die einzelnen Arbeitnehmer. Hierfür wäre allenfalls an den Abschluss des Arbeitsvertrages, den Eintritt in den Betrieb oder der Wahl des Betriebsrates zu denken. Keiner dieser Anknüpfungspunkte lässt jedoch den Schluss auf eine rechtsgeschäftliche Bevollmächtigung zu[315]. Der Abschluss des Arbeitsvertrages hat nur die Begründung des Arbeitsverhältnisses, nicht aber eine Bevollmächtigung einer außerhalb dieses schuldrechtlichen Zwei-Personen-Verhältnisses liegenden Institution zum Inhalt[316]. Der Eintritt in den Betrieb ist bloßer Realakt und daher als Grundlage einer Bevollmächtigung ebenfalls ungeeignet[317]. Auch die Wahl des Betriebsrates stellt keine Vollmachtserteilung dar[318]. Bereits die Wahlprinzipien der Verhältnis- und Mehrheitswahl gemäß § 14 Abs. 2 BetrVG stehen einer individuellen Bevollmächtigung entgegen[319].
Zwar könnte auf die Betriebsratsmitglieder als natürliche Personen zurückgegriffen werden, die als Personenmehrheit, im Wege der sog. Gesamtvertretung, bevollmächtigt werden können[320]. Die Betriebsratsmitglieder werden jedoch selbst nicht Partei einer Vereinbarung mit dem Arbeitgeber, wie sich aus § 77 Abs. 1 S. 1 und § 77 Abs. 2 S. 1 BetrVG ergibt, so dass dieser Anknüpfungspunkt für die Begründung einer umfassenden Regelungsbefugnis der Betriebspartner unergiebig ist.
Das Handeln des Betriebsrates bei Abschluss einer Regelungsabrede lässt sich also nicht auf eine generelle rechtsgeschäftliche Bevollmächtigung durch die

---

314 Zur Ausübung von Privatautonomie bei Handeln aufgrund rechtsgeschäftlicher Vollmacht *Flume* S. 754.
315 *Veit/Waas* BB 1991, 1329 (1335).
316 *Müller-Franken* S. 52; *Stadler* BB 1971, 709 (710).
317 *Veit/Waas* BB 1991, 1329 (1335); *Kirchhof* S. 95; *Müller-Franken* S. 52.
318 *Müller-Franken* S. 52; *Strasser* S. 97.
319 *Aksu* S. 32; *Strasser* S. 97; *Müller-Franken* S. 52.
320 Vgl. MünchKommBGB/*Schramm* § 164 Rz. 85.

Arbeitnehmer stützen. Eine privatautonome Legitimation als Grundlage einer umfassenden Regelungskompetenz ergibt sich hieraus nicht.

d) Zwischenergebnis

Die Arbeitnehmer sind am Abschluss einer Regelungsabrede also in keiner Form als Regelungsurheber beteiligt. Weder handeln sie dabei unmittelbar, noch werden sie durch den Betriebsrat im Sinne einer Stellvertretung bei der Ausübung privatautonomer Befugnisse vertreten.
Eine umfassende Regelungsbefugnis der Betriebspartner lässt sich auf eine solche Argumentation nicht stützen.

3. Die notwendige individualvertragliche Umsetzung der Regelungsabrede

Der wesentliche Unterschied in der Wirkung zwischen der Betriebsvereinbarung und der Regelungsabrede besteht wie gezeigt darin, dass die Regelungsabrede im Gegensatz zur Betriebsvereinbarung eines individualvertraglichen Transformationsakts bedarf, um Arbeitsbedingungen zu gestalten[321]. Es fragt sich, ob aus diesem Unterschied eine privatautonome Grundlage der Gestaltung von Arbeitsbedingungen durch Regelungsabrede gewonnen werden kann. Jedenfalls in den Fällen, in denen dabei immer eine einvernehmliche Änderung notwendig ist (also außerhalb des Bereichs einer Umsetzung im Rahmen des Direktionsrechts), könnte angenommen werden, die auch von Arbeitnehmerseite selbstbestimmte Umsetzung der Regelungsabrede wirke bereits legitimierend auf den Abschluss der Regelungsabrede zurück[322].
Der Bereich der vorliegend untersuchten materiellen Arbeitsbedingungen ist, wie bereits dargelegt, der einseitigen Änderung im Rahmen des Direktionsrechts des Arbeitgebers nicht zugänglich[323]. Das Direktionsrecht des Arbeitgebers kann zwar die Leistungspflicht des Arbeitnehmers nach Zeit, Ort und Art konkretisieren, aber gerade nicht in das arbeitsvertragliche Austauschverhältnis, also das Verhältnis von Leistung und Gegenleistung eingreifen[324]. Daher bedarf der Arbeitgeber zu einer Änderung der Arbeitsverhältnisse hinsichtlich materieller Arbeitsbedingungen, insbesondere der Dauer der individuellen regelmäßigen Arbeitszeit oder der Höhe des regelmäßigen Arbeitsentgelts, stets der individualvertraglichen Zustimmung der einzelnen Arbeitnehmer. Die Umsetzung einer solchen Regelungsabrede geht für den einzelnen Arbeitnehmer also letzt-

---

[321] Teil 2 C. I.
[322] *Herrmann* stellt die – letztlich verneinte – Frage, ob in Ermangelung der Normwirkung bei der Regelungsabrede Vertragsfreiheit der Betriebspartner herrscht, NZA 2000, Sonderbeilage zu Heft 3, 14 (21).
[323] Teil 2 C. II.1.; dazu: ErfK/*Preis* § 611 BGB Rz. 275 u. 474 f.; *Giesler* S. 38; *Haug* BB 1986, 1921 (1930); *Schipprowski* S. 231.
[324] ErfK/*Preis* § 611 BGB Rz. 275; vgl. auch *Giesler* S. 38; *Haug* BB 1986, 1921 (1930).

lich auf seine privatautonome Entscheidung im Rahmen der arbeitsvertraglichen Umsetzung zurück[325].
Es wäre jedoch verfehlt, hieraus eine privatautonome Grundlage der Regelungsbefugnis der Betriebspartner für die Gestaltung materieller Arbeitsbedingungen durch Regelungsabrede abzuleiten. Die Frage der Umsetzung einer Regelungsabrede ist von der Frage nach der Regelungskompetenz der Betriebspartner scharf zu trennen und dieser nachgelagert. Der Inhalt der einzelvertraglichen Umsetzung ergibt sich erst aus der Regelungsabrede selbst, so dass aus dem privatautonomen Transformationsakt nicht auf die Zulässigkeit der Regelungsabrede geschlossen werden kann. Ersteres ist eine Frage der individualvertraglichen Ebene, letzteres eine der kollektivvertraglichen Vereinbarungsbefugnis. Die Frage nach der Regelungskompetenz bezieht sich daher nicht auf den Transformationsakt, sondern nur auf die privatautonome Legitimation der vorangehenden Einigung zwischen Betriebsrat und Arbeitgeber. Für diese Einigung kann aus der Rechtsqualität des Transformationsakts also nichts gewonnen werden.
Aus der Notwendigkeit eines individualvertraglichen Umsetzungsakts ergibt sich also keine privatautonome Grundlage für die Rechtsgestaltung durch Regelungsabrede.

4. Zwischenergebnis

Die Regelungsbefugnis der Betriebspartner beim Abschluss einer Regelungsabrede kann insgesamt nicht darauf gestützt werden, dass dabei die kollektive Ausübung privatautonomer Gestaltungsbefugnisse wahrgenommen würde, wie es bei den Tarifvertragsparteien der Fall ist. Weder unterwerfen sich die Arbeitnehmer durch eine selbstbestimmte Entscheidung der Regelungsmacht der Betriebspartner, noch sind sie beim Abschluss der Regelungsabrede als Regelungsurheber anzusehen. Auch die notwendige individualvertragliche Umsetzung stellt keine privatautonome Grundlage der Regelungskompetenz dar.
Ein Begründungsansatz für eine umfassende Regelungsbefugnis der Betriebspartner bei der Gestaltung materieller Arbeitsbedingungen kann daher nicht, wie im Rahmen der Tarifautonomie. auf die kollektive Ausübung von Privatautonomie gestützt werden.

[325] Dies gilt auch dann, wenn der Arbeitgeber ausnahmsweise einzelvertraglich zu einer Änderung materieller Arbeitsbedingungen – etwa durch Vereinbarung eines Änderungsvorbehalts – berechtigt ist. In diesem Fall ist die dann einseitige Umsetzung der Regelungsabrede nur durch die vorangehende privatautonome Entscheidung des Arbeitnehmers bei Vereinbarung des Änderungsvorbehalts möglich. Im Übrigen stellt die Rechtsprechung an die Vereinbarung eines Änderungsvorbehalts wegen des Verbots einer Umgehung von § 2 KSchG strenge Anforderungen, vgl. m.w.N. BAG 14.11.1990 EzA § 620 BGB Teilkündigung Nr. 5 (unter II.1. der Gründe); *Veit* S. 377 ff.

II. Die Betriebsautonomie als Grundlage einer umfassenden Regelungskompetenz

In Ermangelung eines Rückbezugs der Regelungskompetenz der Betriebspartner auf eine kollektiv ausgeübte Privatautonomie bleibt die Frage zu klären, ob sich eine der Tarifautonomie entsprechende Regelungsbefugnis der Betriebspartner aus der Betriebsautonomie als solcher ergeben kann[326]. Wenn die Betriebsautonomie selbst eine umfassende inhaltliche Vereinbarungskompetenz gewährt, könnte die herrschende Ansicht zumindest für die Regelungskompetenz (wenn auch nicht notwendigerweise für die Rechtsetzungskompetenz) auch ohne eine privatautonome Grundlage bestätigt werden. Hierfür wäre aber Voraussetzung, dass die Betriebsautonomie entweder eine der staatlichen Gewalt vorgegebene Autonomie ist oder auf der Grundlage der Verfassung als umfassend garantiert wird.

1. Die Betriebsautonomie als vorstaatliche Autonomie

a) Die These von der originären Rechtsetzungsmacht

Insbesondere in früherer Zeit wurde in der Lehre eine eigenständige Rechtsetzungsautonomie auf Betriebsebene angenommen, die sich weder aus einer staatlich konstitutiven Anerkennung noch aus einer rechtsgeschäftlichen Zustimmung des Betroffenen speisen[327], der staatlichen Gewalt also vorgegeben sein soll[328]. Die dabei vertretenen Ansätze beziehen sich ausdrücklich auf eine Autonomie zur normativen Rechtssetzung, gehen damit aber inzident von einer ebenso autonomen inhaltlichen Regelungsbefugnis aus.

Ausgangspunkt dieses Ansatzes ist die durch *von Gierke* begründete genossenschaftliche Rechtstheorie, nach der jeder organischen Gemeinschaft, auch der nicht staatlichen, als „reale Einheit" eine naturgegebene Rechtspersönlichkeit[329] und damit auch Autonomie im Sinne einer Befugnis zusteht, sich selbst Recht zu setzen[330]. Diese Rechtsetzungsmacht soll sich allein aus der sozialen Mäch-

---

[326] Zu den möglichen Deutungen des Begriffs der Autonomie: *Adomeit* Rechtsquellenfragen, S. 128 ff.; *Zöllner* S. 13.

[327] Vgl. *Reuter* ZfA 1995, 1 (33). So z.B. *Herschel* S. 26 f.; *ders.* FS f. Bogs, 125 (130 f.); *Reuß* ArbuR 1968, 126 (127); *ders.* Demokratie und Verwaltung S. 517 (528 f.); für die Betriebsbuße als autonome Satzungsstrafe *Hueck/Nipperdey/Säcker* II/2 S. 1378 u. *Neumann* RdA 1968, 250 (252 f.); für die Anerkennung gesellschaftlicher Autonomie neben staatlicher Rechtserzeugung auch *Mayer-Maly* S. 151 f. Zum Ganzen ausführlich: *Veit* S. 140 ff.; *Aksu* S. 71 ff.

[328] *Herschel* S. 26 ff.; *Luhmann* S. 73.

[329] V. *Gierke* Verbände S. 9 f.

[330] V. *Gierke* Privatrecht S. 142; *Herschel* FS f. Bogs, 125 (128).

tigkeit und den korporativ verfestigten Strukturen der Gemeinschaft ergeben[331] und wird teilweise ausdrücklich als originäre Verbandsautonomie begriffen[332]. Der Gemeinschaft wird dabei ein Wert an sich zugesprochen, so dass es auf einen Unterwerfungswillen des Einzelnen oder eine staatliche Anerkennung nicht ankomme[333]. Auf diese Überlegungen hat sich *Herschel* bezogen und angenommen, dass sich im Betrieb „kollektive Faktoren" in besonders starkem Maße auswirken und daher in Arbeitgeber und Arbeitnehmern eine Betriebsgemeinschaft mit originärer Rechtsetzungsgewalt gesehen werden muss[334]. Der Betrieb sei in diesem Sinne eine „reale Verbandsperson", die zur eigenständigen Rechtschaffung berufen sei[335]. Auch das BAG hat in einer Entscheidung zur Aufstellung einer Betriebsbußenordnung ausgeführt, es handle sich um einen „Ausfluß der autonomen Gewalt der Betriebspartner im Bereich des insoweit autonomen Betriebsverbandes"[336].

Die These der vorstaatlichen betrieblichen Autonomie wir z.T. auch auf den Gedanken der sozialen Selbstverwaltung als Befugnis zur gemeinschaftlichen Regelung sozialer Angelegenheiten durch die organisierte Arbeitnehmerschaft mit der Arbeitgeberschaft gestützt[337]. Vorausgesetzt wird dabei, dass der Staat seine Regelungsgewalt zur Ordnung der Arbeitswelt zurückgezogen und diese den gesellschaftlichen Kräften und den Trägern der sozialen Selbstverwaltung überlassen habe[338]. Durch die vom Staat überlassene Autonomie sollen die Betriebspartner in der Lage sein, ihre Angelegenheiten aus eigener Macht selbst zu verwalten und durch normative Regelungen in Selbstgesetzgebung[339] zu gestal-

---

[331] V. *Gierke* Privatrecht S. 119 ff. u. 142 ff.; vgl. *Luhmann* S. 72 ff.

[332] Vgl.: *Luhmann* S. 72; *Richardi* Kollektivgewalt, S. 14. Der Verbandsgedanke wurde insbesondere von *Galperin*, Das Arbeitsrecht der Gegenwart Bd. 1 (1964), 75 (81 ff.), erarbeitet, der sowohl in der Belegschaft als auch in der Betriebsgemeinschaft zwischen Arbeitgeber und Arbeitnehmer einen Verband mit autonomer Rechtsetzungsbefugnis sah. Diesen Ansatz greifen in neuerer Zeit auch *Reuter* RdA 1994, 152 (157); *ders.* ZfA 1995, 1 (33) und *Nebel* S. 104 auf, dazu auch *Reichold* S. 166.

[333] *V. Gierke* Verbände S. 34 f.; ders. Privatrecht S. 26, *Herschel* S. 26 f.; vgl. auch *Waltermann* S. 112 f.; *Richardi* Kollektivgewalt, S. 14.

[334] *Herschel* S. 26 f.; *ders.* RdA 1948/1949, 47 (49); *ders.* BArbBl 1955, 571 (581); *Bogs* RdA 1956, 1 (5).

[335] *Herschel* BArbBl 1955, 571 (581).

[336] BAG 12.9.1967 AP Nr. 1 zu § 56 BetrVG 1952 Betriebsbuße (unter I.4. der Gründe). Dieser Begründung ist das BAG auch in späteren Entscheidungen nicht entgegen getreten, vgl. BAG 17.10.1989 AP Nr. 12 zu § 87 BetrVG 1972 Betriebsbuße (unter II.1. der Gründe), dazu *Luhmann* S. 107 f. Fn. 4; *Walker* FS f. Kissel, 1205 (1213 u. 1215); *Müller-Franken* S. 114.

[337] *Bogs* RdA 1956, 1 (2 ff.); *Hueck/Nipperdey* II/1 S. 28; *Zacher* S. 290 f.; *Bulla* FS f. Nipperdey II, S. 79; vgl. auch *Richardi* Kollektivgewalt, S. 2; *Waltermann* S. 53 ff., 135 ff.; *Belling* Haftung S. 74 ff.; *Hammer* S. 94.

[338] *Bogs* RdA 1956, 1 (2); vgl. auch *Aksu* S. 82; *Müller-Franken* S. 117 f.

[339] *Bogs* RdA 1956, 1 (5 f.).

ten[340]. Diese Freiheit gegenüber dem Staat soll sich gerade in der Befugnis zur Schaffung einer eigenen Ordnung aus eigenem Gesetz niederschlagen[341], um den am Arbeitsleben Beteiligten in möglichst weitem Umfang eine eigenverantwortliche Regelung ihrer Angelegenheiten zu ermöglichen[342].
Schließlich stützen sich Begründungsansätze einer originären betrieblichen Autonomie auf das Subsidiaritätsprinzip[343]. Diesem, ursprünglich in der katholischen Soziallehre begründeten[344], Prinzip liegt ein Vorrang des Individuums zu Grunde, dem die Gesellschaft nicht die Zuständigkeit für Bereiche entziehen dürfe, in denen es sich selbst zu behaupten in der Lage ist[345]. Auf der Basis einer Stufenordnung der Gesellschaft statuiert das Subsidiaritätsprinzip eine vertikale Gliederung von Vergemeinschaftungsformen und Zuständigkeiten, bei der eine größere Gemeinschaft keine Aufgaben erfüllen darf, die eine kleinere ebenso gut erfüllen könne[346]. Daraus wird für das Arbeitsrecht von Teilen der Lehre abgeleitet, die staatliche Ordnungsmacht sei gegenüber der Regelungsbefugnis der betrieblichen (und überbetrieblichen) Sozialpartner lediglich noch subsidiär zuständig[347]. Dem Subsidiaritätsprinzip wird dabei insbesondere nach der Implementierung auf europäischer Ebene (Art. 5 Abs. 2 EG und Art. 2 EUV[348]) der Rang einer „Staatszielbestimmung im Sinne einer verbindlichen Verfassungsnorm“[349] oder zumindest einer „richtungsweisenden verfassungsimmanenten Grundaussage“[350] eingeräumt. Die danach mit der Befugnis zur Schaffung normativen Rechts ausgestattete Gemeinschaft auf Betriebsebene übe im Rahmen ihrer originären Zuständigkeit eigene Hoheitsgewalt aus[351].

b) Kritik

Die Annahme einer eigenständigen Rechts- und Regelsetzungsautonomie auf Betriebsebene kann nicht ohne ein Zuordnungssubjekt auskommen. Die nach diesem Ansatz behauptete vorstaatliche Autonomie setzt daher voraus, dass auf

---

340 *Bulla* FS f. Nipperdey II, S. 79 (80); *Waltermann* S. 53 ff. u. 135 ff.
341 *Waltermann* S. 56 f. u. 134 ff.
342 *Nikisch* Bd. II, S. 47 f.; *Kluth* S. 220 ff.; siehe auch *Veit* S. 201.
343 *Meyer-Cording* NJW 1966, 225 (229 ff.); *Herschel* S. 11; *ders.* FS f. Nipperdey II, 221 (232); *Galperin* FS f. Molitor, 143 (158 f.); eingehend: *Isensee*, Subsidiarität und Verfassungsrecht (1968).
344 Eingehend *Veit* S. 146 ff.
345 *Veit* S. 146; *Zsifkovitz* S. 2995.
346 *Herzog* Der Staat 2 (1963), 399 (401); *Koslowski* S. 39 (40).
347 *Herschel* FS f. Nipperdey II, 221 (230 f.); *Küchenhoff* RdA 1959, 201 (202 u. 204 f.); *ders.* FS f. Nipperdey II, 317 (341 ff.); *Natzel* ZfA 2003, 103 ff.
348 Zuvor Art. 3b Abs. 2 EGV und Art. B EUV.
349 *Halblitzel* NZA 2001, 467 (468 f.).
350 *Lambrich* S. 251.
351 *Küchenhoff* § 77 Rz. 16; vgl. auch *Richardi* Kollektivgewalt, S. 52; *ders.* FS f. Kehrmann, 263.

Betriebsebene ein „Arbeitsverband“ zwischen Arbeitgeber und Belegschaft als Träger dieser Autonomie besteht[352]. Die Annahme einer solchen „organischen Gemeinschaft“ auf Betriebsebene, die entsprechend der genossenschaftlichen Rechtstheorie zur originären Rechtschaffung befugt ist, ist bereits oben kritisiert worden[353]. Diese Frage der Rechtsinhaberschaft der Befugnisse ist aber dem eigentlichen Problem, ob eine solche Autonomie überhaupt begründet werden kann, nachgelagert[354]. Entscheidend gegen die These, dass Verbände aufgrund ihres Wesens oder ihrer sozialen Mächtigkeit Regeln und Rechtssätze für andere schaffen können, spricht nämlich bereits, dass sie vor der Freiheit des Einzelnen und der Souveränität des Staates im geltenden Rechtssystem nicht gerechtfertigt werden kann[355].

Eine in diesem Sinne „selbstherrliche“ Befugnis ist im Rahmen einer Rechtsordnung, deren Ausgangspunkt die Würde des Einzelnen ist und die individuelle Rechte als Grundlage jeder menschlichen Gemeinschaft ansieht, nicht denkbar[356]. Anderenfalls wäre die Folge, dass der Einzelne ohne seinen Willen beliebigen Rechtsetzungsgewalten und Regelungsbefugnissen ausgesetzt ist[357]. Dem stehen die Grundsätze der verfassungsmäßigen Ordnung entgegen, die von Freiheit und Selbstbestimmung des Einzelnen getragen sind und auch im Arbeitsrecht und damit in der Betriebsverfassung Berücksichtigung finden[358]. Daher kann eine vorstaatliche Autonomie nur hinsichtlich des Individuums selbst bestehen[359], die Autonomie eines Verbandes kann dagegen sowohl hinsichtlich der Rechts- als auch in Bezug auf die Regelsetzung stets nur eine abgeleitete sein[360]. *Richardi* führt diesbezüglich zutreffend aus, Grundwert der Lehre von der vorstaatlichen Verbandsautonomie sei „nicht die *individuelle* Freiheit, sondern die *korporative* Freiheit. Schon damit stimmt sie nicht mit der Wertentscheidung überein, die nach dem Grundgesetz die Rechtsordnung bestimmen soll“[361].

Auch die staatliche Souveränität als Grundlage des modernen Staates zur Sicherung von Frieden und Sicherheit nach innen und der Eingehung völkerrechtli-

---

352 *Galperin*, Das Arbeitsrecht der Gegenwart Bd. 1 (1964), 75 (81 ff.); *Reuter* RdA 1994, 152 (157); *ders.* ZfA 1995, 1 (33); *Nebel* S. 104, vgl. auch: *Luhmann* S. 72; *Richardi* Kollektivgewalt, S. 14; *Reichold* S. 166.

353 Teil 3. B. I. 1. c.

354 *Müller-Franken* S. 120 spricht vom „Kernproblem“, *Aksu* S. 73 von den „entscheidenden Bedenken“.

355 *Richardi* Kollektivgewalt, S. 47 ff.; *Aksu* S. 73 ff.; *Müller-Franken* S. 123 ff.

356 *Isensee* S. 271.

357 *Zöllner* S. 21 f.

358 *Richardi* Gutachten, B 24 ff.; *Reichold* S. 428 ff.

359 *Kraft* ZfA 1984, 67 f.; *Isensee* S. 271 f.

360 Vgl. *Isensee* S. 270 f.; *Aksu* S. 74.

361 *Richardi* Kollektivgewalt, S. 31, Hervorhebungen im Original.

cher Verbindungen nach außen[362] verhindert, Verbänden bereits aus ihrem Wesen heraus autonome Regelungs- und Rechtsetzungskompetenzen zuzugestehen[363]. Auf diese Weise würden sie dem Staat in ihrer Regelungsgewalt gleich gestellt. Die Souveränität als Wesensmerkmal des Staates zeichnet sich aber gerade dadurch aus, dass der Staat die höchste Gewalt in sich selber trägt und keine über- oder gleich gestellten Verbände neben ihm bestehen[364]. Souveränität verlangt also nach einer rechtlichen Hierarchie, in der allein dem Staat in allen Bereichen die Gewalt zukommt, letztverbindlich entscheiden zu können[365]. Voraussetzung dieser höchsten Staatsgewalt ist allerdings weder ein alleiniges *Rechtsetzungsmonopol*[366], noch ein alleiniges *Rechtsnormsetzungsmonopol*[367]. Der Staat wäre weder fähig, alle Rechtsbeziehungen abschließend zu gestalten[368], noch ist zwingender Ausfluss seiner Souveränität, dass allein ihm die Aufstellung genereller und heteronomer Regelungen obliegen muss[369]. Die Souveränität des Staates bedingt aber, dass er allein in der Lage ist, die Einheit der Rechtsordnung zu schaffen und Rechtsgeltung zu garantieren[370]. Daher ist dem Staat, um die Funktion der Rechtsordnung im Sinne einer Steuerung des menschlichen Zusammenlebens und der Sicherung des gesellschaftlichen Friedens erfüllen und garantieren zu können, ein singuläres *Rechtsanerkennungsmonopol* inhärent[371]. Der moderne Staat duldet daher auf seinem Hoheitsgebiet kraft seiner Souveränität keinen rechtsetzenden Verband neben sich[372]. Eine eigene Hoheitsgewalt der Betriebspartner, die wiederum Grundlage einer umfassenden Regelungsbefugnis sein könnte, kann es nicht geben.

Diesen Bedenken kann auch nicht mit dem Hinweis auf das Subsidiaritätsprinzip begegnet werden. Auch dieses Prinzip kann nicht begründen, dass sozialen Teilgewalten innerhalb des Staates ein eigenständiger Bereich mit einem autonomen Regelungsvorrang gesichert würde. Einer solchen Herleitung steht ne-

---

[362] Zu den Begriffen der inneren und äußeren Souveränität *Randelzhofer* § 15 Rz. 6 ff.; *Müller-Franken* S. 124.

[363] *Müller-Franken* S. 123 ff.; *Aksu* S. 75 ff. Letzterer sieht hierin wegen der fehlenden demokratischen Legitimation auch einen Verstoß gegen das Rechtsstaatsprinzip.

[364] *Randelzhofer* § 15 Rz. 8 u. 35 ff.; *Kirchhof* S. 116 f.

[365] *Jellinek* S. 475; *Kelsen* S. 71.

[366] Davon sprechen z.B. *Krüger* S. 491 ff., *Herrmann* NZA 2000 Sonderbeilage zu Heft 3, 14 (20); vgl. auch *Kirchhof* S. 107 f.

[367] Zu diesem Begriff *Kirchhof* S. 108 u. 115.

[368] *Raiser* S. 68 f.; *Aksu* S. 76.

[369] *Kirchhof* S. 107 ff.; *Meyer-Cording* S. 39 ff.; *Müller-Franken* S. 126 ff. Dies zeigt sich bereits in den durch Art. 9 Abs. 3, 23 bis 25, 140 GG i.V.m. Art. 137 Abs. 3 WRV eingeräumten Befugnissen zur Schaffung normativer Regelungen ohne Tätigwerden des Gesetzgebers.

[370] *Richardi* Kollektivgewalt, S. 32 ff. u. 44 ff.; *Raiser* S. 71 ff.; *Kirchhof* S. 127 ff.

[371] *Richardi* Kollektivgewalt, S. 45 f.; *Kirchhof* S. 107 ff.; *Waltermann* S. 122 ff.; *Müller-Franken* S. 140; *Aksu* S. 77 f.

[372] *Müller-Franken* S. 141.

ben den genannten Gründen entgegen, dass damit letztlich die Individualfreiheit als gedankliche Grundlage der Subsidiarität im Sinne einer Förderung der Entfaltung gerade der kleinsten Gesellschaftseinheit aufgegeben wird[373]. Der Vorrang des Individuums wird dann zurückgedrängt, wenn man der betriebseinheitlichen Regelung auf kollektiver Ebene einen Eigenwert zuweist, der zur Ordnung des Gemeinwesens der Selbstbestimmung des Arbeitnehmers vorgehen soll. Es existiert aber kein zur Anerkennung dieser Ordnungsfunktion notwendiger gemeinsamer Aufgabenkreis von über- und untergeordneter Gemeinschaft innerhalb einer vertikal abgegrenzten Gesellschaft[374]. Stattdessen stellt das Grundgesetz den Einzelnen und seine individuellen Freiheiten in den Mittelpunkt der Rechtsordnung[375], so dass es einer hiervon losgelösten korporatistischen Zuständigkeit zur Erfüllung gesamtgesellschaftlicher Aufgaben an der Grundlage fehlt[376].

Auch der Verweis auf ein angebliches Selbstverwaltungsrecht vermag an diesem Ergebnis nichts zu ändern. Die dabei vorausgesetzte vollständige Überlassung des „Verwaltungsbereichs Betrieb" durch den Staat an die Betriebspartner findet angesichts der dargelegten Souveränität des Staates und ihrer Bedeutung keine Grundlage[377]. Mit der Einräumung eines Selbstverwaltungsrechts ist auch nicht stets ein eigenes Eingriffsrecht in Rechtspositionen Dritter verbunden[378]. So wie die Regelungsmacht der anerkannten Selbstverwaltungsträger letztlich auf eine staatliche Anerkennung ihrer Regel- und Rechtsetzung zurückzuführen ist[379], kann eine Regelungsmacht der Betriebspartner auch nach dem Selbstverwaltungsprinzip nicht aus sich selbst heraus bestehen[380].

Damit existiert keine Autonomie auf Betriebsebene, die als eigenständige Rechtsquelle aus sich selbst heraus eine umfassende Regelungskompetenz der Betriebspartner begründen könnte.

c) Ausschließliche Unterscheidung von individueller Selbst- und staatlich legitimierter Fremdbestimmung

Aus den vorangehenden Überlegungen ergibt sich, dass es keine Rechtsnormsetzung geben kann, die weder auf einer staatlich konstitutiven Anerkennung

---

[373] *Veit* S. 148 f.

[374] *Veit* S. 148 f.; zur Voraussetzung eines gemeinsamen Aufgabenkreises *Herzog* Der Staat 2, 399 (402 f.); *Richardi* Kollektivgewalt, S. 56.

[375] *Enneccerus/Nipperdey* S. 75 u. 78; *Lambrich* S. 154; *Isensee* S. 271.

[376] *Veit* S. 148 f.; *Nörr* S. 239 (244 f. u. 249 ff.); *Aksu* S. 81.

[377] *Waltermann* S. 150 ff.; *Müller-Franken* S. 144.

[378] *Hill* Gutachten, D 14; *Schmidt-Aßmann* S. 8.

[379] *Reichold* S. 438; *Schmidt-Aßmann* S. 8.

[380] *Müller-Franken* S. 144 f.

noch auf einer privatautonomen Legitimation beruht[381]. Eine „Trias von Trägern originärer Autonomie"[382] oder gar eine „befremdliche Viel- und Kleinstaaterei konkurrierender Autonomien im Bereich der Lohnarbeit"[383] existiert rechtlich nicht. Ausschließlich die individuelle Selbstbestimmung in Form der Privatautonomie als Prinzip der Selbstgestaltung der Rechtsverhältnisse des Einzelnen nach seinem Willen[384] ist dem modernen Staat aufgrund seiner Werteordnung vorgegeben. Dass die Ausübung der Privatautonomie zur Schaffung von Rechtswirkungen der Anerkennung durch die staatliche Rechtsordnung bedarf, bedeutet dabei nicht, dass die Autonomie des Einzelnen auf eine staatliche Ermächtigung zurückzuführen wäre[385]. Der Einzelne übt dabei im Rahmen der rechtlichen Grenzen nur seine originär bestehende Befugnis aus, in seinem Rechtskreis selbstgestaltend durch Regelsetzung tätig zu werden. Dementsprechend formuliert *Isensee*, es fließe „im grundgesetzlichen Gemeinwesen (...) Legitimation aus zwei Quellen: aus der Freiheit des einzelnen Menschen und aus dem Willen des Volkes"[386].

Diesem Ergebnis steht auch nicht die ebenfalls mit dem Begriff der Autonomie belegte Regelungsmacht der Tarifparteien entgegen. Die Tarifautonomie begründet – ebenso wenig wie die betriebliche Rechtsnormsetzung – eine außerstaatliche Rechtsquelle. Die Rechtssetzungs- und Regelungskompetenz der Tarifvertragsparteien entspringt vielmehr der Privatautonomie ihrer Mitglieder, die mit ihrem Verbandsbeitritt Regelungsauftrag und Regelungsbilligung im Sinne einer mitgliedschaftlichen Legitimation begründen[387]. Entsprechend dieser privatautonomen Begründung ist die Rechts- und Regelsetzungsmacht der tarifschließenden Verbände gemäß § 4 Abs. 1 S. 1 TVG auch auf ihre Mitglieder begrenzt[388]. Zwar weist der Tarifvertrag im System der privatautonomen Vereinbarungen Besonderheiten aus seiner kollektiven Rechtsnatur auf, er ist aber stets nur darauf ausgelegt, die strukturelle Unterlegenheit des einzelnen Arbeitnehmers bei Abschluss und Aushandlung des Arbeitsvertrages auszugleichen[389]. Die Rechtsnormen des Tarifvertrages dienen damit der Sicherung der Privatau-

---

381 Für die Rechtsnormsetzung durch Betriebsvereinbarung, aber ohne eine Differenzierung zur inhaltlichen Gestaltungsbefugnis *Richardi* Kollektivgewalt, S. 32 ff.; *Waltermann* S. 84 ff.; *Veit* S. 140 ff.; *Picker* GS f. Knobbe-Keuk, 879 (944); *ders.* ZfA 1998, 573 ff.; *ders.* NZA 2002, 761 (763); *Kempen* NZA 2000, Sonderbeilage zu Heft 3, 7 f.; *Müller-Franken* S. 40 ff.

382 *Picker* NZA 2002, 761 (763).

383 *Picker* NZA 2002, 761.

384 *Flume* S. 1; *Waltermann* S. 62.

385 *Kirchhof* S. 108; *Aksu* S. 76.

386 *Isensee* Der Staat 20 (1981), 161 (162).

387 *Zöllner* RdA 1964, 443 (446); *ders.* S. 31; *Waltermann* S. 119.

388 Mit Ausnahme der Regelung von betrieblichen und betriebsverfassungsrechtlichen Fragen, § 3 Abs. 2 TVG.

389 BVerfG 26.6.1991 EzA Art. 9 GG Arbeitskampf Nr. 97 (unter C.I.3.a.aa. der Gründe).

tonomie der Verbandsmitglieder, nicht aber ihrer Ersetzung, wie auch an der Regelung des § 4 Abs. 3 TVG deutlich wird[390]. Die tarifliche Rechtsgestaltung fügt sich damit vollständig in das geltende System der strikten Unterscheidung von individueller Selbst- und staatlich legitimierter Fremdbestimmung ein.
Zwar setzt die Privatrechtsordnung der freien Selbstbestimmung des Einzelnen zum Schutz der Freiheitssphäre der jeweils Anderen Grenzen[391]. Sie bleibt aber insgesamt dem Primat der Privatautonomie und der Vertragsfreiheit[392] als wesentliche Grundelemente der Wirtschaftsverfassung verpflichtet[393]. Der Stellenwert der Privatautonomie des Einzelnen als einzig originärer Autonomie neben der des Staates und die daraus folgende strikte Trennung in Selbstbestimmung durch Privatautonomie oder Fremdbestimmung durch staatliches bzw. staatlich legitimiertes Handeln muss daher auch im Folgenden berücksichtigt werden, wenn Inhalt und Reichweite der Regelungsbefugnis der Betriebspartner zur Gestaltung des privatautonom begründeten Arbeitsverhältnisses bestimmt werden.

d) Zwischenergebnis

Eine eigenständige, vorstaatliche Autonomie der Betriebspartner besteht nicht. Die insbesondere für die damit verbundene Rechtsetzungsgewalt vertretenen Ansätze stehen auch einer darauf gestützten autonomen Regelungsmacht von Arbeitgeber und Betriebsrat entgegen.

2. Betriebsräte als Koalitionen im Sinne des Art. 9 Abs. 3 GG

Ein weiterer Ansatz dafür, die Regelungskompetenz der Betriebspartner als autonom und damit umfassend zu deuten, knüpft an die bereits dargelegte Ähnlichkeit zwischen Betriebsvereinbarung und Tarifvertrag an[394]. Auf dieser Grundlage werden Betriebsräte von einem Teil der Lehre als Koalitionen im Sinne des Art. 9 Abs. 3 GG angesehen und der Betriebsautonomie ein verfassungsunmittelbarer Schutz zuerkannt, die, wie bei der Tarifautonomie, eine selbstbestimmte Ordnung der Arbeitsbedingungen ermöglichen soll[395].
Gestützt wird die Einbeziehung der Betriebsautonomie in den Schutzbereich des Art. 9 Abs. 3 GG insbesondere auf Darlegungen des BVerfG im sog. Mitbe-

---

390 *Veit* S. 95 f.
391 Dazu *Enneccerus/Nipperdey* S. 81 ff.; *Lambrich* S. 154 f.
392 *Lambrich* S. 155.
393 BVerfG 7.2.1990 BVerfGE 81, 242 (254); *Richardi* Gutachten B 25; *Reichold* S. 432; *Höfling* S. 55 ff.
394 *Sodan* JZ 1998, 421 (428 f.); vgl. auch *Schmidt* S. 74 Fn. 99; *Ehmann/Lambrich* NZA 1996, 346 (349 f). Zur (partiellen) Parallelität von Betriebsvereinbarung und Tarifvertrag bereits Teil 1 C. III. 1.
395 *V. Langen* S. 100 ff.; *Sodan* JZ 1998, 421 (428 f.); *Schmidt* S. 74 Fn. 99; *Ehmann/Lambrich* NZA 1996, 346 (349 f); dazu ausführlich *Veit* S. 151 ff.

stimmungsurteil aus dem Jahr 1979[396]. Dort hatte das BVerfG ausgeführt, Art. 9 Abs. 3 GG könne nicht dahin gehend ausgelegt werden, er gewährleiste das bestehende Tarifsystem als alleinige Form der Förderung der Arbeits- und Wirtschaftsbedingungen. Daneben sei eine sinnvolle Ordnung und Befriedung des Arbeitslebens auch auf anderen Wegen möglich, die nicht dem auf die Grundstrukturen der Gegensätzlichkeit der Interessen, des Konfliktes und des Kampfes basierenden Tarifsystem ähneln. Es sei auch ein System möglich, das Einigung und Zusammenwirken in den Vordergrund rücke, ohne dabei Konflikte und deren Austragung auszuschließen. Jede andere Interpretation des Art. 9 GG würde auf eine Einschränkung der gewährleisteten Freiheit hinaus laufen[397]. Auch zuvor hatte das BVerfG bereits ausgeführt, im Bereich des Art. 9 Abs. 3 GG gebe es keinen Typenzwang der Rechtsquellen zur Regelung der Arbeits- und Wirtschaftsbedingungen[398]. Aus diesen Aussagen des BVerfG könnte abzuleiten sein, dass die von den Grundsätzen der vertrauensvollen Zusammenarbeit und des Arbeitskampfverbotes getragene Beteiligung des Betriebsrates an der Unternehmensführung vom Schutzbereich des Art. 9 Abs. 3 GG erfasst wird[399]. Ein solches Verständnis begegnet allerdings durchgreifenden Bedenken.

Bereits die Ausgangsposition einer Vergleichbarkeit der Rechtsetzung durch Betriebsvereinbarung und Tarifvertrag vermag nicht in vollem Umfang zu überzeugen. Wie dargelegt besteht nur eine partielle Parallelität zwischen den beiden Instrumenten der kollektiven Normsetzung[400]. Der Tarifvertrag ist ein Fall der kollektiven Privatautonomie auf der Grundlage einer mitgliedschaftlichen Legitimation durch den Beitrittsakt des Mitglieds des tarifschließenden Verbands[401]. Bei der betrieblichen Mitbestimmung ergeben sich wesentliche Unterschiede bereits daraus, dass der Betriebsrat im Rahmen der durch das BetrVG vorgegebenen, abgestuften Mitwirkungs- und Kontrollbefugnisse keine volle Verhandlungsparität mit dem Arbeitgeber und eine den Gewerkschaften entsprechende Gegenmacht erreicht[402]. Zudem ist der Betriebsrat, wie § 40 BetrVG zeigt, wirtschaftlich vom Arbeitgeber abhängig und im Rahmen des § 2 Abs. 1 BetrVG dem Wohl des gesamten Betriebes verpflichtet, was ihn ebenfalls von den tarifschließenden Verbänden unterscheidet. Auch darf der Betriebsrat keine Maßnahmen des Arbeitskampfes ergreifen, um seine Interessen durchzusetzen (§ 74 Abs. 2 S. 1 BetrVG). Aus diesen Gründen ist die Rechtsetzung durch Betriebsvereinbarung in ständiger Rechtsprechung des BAG einer Billigkeitskon-

---

[396] BVerfG 1.3.1979 BVerfGE 50, 290 (371). Hierauf nehmen *Sodan* JZ 1998, 421 (428 f.); *v. Langen* S. 101; *Schmidt* S. 74 Fn. 99 und *Ehmann/Lambrich* NZA 1996, 346 (349 f) Bezug.
[397] BVerfG 1.3.1979 BVerfGE 50, 290 (371).
[398] BVerfG 24.5.1977 BVerfGE 44, 322 (347).
[399] Vgl. Schmidt S. 74 Fn. 99.
[400] Teil 1 C. III. 1.
[401] Teil 1 C. II. 2.
[402] *Veit* S. 101 ff.; *Müller-Franken* S. 30 f.

trolle anhand der Maßstäbe des § 75 Abs. 1 S. 1 BetrVG unterworfen und bedingt nicht, wie der Tarifvertrag, nur eine reine Rechtskontrolle[403]. Wie diese Erwägungen zeigen, ist bereits der Vergleich zu den aufgrund der Tarifautonomie bestehenden Einwirkungsrechten auf das Arbeitsverhältnis zur Begründung der Koalitionseigenschaft des Betriebsrates verfehlt[404].

Aber selbst wenn man über diese strukturellen Unterschiede hinweg sehen würde, so wird anhand der bereits vorliegenden Ergebnisse dieser Untersuchung ersichtlich, dass auch die tatbestandlichen Voraussetzungen des Art. 9 Abs. 3 GG nicht vorliegen und Betriebsräte nicht als Koalitionen im Sinne des Art. 9 Abs. 3 GG angesehen werden können. Koalitionen sind freiwillige, gegnerunabhängige Vereinigungen zur Wahrung und Förderung der Arbeits- und Wirtschaftsbedingungen von dauerhafter, demokratischer und überbetrieblicher Struktur, die über eine gewisse Mächtigkeit verfügen und dem Ziel des Abschlusses von Tarifverträgen verpflichtet sind[405]. Man kann dem Betriebsrat noch eine dauerhafte und demokratische Struktur zugestehen, die restlichen Voraussetzungen des Koalitionsbegriffs liegen aber erkennbar nicht vor[406]. Der Betriebsrat ist bereits nicht unabhängig vom Wechsel der „Mitglieder" des Betriebes, da die Betriebsratsfähigkeit gemäß § 1 BetrVG von einer dauerhaften Anzahl von fünf ständigen wahlberechtigten Arbeitnehmern abhängig ist[407]. Weder kommt dem Betriebsrat eine überbetriebliche Zuständigkeit zu, noch arbeitet er gegnerfrei oder gegnerunabhängig. Das Handeln des Betriebsrates ist auch nicht auf den Abschluss von Tarifverträgen gerichtet.

Insbesondere fehlt es auch an einer freien Gruppenbildung, wie sie in Art. 9 GG vorgesehen ist[408]. Bereits oben wurde nachgewiesen, dass ein freiwilliger und selbstbestimmter Zusammenschluss der Arbeitnehmer im Rahmen der Betriebsverfassung nicht belegt werden kann. Damit entfällt aber auch der Nachweis dieser für den Bestand einer Koalition im Sinne des Art. 9 Abs. 3 GG erforderlichen Voraussetzung[409].

---

[403] Grundlegend BAG 30.1.1970 AP Nr. 142 zu § 242 BGB Ruhegehalt (unter B.IV. der Gründe) und BAG 9.12.1981 AP Nr. 14 zu § 112 BetrVG 1972 (unter II.2.a. der Gründe); aus neuerer Zeit: BAG 25.4.1991 AP Nr. 138 zu § 611 BGB Gratifikationen (unter II.3.e. der Gründe). Zum Begriff der Billigkeitskontrolle kritisch: *v. Hoyningen-Huene* Betriebsverfassungsrecht, S. 236 f.; *Richardi* § 77 Rz. 125.

[404] Vgl. *Müller-Franken* S. 30 f.

[405] BVerfG 1.3.1979 BVerfGE 50, 290 (367); BAG 25.11.1986 EzA § 2 TVG Nr. 17 (unter B.II.2.,3. der Gründe); *Gamillscheg* Kollektives Arbeitsrecht, S. 392 ff.; *Zöllner/Loritz* § 8, S. 107 ff.

[406] Ausführlich dazu *Veit* S. 151 ff.

[407] Wenn die Zahl der maßgeblichen Arbeitnehmer unter diese Grenze sinkt, verliert der Betrieb die Betriebsratsfähigkeit und das Amt des Betriebsrates erlischt, *Richardi* § 1 Rz. 128.

[408] *Veit* RdA 1999, 346 (348); *Rieble* RdA 1996, 15 (152).

[409] *Veit* S. 169; *Aksu* S. 62.

Dem kann nicht entgegen gehalten werden, Betriebsräte seien schon deshalb freiwillige Zusammenschlüsse, weil keine Pflicht zur Wahl eines Betriebsrates besteht und die Mitglieder des Betriebsrates ihr Amt gemäß § 24 Abs. 1 Nr. 2 BetrVG jederzeit niederlegen können[410]. Diese Begründung verkennt, dass zur Beurteilung der Freiwilligkeit nicht auf die Mitglieder des Betriebsrates, sondern auf den einzelnen Arbeitnehmer abzustellen ist. Für diesen stellt jedenfalls die betriebliche Rechtssetzung eine von Gesetzes wegen an sein Arbeitsverhältnis gekoppelte Zwangsordnung dar[411]. Weder besteht eine privatautonome Legitimation durch einen mitgliedschaftlichen Beitritt, noch hat sich der Einzelne auf sonstige Weise der durch den Betriebsrat vermittelten Rechtsetzung unterworfen[412]. Das gleiche gilt aber auch für die im Rahmen der Regelungsabrede allein maßgebliche Regelungsbefugnis, da es hier zwar zur Umsetzung der Vereinbarung einer individualvertraglichen Umsetzung bedarf, sich aber auch der Inhalt der Regelungsabrede, wie gezeigt, nicht auf eine privatautonome Grundlage stützen kann. Im Rahmen der betrieblichen Mitwirkungsrechte fehlt es insgesamt, also sowohl für die Rechts- als auch für die Regelsetzung an einem Pendant zur negativen Koalitionsfreiheit, durch das sich der Arbeitnehmer der Fremdbestimmung durch Dritte entziehen könnte[413].
Insbesondere die fehlende Freiwilligkeit steht daher der Annahme einer Koalitionseigenschaft entgegen. Diese lässt sich auch nicht dadurch überwinden, dass man den Koalitionsbegriff als der „Ideologie des Klassenkampfes" entsprungen und daher als von der „Lebenswirklichkeit überholt" ansieht[414], oder die Betriebsautonomie als „zeitgemäße Fortentwicklung der Tarifautonomie in Art. 9 III GG als mitgarantiert" ansieht[415]. Diese Ausführungen gründen sich auf eine rein faktizitive Argumentation und bleiben eine rechtliche Begründung dafür schuldig, warum es auf die fehlende Freiwilligkeit als Voraussetzung der Koalitionsbildung nicht ankommen soll[416].

III. Zwischenergebnis:

Als Ergebnis ist festzuhalten, dass die Betriebsautonomie keine vorstaatliche und daher umfassende Autonomie garantiert und dass ein Betriebsrat keine Ko-

---

410 So aber *Sodan* JZ 1998, 421 (428 f.).

411 *Richardi* Kollektivgewalt, S. 316; ders. Gutachten, B 27 ff. u. 46 ff.; *ders.* Einl. Rz. 103; *Kreutz* Grenzen, S. 74; *Biedenkopf* S. 302; *Canaris* ArbuR 1966, 129 (139 f.); *Waltermann* NZA 1995, 1177 (1180); *ders.* NZA 1996, 357 (360); *Konzen* FS f. Wolf, 279 (296) = ZfA 1985, 469 (485); *Picker* Tarifautonomie, 113 (141); *Däubler* NZA 1988, 857 (860); *Müller-Franken* S. 102; *Aksu* S. 62.

412 *Rieble* RdA 1996, 15 (152); *Aksu* S. 62.

413 Vgl. *Picker* Tarifautonomie, S. 113 (141); *Gast* S. 11.

414 So aber *Ehmann* ZRP 1996, 314 (320); *Sodan* JZ 1998, 421 (428).

415 So *v. Langen* S. 102.

416 Die genannten Autoren stellen dazu auch keine weiteren Erwägungen an.

alition im Sinne des Art. 9 Abs. 3 GG ist und daher keine auf der Grundlage der Verfassung als umfassend garantierte Autonomie in Anspruch nehmen kann.
Eine der Tarifautonomie entsprechende Regelungsbefugnis der Betriebspartner bei der Vereinbarung einer Regelungsabrede zur Gestaltung materieller Arbeitsbedingungen besteht danach weder durch die Ausübung kollektiver Privatautonomie noch aus dem Gedanken einer eigenständigen und umfassenden Betriebsautonomie.

IV. Rückschlüsse für die Reichweite der Regelungsbefugnis

Da sich die Regelungsbefugnis der Betriebspartner nicht auf die Privatautonomie der Arbeitnehmer oder die Betriebsautonomie als solche stützen lässt, stellt sich die Frage, wie ihr Umfang ansonsten bestimmt werden kann.
Diese Frage wird in der wissenschaftlichen Diskussion auf der Grundlage eines einheitlichen Verständnisses von Regel- und Rechtsetzung wiederum nur für die Betriebsvereinbarung behandelt. Aufgrund ihrer unmittelbaren und zwingenden Wirkung (§ 77 Abs. 4 BetrVG), die nach herrschender Auffassung z. B. auch eine Verbindliche Festlegung der Dauer der individuellen regelmäßigen wöchentlichen Arbeitszeit ermöglicht[417], wird dabei die in einer freiheitlichen Rechtsordnung notwendige Legitimation vor der Freiheit und den Rechten des Einzelnen (Art. 2 Abs. 1 und Art. 12 GG)[418] erörtert.
Für die Regelungsbefugnis der Betriebspartner bei Abschluss einer Regelungsabrede zur Gestaltung materieller Arbeitsbedingungen stellt sich zwar die Frage einer Eingriffslegitimation nicht, da ihre Umsetzung von einem individualvertraglichen Transformationsakt und damit vom Willen des regelungsbetroffenen Arbeitnehmers abhängt. Da die Rechtsetzungskompetenz von der h.M. nicht von der Regelungsbefugnis der Betriebspartner unterschieden wird[419], lassen die für die Legitimation der betrieblichen Rechtsetzung vorgebrachten Argumente aber Rückschlüsse für die Bestimmung Reichweite der Regelungsbefugnis der Betriebspartner zu und bedürfen daher einer Untersuchung.

---

[417] Teil 1 C. III. 2.

[418] *Reichold* S. 533; *Veit* S. 202; *Hueck/Nipperdey/Säcker* Bd. II/2 S. 1652; *Käppler* FS f. Kissel, 475 (480 f.); *Picker* NZA 2002, 761 (762); *Waltermann* S. 131 u. 134; *Kirchhof* S. 92; *Müller-Franken* S. 102; *Aksu* S. 64. Von der Notwendigkeit einer solchen Legitimation geht mittelbar auch das BAG aus, wenn es darauf verweist, bei der Ausübung und Ausgestaltung ihrer Regelungsbefugnis müssten die Betriebspartner den Grundsätzen des freiheitlichen und sozialen Rechtsstaats (Art. 20 GG) und der individuellen Entfaltungsfreiheit (Art. 2 Abs. 1 und Art. 12 GG) Rechnung tragen, BAG GS 7.11.1989 NZA 1990, 816 (818, unter C.3. der Gründe); BAG 19.1.1999 NZA 1999, 546 (548 f., unter A.III. der Gründe).

[419] Zum Problem der Reichweite der Rechtsetzungsbefugnis *Veit* S. 196 ff.; *Müller-Franken* S. 102 ff.; *Aksu* S. 63 ff.

1. Die Legitimationsfrage für die Rechtsetzungskompetenz

Ausgangspunkt einer Rechtfertigung der rechtsgestaltenden Wirkungen der Betriebsvereinbarung ist die ausdrückliche Regelung der Bindungswirkung in § 77 Abs. 4 S. 1 BetrVG. Mit dieser Geltungsanordnung allein ist aber für eine Legitimation wenig gewonnen, da die Wirkung jeder Rechtsgestaltung (auch im Falle einer privatautonomen Grundlage) immer auf der Anerkennung durch die staatliche Rechtsordnung beruht[420]. Allein aus der Regelungsform der Normsetzung auf eine quasi-hoheitliche Regelungsmacht zu schließen, wird von *Picker* zu Recht als „Kurzschluss" bezeichnet[421]. Es reicht daher nicht aus, angesichts des staatlichen Geltungsbefehls darauf zu verweisen, in einem Betrieb mit Betriebsrat befinde sich der Einzelne in kollektiven Angelegenheiten in einer „Sphäre verdünnter Freiheit"[422].

a) Begründungsansätze

Zur Rechtfertigung der Rechtsetzungsmacht der Betriebsparteien werden verschiedene Ansätze vorgetragen. Weit verbreitet ist die Ansicht, den durch die Betriebspartner privat gebildeten Normen könne der Staat nur durch die Übertragung von Rechtsetzungsgewalt zur Anerkennung durch die Rechtsordnung verhelfen, die dazu erforderliche Rechtsetzungskompetenz sei also ein Fall der Delegation[423]. Allerdings wird dabei überwiegend angenommen, der Staat übertrage nicht eigene Hoheitsgewalt[424], sondern ermächtige die Betriebspartner in einem bestimmten Sachbereich zur Wahrnehmung einer eigenen, autonomen Rechtsetzungsbefugnis[425]. Danach bringt die privatrechtliche Normsetzung der Betriebsparteien eigenes, nichtstaatliches Recht hervor, das vom Staat im Rahmen einer Autonomieermächtigung anerkannt wird[426]. Dieser Ansatz wäre auch

---

[420] *Kirchhof* S. 133 ff.; *Picker* JZ 1987, 1041 (1044, Fn. 17); *Richardi* führt dazu aus, „logisch-formal beruhen sämtliche Rechtswirkungen darauf, dass die staatliche Rechtsordnung sie anordnet oder anerkennt", *Richardi* Kollektivgewalt, S. 28, 32 ff., 142.

[421] *Picker* NZA 2002, 761 (762 u. 768); kritisch auch *Waltermann* NZA 1996, 357 (361).

[422] Diesen Begriff verwendet *Thiele* in GK (4. Aufl.) Einl. Rz. 51. *Däubler* hält dem zutreffend entgegen, dass der freiheitliche Verfassungsstaat keine Zonen verdünnter Freiheit duldet, NZA 1988, 857 (865).

[423] *Adomeit* Rechtsquellenfragen, S. 136 ff.; *Staschik* S. 21; *Belling* Haftung, S. 74 ff.; *ders.* Anm. zu BAG 27.11.1987 EzA § 620 BGB Altersgrenze Nr. 1 (unter III.b.2.c.); *Neumann-Duesberg* S. 370 f.; *Biberacher* S. 47 ff.; *Müller* S. 71 ff.; vgl. dazu auch *Veit* S. 196 f.

[424] So aber *Neumann-Duesberg* S. 370 f.; *Adomeit* Rechtsquellenfragen, S. 146 Fn. 477; *Belling* Haftung, S. 83; *ders.* Anm. zu BAG 27.11.1987 EzA § 620 BGB Altersgrenze Nr. 1 (unter III.b.2.c.); *Biberacher* S. 47 ff.; *Müller* S. 72 f.;

[425] *Säcker* Gruppenautonomie, S. 243 u. 344; *ders.* ZfA 1972 Sonderheft, 41 (50); *G.Hueck* Betriebsvereinbarung, S. 27 ff.; *Strasser* S. 149;

[426] *Schneider* FS f. Möhring, 521 (524).

in der Lage eine von ihrem Inhalt her eigenständige Regelungskompetenz der Betriebspartner im Rahmen der staatlichen Ermächtigung begründen.
Im Gegensatz zur Delegation als Einräumung eigener Befugnisse wird teilweise auch vorgetragen, die Regelungen einer Betriebsvereinbarung stellten lediglich Tatbestandsmerkmale des Gesetzes dar, auf die § 77 Abs. 4 S. 1 BetrVG verweise[427]. Damit erkläre sich die Geltungswirkung der Betriebsvereinbarung letztlich durch eine dynamische Verweisung aus der Geltung als staatliches Gesetz[428], ohne dass es wie bei einer Delegation zu einer Kompetenzverlagerung auf die Regelungsurheber kommt. Die rechtsgestaltende Wirkung wäre damit keine Eigenschaft der Betriebsvereinbarung selber, sondern unmittelbare Wirkung des staatlichen Gesetzes[429], dass damit auch den inhaltlich zulässigen Umfang einer Regelung festlegen würde.
Kreutz erklärt den Geltungsgrund der Betriebsvereinbarung demgegenüber mit der Kategorie des „privatheteronomen Rechtsgeschäfts"[430]. Er nimmt an, dass dem Staat ein Normsetzungsmonopol zukommt und die Betriebsvereinbarung als privat geschaffene Regel deshalb nicht als Rechtsnorm verstanden werden kann[431]. Vielmehr sei der übereinstimmende Wille beider Vertragspartner der Betriebsvereinbarung entscheidend. Dieser werde vom Gesetz rechtlich anerkannt, so dass allein der staatliche Geltungsbefehl als Grundlage der Normwirkung angesehen werden müsse[432]. Auf diese Weise werden privatautonom vereinbarte Regelungen, die für die Betroffenen fremdbestimmend wirken, durch Bildung einer eigenen Kategorie in das Privatrecht eingeordnet[433].

b) Kritik

Insbesondere hinsichtlich der dynamischen Verweisung ist frühzeitig kritisiert worden, dass es dadurch zu einer versteckten Verlagerung von Gesetzgebungsbefugnissen kommt[434]. Da der Gesetzgeber bei einer solchen Verweisung keine eigenverantwortliche Prüfung und Entscheidung mehr vornimmt, wird über den sachlichen Inhalt der Verweisungsnorm ausschließlich vom privaten Regelungsurheber entschieden. Damit entsteht ein verfassungswidriger Zustand dadurch, dass sich eine Regelung mit Gesetzeswirkung inhaltlich nicht mehr auf

---

427 *Bickel* ZfA 1971, 181 (193); für den Tarifvertrag *Scholz* Koalitionsfreiheit S. 260 f.; *ders.* Betriebsjustiz, S. 311 (325 ff.).
428 *Bickel* ZfA 1971, 181 (193).
429 Vgl. GK-*Kreutz* § 77 Rz. 221, der diesen Ansatz als „Tatbestandstheorie" bezeichnet.
430 *Kreutz* Grenzen, S. 99 ff.; vgl. auch *Hönn* S. 213; *Canaris* JuS 1989, 161 (167).
431 GK-*Kreutz* § 77 Rz. 226 f.; *ders.* Grenzen, S. 76 ff.; 92 ff.; ders. vgl. auch *Hönn* S. 213; *Nause* S. 92 ff.; *Canaris* JuS 1989, 161 (167).
432 GK-*Kreutz* § 77 Rz. 226 f.
433 *Kreutz* Grenzen, S. 246 f.
434 BVerfG NJW 1978, 1475 (1476); *Schenke* NJW 1980, 743 (744).

den demokratisch legitimierten Gesetzgeber zurückführen lässt[435]. Der Gesetzgeber ist nicht befugt, Blankettgesetze zu erlassen, auf deren Grundlage Private Rechtsnormen mit beliebigem Inhalt schaffen können[436].
Diese für die dynamische Verweisung angestellten Erwägungen enthalten aber allgemeine staatsrechtliche Anforderungen und müssen insgesamt der Beurteilung der betrieblichen Rechtsetzung zu Grunde gelegt werden[437]. Auch die Erklärungsmodelle, die auf einer Delegation staatlicher Befugnisse aufbauen, begegnen dabei Bedenken in Hinblick auf das Rechtsstaats- und Demokratieprinzip. Der Gesetzgeber darf sich seiner Rechtsetzungskompetenz auch in sachlichen Teilbereichen nicht abschließend entäußern und seinen Einfluss auf den Inhalt von Normen, die nicht von den originären Legislativorganen geschaffen werden, gänzlich aufgeben[438]. Eine Übertragung originär staatlicher Rechtsetzungskompetenz im Sinne einer echten Delegation ist damit nicht vereinbar[439]. Eine Verletzung dieses Grundsatzes läge aber auch vor, wenn man, wie der überwiegende Teil der Vertreter der Delegationstheorie, davon ausginge, dass der Staat den Betriebspartnern zwar nicht eigene, staatliche Hoheitsgewalt übertrage, aber von ihnen in autonomer Regelsetzung geschaffene Rechtssätze im Rahmen einer Autonomieermächtigung anerkenne. Die Mindestanforderung für die auf einer Delegation beruhende Rechtsetzungsmacht wäre die (auch inhaltliche) staatliche Aufsicht über die von Privaten kraft Delegation geschaffenen Normsetzung[440], die für die Rechtsetzung durch Betriebsvereinbarung aber nicht existiert[441]. Damit ist die Verlagerung staatlicher Entscheidungsgewalt auf die Betriebspartner durch Übertragung einer Normsetzungsbefugnis oder einer Autonomieermächtigung, die über die Regelung eigener Angelegenheiten hinaus geht, insgesamt ausgeschlossen[442], so dass hierauf auch keine inhaltliche Regelungsbefugnis gestützt werden kann.
Dieses Ergebnis lässt sich auch aus den Anforderungen belegen, die von Verfassungs wegen für die Delegation von Rechtsetzungsmacht im Rahmen der Bundesgesetzgebung aufgestellt werden[443]. Das verfassungsrechtliche Gebot der Delegationsbestimmtheit in Art. 80 Abs. 1 S. 2 GG, wonach Inhalt, Zweck und Ausmaß der erteilten Ermächtigung im (ermächtigenden) Gesetz zu bestimmen

---

435 *Veit* S. 199; vgl. auch *Ossenbühl* DVBl. 1967, 401 (404); *Jahnke* S. 106; *Staschik* S. 5.
436 *Säcker* Gruppenautonomie, S. 348 Fn. 29; *Travlos-Tzanetatos* S. 39 Fn. 83a.
437 *Veit* S. 199 ff.; vgl. auch *Waltermann* S. 152 ff.
438 So das BVerfG im sog. Facharztbeschluss zur Satzungsgewalt öffentlich-rechtlicher Berufsverbände, BVerfG 20.10.1982 BVerfGE 61, 260 (275).
439 *Scholz* Betriebsjustiz, S. 311 (324 f.); *Aksu* S. 94.
440 *Waltermann* S. 120 f.; *Richardi* Kollektivgewalt, S. 147 ff.; *Scholz* Koalitionsfreiheit, S. 58; *Kirchhof* S. 174; *Müller-Franken* S. 151 f.
441 *Richardi* § 77 Rz. 28; *Konzen* ZfA 1985, 469 (482).
442 GK-*Kreutz* § 77 Rz. 225.
443 *Herrmann* spricht insoweit sogar von einer „analogen Anwendung", NZA 2000 Sonderbeilage zu Heft 3, 14 (20 f.).

sind, statuiert Mindestanforderungen der Vorhersehbarkeit und Berechenbarkeit staatlicher Rechtsgeltung für den Bürger[444]. Diese Vorschrift bestimmt damit allgemeine Grenzen, welche den Möglichkeiten des Gesetzgebers gesetzt sind, sich seiner Verantwortung als gesetzgebende Körperschaft zu entäußern[445]. Damit korrespondiert, dass nach den Grundsätzen des Vorbehalts des Gesetzes der demokratisch legitimierte Gesetzgeber vor allem im Bereich der Grundrechtsausübung alle wesentlichen Entscheidungen selbst treffen muss[446].

c) Schlussfolgerungen

Diese Erwägungen lassen sich auf die Rechtsetzung der Betriebsparteien übertragen[447] und geben auch den Rahmen ihrer inhaltlichen Vereinbarungsbefugnis vor.

Im Gegensatz zur Tarifautonomie, die sich wie dargelegt auf eine privatautonome Grundlage stützen lässt und daher den Autonomieträgern eine grundgesetzlich garantierte, im Rahmen geltender Gesetze freie Rechtsetzung ermöglicht, ist die Betriebsautonomie vom Staat „künstlich geschaffen" und besteht nur durch und im Rahmen der gesetzlichen Ausgestaltung[448]. Für die auf der Privatautonomie beruhende Tarifautonomie stellt sich die Legitimationsfrage offensiv, so dass dort stets zu begründen ist, warum den Tarifpartnern die Regelung bestimmter Materien verwehrt sein soll.

Den Betriebspartnern ist aber von Gesetzes wegen ein Kompetenzrahmen vorgegeben, der, entsprechend dem Gedanken des Art. 80 Abs. 1 S. 2 GG, die Beteiligung der Arbeitnehmerschaft in betrieblichen Angelegenheiten nach Inhalt, Zweck und Ausmaß verbindlich und ex ante festlegt. Die Mitwirkungsrechte beinhalten eine vom Gesetzgeber vorgenommene Kompetenzzuweisung, die es dem Betriebsrat sowohl verwehrt, Eingriffe in die Arbeitgebersphäre vorzunehmen, als auch inhaltliche Kompetenzen wahrzunehmen, sofern ihm das Gesetz dazu nicht ausdrücklich ermächtigt hat[449].

Damit stellt sich für die Betriebsautonomie (im Gegensatz zur Tarifautonomie) insgesamt eine defensive Legitimationsfrage. Es ist danach stets anhand der gesetzlichen Vorgaben zu begründen, warum den Betriebsparteien die Regelung

---

[444] *Kloepfer* JZ 1984, 685 (691); *Aksu* S. 89.

[445] *Schmidt-Bleibtreu/Klein* Art. 80 Rz. 7.

[446] BVerfG 28.10.1975 BVerfGE 40, 237 (249 f.); BVerfG 20.10.1982 BVerfGE 61, 260 (275); zur Bedeutung des Vorbehalts des Gesetzes für die betriebliche Rechtsetzung *Waltermann* S. 30 f. u. 150 f.; *ders.* RdA 1990, 138 (142 ff.); *ders.* NZA 1993, 679 (683 ff.); *ders.* NZA 1996, 357 (361 ff.); *Hammer* S. 93 ff.; *Aksu* S. 109 ff.; *Müller-Franken* S. 171 ff.; *Biberacher* S. 67 ff.

[447] *Veit* S. 201; *Waltermann* RdA 1990, 138 (143); *ders.* NZA 1996, 357 (362); *Aksu* S. 96.

[448] *Waltermann* S. 59 u. 137 f.; *ders.* NZA 1996, 357 (361); *Veit* S. 200 f.; *Rieble* RdA 1996, 151 (152).

[449] Vgl. *Isele* Anm. zu BAG 1.3.1966 SAE 1967, 120 (122).

bestimmter Materien gestattet ist. Es ist gerade Ausdruck dieser defensiven Legitimationsfrage, wenn der Betriebsrat als ein Rechtssubjekt bezeichnet wird, das allenfalls im Rahmen der ihm gesetzlich zugewiesenen Aufgaben berechtigt oder verpflichtet werden, nicht aber außerhalb seines Wirkungskreises privatrechtliche Geschäfte tätigen kann[450]. In einer Entscheidung vom 14.8.2001 spricht das BAG insoweit zutreffend von einer „durch das Betriebsverfassungsgesetz vermittelten Regelungsbefugnis“[451].
Zwar geht es bei der isolierten Betrachtung der Regelungsbefugnis wie bereits dargelegt nicht um die Rechtfertigung von Eingriffen der Betriebspartner in Rechtspositionen der Arbeitnehmer. Da sich die Regelungsbefugnis der Betriebspartner aber nicht auf eine kollektiv ausgeübte Privatautonomie oder eine eigenständige Betriebsautonomie stützen lässt, fehlt jeder Anhaltspunkt dafür, die Regelungsbefugnis der Betriebspartner aus diesem Grund umfassend autonom zu interpretieren und nur die Rechtsetzungskompetenz an die Vorgaben des BetrVG zu koppeln. Den Betriebspartnern ist gerade keine Betriebsautonomie im Sinne einer Selbstregelung eigener Angelegenheiten eingeräumt worden[452]. Insofern ist es zwar methodisch ungenau, im Ergebnis inhaltlich aber nicht zu beanstanden, wenn die herrschende Ansicht nicht zwischen der Regelungsbefugnis und der Rechtsetzungskompetenz der Betriebspartner unterscheidet. Beide ergeben sich erst aus dem BetrVG selber und bestehen nicht losgelöst von seinen Vorgaben.
Auch die betriebliche Regelungsbefugnis ergibt sich danach nur anhand der Entstehungsgeschichte, des Wortlauts, der ratio und des Regelungszusammenhangs des BetrVG. Das BetrVG ist dabei zu lesen als ein nach dem Enumerationsprinzip abschließender Katalog von Ermächtigungen der Betriebsparteien zur inhaltlichen Regelung (und rechtsetzenden) Gestaltung[453].

2. Das BetrVG als Grundlage der Regelungsbefugnis

Damit bleibt aber nur, für den Umfang der Regelungsbefugnis der Betriebspartner ausschließlich die Befugnisse als maßgeblich anzusehen, die diesen durch das BetrVG eingeräumt werden. Das Gesetz ist also nicht nur Grundlage für die Rechtsetzungsbefugnis der Betriebspartner im Sinne der von *Lieb* für die Tarif-

---

[450] So BAG 24.4.1986 AP Nr. 7 zu § 87 BetrVG 1972 Sozialeinrichtung (unter II.2.a. der Gründe).
[451] BAG 14.8.2001 AP Nr. 4 zu § 77 BetrVG 1972 Regelungsabrede (unter III.1. der Gründe).
[452] *Veit* S. 204.
[453] *Picker* NZA 2002, 761 (769); *Birk* ZfA 1986, 73 (85) spricht vom Prinzip der betriebsverfassungsrechtlichen Spezialermächtigung. Einen zutreffenden Vergleich zieht *Waltermann*, der ausführt: „So, wie im demokratischen Staat zunächst die Verfassung Quelle der Legitimation für die Staatsgewalt ist, ist das staatliche Betriebsverfassungsgesetz funktionell und institutionell Legitimationsquelle der kollektiven Mitwirkung und Mitregelung des Betriebsrats im Bereich der betrieblichen Angelegenheiten“, *Waltermann* NZA 1998, 505 (508).

autonomie beschriebenen lediglich formalen Ermächtigung zur Effektuierung einer inhaltlich bereits bestehenden autonomen Befugnis zur Regelsetzung[454]. Das Gesetz legt zugleich Inhalt und Grenzen der Regelungskompetenz der Betriebspartner fest.
Der Befund von *Zöllner* und *Loritz*, wonach es die inhaltliche Tarifautonomie (im Sinne einer Regelungs- nicht aber Rechtsetzungszuständigkeit) auch ohne eine gesetzliche Regelung geben würde[455], kann damit auf die Betriebsverfassung nicht übertragen werden. Vielmehr gilt das Gegenteil: Ohne eine gesetzliche Kompetenzzuweisung auch für die Regelsetzung steht den Betriebspartnern keinerlei Befugnis zu, Vereinbarungen zur Gestaltung von Arbeitsbedingungen zu treffen.

C. Der Umfang der gesetzlich eingeräumten Regelungsmacht

I. Ausgangsposition anhand der bisherigen Ergebnisse

Die vorliegende Untersuchung hat bislang ergeben, dass es für die inhaltliche Reichweite der Regelungsmacht der Betriebspartner darauf ankommt, welche Befugnisse das BetrVG den Betriebspartnern gewährt. Damit wird der bereits oben geschilderte, im wesentlichen unstreitige Ausgangspunkt, wonach die Betriebspartner nur eine im Grundsatz beschränkte Regelungsbefugnis haben[456], bestätigt. Das BetrVG hat es allerdings versäumt, die Regelungsbefugnis von Arbeitgeber und Betriebsrat anhand einer abschließenden Kompetenzvorschrift positiv festzulegen, wie es mit § 1 Abs. 1 TVG für Tarifverträge und § 28 SprAuG für die leitende Angestellte betreffenden Abmachungen erfolgt ist. Auch eine negative Umschreibung und eine Beschränkung auf explizit statuierte Beteiligungsrechte wie in § 73 BPersVG liegt nicht vor. Zur Beschreibung der Zuständigkeit des Betriebsrates wird dementsprechend auf die auf seinen Aufgabenbereich begrenzte funktionelle Zuständigkeit, seinen gesetzlich beschränkten Aufgabenbereich bzw. die im Betriebsverfassungsgesetz vorgesehenen Fälle verwiesen[457] sowie darauf, dass Betriebsrat und Arbeitgeber keine umfassende Vertragsfreiheit im Sinne von § 305 BGB genießen[458].

---

454 *Lieb* Arbeitsrecht Rz. 478; dazu bereits Teil 1 C. II. 2.
455 *Zöllner/Loritz* § 33 IV. 3. Dazu bereits Teil 1 C. II. 2.
456 Vgl. statt vieler *Däubler/Kittner/Klebe* § 77 Rz. 37; *Hueck* Betriebsvereinbarung, S. 65; *Säcker* Gruppenautonomie, S. 342 f. Näher Teil 1. C. III. 2.b.
457 So beispielsweise die unterschiedlichen Formulierungen bei *Hueck/Nipperdey/Säcker* II/2 S. 1262; *Beuthien* ZfA 1983, 141 (164); *Jahnke* S. 90; *Fitting/Kaiser/Heither/Engels/Schmidt* § 77 Rz. 45; *Hess/Schlochauer/Glaubitz* § 77 Rz. 15; *Biedenkopf* S. 296; *Galperin/Löwisch* § 77 Rz. 46.
458 *Nikisch* Bd. III, S. 276; so auch *Richardi* Kollektivgewalt, S. 322.

Trotz der damit im Ausgangspunkt als beschränkt beschriebenen Kompetenz der Betriebspartner wird aber, wie bereits dargelegt[459], von der überwiegenden vertretenen Ansicht angenommen, dass die Zuständigkeit der Betriebspartner jede durch Arbeits-[460] oder Tarifvertrag[461] regelbare Materie umfasst und damit faktisch doch unbegrenzt besteht. Diese These von einer umfassenden, „globalen" Regelungskompetenz[462] ist nach den bisherigen Ergebnissen dieser Untersuchung nur dann haltbar, wenn sich anhand des BetrVG eine derart weit reichende Kompetenzzuweisung belegen lässt. Rechtsprechung und herrschende Lehre stützen sich dazu vordringlich auf einen Umkehrschluss aus § 77 Abs. 3 und einem Verständnis von § 88 BetrVG als allgemeiner Auffangnorm[463]. Von der Rechtsprechung werden diese beiden Begründungsstränge zumeist parallel heran gezogen[464]. Der Große Senat des BAG stellt dazu fest, die unbegrenzte Regelungsbefugnis der Betriebspartner folge „aus allgemeinen Grundsätzen des Betriebsverfassungsrechts, die in § 77 Abs. 3 (Tarifvorrang) und § 88 BetrVG (freiwillige Betriebsvereinbarungen) zum Ausdruck kommen."[465] Darüber hinaus wird § 28 SprAuG zur Begründung einer umfassenden Regelungsbefugnis heran gezogen[466].

Diese Vorschriften werden deshalb im Folgenden darauf hin untersucht, ob in ihnen die Grundlage einer umfassenden Regelungskompetenz gesehen werden kann.

II. Umkehrschluss aus § 77 Abs. 3 BetrVG

Soweit sich die Begründung einer globalen Regelungsbefugnis auf § 77 Abs. 3 BetrVG stützt, spielt keine Rolle, ob sich diese Vorschrift, deren Wortlaut nur auf die Betriebsvereinbarung Bezug nimmt, auf Regelungsabreden überhaupt

---

[459] Teil 1. C. III. 2.b.

[460] BAG GS 7.11.1989 AP Nr. 46 zu § 77 BetrVG 1972 (unter C.I.2. der Gründe); *Otto* NZA 1992, 97 (101); vgl. auch *Herrmann* NZA 2000 Sonderbeilage zu Heft 3, 14 (15).

[461] BAG GS 7.11.1989 AP Nr. 46 zu § 77 BetrVG 1972 (unter C.I.2. der Gründe); BAG 9.4.1991 AP Nr. 1 zu § 77 BetrVG 1972 Tarifvorbehalt (unter II.2. der Gründe).

[462] BAG GS 7.11.1989 AP Nr. 46 zu § 77 BetrVG 1972 (unter C.I.2.c. der Gründe); BAG 18.8.87 AP Nr. 23 zu § 77 BetrVG 1972 (unter B.II.2. der Gründe); vgl. auch *Hammer* S. 67; *Otto* NZA 1992, 97 (101). *Fitting/Kaiser/Heither/Engels/Schmidt* § 77 Rz. 45 f u. § 88 Rz. 2 ff.; MünchArbR/*Matthes* § 327 Rz. 50 f.; *Säcker* Gruppenautonomie, S. 343.

[463] Nachweise Teil 1. C. III. 2.b. und im Folgenden.

[464] BAG GS 7.11.1989 AP Nr. 46 zu § 77 BetrVG 1972 (unter C.I. der Gründe); BAG 18.8.1987 AP Nr. 23 zu § 77 BetrVG 1972 (unter B.II.2. der Gründe).

[465] BAG GS 7.11.1989 AP Nr. 46 zu § 77 BetrVG 1972 (unter C.I. der Gründe); bereits in der Entscheidung zum Leber-Rüthers-Kompromiss stützte das BAG die Zulässigkeit der Regelung von Entgelthöhe und sonstigen Arbeitsbedingungen durch die Betriebsparteien auf diese Vorschriften, BAG 18.8.1987 AP Nr. 23 zu § 77 BetrVG 1972 (unter B.II.2. der Gründe); zust. *Säcker/Oetker* ZfA 1991, 131 (177); *Schwarze* S. 144; vgl. bereits Teil 1. C. III. 2.c.aa.

[466] BAG GS 7.11.1989 AP Nr. 46 zu § 77 BetrVG 1972 (unter C.I.2.c. der Gründe).

Anwendung findet[467]. Da die herrschende Ansicht nicht zwischen der Regel- und der Rechtsetzung im Rahmen betrieblicher Vereinbarungen unterscheidet ist die auf § 77 Abs. 3 BetrVG gestützte Argumentation auch im Rahmen der Regelungsabrede zu berücksichtigen.
Dieser Begründung kann zunächst nicht entgegen gehalten werden, diese Vorschrift sei gewohnheitsrechtlich derogiert[468], verfassungswidrig[469] oder gegenstandslos[470]. Zwar würde die Rechtsunwirksamkeit des Tarifvorbehalts einer darauf gestützten Argumentation schon vom Ansatz her die Grundlage entziehen[471]. Auch besteht sowohl eine mittlerweile mehrjährige Diskussion in der Arbeitswissenschaft als auch eine in den Betrieben „verbreitete Praxis tarifwidriger Vereinbarungen“[472]. Die Vorschrift des § 77 Abs. 3 BetrVG ist aber nach wie vor geltendes Gesetzesrecht[473]. Die engen Voraussetzungen, unter denen eine gesetzliche Bestimmung im Rahmen der Rechtsanwendung (also unter Umgehung des demokratisch gewählten Gesetzgebers) rechtsunwirksam wird, liegen nicht vor. Weder ist die Anwendung von § 77 Abs. 3 BetrVG vollkommen zweck- und sinnlos geworden[474], noch ist seine Beachtung gewohnheitsrechtlich außer Kraft gesetzt[475]. Der Gesetzgeber hat die Vorschrift des § 77 Abs. 3 BetrVG auch angesichts der geäußerten Kritik bei den letzten Gesetzesänderungen vom 24.6.1994[476], vom 24.3.1997[477] und zuletzt vom 28.7.2001[478] unverändert belassen.
Der Tarifvorbehalt verlangt, trotz teilweise geäußerter rechtspolitischer Bedenken, vom Rechtsanwender Gehorsam[479]. Die Frage, ob der Tarifvorrang in der gegenwärtigen Form noch zeitgemäß ist, hat allein der Gesetzgeber zu entschei-

---

467 Dazu näher Teil 4 A.
468 Dazu bereits mit Nachweisen oben Teil 1. D. III. 3.
469 So aber *Reuter* ZfA 1995, 1 (65); *Schnorr von Carolsfeld* S. 84 (für § 59 BetrVG 1952 im Fall formeller Arbeitsbedingungen).
470 *Reuter* RdA 1994, 152 (154).
471 Ausführlich *Veit* S. 216 ff.
472 BAG 20.4.1999 AP Nr. 89 zu Art. 9 GG (unter B.II.2.b.bb. der Gründe); näher Teil 1. D. IV.
473 *Waltermann* RdA 1996, 129 (131, Fn. 9); GK-*Kreutz* § 77 Rz. 80; *Richardi* Anm. zu BAG 24.2.1987 AP Nr. 21 zu § 77 BetrVG 1972 (II.2. der Anm.); *Veit/Waas* BB 1991, 1329 (1331); *Möschel* BB 2002, 1314; *Wank* NJW 1996, 2273 (2281); *Walker* ZfA 1993, 353 (356 f.).
474 Dies wäre die Voraussetzung für die Einschlägigkeit des Satzes „cessante ratione legis cessat lex ipsa“, vgl. *Veit* S. 221.
475 Bereits oben Teil 1 D. IV.
476 BGBl. I., S. 1406.
477 BGBl. I., S. 594.
478 BGBl. I., S. 1852 ff., dazu bereits oben Teil 1. D. III. 2.
479 GK-*Kreutz* § 77 Rz. 80; *Richardi* Anm. zu BAG 24.2.1987 AP Nr. 21 zu § 77 BetrVG 1972 (II.2. der Anm.); *Waltermann* RdA 1996, 129 (131, Fn. 9); *Buchner* DB 1997, 573 (577).

den[480], so dass die Auffassung von Teilen der h.M., nach der sich aus § 77 Abs. 3 BetrVG eine umfassende Regelungskompetenz ergibt, näher beleuchtet werden muss.

1. Begründungsansätze

§ 77 Abs. 3 BetrVG bestimmt, dass Arbeitsentgelte und sonstige Arbeitsbedingungen, die (mindestens üblicherweise) durch Tarifvertrag geregelt werden, nicht Gegenstand einer Betriebsvereinbarung sein können. Aus dieser Vorschrift wird im Umkehrschluss abgeleitet[481], dass, sofern ein Tarifvertrag weder aktuell noch üblicher Weise besteht, grundsätzlich alle Arbeitsbedingungen Gegenstand einer Betriebsvereinbarung sein können[482], so dass sich hieraus auch die Regelungsbefugnis der Betriebspartner ergeben soll. Aus der Begrenzung zu Gunsten der Tarifautonomie wird gefolgert, dass dann, wenn diese Beschränkungen nicht eingreifen, jede durch Tarifvertrag gemäß § 1 Abs. 1 TVG regelbare Angelegenheit, also auch Bestimmungen über Abschluss, Beendigung und insbesondere Inhalt von Arbeitsverhältnissen, von den Betriebspartnern geregelt werden kann[483]. Anderenfalls, so wird vorgetragen, sei eine explizit auf „Arbeitsentgelte und sonstige Arbeitsbedingungen" abstellende Tarifschranke letztlich nicht schlüssig erklärbar[484]. Zur Begründung wird weiterhin auf einen Vergleich mit § 73 BPersVG abgestellt, der Dienstvereinbarungen des öffentlichen Dienstes ausdrücklich nur dann gestattet, wenn das Gesetz sie vorsieht. Dienstvereinbarungen sind damit auf wenige, gesetzlich vorgeschriebene Fälle begrenzt, namentlich die §§ 75 Abs. 3 und 5 sowie 76 Abs. 2 BPersVG. Das Fehlen einer solchen Beschränkung im BetrVG wird als wesentlicher Unterschied der Dienstvereinbarung zur Betriebsvereinbarung verstanden[485]. Der Gesetzgeber sei angesichts dieser unterschiedlichen Regelung erkennbar von einer weit reichenden Zuständigkeit der privaten Betriebspartner ausgegangen[486]. Dieses Ergebnis wird auch darauf gestützt, dass § 77 Abs. 3 BetrVG anhand seiner sys-

---

[480] *Kissel* NZA 1986, 73 (76); dazu *Möschel* BB 2002, 1314 (1316).

[481] Das BAG spricht davon, § 77 Abs. 3 BetrVG „positiv auszudrücken", BAG GS 7.11.1989 AP Nr. 46 zu § 77 BetrVG 1972 (unter C.I.2.b. der Gründe).

[482] BAG GS 7.11.1989 AP Nr. 46 zu § 77 BetrVG 1972 (unter C.I.2.b. der Gründe); bereits BAG 18.8.1987 AP Nr. 23 zu § 77 BetrVG 1972 (unter B.II.2. der Gründe); GK-*Kreutz* § 77 Rz. 84 f.; *ders.* Grenzen, S. 208 ff. u. 210 f.; MünchArbR/*Matthes* § 327 Rz. 51; *v. Hoyningen-Huene/Meyer-Krenz* NZA 1987, 793 (794); *Gaumann/Schafft* NZA 1998, 176 (181).

[483] BAG GS 7.11.1989 AP Nr. 46 zu § 77 BetrVG 1972 (unter C.I.2.b. der Gründe); BAG 9.4.1991 EzA § 77 BetrVG 1972 Nr. 39 (unter II.2. der Gründe); *Kreutz* Grenzen, S. 208 ff.; GK-*Thiele* (4. Aufl.) § 77 Rz. 56; *Säcker/Oetker* ZfA 1991, 131 (177).

[484] *Zöllner* ZfA 1988, 265 (276).

[485] *Grabendorff/Windscheid/Ibertz/Widmaier* BPersVG, § 73 Rz. 1.

[486] *Buchner* DB 1985, 913 (915 f).

tematischen Stellung im ersten Abschnitt des vierten Teils des Gesetzes die Betriebsvereinbarung als allgemeines, von Mitbestimmungstatbeständen unabhängiges Institut normiere[487].
Weiter wird angeführt, jedenfalls in Hinblick auf die Möglichkeit einer Ergänzung der Tarifnorm durch eine Öffnungsklausel in § 77 Abs. 3 S. 2 BetrVG sei nicht zu bestreiten, dass die Betriebspartner im Rahmen dieser Ergänzung umfassende Regelungen treffen können[488], die sich auch auf Außenseiter erstrecken[489]. Auch wenn der Außenseiter „vielleicht faktisch von der Tarifabsprache betroffen ist"[490], liege darin kein Verstoß gegen die negative Koalitionsfreiheit, da diese nur ein formelles Fernbleiberecht schütze[491]. Dazu wird auf die Rechtsprechung des BVerfG verwiesen. Zumindest für die Frage einer gesetzlichen Bezugnahme auf tarifliche Regelungen hat das BVerfG ausgeführt, Art. 9 Abs. 3 S. 1 GG sei nicht bereits dadurch verletzt, dass ein Außenseiter an einzelne tarifvertragliche Elemente gebunden werde, da dies ein schwächerer Eingriff sei, als eine zulässige Allgemeinverbindlicherklärung im Sinne des § 5 TVG[492].
Auf der Grundlage des Verständnisses des § 77 Abs. 3 BetrVG als Ausdruck „allgemeiner Grundsätze des Betriebsverfassungsrechts"[493] bzw. als „Grundnorm der betriebsverfassungsrechtlichen Ordnung"[494] wird dieser Bestimmung neben der Regelung der Kollisionsfrage zum Tarifvertrag eine umfassende, gegenstandsabgrenzende Funktion zugesprochen[495].

---

487 GK-*Kreutz* § 77 Rz. 85; *ders.* Grenzen, S. 222.
488 GK-*Kreutz* § 77 Rz. 85.
489 *Gaumann/Schafft* NZA 1998, 176 (181).
490 So die Formulierung bei *Gaumann/Schafft* NZA 1998, 176 (181).
491 *Gaumann/Schafft* NZA 1998, 176 (181).
492 BVerfG 14.6.1983 BVerfGE 64, 208 (213 f.). Das BVerfG sieht für Außenseiter lediglich faktische Auswirkungen einer Allgemeinverbindlicherklärung, die das Grundrecht der Koalitionsfreiheit nicht unmittelbar treffen, BVerfG BVerfGE 24.5.1977 BVerfGE 44, 322 (352).
493 BAG GS 7.11.1989 AP Nr. 46 zu § 77 BetrVG 1972 (unter C.I. der Gründe); bereits in der Entscheidung zum Leber-Rüthers-Kompromiss stützte das BAG die Zulässigkeit der Regelung von Entgelthöhe und sonstigen Arbeitsbedingungen durch die Betriebsparteien auf diese Vorschriften, BAG 18.8.1987 AP Nr. 23 zu § 77 BetrVG 1972 (unter B.II.2. der Gründe); zust. *Säcker/Oetker* ZfA 1991, 131 (177); *Schwarze* S. 144; vgl. bereits Teil 1. C. III. 2.c.aa.
494 BAG 20.8.1991 SAE 1992, 151 (155, B.III.1.b. der Gründe). In jüngerer Zeit zieht das BAG die Einordnung von § 77 Abs. 3 BetrVG als „Grundnorm der betriebsverfassungsrechtlichen Ordnung" in Zweifel, allerdings nur in Hinblick auf die Frage, ob Verletzungen des Tarifvorbehalts vom Schutzgegenstand des § 23 BetrVG umfasst werden, BAG 20.4.1999 AP Nr. 89 zu Art. 9 GG (unter B.II.1.a. der Gründe); vgl. auch BAG 13.3.2001 NZA 2001, 1037 (1039, unter C.I.2.a. der Gründe).
495 GK-*Kreutz* § 77 Rz. 85; *ders.* Grenzen, S. 208 ff.; *Nikisch* Bd. III, S. 277; GK-*Thiele* (4. Aufl.) § 77 Rz. 54. Kritisch zu Recht *Veit* S. 236 ff., die darauf hinweist, dass sich bei einem solchen Verständnis die Zulässigkeit einer Betriebsvereinbarung ausschließlich nach § 77

2. Kritik

Der Zweck des § 77 Abs. 3 BetrVG ist der Schutz und die Sicherung der Funktionsfähigkeit der verfassungsrechtlich gewährleisteten Tarifautonomie vor einer Konkurrenz durch betriebliche Normsetzung in Form von Betriebsvereinbarungen[496]. Diese Vorschrift lässt einen Umkehrschluss auf eine nach Inhalt und Reichweite unbegrenzte Regelungsmacht der Betriebsparteien nicht zu[497]. Auch wenn *Kreutz* diesem Umkehrschluss aus § 77 Abs. 3 BetrVG zuschreibt, dass „seine logischen Voraussetzungen nicht zweifelhaft" seien[498], kann dieser Auffassung nicht gefolgt werden[499].

a) Der historische und systematische Zusammenhang

Zu Recht wird bereits in Zweifel gezogen, ob der historische Gesetzgeber bei der Schaffung des Tarifvorbehalts eine derart verklausulierte Generalermächtigung der Betriebspartner bezweckt hat[500]. Entgegen § 78 Ziffer 2 BRG 1920, der den Arbeiter- und Angestelltenräten bzw. den Betriebsräten (vorbehaltlich des Bestehens einer tariflichen Regelung) ausdrücklich eine positive Kompetenz zur Mitwirkung bei der Gestaltung der Löhne und aller sonstigen Arbeitsbedingungen zubilligte[501], wurde mit § 59 BetrVG 1952 erstmals die negative Formulierung eines Tarifvorbehalts geschaffen. Trotz der bei Schaffung des BetrVG 1952 beabsichtigten Anknüpfung an die Tradition des BRG[502] war die Intention des Bundesgesetzgebers bei Schaffung des Tarifvorbehaltes ausweislich der Gesetzesmaterialien maßgeblich darauf gerichtet, die Zuständigkeiten von Gewerkschaften und Betriebsräten klar zu trennen[503]. Diese Intention und die dabei gewählte negative Formulierung spricht nicht dafür, dass den Be-

---

Abs. 3 BetrVG richtet und somit § 87 Abs. 1 BetrVG überflüssig würde, was wiederum dazu führt, dass § 77 Abs. 3 BetrVG letztlich doch auf eine reine Kollisionsregel beschränkt wird.

496 BAG 24.2.1987 EzA § 87 BetrVG 1972 Nr. 10 (unter B.II.4.a. der Gründe); BAG GS 3.12.1991 BAGE 69, 134 (146); BAG 22.1.1980 AP Nr. 3 zu § 87 BetrVG 1972 Lohngestaltung (unter B.II.2.b. der Gründe); BAG 1.12.1993 EzA § 77 BetrVG 1972 Nr. 50 (unter I.2.b. der Gründe); *Richardi* § 77 Rz. 67 u. 244; *ders.* Gutachten, B 47; *ders.* ZfA 1990, 211 (235 f); *Veit* S. 212; *Buchner* DB 1997, 573; bereits oben Teil 1 D. I. 1; zur Frage der Erstreckung auf nicht normative Vereinbarungen unten Teil 4. A. I.

497 *Richardi* § 77 Rz. 67, 84 u. 244; *ders.* ZfA 1990, 211 (235 f); *ders.* Gutachten, B 51: „dürftige, gesetzespositivistische Argumentation"; zust. *Waltermann* NZA 1996, 357 (360); *Herrmann* NZA 2000 Sonderbeilage zu Heft 3, 14 (17).

498 GK-*Kreutz* § 77 Rz. 85.

499 Ausführlich gegen einen Umkehrschluss aus § 77 Abs. 3 BetrVG *Veit* S. 208 ff.

500 *Lambrich* S. 358.

501 Vgl. *Flatow* BRG, § 78 Ziffer 2 Note 4.

502 Ausdrücklich BT-Drucks. I/1546, S. 52; vgl. auch *Nikisch* Bd. 3, S. 8; *Waltermann* S. 82; *ders.* NZA 1995, 1177 (1179).

503 BT-Drucks. I/1546, S. 55.

triebsparteien mit dieser Vorschrift eine umfängliche Kompetenz zugewiesen werden sollte, sondern dafür, dass deren Befugnisse lediglich zu Gunsten der Tarifvertragsparteien beschränkt wurden[504].
Dieses Ergebnis wird durch die Systematik des BetrVG 1972 bestätigt. Mit § 88 und § 102 Abs. 6 BetrVG bestehen zwei Bestimmungen, die den Betriebspartnern bestimmte Materien ausdrücklich zur Regelung zuweisen. Die ausdrückliche Einräumung einer Kompetenz zur Regelung bestimmter Materien wäre aber überflüssig, hätte der Gesetzgeber bereits § 77 Abs. 3 BetrVG die Bedeutung beigeben wollen, Betriebsrat und Arbeitgeber dürften umfassend regelnd tätig werden[505].
Die Zweifel an der Intention des Gesetzgebers werden dadurch verstärkt, dass nicht einzusehen ist, warum die Begründung der Regelungsmacht von Betriebsrat und Arbeitgeber aus einer Vorschrift abzuleiten sein soll, deren Wortlaut nur das Verhältnis zweier Kollektivverträge (und letztlich den Ausschluss des Günstigkeitsprinzips[506]) regelt[507]. Die zulässigen Gegenstände der Regelungsbefugnis der Betriebspartner ausschließlich anhand des Verhältnisses zur Tarifautonomie festlegen zu wollen, greift zu kurz[508]. Betrachtet man die Regelungsmacht der Betriebsparteien nur in Übereinstimmung mit der Regelungsmacht der Tarifvertragsparteien, so wird nicht nur die auf Betriebsebene fehlende privatautonome Begründung[509] außer Betracht gelassen[510]. Es wird auch aus einer Einschränkungsnorm im Umkehrschluss gefolgert, alle nicht verbotenen Tatbestände könnten durch die Betriebspartner einer Regelung zugeführt werden[511]. *Veit* führt dazu zutreffend aus, der Umkehrschluss dürfe nicht dazu führen, dass aus einer Verbotsnorm eine Ermächtigungsnorm wird[512]. Die in diesem Sinne verfehlte Fragestellung des Umkehrschlusses wird deutlich, wenn das BAG in der Entscheidung zum *Leber-Rüthers*-Kompromiss nach Analyse von § 77 Abs. 3 und § 88 BetrVG ausführt, „Weitere Einschränkungen beim Abschluß von Betriebsvereinbarungen über Arbeitsentgelte und sonstige Arbeitsbedingungen bestehen nach dem Betriebsverfassungsgesetz nicht"[513], und daraus auf

---

504 *Herrmann* NZA 2000 Sonderbeilage zu Heft 3, 14 (17); *Lambrich* S. 358.
505 *Ehmann* FS f. Kissel, 175 (183); *Herrmann* NZA 2000 Sonderbeilage zu Heft 3, 14 (17): „Dass der Systematik des Betriebsverfassungsgesetzes nun jede Stimmigkeit abzusprechen ist, wird man schließlich nicht behaupten können".
506 Bereits oben Teil 1 C. IV. 1.a.
507 *Waltermann* NZA 1996, 357 (360).
508 *Waltermann* RdA 1996, 129 (135); *ders.* NZA 1996, 357 (360); *Aksu* S. 173.
509 Vgl. Teil 3. B. I.
510 *Richardi* Gutachten, B 50 bemängelt zutreffend, es fehle für eine Deckungsgleichheit der betrieblichen mit der tarifvertraglichen Regelungsbefugnis jede Begründung, die der unterschiedlich verfassten Gruppenautonomie gerecht wird.
511 Ähnlich *Aksu* S. 173.
512 *Veit* S. 209.
513 BAG 18.8.1987 AP Nr. 23 zu § 77 BetrVG 1972 (am Ende von B.II.2. der Gründe).

eine umfassende Regelungskompetenz schließt. Es kommt aber nicht auf das Fehlen „weiterer Einschränkungen", sondern auf den Nachweis einer positiven Kompetenzzuweisung an[514]. § 77 Abs. 3 BetrVG trifft gerade keine positive Aussage darüber, inwieweit Arbeitgeber und Betriebsrat Arbeitsbedingungen regeln dürfen, wenn dem kein (mindestens üblicher) Tarifvertrag entgegensteht und welche Gesichtspunkte dabei zu berücksichtigen sind.

b) Reichweite der zuständigkeitsabgrenzenden Funktion

Es ist zwar zu beachten, dass § 77 Abs. 3 BetrVG nach dem Verständnis der überwiegenden Ansicht nicht nur bei echter Tarifgeltung, sondern auch dann Anwendung findet, wenn der fragliche Tarifvertrag wegen fehlender Tarifbindung der Arbeitnehmer keine normative Wirkung auf die Arbeitsverhältnisse entfaltet[515]. Er greift sogar dann ein, wenn ein Tarifvertrag völlig fehlt, sofern er nur üblicher Weise besteht. Auch in diesen Fällen ist es den Betriebspartnern verwehrt, eine Betriebsvereinbarung über die vom Tarifvorbehalt betroffene Regelungsmaterie zu schließen, selbst wenn sie für die Arbeitnehmer günstigere Regelungen enthielte[516]. Insoweit ist es zutreffend, § 77 Abs. 3 BetrVG nicht als reine Kollisionsnorm anzusehen, sondern eine zuständigkeitsabgrenzende Funktion festzustellen[517]. Diese Zuständigkeitsabgrenzung erfolgt aber stets bezogen auf den Zweck des Tarifvorbehalts, also nur zum Schutz der Funktionsfähigkeit der Tarifautonomie[518]. Der Tarifvorbehalt in § 77 Abs. 3 BetrVG regelt also die Zuständigkeit der Betriebspartner nur negativ und insoweit, als dies zur Gewährleistung seines Zwecks erforderlich ist. Ihm kann nur entnommen werden, dass dort, wo die Tarifpartner von ihrer Rechtsetzungsbefugnis Gebrauch gemacht haben, eine entsprechende Befugnis der Betriebspartner fehlt[519]. Daher wird zu Recht von einem Tarifvorbehalt gesprochen[520].
Eine positive Kompetenzzuweisung für die Regelungsbefugnis der Betriebspartner zum Abschluss einer Regelungsabrede zur Gestaltung materieller Arbeitsbedingungen wäre § 77 Abs. 3 BetrVG daher selbst dann nicht zu entnehmen, wenn sein erster Satz „Arbeitsentgelte und sonstige Arbeitsbedingungen können nicht Gegenstand einer Betriebsvereinbarung sein." wie folgt ergänzt würde: "(...), *sondern nur einer Regelungsabrede.*" Selbst mit einem solchen Wortlaut wäre nur eine Aussage darüber getroffen, dass die Regelungsabrede

---

514 Teil 3. B. V.2.

515 BAG 24.1.1996 NZA 1996, 948 (949); vgl. auch *Richardi* Gutachten, B 47.

516 *Richardi* Gutachten, B 47.

517 Gegen das Verständnis als reine Kollisionsnorm *Veit* S. 212 ff. m.w.N.; *Richardi* Gutachten, B 47; *ders.* § 77 Rz. 244; *Schwarze* S. 176.

518 Vgl. BAG GS 3.12.1991 BAGE 69, 134 (146); *Richardi* § 77 Rz. 67 u. 244; *ders.* ZfA 1990, 211 (235 f).

519 BAG 24.2.1987 EzA § 87 BetrVG 1972 Nr. 10 (unter B.II.4.a. der Gründe).

520 *Veit* S. 226.

nicht dem Tarifvorbehalt unterfällt. Über die Reichweite der Regelungsbefugnis der Betriebspartner außerhalb der Abgrenzung zum Tarifvertrag wäre auch damit nichts gewonnen.

c) Bestimmtheitsanforderungen

Ein Umkehrschluss aus § 77 Abs. 3 BetrVG auf eine umfassende Regelungskompetenz scheitert auch an den bereits beschriebenen staatsrechtlichen Anforderungen an ein Gesetz, das zur privaten Rechtsetzung ermächtigt[521]. Diese Vorgaben gelten zwar unmittelbar nur für die Frage der normativen Wirkung, also der Rechtsetzungskompetenz. Da aber § 77 Abs. 3 BetrVG keine Aussage dazu trifft, dass diese Vorschrift unabhängig von der Frage der normativen Gestaltungskraft eine umfassende Regelungsbefugnis begründet, ließe sich die Regelungsbefugnis der Betriebspartner nur dann auf diese Vorschrift stützen, wenn man wie die h.M. von einer einheitlichen Reichweite der Rechts- und Regelsetzungskompetenz ausgeht. Nach diesem Verständnis bringen die Argumente gegen die Begründung einer Rechtsetzungskompetenz anhand von § 77 Abs. 3 BetrVG aber auch die Begründung einer umfassenden Regelungsbefugnis zu Fall.

Die in der Bestimmung zum Tarifvorbehalt zur Gänze fehlende gesetzliche Festlegung von Ermächtigungstatbeständen, die Inhalt, Zweck und Ausmaß der gesetzlich eingeräumten Regelungsbefugnis verbindlich festlegen, verhindert es im Rahmen der Wesentlichkeitstheorie, belastende Eingriffe auf § 77 Abs. 3 BetrVG zu stützen[522]. Gerade angesichts des demgegenüber eindeutigen Wortlauts des § 1 Abs. 1 TVG vermag der Umkehrschluss aus § 77 Abs. 3 BetrVG nicht zu überzeugen[523]. § 77 Abs. 3 BetrVG hat einen generellen Inhalt, der ganz allgemein auf „Arbeitsbedingungen" abstellt, ohne konkrete Eingriffsbefugnisse festzulegen. Die nach dem betriebsverfassungsrechtlichen Spezialermächtigungsprinzip[524] zu begründende Einzelermächtigung kann aber nicht ohne Missachtung der verfassungsrechtlich gebotenen Einhaltung von Mindeststandards hinsichtlich der Bestimmtheit gesetzlicher Ermächtigungen zur privaten Rechtsetzung in eine Vorschrift hinein interpretiert werden, deren Wortlaut

---

[521] *Waltermann* NZA 1996, 357 (361 ff.) m.w.N.; näher oben Teil 3 C. II. 2.c.

[522] *Richardi* ZfA 1992, 307 (320 ff.); *Waltermann* NZA 1996, 357 (360 f.); *Lambrich* S. 359; *Beathalter* S. 66.

[523] *Lambrich* S. 359. *Veit* S. 212 zieht einen plastischen Vergleich zu den Vorschriften über die Kompetenzverteilung bei der Gesetzgebung des Bundes und der Länder. Dort regelt zwar Art. 72 Abs. 1 GG, dass die Länder gesetzgebungsbefugt sind, soweit der Bund von seinem konkurrierenden Gesetzgebungsrecht keinen Gebrauch macht, was in Grundzügen eine Parallele zu § 77 Abs. 3 BetrVG ermöglicht. Dessen Wortlaut entspricht aber viel eher Art. 71 GG, der ebenfalls negativ abgrenzt und den Ländern Befugnisse zur Gesetzgebung nur zuweist, wenn sie dazu durch ein Bundesgesetz ausdrücklich ermächtigt sind.

[524] *Birk* ZfA 1986, 73 (85).

keinerlei Angaben über Inhalt, Zweck oder Ausmaß der behaupteten gesetzlichen Ermächtigung macht[525]. Die durch eine solche Auslegung geschaffene Blankettnorm, die zu Eingriffen in individualrechtliche Positionen der Arbeitnehmer ermächtigen würde, wäre mit staatsrechtlichen Grundsätzen unvereinbar[526].
Diesem Ergebnis kann auch nicht unter Hinweis auf eine mögliche Öffnungsklausel § 77 Abs. 3 S. 2 BetrVG begegnet werden[527]. Zwar wird dadurch die Möglichkeit geschaffen, der Verbotsanordnung des § 77 Abs. 3 S. 1 BetrVG trotz des Vorliegens ihrer Voraussetzungen zu entgehen. Die Tarifvertragsparteien können aber den Betriebspartnern durch eine Verbotsaufhebung nicht mehr Befugnisse einräumen, als Betriebsrat und Arbeitgeber originär zustehen[528]. Aus § 77 Abs. 3 S. 2 BetrVG kann also über den Umfang der Regelungskompetenz der Betriebsparteien keine Aussage getroffen werden[529]. Im Übrigen begegnet die Begründung anhand von § 77 Abs. 3 S. 2 BetrVG auch deswegen Bedenken, weil, wie die Regelung im *Leber-Rüthers*-Kompromiss gezeigt hat[530], die Annahme einer durch die Tariföffnung wieder auflebenden Betriebsautonomie die negative Koalitionsfreiheit der Außenseiter faktisch außer Kraft setzt[531]. Damit wird aber inzident vorausgesetzt, dass sich die Betriebsautonomie auf eine privatautonome Legitimation gründet, was, wie gezeigt wurde[532], nicht der Fall ist.

3. Zwischenergebnis

Die Analyse des § 77 Abs. 3 BetrVG lässt es nicht zu, aus dieser Vorschrift im Umkehrschluss auf eine umfassende Regelungskompetenz der Betriebspartner zu schließen. Einem solchen Ergebnis stehen sowohl der systematische Zusammenhang und die auf den Schutz der Funktionsfähigkeit der Koalitionen begrenzte Reichweite der Zuständigkeitsabgrenzung, als auch der Umstand entgegen, dass § 77 Abs. 3 BetrVG die für eine Ermächtigungsnorm notwendigen Bestimmtheitsanforderungen nicht erfüllt.

---

525 Vgl. *Waltermann* S. 148 ff.; *ders.* NZA 1995, 1177 (1181); *Wank* NJW 1996, 2273 (2280); auf der Grundlage der Verbandslehre auch *Lambrich* S. 359.

526 *Aksu* S. 175.

527 So aber GK-*Kreutz* § 77 Rz. 85; *ders.* Grenzen, S. 211; vgl. auch BAG 18.8.1987 AP Nr. 23 zu § 77 BetrVG 1972 (unter B.II.2. der Gründe).

528 *Aksu* S. 174 f.

529 *Veit* S. 254 ff.

530 Dazu Teil 1. C. III. 3.a.

531 *Veit* S. 255; gegen die Interpretation des Art. 9 Abs. 3 GG als bloßes Fernbleiberecht und dafür, dass die negative Koalitionsfreiheit auch die Möglichkeit umfasst, der Regelungsmacht der Tarifvertragsparteien zu entgehen *Henssler* ZfA 1994, 487 (498); *Walker* FS f. Kissel, 1205 (1220).

532 Teil 3 B. I.

III. § 28 Abs. 1 SprAuG

Das BAG leitet die von der h.M. proklamierte globale Regelungskompetenz zusätzlich aus § 28 Abs. 1 SprAuG ab. Diese Vorschrift trifft eine positive Kompetenzabgrenzung und entspricht insoweit § 1 Abs. 1 TVG. Das BAG nimmt an, dass die positive Kompetenzzuweisung in § 28 SprAuG belege, dass auch der Betriebsrat eine umfassende Regelungsbefugnis hat, da „nicht angenommen werden kann, daß der Gesetzgeber dem Sprecherausschuß eine größere Regelungsbefugnis als dem Betriebsrat einräumen wollte“[533].
Dem ist jedoch entgegen zu halten, dass es näher liegt, aus dieser Vorschrift gerade das Gegenteil abzuleiten[534]. Wenn der Gesetzgeber die Regelungsbefugnis des Sprecherausschusses und die des Betriebsrates hätte identisch regeln wollen, so wäre ein übereinstimmender Wortlaut zu erwarten gewesen. Stattdessen hat der Gesetzgeber bei Einführung des SprAuG[535] weder den Wortlaut von § 77 Abs. 3 BetrVG übernommen noch das BetrVG an § 28 Abs. 1 SprAuG angepasst. Auch bei folgenden Änderungen des BetrVG hat der Gesetzgeber keine übereinstimmende Regelung getroffen[536]. Daher kann auch anhand von § 28 Abs. 1 SprAuG keine umfassende Regelungskompetenz der Betriebspartner belegt werden, die Vorschrift spricht eher für eine auf ausdrückliche Zuständigkeitszuweisungen begrenzte Regelungsmacht des Betriebsrates.

IV. § 88 BetrVG als Auffangnorm

1. Extensives Verständnis der Vorschrift

Überwiegend[537] wird die umfassende Regelungsbefugnis auf die Kompetenznorm des § 88 BetrVG für die Regelung sozialer Angelegenheiten gestützt[538]. § 88 BetrVG eröffnet den Betriebspartnern die Möglichkeit, auch außerhalb des Katalogs der Mitbestimmungstatbestände des § 87 Abs. 1 BetrVG freiwillige Betriebsvereinbarungen abzuschließen und nennt dafür beispielhaft („insbeson-

---

533 BAG GS 7.11.1989 AP Nr. 46 zu § 77 BetrVG 1972 (unter C.I.2.c. der Gründe).
534 So *Veit* S. 287.
535 Am 23.12.1988, BGBl. 1989, S. 1.
536 Zu den Änderungen des BetrVG Teil 1 D. III.
537 *Herrmann* NZA 2000 Sonderbeilage zu Heft 3, 14 (17) spricht von einem „Haupteinfallstor“.
538 BAG GS 7.11.1989 AP Nr. 46 zu § 77 BetrVG 1972 (unter C.I.1. der Gründe); BAG 19.5.1978 AP Nr. 1 zu § 88 BetrVG 1972 (unter 4.a. der Gründe); BAG 1.12.1992 § 87 BetrVG 1972 Betriebliche Ordnung Nummer 20 (unter II.2. der Gründe); *Fitting/Kaiser/Heither/Engels/Schmidt* § 88 Rz. 4; MünchArbR/*Matthes* § 327 Rz. 50; *Galperin/Löwisch* § 88 Rz. 1; *Nikisch* III, S. 276; *Neumann-Duesberg* S. 453; *Zöllner* ZfA 1988, 265 (276); *Säcker* ZfA 1972 Sonderheft, 41 (49 ff.); *Hueck/Nipperdey/Säcker* II/2 S. 1403.

dere“) fünf Regelungsgegenstände[539]. Wegen ihres nicht abschließenden Wortlauts soll diese Vorschrift eine Regelung (und auch eine Rechtsetzung durch Betriebsvereinbarung) für alle Arbeitsbedingungen im weitesten Sinne ermöglichen[540]. Zum Teil wird diese Regelungsbefugnis zwar auf solche Arbeitsbedingungen begrenzt, die weder den personellen Maßnahmen (§§ 92 ff BetrVG) noch den wirtschaftlichen Angelegenheiten (§§ 106 ff BetrVG) angehören[541]. Das BAG führt allerdings aus, der Begriff der sozialen Angelegenheiten sei ohnehin nur schwer einzugrenzen und von solchen personeller und wirtschaftlicher Natur zu unterscheiden, die Abgrenzung jedenfalls fließend, weshalb sich die durch § 88 BetrVG eingeräumte Kompetenz letztlich als allumfassend erweise[542]. Darauf gestützt wird eine Eingrenzung auf soziale Angelegenheiten teilweise ausdrücklich aufgegeben, so dass § 88 BetrVG im Umkehrschluss die Befugnis der Betriebspartner entnommen wird, auch allgemeine personelle[543] und wirtschaftliche Angelegenheiten (außerhalb des Bereichs der §§ 111, 112 BetrVG)[544] einer Regelung zuzuführen. § 88 BetrVG erhält durch die Auslegung der herrschenden Meinung die Bedeutung einer allgemeinen Auffangnorm, die Arbeitgeber und Betriebsrat hinsichtlich der Regelung des Arbeitsverhältnisses eine umfassende Regelungsmacht zuspricht[545]. Dementsprechend wird es unter Berufung auf § 88 BetrVG beispielsweise für zulässig gehalten, in Betriebsvereinbarungen Regelungen über die Dauer der individuellen regelmäßigen Arbeitszeit[546] und die regelmäßige Lohnhöhe[547] vorzusehen.

---

539 Die Ziffern 1a und 4 sind durch das BetrVerf-Reformgesetz vom 28.7.2001 (BGBl. I/1852 ff.) eingefügt worden.

540 BAG GS 7.11.1989 AP Nr. 46 zu § 77 BetrVG 1972 (unter C.I.1. der Gründe); BAG 19.5.1978 AP Nr. 1 zu § 88 BetrVG 1972 (unter 4.a. der Gründe); BAG 1.12.1992 § 87 BetrVG 1972 Betriebliche Ordnung Nummer 20 (unter II.2. der Gründe); *Fitting/Kaiser/Heither/Engels/Schmidt* § 88 Rz. 4; *Otto* NZA 1992, 97 (101, zulässige Regelung „typischer Arbeitsvertragsinhalte“); MünchArbR/*Matthes* § 327 Rz. 50; *Galperin/Löwisch* § 88 Rz. 1; *Nikisch* III, S. 276; *Neumann-Duesberg* S. 453; *Zöllner* ZfA 1988, 265 (276); *Säcker* ZfA 1972 Sonderheft, 41 (49 ff.); *Hueck/Nipperdey/Säcker* II/2 S. 1403.

541 *Meier-Krenz* S. 133 m.w.N.

542 So BAG GS 7.11.1989 AP Nr. 46 zu § 77 BetrVG 1972 (unter C.I.2.a. der Gründe); vom „Arbeitsverhältnis in allen seinen Elementen“ spricht BAG 27.3.1963 AP Nr. 9 zu § 59 BetrVG 1952 (unter I.2. der Gründe).

543 *Fitting/Kaiser/Heither/Engels/Schmidt* § 77 Rz. 45.

544 *Stege/Weinspach* § 88 Rz. 2; vgl. auch *Fitting/Kaiser/Heither/Engels/Schmidt* § 112, 112a Rz. 52; *Jahnke* S. 91.

545 So ausdrücklich BAG GS 7.11.1989 AP Nr. 46 zu § 77 BetrVG 1972 (unter C.I.2.a. der Gründe); in diesem Sinn auch *Fitting/Kaiser/Heither/Engels/Schmidt* § 88 Rz. 3; *v.Hoyningen-Huene/Meyer-Krenz* ZfA 1988, 293 (304); *Schwarze* S. 303; *Jahnke* S. 90; von einer „Generalermächtigung“ sprechen *Löwisch* JZ 1996, 812 (814); *ders.* ArbuR 1978, 97 (99 f.); *Galperin/Löwisch* § 88 Rz. 1; *Galperin/Siebert* § 52 (zu § 57 BetrVG 1952) Rz. 46.

546 BAG 18.8.1987 AP Nr. 23 zu § 77 BetrVG 1972 (am Ende von B.II.2. der Gründe).

547 *Ehmann* ZRP 1996, 314 (319); *Lambrich* S. 398; *Galperin/Löwisch* § 88 Rz. 2.

Insbesondere in der bereits dargestellten Entscheidung des BAG zum *Leber-Rüthers*-Kompromiss[548] wird die Bedeutung der nach herrschender Ansicht weit reichenden Kompetenz der Betriebspartner für die Ausgangsfrage der vorliegenden Untersuchung nach Möglichkeiten einer flexiblen betrieblichen Gestaltung von materiellen Arbeitsbedingungen, namentlich Dauer der individuellen regelmäßigen Arbeitszeit, deutlich. In dieser Entscheidung führt das BAG aus: „Zur Regelung der individuellen regelmäßigen wöchentlichen Arbeitszeit der Arbeitnehmer sind neben den Tarifvertragsparteien auch Arbeitgeber und Betriebsrat berechtigt“[549]. Damit eröffnet das BAG den Betriebspartnern die Möglichkeit, Regelungen über den Kernbereich des arbeitsvertraglichen Austauschverhältnisses, nämlich die Dauer der geschuldeten Arbeitsleistung und dadurch auch die Höhe des an den Arbeitnehmer ausbezahlten Gehalts, zu treffen.

2. Kritik

Der Ansatzpunkt, wonach § 88 BetrVG bereits angesichts des nicht abschließenden Wortlauts („insbesondere“) nach der gesetzgeberischen Intention die Funktion einer Auffangnorm zukommt, ist zutreffend[550].
Es ist aber zu weit gehend, wenn ohne nähere Analyse der in dieser Vorschrift genannten Tatbestände aus der Formulierung „insbesondere“ in § 88 BetrVG eine allumfassende Regelungskompetenz der Betriebspartner abgeleitet wird. Erst eine Betrachtung der Tatbestandsalternativen eröffnet eine Bewertung der Reichweite der Kompetenzverleihung des § 88 BetrVG. Wenn sich nämlich Gemeinsamkeiten der in dieser Vorschrift genannten Regelungsbereiche ausmachen lassen, sind diese als Grundstruktur der Regelbeispiele zugleich Maßstab für alle weiteren, unter diese Vorschrift subsumierten Regelungen.

a) Gemeinsame Strukturen der genannten Regelungsbeispiele

Soweit Regelungen im Rahmen des gesetzlich vorgeschriebenen Arbeitsschutzes (wie z.B. Unfallverhütungsvorschriften) getroffen werden, hat der Betriebsrat nach § 87 Abs. 1 Nr. 7 BetrVG ein originäres Mitbestimmungsrecht. In Ergänzung dazu sieht § 88 Nr. 1 BetrVG die Möglichkeit freiwilliger Betriebsvereinbarungen für zusätzliche Maßnahmen zur Verhütung von Arbeitsunfällen und Gesundheitsschädigungen vor. Nach § 87 Abs. 1 Nr. 8 BetrVG unterliegt die Form, Ausgestaltung und Verwaltung von Sozialeinrichtungen einem Mitbestimmungsrecht, wohingegen ihre Errichtung gemäß § 88 Nr. 2 BetrVG nur Gegenstand freiwilliger Betriebsvereinbarungen ist. § 88 Nr. 3 BetrVG statuiert als Gegenstand freiwilliger Betriebsvereinbarungen „Maßnahmen zur Förde-

---

[548] BAG 18.8.1987 AP Nr. 23 zu § 77 BetrVG 1972; dazu insbesondere Teil 1 C. III. 3.a.
[549] BAG 18.8.1987 AP Nr. 23 zu § 77 BetrVG 1972 (unter B.II.2. der Gründe).
[550] *Lambrich* S. 357; so auch *Herrmann* NZA 2000 Sonderbeilage zu Heft 3, 14 (17), die § 88 BetrVG allerdings wegen mangelnder Bestimmtheit für verfassungswidrig hält, ebenda S. 21.

rung der Vermögensbildung". Dadurch wird berücksichtigt, dass nach dem §§ 10 Abs. 1 und 11 Abs. 6 des fünften Vermögensbildungsgesetzes (5. VermBG) in der Fassung vom 7.9.1998[551] Betriebsvereinbarungen nicht die nach diesem Gesetz erforderlichen inhaltlichen Voraussetzungen für steuerrechtliche und sozialversicherungsrechtliche Vergünstigungen erfüllen. Dazu stellt § 88 Nr. 3 BetrVG klar, dass solche Betriebsvereinbarungen dennoch zulässig sind[552].

Die Ziffern 1a und 4 sind durch das BetrVerf-Reformgesetz vom 28.7.2001[553] in § 88 BetrVG eingefügt worden. § 88 Nr. 1a BetrVG stellt klar, dass Maßnahmen des betrieblichen Umweltschutzes in freiwilligen Betriebsvereinbarungen vorgesehen werden können.[554] Nach § 88 Nr. 4 BetrVG sind freiwillige Betriebsvereinbarungen zur Integration ausländischer Arbeitnehmer und zur Bekämpfung von Rassismus und Fremdenfeindlichkeit im Betrieb zulässig. Diese Vorschrift ist vordringlich lediglich klar stellender Natur, da auch nach bisherigem Recht entsprechende Maßnahmen getroffen werden konnten[555].

Die aufgeführten Regelungen des § 88 BetrVG weisen sämtlich einen engen Bezug zum abschließenden Katalog des § 87 Abs. 1 BetrVG auf, in dem sie den Bereich der erzwingbaren Betriebsvereinbarungen begrenzen oder zumindest konkretisieren[556].

Es zeigt sich, dass § 88 BetrVG Regelbeispiele für freiwillige Betriebsvereinbarungen vorsieht[557], bei denen es um zusätzliche Leistungen des Arbeitgebers[558] bzw. betriebspolitische Maßnahmen geht, zu denen der Arbeitgeber nicht im Mitbestimmungsverfahren gezwungen werden kann. Erst aus dieser Abgrenzung heraus wird der systematische Zusammenhang, in dem § 88 BetrVG steht, deutlich. § 88 BetrVG umfasst Tatbestände, die zusätzliche Schutzmaßnahmen für Arbeitnehmer (§ 88 Nr. 1, 1a und 4 BetrVG) oder zusätzliche Sozialleistungen (§ 88 Nr. 2 und 3 BetrVG) ermöglichen. In jedem Fall handelt es sich aber um Leistungen des Arbeitgebers, welche die Arbeitnehmer begünstigen[559] und

---

[551] BGBl. I S. 2647; zuletzt geändert durch Gesetz vom 26.6.2000, BGBl. I S. 1310.

[552] GK-*Wiese* § 88 Rz. 27; *Richardi* § 88 Rz. 27 f.

[553] BGBl. I/1852 ff.

[554] Allerdings bestehen Bedenken hinsichtlich der extensiven Ausrichtung des § 88 Nr. 1a BetrVG, da der dort geregelte Tatbestand eine stringente Grenzziehung zu dem Mitbestimmungsrecht des § 87 Abs. 1 Nr. 7 BetrVG und dem Tatbestand des § 88 Nr. 1 BetrVG kaum zulässt, *Richardi* § 88 Rz. 16; *Picker* RdA 2001, 257 (272); GK-*Wiese* § 88 Rz. 19, letzterer auch zu weiteren Berührungspunkten von Mitbestimmungstatbeständen des § 87 Abs. 1 BetrVG mit Fragen des betrieblichen Umweltschutzes.

[555] GK-*Wiese* § 88 Rz. 30, der von einem Akt symbolischer Gesetzgebung spricht.

[556] § 88 Nr. 4 BetrVG.

[557] *Richardi* § 77 Rz. 67 u. 84.

[558] *Richardi* Gutachten, B 51 u. 97; *Otto* NZA 1992, 97 (101); *Hammer* S. 66.

[559] Vor Erlass des BetrVerf-Reformgesetzes *Waltermann* NZA 1996, 357 (360).

im weitesten Sinne betriebliche Arbeitsbedingungen verbessern[560]. Diese Leistungen kann der Betriebsrat nicht erzwingen, bei ihrer Umsetzung sind aber die Mitbestimmungsrechte des § 87 Abs. 1 BetrVG zu beachten. Dieser Zusammenhang muss insgesamt bei der Bewertung der durch § 88 BetrVG verliehenen Regelungsbefugnis berücksichtigt werden.
Eine weitere Gemeinsamkeit der Tatbestandsalternativen des § 88 BetrVG besteht darin, dass fraglich ist, ob die auf ihrer Grundlage vereinbarten Betriebsvereinbarungen in jedem Fall Normcharakter aufweisen können. Das BAG hat darauf hingewiesen, dass freiwilligen Betriebsvereinbarungen nach § 88 Nr. 1 BetrVG nicht stets unmittelbare und zwingende Wirkung zukommen muss, sondern die Regelung solcher Maßnahmen auch erfolgen kann, ohne dass sie verbindliche Normen für das Verhalten der Arbeitnehmer zum Inhalt haben[561]. Diesem Ansatz entsprechend wird für die Errichtung einer Sozialeinrichtung durch freiwillige Betriebsvereinbarung gemäß § 88 Nr. 2 BetrVG ebenfalls davon ausgegangen, dass diese als ausschließlich schuldrechtliche Vereinbarung anzusehen ist, die dem Betriebsrat einen einklagbaren Anspruch gewährt, aber gegenüber den Arbeitnehmern nicht unmittelbar wirkt[562].
Auch bei § 88 Nr. 3 BetrVG wird mit guten Gründen von einer lediglich obligatorischen Wirkung der freiwilligen Betriebsvereinbarung ausgegangen[563]. Sofern sich der Arbeitgeber ausdrücklich gegenüber dem Betriebsrat verpflichtet, den Arbeitnehmern Vermögensbeteiligungen anzubieten, ist dies nicht weiter problematisch[564]. Wird der Arbeitnehmer aber durch vermögensfördernde Maßnahmen zum Unternehmensbeteiligten, so kann auch dabei in keinem Fall eine Pflicht der Arbeitnehmer zur Beteiligung normiert werden[565]. Mit dem Erwerb einer Unternehmensbeteiligung wird neben dem Arbeitsvertrag ein weiteres Rechtsverhältnis begründet, das je nach Ausgestaltung wesentliche Verpflichtungen mit sich bringen kann[566]. Die Investition in ein Unternehmen weist damit keinen engen Zusammenhang mit den sonst üblichen Arbeitsentgelten auf und ist letztlich kein betriebsverfassungsrechtlicher, sondern ein Sachverhalt originär gesellschaftsrechtlicher Prägung. Daher kann eine Kompetenz der Betriebspartner jedenfalls nicht soweit gehen, hierfür normative Regelungen aufzustellen[567]. Mit diesem Ergebnis käme zur Begründung unmittelbarer Ansprüche der

---

560 Vor Erlass des BetrVerf-Reformgesetzes *Otto* NZA 1992, 97 (101).
561 So durch einen Vergleich mit einer Betriebsbußenordnung BAG 24.3.1981 AP Nr. 2 zu § 87 BetrVG 1972 Arbeitssicherheit (unter B.II.1.b. der Gründe).
562 *Richardi* § 88 Rz. 26; *Veit* S. 270; GK-*Wiese* § 88 Rz. 24.
563 *Veit* S. 270 f.; *Vollmer* S. 108; vgl. auch *Loritz* DB 1985, 531 (536 f.).
564 *Loritz* DB 1985, 531 (536).
565 *Veit* S. 271; *Loritz* DB 1985, 531 (537).
566 *Loritz* DB 1985, 531 (537).
567 *Veit* S. 271 unter Berufung auf *Vollmer* S. 108.

Arbeitnehmer nur noch ein zwischen Arbeitgeber und Betriebsrat geschlossener Vertrag zu Gunsten Dritter (der Arbeitnehmer) gemäß § 328 BGB in Frage. Abschließend ergibt sich aus der Analyse des § 88 BetrVG, dass darin überwiegend die Möglichkeit der Regelung lediglich schuldrechtlicher Verpflichtungen des Arbeitgebers gegenüber dem Betriebsrat vorgesehen ist, zusätzliche Leistungen an die Arbeitnehmer zu erbringen oder zusätzliche Schutzmaßnahmen für die Arbeitnehmer zu ergreifen, die im Mitbestimmungsverfahren nicht erzwungen werden können.

b) Rückschlüsse für die Bewertung der herrschenden Meinung

Das Ergebnis der Untersuchung der Tatbestandsalternativen des § 88 BetrVG steht der Einschätzung der h.M. entgegen, wonach diese Bestimmung als Begründung für eine globale Regelungs- und Rechtsetzungskompetenz der Betriebspartner zur Regelung von Arbeitsbedingungen zu verstehen ist. Zunächst lässt die These von der umfassenden Regelungskompetenz außer Acht, dass sich § 88 BetrVG nur auf zusätzliche Sozialleistungen und Schutzmaßnahmen zu Gunsten der Arbeitnehmer bezieht. Damit kann diese Bestimmung allenfalls als Ermächtigung an die Betriebspartner verstanden werden, Begünstigungen für die Arbeitnehmer vorzusehen[568]. Daher muss zwischen der Kompetenzverleihung für belastende und begünstigende Regelungen unterschieden werden.

3. Die fehlende Kompetenz für belastende Regelungen

§ 88 BetrVG kann nach der vorliegenden Analyse keine Rechtsetzungsmacht für eine verschlechternde Regelung von Arbeitsbedingungen, also für belastende Eingriffe in die Privatautonomie und damit in Grundrechtspositionen der Arbeitnehmer begründen[569]. Die Verleihung einer Befugnis zum Erlass belastender Regelungen unterliegt stets den bereits beschriebenen Bestimmtheitsanforderungen des Vorbehalts des Gesetzes[570], die durch § 88 BetrVG nicht erfüllt werden. In dieser Vorschrift werden – wie bei § 77 Abs. 3 BetrVG – weder Zweck, Ausmaß noch Inhalt einer darauf gestützten verschlechternden Regelung festgelegt, sondern, wie dargelegt, nur Beispiele für zusätzliche Leistungen und Schutzmaßnahmen angesprochen[571].

Damit kann aber mit § 88 BetrVG insbesondere nicht die Befugnis der Betriebspartner begründet werden, belastende Regelungen in Form von Betriebsvereinbarungen vorzusehen, da diese aufgrund ihrer normativen Wirkung stets

---

568 *Veit* S. 273 f. u. 345.

569 *Richardi* Gutachten, B 50 f.; *Waltermann* NZA 1996, 357 (360); *Blomeyer* NZA 1996, 337 (340); *Beathalter* S. 65; *Aksu* S. 175.

570 Näher oben Teil 3 C. II. 2.c.; vgl. auch *Waltermann* S. 242 ff.; *ders.* RdA 1990, 138 (142 ff.).

571 *Waltermann* NZA 1993, 679 (683); *Veit* S. 276.

einen Eingriff in Rechtspositionen der regelungsbetroffenen Arbeitnehmer darstellen, der sich aus dieser Vorschrift nicht rechtfertigen lässt. Da sich bei der Vereinbarung normativer belastender Regelungen durch Betriebsrat und Arbeitgeber die Frage der Rechtsetzungskompetenz im Rahmen der durch das BetrVG verliehenen Befugnisse nicht von der Frage der Regelungskompetenz trennen lässt[572], bedeutet dieser Befund, dass den Betriebspartnern zumindest für belastende Betriebsvereinbarungen sowohl die Rechtsetzungskompetenz als auch die Regelungsbefugnis fehlt.
Aus diesen Gründen ist es verfehlt, § 88 BetrVG die Befugnis der Betriebspartner zu entnehmen, die Dauer der regelmäßigen wöchentlichen Arbeitszeit und damit die Höhe des an den einzelnen Arbeitnehmer ausgezahlten Gehalts normativ zu regeln[573]. Ebenso wenig können weitere, vom BAG als zulässig angesehene Regelungen in Betriebsvereinbarungen auf § 88 BetrVG gestützt werden[574], wie etwa Vertragsstrafen[575] und Lohnabtretungsverbote[576], Regelungen über Weihnachtsgratifikationen und Ruhegelder[577] oder die Festlegung von Altersgrenzen[578]. *Richardi* führt dazu zutreffend aus: „Auch die beispielhafte Aufzählung in § 88 BetrVG macht aus dieser Gesetzesvorschrift keine Auffangnorm dergestalt, daß durch Betriebsvereinbarung schlechthin alles geregelt werden kann, was den Inhalt eines Arbeitsverhältnisses bildet“[579].

4. Die durch § 88 BetrVG verliehene Kompetenz für Begünstigungen

Die Bewertung der Tatbestandsalternativen des § 88 BetrVG lässt zwar den Schluss auf eine umfassende Regelungs- und Rechtsetzungsbefugnis der Betriebspartner nicht zu. Dennoch kann der näheren Betrachtung dieser Bestimmung ausdrücklich ein Bereich gesetzlich eingeräumter Befugnisse sowohl für den Bereich der Betriebsvereinbarung als auch den der Regelungsabrede entnommen werden.

a) Regel- und Rechtsetzungskompetenz für Betriebsvereinbarungen

Der Wortlaut von § 88 BetrVG nennt ausdrücklich nur die Betriebsvereinbarung, so dass die Analyse der durch diese Vorschrift eingeräumten Befugnisse

---

572 Dazu oben Teil 3 B. IV.
573 So aber BAG 18.8.1987 AP Nr. 23 zu § 77 BetrVG 1972 (unter B.II.2. der Gründe); sogar für eine originäre Regelung der Entgelthöhe durch Betriebsvereinbarung BAG 1.12.1992 NZA 993, 613 (614).
574 *Waltermann* S. 167 ff.; *ders.* NZA 1996, 357 (358); *Aksu* S. 176; *Herrmann* NZA 2000 Sonderbeilage zu Heft 3, 14 (16); *Müller-Franken* S. 223.
575 BAG 6.8.1991 NZA 1992, 177.
576 BAG 2.6.1966 AP Nr. 8 zu § 399 BGB (Bl. 1); dagegen: *Waltermann* S. 167 ff.
577 BAG 30.1.1970 AP Nr. 142 zu § 242 BGB Ruhegehalt (unter B.IV.2. der Gründe).
578 BAG GS 7.11.1989 AP Nr. 46 zu § 77 BetrVG 1972 (unter C.I.2.a.-d. der Gründe).
579 *Richardi* Gutachten B 51; vgl. auch *Waltermann* S. 17 f.

mit der Reichweite beginnen muss, die den Kompetenzen der Betriebspartner für die Rechtssetzung eingeräumt werden.

§ 88 BetrVG ermächtigt die Betriebspartner ausdrücklich dazu, zusätzliche Leistungen und Begünstigungen für die Arbeitnehmer in freiwilligen Betriebsvereinbarungen vorzusehen[580], und zwar – wegen seines nicht abschließenden Wortlauts – für sämtliche, das Arbeitsverhältnis betreffende Regelungsgegenstände[581]. Hierfür steht den Betriebspartner sowohl die Regelungsbefugnis als auch die Rechtsetzungskompetenz zu. Insofern ist diese Vorschrift Ausdruck des Rechtsgedankens des Vertrages zu Gunsten Dritter[582], der auch auf kollektive Normenverträge Anwendung findet[583].

Der Arbeitgeber erhält damit durch § 88 BetrVG die Möglichkeit, durch Betriebsvereinbarung zusätzliche Leistungen an die Arbeitnehmer im Betrieb zu implementieren, ohne eine individualvertragliche Regelung abschließen zu müssen. Dadurch kann er diese Leistung später – durch eine ablösende Betriebsvereinbarung – modifizieren oder auch wieder aufheben. Auf diese Weise wird die erhöhte Bindungswirkung der individualvertraglichen Ebene zu Gunsten der Entschließungsfreiheit des Arbeitgebers bei der Gewährung zusätzlicher Leistungen vermieden[584]. Für den einzelnen Arbeitnehmer ergibt sich ein Anspruch auf die Begünstigung, zu welcher der Arbeitgeber ähnlich wie bei einem Vertrag zu Gunsten Dritter selbst dann verpflichtet bleibt, wenn der Arbeitnehmer die Leistung nicht in Anspruch nehmen will[585]. Dies entspricht dem Rechtsgedanken des § 333 BGB, wonach der Begünstigte eines Vertrages zu Gunsten Dritter das erworbene Recht zwar zurückweisen, der Versprechende aber dennoch zur Leistung verpflichtet bleiben kann[586].

Einem solchen Ergebnis stehen auch nicht die für belastende Regelungen in Betriebsvereinbarungen bereits aufgezeigten Voraussetzungen, insbesondere die einer nach Zweck, Ausmaß und Inhalt hinreichend bestimmten Ermächtigung zu Eingriffen entgegen, die bei § 88 BetrVG nicht vorliegen. Für begünstigende Regelungen gelten diese Beschränkungen nicht.

---

[580] *Veit* S. 273 f. u. 345; *Hammer* S. 96 ff.; *Aksu* S. 175 f; vgl. auch *Richardi* § 88 Rz. 7.

[581] Nur insoweit kann von einer umfassenden Regelungsbefugnis gesprochen werden.

[582] *Veit* S. 273 f.; vgl. auch *Richardi* Kollektivgewalt S. 320; *Aksu* S. 18 u. 176; *Müller-Franken* S. 21.

[583] Staudinger/*Jagmann* Vorbem. zu §§ 328 ff. Rz. 46; MünchKommBGB/*Gottwald* § 328 Rz. 38; BAG 5.11.1997 BAGE 87, 45 (57 f.); für den schuldrechtlichen Teil von Tarifverträgen: BAG GS 29.11.1967 AP Nr. 13 zu Art. 9 GG (unter Teil III. IV.5. der Gründe); weitere Beispiele im Rahmen der Erörterung der Frage, ob auch die Regelungsabrede als Vertrag zu Gunsten Dritter ausgestaltet werden kann, unter Teil 4 A. II.

[584] Zur erhöhten Bindungswirkung des Individualvertrages gegenüber der Betriebsvereinbarung bereits Teil 2 C. II. 2.

[585] *Veit* S. 273 f.

[586] *Veit* S. 273 f.; *Richardi* Kollektivgewalt, S. 320; vgl. MünchKommBGB/*Gottwald* § 333 Rz. 8.

Dagegen lässt sich auch nicht anführen, dass die Betriebsautonomie keine privatautonome Legitimation aufweist. Eine originäre Legitimation durch eine Zuordnung des Handelns der Betriebspartner zur Selbstbestimmungsordnung wäre, wie dargelegt, nur zur Rechtfertigung von Eingriffen notwendig. Dadurch ist aber nicht ausgeschlossen, dass im Rahmen der gesetzlichen Kompetenzordnung des BetrVG für Begünstigungen ein umfassender Regelungsbereich eröffnet wird. *Konzen* spricht in diesem Zusammenhang für begünstigende Regelungen von einem „Stück Privatautonomie am Rande der gesetzlichen Regelungskompetenz“[587]. Damit ist aber nicht gesagt, dass sich die Regelungsmacht der Betriebspartner für Begünstigungen auf eine dem BetrVG vorgegebene privatautonome Legitimation gründen könnte. Vielmehr besteht für Begünstigungen nur innerhalb und durch die gesetzliche Regelungsbefugnis ein weiter Gestaltungsspielraum.

b) Die Regelungsbefugnis für die Regelungsabrede

Zwar bezieht sich der Wortlaut von § 88 BetrVG nur auf die Betriebsvereinbarung. Da die Regelungsabrede aber im Gesetz ohnehin nur rudimentär kodifiziert wurde und von ihrer Gestaltungswirkung hinter der Betriebsvereinbarung zurückbleibt[588], ist kein Grund ersichtlich, warum die Regelungsbefugnis der Betriebspartner für die Regelungsabrede weniger weit reichen sollte als für den Abschluss von Betriebsvereinbarungen. Das BetrVG trifft, wie die Auslegung der dafür in Betracht zu ziehenden Normen gezeigt hat, ohnehin nur mittelbar Aussagen über die Reichweite der betrieblichen Regelungsbefugnis. Es spricht deshalb nichts dagegen, die daraus für die Betriebsvereinbarung für die Regel- und Rechtsetzung abzuleitende positive Kompetenzzuweisung hinsichtlich der Regelungsbefugnis auch auf die Regelungsabrede zu erstrecken. Aus § 88 BetrVG ergibt sich daher, dass die Betriebspartner auch im Rahmen einer Regelungsabrede für sämtliche das Arbeitsverhältnis betreffende Regelungsgegenstände zusätzliche Leistungen und Begünstigungen vorsehen können. Insoweit steht ihnen die Regelungsbefugnis zu.

c) Die Einräumung eines Wahlrechts als Begünstigung

Auf der Grundlage der genannten Überlegungen zur Zulässigkeit begünstigender Betriebsvereinbarungen wird bereits für den Bereich der normativen Regelungen von Teilen der Literatur vorgeschlagen, Betriebsvereinbarungen, die eine Verschlechterung materieller Arbeitsbedingungen vorsehen, dann als zulässig anzusehen, wenn sie dem Arbeitnehmer lediglich ein Wahlrecht einräumen, ob er die bisherige Regelung seiner Arbeitsbedingungen beibehalten oder die

---

587 *Konzen* FS f. Wolf, 279 (286); *ders.* ZfA 1985, 469 (486): „Privatautonomie am Rande der Zwangsordnung“.

588 Zur Gestaltungswirkung der Regelungsabrede Teil 2 C. II. 1.

Neuregelung durch Betriebsvereinbarung akzeptieren will[589]. Wenn sich ein solches Wahlrecht immer als eine für den Arbeitnehmer günstigere Regelung darstellt, ergibt sich die Zulässigkeit einer solchen Regelung anhand der bisherigen Ergebnisse unproblematisch aus § 88 BetrVG.
Dieser Ansatz lässt sich auf den Bereich der nicht normativen Vereinbarungen und damit die Regelungsbefugnis der Betriebspartner bei Abschluss einer Regelungsabrede übertragen. Für die Regelungsabrede zur Gestaltung materieller Arbeitsbedingungen wurde bereits ausgeführt, dass der Arbeitgeber bei der notwendigen Umsetzung immer auf eine einzelvertragliche Zustimmung der Arbeitnehmer angewiesen ist, da diese das Verhältnis von Leistung und Gegenleistung, insbesondere das arbeitsvertragliche Synallagma betreffen[590]. Selbst wenn der Arbeitgeber dabei einseitig gestaltend tätig werden könnte, beispielsweise weil die Voraussetzung einer Änderungskündigung vorliegen, so ist zu beachten, dass auch dann durch den Abschluss der Regelungsabrede kein Eingriff in individualrechtliche Positionen erfolgt, so dass eine Regelungsabrede auch hier zulässig ist. Die Möglichkeit einer Änderungskündigung besteht unabhängig von der Vereinbarung der Regelungsabrede, so dass der Rechtskreis der Arbeitnehmer nicht beschränkt wird. Faktisch besteht bei der Notwendigkeit einer einzelvertraglichen Zustimmung ein Wahlrecht des Arbeitnehmers, was nach diesen Überlegungen einen umfassenden Anwendungsbereich der Regelungsabrede auf der Grundlage des § 88 BetrVG begründen würde.
Dem Gedanken, wonach die Einräumung eines Wahlrechts stets als Begünstigung anzusehen ist, ist sowohl für die Betriebsvereinbarung als auch für die Regelungsabrede auf der Grundlage des bereits genannten klassischen Eingriffsverständnisses[591] vorbehaltlos zuzustimmen. Danach liegt ein Eingriff – und damit eine belastende Regelung, die nicht von § 88 BetrVG erfasst werden kann – immer dann vor, wenn eine finale und unmittelbare Regelung mit imperativem Gehalt zur Beschränkung oder zum Entzug eines rechtlich geschützten Gutes, zur Reduktion des Freiheitsraumes des Einzelnen oder zur Einschränkung seiner individuellen Selbstbestimmung führt[592]. Die Einräumung eines Wahlrechts führt aber nur dazu, dass trotz einer möglicher Weise verschlechternden Regelung keine Beschränkung der individualrechtlichen Positionen der Arbeitnehmer eintritt. Der Rechtskreis der Arbeitnehmer wird durch ein echtes Wahlrecht stets erweitert. Sie erhalten eine zusätzliche Option, ohne bisherige

---

589 *Beathalter* S. 66 Fn. 174; *Aksu* S. 176 spricht von „Vorschlägen an die Arbeitnehmer".
590 Dazu Teil 2 C. II. 1.
591 Dazu näher Teil 3 C. II. 2.c.
592 *Dreier* GG, Vorbem. Rz. 81; *Isensee/Kirchhof* Bd. V. § 111 Rz. 61.

Rechte aufgeben zu müssen. Damit liegt in der Einräumung eines Wahlrechts stets eine den einzelnen Arbeitnehmer begünstigende Regelung[593].
Zu diesem Ergebnis gelangt auch der Große Senat des BAG in einer Entscheidung über eine Betriebsvereinbarung, mit der eine betriebliche Altersgrenze um sechs Monate vorverlegt wurde[594]. Das Gericht hat darin zwar – entgegen der hier vertretenen Konzeption - eine Regel- und Rechtsetzungskompetenz der Betriebspartner für eine Altersgrenze durch Betriebsvereinbarung anhand von §§ 88 und 77 Abs. 3 BetrVG bejaht[595], die vorgesehene Verkürzung aber als ungünstigere Regelung auf der Kollisionsebene scheitern lassen[596]. Bei der Prüfung des Günstigkeitsprinzips führt der Große Senat aus: „Die Möglichkeit, über das Ende seines Arbeitsverhältnisses, und im Fall der Einführung einer Altersgrenze praktisch über das Ende des Berufslebens, entscheiden zu können, ist ein rechtlicher Vorteil. Eine Altersgrenzenregelung ist für den Arbeitnehmer umso günstiger, je länger er die Wahlmöglichkeit (...) hat. Jede Verkürzung der Wahlmöglichkeit ist ungünstiger."[597] Da ein Wahlrecht also stets eine günstigere Regelung darstellt, ergibt sich die Zuständigkeit des Betriebsrates insoweit ebenfalls aus § 88 BetrVG, und zwar sowohl für die schuldrechtliche als auch für die normative Regelung. Auch das BAG leitet die Zulässigkeit einer begünstigenden Betriebsvereinbarung in einer Entscheidung des 6. Senats für den Betriebsrat aus § 88 BetrVG und für den Arbeitgeber aus der Privatautonomie ab[598].
Damit ist eine Regelungsabrede zur Gestaltung materieller Arbeitsbedingungen, für deren Umsetzung das Einverständnis der einzelnen Arbeitnehmer erforderlich ist, ohne Rücksicht auf geplante Verschlechterungen immer eine günstigere Regelung, da der Arbeitnehmer die Umsetzung mittragen, aber auch ablehnen kann. Die Gestaltung von Arbeitsbedingungen durch eine Regelungsabrede stellt keine Zwangsordnung dar[599], die Absprachen zwischen Betriebsrat und Arbeitgeber können den Arbeitsvertrag hier nicht ersetzen.
Das damit vorliegende Ergebnis entspricht auch den Erwägungen von *Waltermann*[600]. Dieser will die Einführung von Kurzarbeit im Rahmen des § 87 Abs. 1

---

[593] *Veit* S. 413 u. 422 f.; *Blomeyer* NZA 1996, 337 (344) nennt dies eine „Subjektivierung des Günstigkeitsmaßstabs"); *Richardi* § 77 Rz. 148 f.; *ders.* ZfA 1992, 307 (326); *ders.* Gutachten B 88 ff.; *Buchner* DB 1996, Sonderbeilage Nr. 12, 1 (10).
[594] BAG GS 7.11.1989 AP Nr. 46 zu § 77 BetrVG 1972.
[595] BAG GS 7.11.1989 AP Nr. 46 zu § 77 BetrVG 1972 (unter C.I.2.a.-d. der Gründe).
[596] BAG GS 7.11.1989 AP Nr. 46 zu § 77 BetrVG 1972 (unter C.II.3.c. der Gründe).
[597] BAG GS 7.11.1989 AP Nr. 46 zu § 77 BetrVG 1972 (unter C.II.3.b. der Gründe); zust. *Buchner* DB 1996, Sonderbeilage Nr. 12, 1 (10).
[598] BAG 12.8.1982 EzA § 77 BetrVG 1972 Nr. 9 (unter II.4.a. der Gründe).
[599] Auf diesen Unterschied zur Betriebsvereinbarung hebt auch *Konzen* in ZfA 1985, 469 (486) ab, der abseits normativer Betriebsvereinbarungen im Bereich des BetrVG Raum für privatautonome Gestaltungen zwischen Arbeitgeber und Betriebsrat sieht.
[600] *Waltermann* NZA 1996, 357 (362).

Nr. 3 BetrVG durch Betriebsvereinbarung entsprechend der hier vertretenen Ansicht nur zulassen, wenn der Arbeitgeber hierzu (ausnahmsweise) durch sein Weisungsrecht berechtigt ist. Andererseits hält es *Waltermann* für problemlos zulässig, dass die Betriebspartner Kurzarbeit im Rahmen einer Regelungsabrede vereinbaren: „Natürlich können die Betriebsparteien durch Betriebsabsprache die Einführung von Kurzarbeit verabreden. Die dadurch dokumentierte Billigung durch den Betriebsrat wird die notwendige Umsetzung ganz entscheidend erleichtern“[601].

Das auch verschlechternde Regelungen bei Einräumung eines Wahlrechts begünstigend wirken, entspricht im Übrigen auch der Systematik des Rechtsgedankens des Vertrages zu Gunsten Dritter. Bei dieser Vertragsgestaltung kann zwar wegen des Verbots von Verträgen zu Lasten Dritter mit der begünstigenden Regelung gerade nicht eine unmittelbare Belastungswirkung gegenüber dem Dritten verknüpft werden. Es ist aber zulässig, dass eine (belastende) Verpflichtung des Dritten mit der Geltendmachung der durch den Vertrag zu Gunsten Dritter erworbenen Forderung verknüpft wird. Diese Geltendmachung setzt nämlich den zustimmenden rechtsgeschäftlichen Willen des Dritten voraus, der die Belastung legitimiert[602]. Damit liegt in solchen Fällen gerade kein unzulässiger Vertrag zu Lasten Dritter, sondern nur eine Einschränkung der (insgesamt begünstigenden) Zuwendung vor[603].

Den Betriebspartnern steht damit für die Gestaltung materieller Arbeitsbedingungen durch eine Regelungsabrede eine umfassende Regelungsbefugnis zu.

5. Zwischenergebnis

Zwar lässt sich weder aus einem Umkehrschluss aus § 77 Abs. 3 BetrVG bzw. § 28 Abs. 1 SprAuG, noch aus § 88 BetrVG eine umfassende Regelungs- und Rechtsetzungskompetenz der Betriebspartner zur Regelung materieller Arbeitsbedingungen durch Betriebsvereinbarung ableiten. Da § 88 BetrVG aber die funktionelle Zuständigkeit des Betriebsrates für die Arbeitnehmer begünstigende Regelungen begründet und die Gestaltung materieller Arbeitsbedingungen durch eine Regelungsabrede von der individualrechtlichen Zustimmung des Arbeitnehmers abhängt und daher als Wahlrecht immer einen begünstigenden Charakter aufweist, ergibt sich insoweit eine umfassende Regelungsbefugnis der Betriebspartner. Mit diesem Ergebnis muss die Bewertung der Eignung der

---

601 *Waltermann* NZA 1996, 357 (362); auch *Schipprowski* S. 273 ff. hält die für die Betriebsvereinbarung notwendige Begrenzung der Regelungsmacht aus dem gebotenen Schutz des Einzelnen vor der Kollektivnorm für die Regelungsabrede nicht notwendig, da es sich hierbei um keine kollektive Normsetzung handelt.

602 Staudinger/*Jagmann* Vorbem. zu §§ 328 ff. Rz. 46.

603 So ausdrücklich für die Verknüpfung der Geltendmachung mit der Bedingung der Übernahme einer Verpflichtung (oder einer Verfallklausel) Staudinger/*Jagmann* Vorbem. zu §§ 328 ff. Rz. 46.

Regelungsabrede zur Lösung des Ausgangsfalls naturgemäß anders ausfallen, als die der Betriebsvereinbarung.

D. Rückschlüsse für die Lösung des Ausgangsfalls

I. Die fehlende Normsetzungskompetenz der Betriebspartner

Da nach den bisherigen Ergebnissen feststeht, dass eine Regel- und Rechtsetzungskompetenz der Betriebspartner für belastende Regelungen materieller Arbeitsbedingungen nicht besteht, ergibt sich insoweit für die Betriebsvereinbarung ein negativer Befund. Bezogen auf den Ausgangsfall eines betrieblichen „Bündnisses für Arbeit"[604] bedeutet dies, dass die darin vorgesehene Verlängerung der individuellen regelmäßigen wöchentlichen Arbeitszeit unter gleichzeitigem Lohnverzicht (als für den einzelnen Arbeitnehmer ungünstigere Regelungen) durch Betriebsvereinbarung bereits deshalb nicht möglich wäre, weil den Betriebspartnern hierfür die Regelungs- und Rechtsetzungsmacht fehlt. Eine Betriebsvereinbarung mit dem Inhalt einer Arbeitszeitverlängerung ohne Lohnausgleich würde also nicht erst am Tarifvorbehalt des § 77 Abs. 3 BetrVG scheitern[605].

Eine Aufrechterhaltung allein der begünstigenden Regelung zur Beschäftigungsgarantie nach dem Rechtsgedanken der geltungserhaltenden Reduktion scheidet ebenfalls aus. Zwar lässt sich für diese Regelung – isoliert betrachtet – eine Rechtsetzungsbefugnis der Betriebspartner anhand von § 88 BetrVG bejahen. Allerdings findet auf die Betriebsvereinbarung aufgrund ihres vertraglichen Charakters[606] die Regelung des § 139 BGB Anwendung[607]. Danach wird infolge der Nichtigkeit eines Teils eines Rechtsgeschäfts das ganze Rechtsgeschäft nichtig, wenn nicht angenommen werden kann, dass es auch ohne den nichtigen Teil vorgenommen worden wäre. Die Beschäftigungszusage wurde im Ausgangsfall aber nur als Kompensation der ungünstigeren Verpflichtung zur Mehrleistung ohne Lohnausgleich vorgesehen. Diese Begünstigung sollte mit der Gesamtvereinbarung stehen und fallen. Daher ist gemäß § 139 BGB von einer Gesamtnichtigkeit auszugehen.

Dieses Ergebnis der fehlenden Regel- und Rechtsetzungskompetenz bedeutet zugleich, dass eine Betriebsvereinbarung selbst dann ausscheidet, wenn die Ta-

---

[604] Teil 1 D. I. 1.

[605] Die Kompensation der Lohneinbußen im Rahmen der Ausweitung der Arbeitszeit durch eine Beschäftigungsgarantie wäre zwar eine begünstigende Regelung, für die sich eine Regelungskompetenz aus § 88 BetrVG ergibt. Da diese Kompensation aber gerade nur als Ausgleich der finanziellen Nachteile gedacht ist, läge in jedem Fall eine Gesamtnichtigkeit der Betriebsvereinbarung gemäß § 139 BGB vor.

[606] Vgl. oben Teil 2 A. II.

[607] Vgl. *Veit* Industrielle Beziehungen 1997, 216 (233).

rifvertragsparteien gemäß § 77 Abs. 3 S. 2 BetrVG den Vorbehalt des Tarifvertrages aufheben[608]. Eine solche Aufhebung begründet dann nicht etwa eine umfassende Kompetenz der Betriebspartner, sondern lässt lediglich die bereits beschriebene, begrenzte funktionelle Zuständigkeit wieder aufleben[609], die zur Lösung des Ausgangsfalls nicht ausreicht.

II. Das zusätzliche Defizit der Betriebsvereinbarung

Im Fehlen einer umfassenden Regel- und Rechtsetzungskompetenz besteht daher, neben der Sperrwirkung des § 77 Abs. 3 BetrVG, ein weiteres, entscheidendes Defizit der Betriebsvereinbarung bei der Flexibilisierung der Arbeitsbedingungen auf betrieblicher Ebene. Die Betriebsvereinbarung ist dazu gerade in Hinblick auf die wesentlichen Regelungsgegenstände der Dauer der Arbeitszeit und der Höhe des Arbeitslohnes bereits wegen der fehlenden Kompetenz der Betriebspartner ungeeignet. Dies verstärkt die Notwendigkeit der Beantwortung der Ausgangsfrage nach Alternativen für die Betriebspartner.

III. Die Eignung der Regelungsabrede für betriebliche Beschäftigungsbündnisse

Die umfassende Regelungskompetenz der Betriebspartner bei der Gestaltung materieller Arbeitsbedingungen in der Rechtsform einer Regelungsabrede führt dazu, dass die nicht normative Vereinbarung zwischen Betriebsrat und Arbeitgeber bei der Lösung des Ausgangsfalls gegenüber der Betriebsvereinbarung einen entscheidenden Vorteil aufweist. Nur für den Bereich der Regelungsabrede sind die Betriebspartner befugt, die materiellen Arbeitsbedingungen der Dauer der individuellen regelmäßigen wöchentlichen Arbeitszeit und der Höhe des Arbeitsentgelts zu regeln. Die im Ausgangsfall zwischen Betriebsrat und Arbeitgeber ausgehandelten Änderungen in Form einer Ausweitung der Dauer der Arbeitszeit, einem Lohnverzicht und einer Beschäftigungsgarantie zählen daher zu den zulässigen Regelungsgegenständen einer Regelungsabrede.
Auch in den aus der Praxis bekannt gewordenen Fällen von betrieblichen Beschäftigungsbündnissen bedienen sich die Betriebspartner überwiegend gerade der Regelungsabrede und nicht der Betriebsvereinbarung[610]. Dies mag überwie-

---

[608] Vgl. *Richardi* § 77 Rz. 286; *ders.* ZfA 1990, 211 (223); *Waltermann* NZA 1996, 357 (362); *Hammer* S. 88 f.; ähnlich *Reichold* S. 536; a.A. BAG 18.8.1987 AP Nr. 23 zu § 77 BetrVG 1972 (unter B.II.2.b. der Gründe); BAG 10.2.1988 AP Nr. 53 zu § 99 BetrVG 1972 (unter II.2.a. der Gründe); *Biedenkopf* S. 295 f; *Galperin/Löwisch* § 87 Rz. 13; GK-*Wiese* § 87 Rz. 11 m.w.N.

[609] *Walker* ZfA 1996, 353 (365 f); *Wank* NJW 1996, 2273 (2280 f.); *Richardi* Gutachten B 76; vgl. auch *ders.* NZA 1984, 387 (388 ff.).

[610] BAG 20.4.1999 AP Nr. 89 zu Art. 9 GG (Burda-Beschluss); ArbG Marburg 7.8.1996 NZA 1996, 1331 ff.; dazu näher Teil 2 B.IV.

gend daran liegen, dass auf diese Weise der Sperrwirkung des Tarifvorbehalts (§ 77 Abs. 3 BetrVG) entgangen werden soll[611]. Es entspricht aber auch dem hier gefundenen Ergebnis, wonach nur für die Regelungsabrede (und nicht die Betriebsvereinbarung) eine entsprechende Regelungsbefugnis besteht.
Selbst wenn man in Übereinstimmung mit der herrschenden Auffassung eine umfassende Kompetenz der Betriebspartner schon für den Bereich der normativen Abrede bejaht, ist zu beachten, dass die Regelungsabrede weitere Vorteile gegenüber der Betriebsvereinbarung aufweist. So bringt die notwendige Umsetzung der Regelungsabrede in den Fallgestaltungen der betrieblichen Beschäftigungsbündnisse das nicht selten von den Betriebspartnern angestrebte Ergebnis mit sich, dass eine für das Arbeitsverhältnis bedeutende Regelung nur mit Einverständnis der betroffenen Arbeitnehmer erfolgen kann[612]. Auf diese Weise wird ein breiter „Betriebskonsens" erreicht, was wiederum dem Betriebsfrieden dienlich ist.
Bei einer Gestaltung materieller Arbeitsbedingungen durch eine Regelungsabrede tritt hinzu, dass dabei die Privatautonomie der Arbeitnehmer gewahrt wird. Im Rahmen der Tarifautonomie als Fall der kollektiven Privatautonomie wird der Schutz der Privatautonomie neben der Legitimation der tariflichen Rechtsetzung durch den Verbandsbeitritt letztlich dadurch gewährleistet, dass sich der Arbeitnehmer durch einen Verbandsaustritt der Regelungsmacht der Tarifparteien wieder entziehen kann[613]. Das Fehlen dieser Möglichkeit bei der Betriebsvereinbarung und der Mangel einer privatautonomen Grundlage des Handelns der Betriebspartner insgesamt wird durch die Vereinbarung einer Regelungsabrede, die nur im Einvernehmen mit den regelungsbetroffenen Arbeitnehmern umgesetzt wird, durch deren rechtsgeschäftliche Zustimmung kompensiert[614].
Es wird auch zu Recht darauf hingewiesen, dass eine einzelvertragliche Gestaltung einem gesteigerten Bedürfnis der Arbeitnehmer nach individuellen Einflussmöglichkeiten gerecht wird, dem „mündigen Arbeitnehmer" also ein eigenständiger Einfluss auf die Regelung seines Arbeitsverhältnisses nicht versagt werden darf[615].

---

611 Zur Anwendbarkeit des § 77 Abs. 3 auf Regelungsabreden Teil 4 A.

612 Dazu bereits Teil 2 C. II. 1.

613 *Neef* NZA 2001, 360 f.; dies gilt wegen § 3 Abs. 3 TVG allerdings nur für künftige Tarifverträge.

614 *Neef* NZA 2001, 360 f.; *Adomeit* NZA 2001, 1033 ff.; vgl. auch *Junker* NZA 1997, 1305 ff.; *Möschel* BB 2002, 1314 (1317).

615 Ausführlich und m.w.N. *Zöllner* NZA 2000, Sonderbeilage zu Heft 3, 1 ff.; *Junker* NZA 1997, 1305 (1309 ff.); *Möschel* BB 2002, 1314 (1317); *Freihube* DB 2000, (1025); *Blanke/Rose* RdA 2001, 92 (93 f.) konstatieren sogar einen „Rückstand des Rechts" hinsichtlich der Anerkennung des Individuums als verantwortlich handelnde Person im Arbeitsverhältnis.

IV. Bedenken gegenüber der individualrechtlichen Umsetzung

Gegen individualvertragliche Lösungen werden aber auch Bedenken erhoben. Diese stellen sowohl auf eine Unpraktikabilität der Regelungsabrede gegenüber der normativen Wirkung der Betriebsvereinbarung[616] als auch darauf ab, dass die Entscheidung über eine Verschlechterung materieller Arbeitsbedingungen – insbesondere im Rahmen betrieblicher Beschäftigungsbündnisse – zu einer unangemessenen Drucksituation und Überforderung für die Arbeitnehmer führen soll[617].

1. Unpraktikabilität der einzelvertraglichen Umsetzung

Das Argument der Unpraktikabilität stützt sich vordringlich darauf, die Einholung der einzelvertraglichen Zustimmung jedes Arbeitnehmers sei rechtlich möglich, aber praktisch zu umständlich[618] bzw. „mühsam“[619]. Dabei wird nicht in Abrede gestellt, dass insbesondere für den Bereich der freiwilligen Leistungen des Arbeitgebers in Form von Gesamtzusagen eine praktikable einzelvertragliche Umsetzung möglich ist. In diesen Fällen kann eine Vertragsänderung durch ein Angebot des Arbeitgebers an die Arbeitnehmer unter Verzicht auf eine ausdrückliche Annahmeerklärung gemäß § 151 S. 1 BGB erfolgen, da bei vom Arbeitgeber vorgesehenen Begünstigungen eine ausdrückliche Annahmeerklärung verzichtbar und nach der Verkehrssitte nicht zu erwarten sei, so dass die Weiterarbeit der Arbeitnehmer hierfür ausreicht[620]. In einer Entscheidung, in der die Neueinführung einer ungünstigeren Ruhegeldordnung zu beurteilen war, hat das BAG aber zutreffend darauf hingewiesen, dass in der bloßen Weiterarbeit der Arbeitnehmer in den Fällen, in denen es nicht um zusätzliche freiwillige Leistungen geht, keine Annahmeerklärung gesehen werden kann[621]. Im Fall einer verschlechternden Regelung kann das bloße Weiterarbeiten nicht als Ausdruck eines zustimmenden rechtsgeschäftlichen Willens gewertet werden[622]. Das BAG führt aus, damit sei individualvertraglich für eine betriebsein-

---

[616] BAG 30.1.1970 AP Nr. 142 zu § 242 BGB Ruhegehalt (unter der B.III.2. Gründe).

[617] So im Viessmann-Fall das ArbG Marburg 7.8.1996 NZA 1996, 1331 (1333, unter B.II.1. unter der Gründe).

[618] BAG 30.1.1970 AP Nr. 142 zu § 242 BGB Ruhegehalt (unter der B.III.2. Gründe); *Schipprowski* S. 228; vgl. auch *Niebler/Schmiedl* BB 2001, 1631 (1632).

[619] *Giesler* S. 37.

[620] BAG 17.5.1966 AP Nr. 110 zu § 242 BGB Ruhegehalt (1. der Gründe); BAG 13.3.1975 AP Nr. 167 zu § 242 BGB Ruhegehalt (unter I.1.a. der Gründe); *Müller-Franken* S. 312; zu der umstrittenen Frage der rechtlichen Einordnung einer Gesamtzusage Staudinger/*Richardi* § 611 Rz. 235 ff. m.w.N.

[621] BAG 30.1.1970 AP Nr. 142 zu § 242 BGB Ruhegehalt (unter der B.III.2.a. Gründe); vgl. auch *Peterek* FS f. Gaul, 471 (489 f.).

[622] *Schipprowski* S. 229; *Peterek* FS f. Gaul, 471 (485 u. 490); *Gamillscheg* Arbeitsrecht I, S. 44; *Giesler* S. 41 Fn. 209; dafür aber *Müller-Franken* S. 312, der die Frage aufwirft, warum

heitliche Regelung das ausdrückliche Einverständnis aller Arbeitnehmer oder der Weg über eine (Massen)Änderungskündigung erforderlich, was mit so erheblichen praktischen Schwierigkeiten verbunden sei, dass der Arbeitgeber nicht auf diesen Weg verwiesen werden könne[623]. Ergänzend wird in der Literatur angeführt, dass es stets Arbeitnehmer geben werde, die sich betrieblichen Erfordernissen widersetzen und eine Einigung verweigern[624].
Mit diesen Aussagen werden die rechtlichen Grenzen der Umsetzung einer Regelungsabrede zutreffend beschrieben. Eine betriebseinheitliche Regelung lässt sich auch im Rahmen der hier fraglichen Fallgestaltung nicht dadurch erreichen, dass (wie bei der Gewährung freiwilliger Leistungen im Wege der Gesamtzusage) unter Verzicht auf eine Annahmeerklärung entsprechende Vertragsangebote (z.B. durch Aushang am schwarzen Brett) im Betrieb bekannt gegeben werden. Zwar wurde bereits dargelegt, dass bei begünstigenden Regelungen eine Annahmeerklärung gemäß § 151 S. 1 BGB entbehrlich sein kann[625]. Auch stellt die Regelungsabrede zur Änderung materieller Arbeitsbedingungen stets eine Rechtskreiserweiterung für die Arbeitnehmer in Form einer zusätzlichen Wahlmöglichkeit dar und ist für diese somit günstiger[626]. Damit ist aber noch nicht gesagt, dass es auf eine ausdrückliche Annahmeerklärung bei der Umsetzung einer solchen Regelungsabrede nicht ankommt. Denn die Frage, ob die Rechtskreiserweiterung für die Arbeitnehmer in Form einer Regelungsabrede über materielle Arbeitsbedingungen im Vergleich zu der ohne die Regelungsabrede bestehenden Situation für die Arbeitnehmer günstiger ist, sagt noch nichts darüber aus, ob die in der Regelungsabrede vorgesehene einzelvertragliche Regelung günstiger ist. Nur im letzteren Fall wäre aber eine Annahmeerklärung nach der Verkehrssitte nicht zu erwarten, so dass der Anwendungsbereich von § 151 S. 1 BGB eröffnet und eine ausdrückliche Erklärung der Arbeitnehmer verzichtbar ist[627].
Für den hier gebildeten Ausgangsfall gilt, dass zwar die Einräumung einer zuvor nicht bestehenden Wahlmöglichkeit für den einzelnen Arbeitnehmer einen

---

die Arbeitnehmer sich nicht auch mit nachteiligen Änderungen, die über das schwarze Brett bekannt gegeben wurden, durch schlüssiges Verhalten einverstanden erklären können sollen. Dies ist jedoch die falsche Fragestellung. *Müller-Franken* ist zuzugeben, dass der von ihm beschriebene Vorgang selbstverständlich möglich ist. Den Arbeitnehmer muss aber dabei ein entsprechender Wille positiv nachgewiesen werden, wofür die bloße Weiterarbeit keinesfalls ausreichend ist.

[623] So für eine notwendiger Weise betriebseinheitliche Regelung BAG 30.1.1970 AP Nr. 142 zu § 242 BGB Ruhegehalt (unter der B.III.2.b. Gründe).

[624] Vgl. *Molodovsky* S. 63; *Giesler* S. 41; *Hromadka* DB 1985, 864 (865); *Loritz* ZfA 1989, 1 (5).

[625] MünchKommBGB/*Kramer* § 151 Rz. 55.

[626] Teil 3 C. IV.4.c.

[627] Vgl. BAG GS 16.9.1986 AP Nr. 17 zu § 77 BetrVG (unter C.II.1.a. der Gründe); MünchKommBGB/*Kramer* § 151 Rz. 55.

günstigeren Rechtszustand darstellt, so dass § 88 BetrVG den Betriebspartnern die Befugnis zu einer kollektiven Regelung eröffnet. Die Umsetzung der in der Vereinbarung zwischen Arbeitgeber und Betriebsrat vorgesehenen Verlängerung der Arbeitszeit ohne Lohnausgleich ist aber individualvertraglich ungünstiger, so dass eine ausdrückliche Annahmeerklärung notwendig ist[628].
Die damit verbundenen praktischen Umsetzungsschwierigkeiten sind aber im einigungsorientierten System des Privatrechts selbst angelegt. Damit ist jedoch nicht verbunden, dass der Vertrag auch im Vielpersonenverhältnis immer ein „umständliches Ritual" und daher unpraktikabel wäre[629]. Es entspricht vielmehr dem Grundgedanken der Privatautonomie, sich einer Einigung auch verweigern zu können. Dieses Hemmnis auf dem Weg zu einer betriebseinheitlichen Regelung zu überwinden, ist nur durch Ausübung normativer Rechtsetzung, also im Rahmen der Tarifautonomie (als Fall der kollektiven Privatautonomie) oder durch die Zwangswirkung der Betriebsvereinbarung möglich[630]. Im letzteren Fall bestehen wegen des Mangels der privatautonomen Legitimation aber enge Grenzen der Zulässigkeit belastender Regelungen, die den notwendigen Schutz der Privatautonomie des Einzelnen sicher stellen[631]. Wenn die individualvertragliche Einigung somit praktische Schwierigkeiten aufwirft, dies aber systemimmanent ist, kann daraus im Umkehrschluss kein rechtliches Argument gegen einzelvertragliche Lösungen gefolgert werden. Die Eignung der unmittelbar und zwingend wirkenden Betriebsvereinbarung zur Erreichung betriebseinheitlicher Lösungen spricht für sich genommen weder gegen die Regelungsabrede noch vermag dieser Umstand die Grenzen der normativen Regelungsbefugnis der Betriebspartner zu überwinden.
Dem kann auch nicht entgegen gehalten werden, dass stets Arbeitnehmer zu finden sein werden, die sich einer aus Gründen betrieblicher Erfordernisse notwendigen Einigung widersetzen[632]. Selbst wenn man dies als zutreffend unterstellt, so verbleibt dem Arbeitgeber dennoch, sich mit einer für ihn ausreichenden Zustimmungsquote zu begnügen, wie es beispielsweise in den Fällen

---

[628] Vgl. BAG 30.1.1970 AP Nr. 142 zu § 242 BGB Ruhegehalt (unter der B.III.2.a. Gründe). Dies ist de lege lata unstreitig, vgl. nur *Walker* ZfA 1996, 353 (374 ff.); *Konzen* NZA 1995, 913 (918). Für eine Neubestimmung des Günstigkeitsprinzips unter Einbeziehung von Beschäftigungsgarantien in Vergleiche zu sonstigen Arbeitsbedingungen aber *Krauss* DB 2000, 1962 ff.; *Freihube* DB 2000, 1022 (1024 ff.); ausführlich dazu *Buchner* DB 1996, Beilage Nr. 12, 1 (9 ff.); *Richardi* Gutachten, B 83 ff.; ders. DB 2000, 42 (47); vgl. auch *Brecht/Höland/Reim* ArbuR 2002, 127 (128 f.).
[629] Vgl. *Gast* Direktion, S. 363; *Müller-Franken* S. 312.
[630] Vgl. *Möschel* BB 2002, 1314 (1317).
[631] Näher Teil 3 B. IV. 1.
[632] Vgl. *Molodovsky* S. 63; *Giesler* S. 41; *Hromadka* DB 1985, 864 (865); *Loritz* ZfA 1989, 1 (5).

Viessmann und *Burda* geschehen ist[633]. Außerdem darf es als zutreffender Befund angesehen werden, dass „Arbeitnehmer gerade auf betrieblicher Ebene immer häufiger bereit sind, sich den unvermeidlichen Realitäten entsprechend zu verhalten und notwendigenfalls Rechtsverluste zu akzeptieren"[634]. Schon 1998 ergab eine Umfrage des Emnid Instituts unter Beschäftigten der Metall- und Elektroindustrie, dass 64 % der Befragten Einschränkungen bei Weihnachts- und Urlaubsgeld in wirtschaftlichen Notsituationen befürworten und immerhin 45 % zu Mehrarbeit ohne Lohnausgleich bereit wären[635].
Damit verbunden ist allerdings gerade im Rahmen betrieblicher Beschäftigungsbündnisse ein erhöhter Entscheidungsdruck auf Seiten der Arbeitnehmer, die sich nicht selten vor die Alternative einer Zustimmung oder eines drohenden Arbeitsplatzverlustes gestellt sehen[636].

2. Überforderung der Arbeitnehmer

Auch der Entscheidungsdruck, der im Rahmen eines individualvertraglichen Beschäftigungsbündnisses auf dem einzelnen Arbeitnehmer lasten kann, ist diesen Abreden entgegen gehalten worden. So hat beispielsweise das Arbeitsgericht Marburg in der Entscheidung zum *Viessmann*-Fall eine Überforderung der Arbeitnehmer in wirtschaftlicher, rechtlicher und insbesondere menschlicher Hinsicht angenommen, wenn die Entscheidung darüber, ob vom Tarifvertragsniveau abweichende Arbeitsbedingungen gelten sollen, auf die Arbeitnehmer verlagert werde[637].
Der Zwang, rechtsgeschäftliche Entscheidungen zu treffen, ist aber im System der Privatautonomie kein rechtliches Hindernis, sondern eine Notwendigkeit. Dabei darf zwar nicht verkannt werden, dass die jedenfalls im Grundsatz bestehende strukturelle Unterlegenheit des Arbeitnehmers[638] stets die Gefahr birgt, dem Arbeitgeber keine ausreichende Verhandlungsmacht entgegen setzen zu können[639]. So wird insbesondere befürchtet, Arbeitgeber könnten das Druckmit-

---

[633] Im Burda-Fall ergab sich eine individualvertragliche Zustimmung der Arbeitnehmer von 98,5 % (Teil 1 C. IV. 2.b.), bei Viessmann waren es 96,4 % (Teil 2 B. IV.).
[634] So ausdrücklich *Müller-Franken* S. 313; ebenso *Adomeit* NJW 2001, 1033 (1034); *Junker* NZA 1997, 1305 (1314); *Coester* BB 1984, 797 (798); *Löwisch* SAE 1987, 185 (186); ähnlich *Picker* NZA 2002, 761 (768).
[635] Vgl. die Angaben in der FAZ vom 21.1.1998, S. 17.
[636] *Junker* NZA 1997, 1305 (1313) m.w.N.
[637] ArbG Marburg 7.8.1996 NZA 1996, 1331 (1333); vgl. auch *Herrmann* NZA 2000 Sonderbeilage zu Heft 3. 14 (22). Das ArbG Marburg sieht in der Mitwirkung des Betriebsrates an einer solchen Vereinbarung gegenüber den Arbeitnehmern eine Verletzung einer aus §§ 2 Abs. 1, 75 BetrVG folgenden Fürsorgepflicht, dazu näher Teil 4 C. I.
[638] Dazu oben Teil 1 C. I.
[639] BVerfG 26.6.1991 BVerfGE 84, 212 (229); *Löwisch* ArbR, Rz. 24; kritisch m.w.N. *Junker* NZA 1997, 1305 (1307 ff.); *Zöllner* NZA 2000, Sonderbeilage zu Heft 3, 1; *Richardi* DB 2000, 42.

tel drohender Kündigungen oder der Verlagerung von Arbeitsplätzen einsetzen, auch wenn diese Maßnahmen nicht wirklich in Erwägung gezogen werden[640]. Das Arbeitsrecht als Arbeitnehmerschutzrecht fußt jedoch trotz dieser Umstände auf der Selbstbestimmungsordnung[641]. Dementsprechend ist es nicht tarifgebundenen Arbeitnehmern selbst dann nicht verwehrt, einzelvertraglich vom Tarifvertrag abweichende Arbeitsbedingungen zu vereinbaren, wenn – wie flächendeckend üblich – im Arbeitsvertrag auf den einschlägigen Tarifvertrag Bezug genommen wurde, ein solcher Außenseiterwettbewerb ist möglich[642]. Auch das Arbeitsgericht Marburg erkennt im *Viessmann*-Fall zutreffend an, dass nicht organisierte Arbeitnehmer nicht gehindert sind, für einen gesonderten Kündigungsschutz länger zu arbeiten[643]. Der Tarifvertrag wirkt hier mangels Tarifgebundenheit nicht normativ auf die Arbeitsverhältnisse ein, §§ 3 Abs. 1, 4 Abs. 1 S. 1 TVG.

Den notwendige Schutz des Arbeitnehmers vor Übervorteilung und Ausnutzung durch den in der Regel verhandlungsstärkeren Arbeitgeber hält die Rechtsordnung durch ein funktionsfähiges Tarifvertragssystem bereit[644]. Durch den Verbandsbeitritt kann sich der Arbeitnehmer dem beschriebenen Entscheidungsdruck entziehen[645]. Denn für gewerkschaftlich organisierte Arbeitnehmer wirken die Tarifvertragsbestimmungen gemäß § 4 Abs. 1 S. 1 und Abs. 3 TVG unmittelbar und zwingend, sofern auch der Arbeitgeber tarifgebunden ist, § 3 Abs. 1 TVG[646]. Soweit die Tarifgebundenheit des Arbeitgebers fehlt, ist er mangels tarifvertraglicher Friedenspflicht dem Risiko eines Streiks mit eben dem Ziel des Abschlusses eines Tarifvertrages ausgesetzt, so dass auch dann der rechtliche Schutz des einzelnen Arbeitnehmers gewährleistet werden kann.

Wenn man von der Möglichkeit einer tariflichen Öffnungsklausel absieht, ist bei Tarifgeltung eine Abweichung von tariflichen Bestimmungen nur zu Gunsten der Arbeitnehmer zulässig, wie das in § 4 Abs. 3 Halbsatz 2 TVG normierte Günstigkeitsprinzip festlegt. Soweit der einschlägige Tarifvertrag abschließende Vorgaben über die Dauer der Arbeitszeit und die Lohnhöhe trifft, kann eine ent-

---

640 So die Äußerungen des damaligen Sprechers der IG Metall *Barczyinski* im Handelsblatt vom 29./30.1.1994, S. 3; ähnlich *Däubler* in einem Interview, abgedruckt in AuA 1996, 310 (310 f.).

641 *Junker* NZA 1997, 1305 ff.; *Reichold* NZA 1999, 561 (562 f.); *Picker* NZA 2002, 761 (763); *Zöllner* NZA 2000, Sonderbeilage zu Heft 3, 1 (2); *Richardi* DB 2000, 42 f.

642 *Richardi* DB 2000, 42 (43); *ders.* NZA 2000, 617 (618); dafür auch *Reuter* RdA 1991, 193 (202).

643 ArbG Marburg 7.8.1996 NZA 1996, 1331 (1333).

644 *Brecht/Höland/Reim* ArbuR 2002, 127 sprechen (wenn auch für Betriebsräte) zutreffend von einer „rechtlichen Ressource“, auf die man sich im Zweifelsfall zurück ziehen könne.

645 Vgl. BAG 21.1.1987 AP Nr. 47 zu Art. 9 GG (Bl. 6).

646 Tarifregelungen über betriebliche und betriebsverfassungsrechtliche Fragen wirken bei einseitiger Tarifgebundenheit des Arbeitgebers auch für nichtorganisierte Arbeitnehmer normativ, §§ 3 Abs. 2, 4 Abs. 1 TVG .

sprechende Regelungsabrede nach dem Modell des Ausgangsfalls daher nicht in die Verträge der Gewerkschaftsmitglieder umgesetzt werden. Dies hat das BAG in einem Fall aus jüngster Zeit erneut bestätigt[647]. Das BAG spricht darin den Tarifvertragsparteien die Befugnis zu, die Verschlechterung von Arbeitsbedingungen tarifvertraglich zu vereinbaren, um Arbeitsplätze der tarifgebundenen Arbeitnehmer zu sichern[648]. In diesem Zusammenhang führt das BAG aus, der Gesetzgeber habe gerade die auf Verschlechterung von Arbeitsbedingungen von Arbeitsplatzbesitzern gerichtete Regelungsbefugnis der Tarifvertragsparteien umfassend gegen die Ausübung durch Dritte geschützt: „Die Betriebspartner sind durch § 77 Abs. 3 BetrVG an der Vereinbarung entsprechender betrieblicher Normen gehindert. Arbeitsvertragliche Vereinbarungen dieses Inhalts sind durch § 4 Abs. 3 TVG ebenso ausgeschlossen wie dahingehende schuldrechtliche Regelungsabreden der Betriebspartner und auf ihnen beruhende einzelvertragliche Einheitsregelungen“[649]. Die Verschlechterung von Arbeitsbedingungen tarifgebundener Arbeitnehmer unterhalb tarifvertraglicher Regelungen ist damit gegen den Willen der Tarifvertragsparteien rechtlich nicht möglich.

In diesem Zusammenhang ist abschließend darauf hinzuweisen, dass selbst dort, wo die Tarifautonomie rechtlich durch Verbandsflucht und faktisch durch Nichtbeachtung zurückgedrängt wurde, also namentlich in den neuen Bundesländern, zumindest keine gravierenden, auf breiter Front auftretenden Missstände bekannt geworden sind[650]. Man mag den faktischen Bedeutungsverlust des Flächentarifvertrages begrüßen oder ablehnen, es zeigt sich an seinen Folgen jedenfalls, dass einzelvertragliche Regelungen nicht zwingend zu Überforderung und Ausbeutung der Arbeitnehmer führen[651].

Es wird aus diesen Gründen zu Recht kritisch hinterfragt, ob die Arbeitnehmer mit der Entscheidung über materielle Arbeitsbedingungen und das Unterschreiten des Tarifniveaus tatsächlich in jedem Fall überfordert sind[652]. Selbst wenn man stets von einer solchen Gefahr ausginge, so kann daraus nach dem Vorgenannten kein rechtliches Argument gegen eine einzelvertragliche Regelung materieller Arbeitsbedingungen gefolgert werden. Ansonsten wäre der Arbeitsvertrag als privatautonomes Instrument zur Gestaltung von Arbeitsbedingungen vollkommen entwertet. Ein Arbeitsvertrag, dessen Inhalt nicht durch einen Ta-

---

647 BAG 28.6.2001 NZA 2002, 331 ff.

648 BAG 28.6.2001 NZA 2002, 331 (334).

649 BAG 28.6.2001 NZA 2002, 331 (334).

650 *Zöllner* NZA 2000, Sonderbeilage zu Heft 3, 1 (5); *Junker* NZA 1997, 1305 (1313 f.).

651 *Zöllner* NZA 2000, Sonderbeilage zu Heft 3, 1 (5) weist zutreffend darauf hin, dass unter modernen Wirtschaftsbedingungen die unternehmerische Leistungsfähigkeit wesentlich auch von der Motivation der Arbeitnehmer abhängt, die nicht durch „Arbeitsbedingungen am unteren Rand des Möglichen“ erreicht werde; vgl. auch *Junker* NZA 1997, 1305 (1309); *Giesler* S. 39 f.; *Buchner* NZA 1996, 1304 (1305).

652 Vgl. nur *Junker* NZA 1997, 1305 (1309); *Buchner* NZA 1996, 1304 (1305); *Zöllner* NZA 2000, Sonderbeilage zu Heft 3, 1 (4).

rifvertrag mitgestaltet würde, wäre stets eine Überforderung. Allenfalls lässt sich die Frage stellen, ob die Mitwirkung des Betriebsrates an den beschriebenen Regelungsabreden eine Verletzung seiner gesetzlichen Pflichten darstellt[653].

E. Zwischenergebnis

Die Bedenken aufgrund einer Drucksituation des einzelnen Arbeitnehmers und einer Unpraktikabilität der individualvertraglichen Umsetzung sind letztlich nicht durchschlagend. Die Betriebspartner haben bei der Ausgestaltung von Regelungsabreden über materielle Arbeitsbedingungen eine umfassende Regelungskompetenz. Die funktionelle Zuständigkeit des Betriebsrates ergibt sich insoweit aus § 88 BetrVG. Damit sind im Gegensatz zur Betriebsvereinbarung auch Vereinbarungen denkbar, die (z.B. im Rahmen eines betrieblichen Beschäftigungsbündnisses) die Dauer der individuellen regelmäßigen wöchentlichen Arbeitszeit und Fragen der Lohnhöhe betreffen.
Mit dem Verzicht auf die unmittelbare Gestaltungswirkung der Betriebsvereinbarung können die Betriebspartner daher im Bereich materieller Arbeitsbedingungen umfassend regelnd tätig werden. Dies ist vor dem Hintergrund der Vertragsrechtsakzessorietät der Betriebsverfassung auch systemgerecht und führt zu einer zutreffenden Abgrenzung der Aufgabenwahrnehmung des Betriebsrates zu Gunsten der Privatautonomie der Arbeitnehmer.

---

653 So das ArbG Marburg 7.8.1996 NZA 1996, 1331 (1333), dazu näher Teil 4 C. I.

Teil 4. Der Schutz der Tarifautonomie gegenüber der Regelungsabrede

Nach dem bisherigen Ergebnis dieser Untersuchung steht der Regelungsabrede ein weiter Kompetenzbereich zu. Durch eine Bindung an die Reichweite der durch das BetrVG verliehenen Ermächtigungen findet die Regelungsbefugnis der Betriebspartner eine angemessene Verortung im vertragsrechtsakzessorischen System der Betriebsverfassung.

Die damit vollzogene Abgrenzung dieser Regelungsbefugnis gegenüber der Privatautonomie der Arbeitnehmer beschreibt aber nur eine Seite der notwendigen Ermittlung des Anwendungsbereichs der Regelungsabrede. Daneben muss auch ihr Verhältnis zu den konkurrierenden Kollektivverträgen der Tarifpartner bestimmt werden.

Es ist bereits herausgearbeitet worden, dass Vereinbarungen auf betrieblicher Ebene die zentralen Funktionsbedingungen der im Rahmen von Art. 9 Abs. 3 GG verfassungsrechtlich garantierten Tarifautonomie nicht beeinträchtigen dürfen[1]. Zur Aufrechterhaltung der tariflichen Ordnungs- und Schutzfunktion ist die Geltung und Unabdingbarkeit der Tarifnormen hinsichtlich eines ausreichend großen Bereichs der Festlegung von Arbeits- und Wirtschaftsbedingungen erforderlich[2]. An diesen Vorgaben haben sich auch Vereinbarungen nicht normativer Natur zu orientieren[3]. Es können sich daher aus dem verfassungsrechtlich garantierten Bereich der Tarifautonomie Beschränkungen für eine Regelungsabrede zur Gestaltung materieller Arbeitsbedingungen und Grenzen für den Anwendungsbereich von schuldrechtlichen Vereinbarung zwischen Arbeitgeber und Betriebsrat ergeben.

Vordringlich geht es dabei um die Frage, ob der Tarifvorbehalt des § 77 Abs. 3 BetrVG auch auf die Regelungsabrede Anwendung findet. Entscheidend sind aber auch die Reichweite eines eventuellen gewerkschaftlichen Unterlassungsanspruchs und die Pflichten des Betriebsrates gegenüber Arbeitnehmern und Koalitionen in Hinblick auf die Einhaltung des notwendigen Schutzes von Tarifverträgen.

Diese Fragen können nur für solche Betriebe eindeutig beantwortet werden, in denen kein Tarifvertrag zur Anwendung kommt (z.B. weil der Betrieb nicht in den Geltungsbereich eines Tarifvertrages fällt, oder weil die Tarifpartner keinen Tarifvertrag geschlossen haben und dieser auch nicht üblich ist[4]). Für die Arbeitsvertragsparteien besteht dann im Rahmen sonstiger gesetzlicher Vorgaben volle Vertragsfreiheit. Sie können daher auch auf der Grundlage einer Rege-

---

[1] Teil 1 E. III.

[2] Vgl. *Däubler/Kittner/Klebe* § 77 Rz. 76; *Dieterich* RdA 2002, 1 (17); *Junker* ZfA 1996, 383 (394 f.); *Henssler* ZfA 1994, 487 (498); sowie Teil 1 E. III.

[3] Bereits Teil 1 E. III.

[4] Vgl. § 77 Abs. 3 S. 1 BetrVG

lungsabrede Vereinbarungen über materielle Arbeitsbedingungen treffen, selbst wenn diese für die Arbeitnehmer nachteilige Regelungen enthalten.
Für den weitaus häufigeren Fall, dass ein Betrieb in den Geltungsbereich eines Tarifvertrages fällt, sollen die aufgeworfenen Fragen im Folgenden näher beleuchtet werden.

A. Der Tarifvorbehalt gemäß § 77 Abs. 3 S. 1 BetrVG

Der in § 77 Abs. 3 S. 1 BetrVG statuierte Tarifvorbehalt verhindert seinem Wortlaut nach zunächst nur die Wirksamkeit einer Betriebsvereinbarung über Arbeitsbedingungen, die durch Tarifvertrag geregelt sind oder üblicherweise geregelt werden[5]. Nach der Rechtsprechung und dem überwiegenden Teil der arbeitsrechtlichen Lehre erstreckt sich die Sperrwirkung auf alle Arbeitsbedingungen[6] und auch auf nicht tarifgebundene Arbeitgeber[7], soweit nur der Betrieb in den Geltungsbereich des Tarifvertrages fallen würde[8].
Über die ratio legis dieser Regelung besteht insofern Einigkeit, als sie den Schutz der ausgeübten und aktualisierten Tarifautonomie und der Erhaltung der Funktionsfähigkeit der Koalitionen[9] durch Verhinderung einer konkurrierenden Normgebung auf Betriebsebene unter Beteiligung des Betriebsrates als „beitragsfreier Ersatzgewerkschaft" umfasst[10]. Die Auswirkungen des durch § 77 Abs. 3 BetrVG gewährleisteten Schutzes der Tarifautonomie auf die Regelungsabrede sind aber umstritten.

---

[5] BAG 13.8.1980 AP Nr. 2 zu § 77 BetrVG 1972 (unter II.1. der Gründe); *Fitting/Kaiser/Heither/Engels/Schmidt* § 77 Rz. 97; GK-*Kreutz* § 77 Rz. 113 ff.; näher Teil 1 D. I. 1.

[6] BAG 9.4.1991 AP Nr. 1 zu § 77 BetrVG 1972 Tarifvorbehalt (unter II.3. der Gründe); GK-*Kreutz* § 77 Rz. 88; *Fitting/Kaiser/Heither/Engels/Schmidt* § 77 Rz. 71; *Däubler/Kittner/Klebe* § 77 Rz. 63.

[7] BAG 24.1.1996 AP Nr. 8 zu § 77 BetrVG 1972 Tarifvorbehalt (unter I.1. der Gründe); BAG 5.3.1997 AP Nr. 10 zu § 77 BetrVG 1972 Tarifvorbehalt (unter II.2.a. der Gründe); *Hess/Schlochauer/Glaubitz* § 77 Rz. 141; *Galperin/Löwisch* § 77 Rz. 81; *Waltermann* RdA 1996, 129 (131).

[8] BAG 24.1.1996 AP Nr. 8 zu § 77 BetrVG 1972 Tarifvorbehalt (unter I.1. der Gründe); BAG 5.3.1997 AP Nr. 10 zu § 77 BetrVG 1972 Tarifvorbehalt (unter II.2.a. der Gründe); *Fitting/Kaiser/Heither/Engels/Schmidt* § 77 Rz. 78.

[9] BAG 22.5.1979 AP Nr. 13 zu § 118 BetrVG 1972 (unter II.1. der Gründe); BAG 24.2.1987 EzA zu § 87 BetrVG 1972 Nr. 10 (unter B.II.4.a. der Gründe); BAG 22.6.1993 AP Nr. 22 zu § 23 BetrVG 1972 (unter III.2.a. der Gründe); BAG 1.12.1993 EzA zu § 77 BetrVG 1972 Nr. 50 (unter I.2.b. der Gründe), *Veit* S. 214; *Galperin/Löwisch* § 77 Rz. 73, *Fitting/Kaiser/Heither/Engels/Schmidt* § 77 Rz. 67; *Zachert* RdA 1996, 140 (145); *Richardi* § 77 Rz. 244 f.; *Biedenkopf* S. 280 ff.; *Wiese* RdA 1968, 41 (42 f.); *Buchner* DB 1997, 573; *Konzen* BB 1977, 1307 (1311); *Hromadka* DB 1987, 1991 (1993); *Zöllner* FS f. Nipperdey 1965 Bd. 2, 699 (703); GK-*Kreutz* § 77 Rz. 78 m.w.N.

[10] GK-*Kreutz* § 77 Rz. 76; *Gamillscheg* Kollektives Arbeitsrecht, S. 324; näher Teil 1 C. IV.

I. Anwendung auf die Regelungsabrede

Dabei wird bereits unterschiedlich beurteilt, ob die im Geltungsbereich eines Tarifvertrages bestehende Sperrwirkung des § 77 Abs. 3 S. 1 BetrVG stets auch die Wirksamkeit einer Regelungsabrede verhindert. Einhellig wird zwar betont, dass die vom Wortlaut her auf die Betriebsvereinbarung bezogene Vorschrift einzelvertragliche Abreden und die sogenannten allgemeinen Arbeitsbedingungen, also den gesamten Bereich originär individualrechtlicher Vereinbarungen, nicht erfasst[11]. Daraus kann jedoch nicht ohne weiteres die Nichtanwendung des § 77 Abs. 3 S. 1 BetrVG auf die Regelungsabrede gefolgert werden. Die Regelungsabrede ist, wie bereits dargelegt, eine Kollektivvereinbarung. Lediglich ihre Gestaltungswirkung entfaltet sich auf der Ebene des Individualvertrages[12].

1. Sperrwirkung gegenüber jeder kollektiven Regelung

Ein Teil der Lehre unterwirft § 77 Abs. 3 S. 1 BetrVG einer weiten Auslegung und vertritt eine Erstreckung der Sperrwirkung auch auf die Regelungsabrede[13]. Zwar nenne der Wortlaut des § 77 Abs. 3 S. 1 BetrVG die Regelungsabrede nicht, sie finde aber auch sonst keine ausdrückliche Erwähnung im BetrVG, so dass sich aus dem Fehlen einer ausdrücklichen Regelung keine Aussage im Sinne einer Beschränkung des § 77 Abs. 3 S. 1 BetrVG auf die dort genannte Rechtsform der Betriebsvereinbarung ableiten lasse[14].

Entscheidend sei daher nicht der Wortlaut, sondern der Normzweck des § 77 Abs. 3 S. 1 BetrVG. Dieser wird von den Vertretern dieser Ansicht nicht als auf den Schutz der Tarifautonomie vor einer Konkurrenz durch normative Betriebsvereinbarungen beschränkt verstanden, sondern auf einen Ausschluss jeder kollektiven Vereinbarung auf Betriebsebene ausgedehnt[15]. Begründet wird diese Auslegung damit, dass Regelungsabrede und Betriebsvereinbarung zur Beein-

---

[11] BAG 20.4.1999 AP Nr. 89 zu Art. 9 GG (unter II.1.b.aa.(1) der Gründe); BAG 23.8.1989 AP Nr. 42 zu § 77 BetrVG 1972 (unter II. der Gründe); *Fischer* S. 216; *Möschel* BB 2002, 1314 (1315); *Moll* Tarifvorrang, S. 53; GK-*Kreutz* § 77 Rz. 113; bei Mitwirkung des Betriebsrates a.A. nur *Däubler/Kittner/Klebe* § 77 Rz. 78.

[12] Ausführlich Teil 2 C. II.

[13] *Veit* S. 229, 251; *Richardi* § 77 Rz. 293; *Däubler/Kittner/Klebe* § 77 Rz. 78; *Gamillscheg* Kollektives Arbeitsrecht, S. 328; *Galperin/Löwisch* § 77 Rz. 91; MünchArbR/*Matthes* § 327 Rz. 73; *Annuß* RdA 2000, 287 (291); *Wohlfarth* NZA 1999, 962 (963); *Zachert* RdA 1996, 140 (145); *Hanau* RdA 1973, 281 (285); *ders.* BB 1977, 350; *Bichler* DB 1979, 1939 (1940 f.); für eine analoge Anwendung *Brecht/Höland/Reim* ArbuR 2002, 127 (130).

[14] *Gamillscheg* Kollektives Arbeitsrecht, S. 328; *Däubler/Kittner/Klebe* § 77 Rz. 78.

[15] *Veit* S. 229, 250 f.; *Veit/Waas* BB 1991, 1329 (1333); *Richardi* § 77 Rz. 293; *Annuß* RdA 2000, 287 (291); *Brecht/Höland/Reim* ArbuR 2002, 127 (130); *Zachert* RdA 1996, 140 (145); *Galperin/Löwisch* § 77 Rz. 91; MünchArbR/*Matthes* § 327 Rz. 73; *Richardi* § 77 Rz. 293; *Dietz/Richardi* (6. Aufl.) § 77 Rz. 224; *Däubler/Kittner/Klebe* § 77 Rz. 78.

trächtigung der Tarifautonomie gleichermaßen geeignet seien[16]. Da die Regelungsabrede den Arbeitgeber gegenüber dem Betriebsrat verpflichtet, den mit dem Inhalt eines Tarifvertrages konkurrierenden Inhalt einer Regelungsabrede arbeitsvertraglich umzusetzen, komme es nicht darauf an, in welcher Form die betriebliche Gestaltung vollzogen werde[17]. Der einheitsvertraglichen Regelung sei der Arbeitnehmer nämlich „in vergleichbarer Weise unterworfen, wie den Normen einer Betriebsvereinbarung"[18]. Der Arbeitnehmer könne seine Zustimmung zur Umsetzung einer Regelungsabrede in seinen Arbeitsvertrag aufgrund seiner gegenüber dem Arbeitgeber schwächeren Position „kaum verweigern", so dass die „faktische Wirkung" bei Betriebsvereinbarung und Regelungsabrede identisch sei[19]. Teilweise wird darauf abgestellt, die Regelungsabrede sei einer Betriebsvereinbarung unter Freiwilligkeitsvorbehalt ähnlich und könne daher als „funktionelles Äquivalent zur Betriebsvereinbarung" verstanden werden[20]. Nach den Vertretern dieser Auffassung führt eine betriebliche Konkurrenzordnung durch vertragliche Einheitsregelungen auf der Grundlage einer Regelungsabrede aufgrund der gleichartigen Wirkung ebenso wie die mit dem Tarifvertrag konkurrierende Betriebsvereinbarung zu einer unrechtmäßigen Beeinträchtigung der Tarifautonomie[21].

Gerade darin, dass § 77 Abs. 3 S. 1 BetrVG auch bei einer lediglich tarifüblichen Regelung angewendet werde, zeige sich, dass es nicht nur auf die durch Normsetzung vollzogene, sondern auch auf die faktische Beeinflussung der Tarifautonomie durch jede Ausübung der Gestaltungsbefugnisse der Betriebspartner ankomme[22].

2. Verhinderung lediglich einer Normkonkurrenz

Die arbeitsgerichtliche Rechtsprechung und die herrschende Lehre erstrecken die Sperrwirkung des § 77 Abs. 3 S. 1 BetrVG demgegenüber zu Recht ausschließlich auf die Betriebsvereinbarung, nicht aber auf die Regelungsabrede[23].

---

[16] *Gamillscheg* Kollektives Arbeitsrecht, S. 328; *Veit* Industrielle Beziehungen 1997, 216 (234); *Brecht/Höland/Reim* ArbuR 2002, 127 (130); MünchArbR/*Matthes* § 327 Rz. 73; *Däubler/Kittner/Klebe* § 77 Rz. 78; *Zachert* RdA 1996, 140 (145); vgl. auch *Fischer* S. 217.

[17] *Däubler/Kittner/Klebe* § 77 Rz. 78; *Veit* S. 251; *Veit/Waas* BB 1991, 1329 (1333); zur Umsetzungspflicht des Arbeitgebers näher Teil 2 C. III. 1.

[18] *Däubler/Kittner/Klebe* § 77 Rz. 78.

[19] *Brecht/Höland/Reim* ArbuR 2002, 127 (130).

[20] *Däubler/Kittner/Klebe* § 77 Rz. 78.

[21] *Gamillscheg* Kollektives Arbeitsrecht, S. 328; *Veit* S. 251; *Veit/Waas* BB 1991, 1329 (1333); MünchArbR/*Matthes* § 327 Rz. 73; *Däubler/Kittner/Klebe* § 77 Rz. 78; *Zachert* RdA 1996, 140 (145); *Brecht/Höland/Reim* ArbuR 2002, 127 (130).

[22] *Veit* Industrielle Beziehungen 1997, 216 (234).

[23] BAG 20.4.1999 AP Nr. 89 zu Art. 9 GG (unter II.1.b.aa. der Gründe); ArbG Marburg 7.8.1996 NZA 1996, 1337 (1339); GK-*Kreutz* § 77 Rz. 135; Wiedemann/*Wank* § 4 Rz. 577; *ders.* RdA 1991, 129 (133); *Waltermann* S. 269 ff.; *ders.* RdA 1996, 129 (132); *Möschel* BB

a) Wortlaut und Normzweck

Der Gegenmeinung ist zwar zuzugeben, dass der allein auf Betriebsvereinbarungen beschränkte Wortlaut des § 77 Abs. 3 S. 1 BetrVG lediglich eine untergeordnete Rolle spielt, da die Regelungsabrede im Gesetz ohnehin nur vorausgesetzt, aber nicht erwähnt wird[24]. Allerdings kann nicht übersehen werden, dass § 77 Abs. 3 S. 1 BetrVG ausdrücklich nur die Betriebsvereinbarung nennt, wohingegen in der gleichen Vorschrift zwei Absätze zuvor die offenere Bezeichnung „Vereinbarungen" gewählt wurde (§ 77 Abs. 1 BetrVG), die unstreitig neben der Betriebsvereinbarung auch die Regelungsabrede umfasst[25]. Daher kann der Wortlaut der Anordnung der Sperrwirkung zumindest als ein erstes Indiz für die Reichweite des Tarifvorrangs und seine Beschränkung auf Betriebsvereinbarungen verstanden werden[26].
Entscheidend ist aber, dass die von der Gegenansicht vertretene extensive Auslegung dem gesetzgeberischen Willen nicht gerecht wird[27]. Der Normzweck des § 77 Abs. 3 S. 1 BetrVG besteht nicht darin, ein Tätigwerden des Betriebsrates schlechthin zu unterbinden, sondern nur darin, eine Normgebungskonkurrenz zu vermeiden[28]. Diese Vorschrift enthält keine voll umfängliche Zuständigkeitsabgrenzung, sondern ist Ausdruck eines Konkurrenzschutzes zu Gunsten der eigentlichen Tätigkeit der Tarifverbände, die gerade in der Normsetzung besteht[29]. Ausweislich der Begründung des Regierungsentwurfs zum BetrVG 1972 soll § 77 Abs. 3 BetrVG vor allem verhindern, dass „der persönliche Geltungsbereich von Tarifverträgen auf einem anderen als dem hierfür vorgesehenen Weg der Allgemeinverbindlicherklärung nach dem Tarifvertragsgesetz ausgedehnt wird"[30]. Diese Begründung hat offensichtlich in erster Linie die auf den Tarifvertrag verweisende Betriebsvereinbarung vor Augen und zielt auf eine

---

2002, 1314 (1315); *Säcker* Gruppenautonomie, S. 298; *Wiese* 25 Jahre BAG, 611 (664); *Moll* S. 54 ff.; *Haug* BB 1986, 1921 (1929); *Heinze* NZA 1995, 5; ErfK/*Hanau/Kania* § 77 BetrVG Rz. 71; *Schaub* ZTR 2000, 10 (14); *Jahnke* S. 150; stillschweigend vorausgesetzt durch eine Beschränkung auf Vereinbarungen mit normativer Wirkung: BAG 5.3.1997 AP Nr. 10 zu § 77 BetrVG 1972 Tarifvorbehalt (unter II.2.a. der Gründe) und BAG 20.8.1991 AP Nr. 2 zu § 77 BetrVG 1972 Tarifvorbehalt (unter B.III.1.b. der Gründe);.

[24] BAG 20.4.1999 AP Nr. 89 zu Art. 9 GG (unter II.1.b.aa.(2) der Gründe); vgl. *Gamillscheg* Kollektives Arbeitsrecht, S. 328; *Däubler/Kittner/Klebe* § 77 Rz. 78.

[25] *Fischer* S. 218.

[26] Vgl. *Belling/Hartmann* NZA 1998, 673 (676).

[27] *Belling/Hartmann* NZA 1998, 673 (676); *Schaub* ZTR 2000, 10 (14).

[28] BAG 20.4.1999 AP Nr. 89 zu Art. 9 GG (unter II.1.b.aa.(2) der Gründe); ArbG Marburg 7.8.1996 NZA 1996, 1337 (1339); *Fischer* S. 218; *Bauer* NZA 1999, 957 (958); *Zöllner* ZfA 1998, 265 (281); *Waltermann* RdA 1996, 129 (132); *Peterek* FS f. Gaul, 471 (477); *Fitting/Kaiser/Heither/Engels/Schmidt* § 77 Rz. 100 f.; *Schipprowski* S. 267.

[29] *Belling/Hartmann* NZA 1998, 673 (676).

[30] BT-Drs. VI/1786, S. 47; darauf verweist auch BAG GS 3.12.1991 AP Nr. 51 zu § 87 BetrVG 1972 Lohngestaltung (unter C.I.4.a. der Gründe).

Unterbindung gerade der normativen Wirkung[31]. Dies spricht dafür, eben diese Verhinderung einer Normsetzungskonkurrenz als Inhalt von § 77 Abs. 3 S. 1 BetrVG anzusehen[32].
Die Regelung von Arbeitsbedingungen in Regelungsabreden bedarf einer Umsetzung in die Arbeitsverhältnisse und ist keine kollektive Normsetzung[33]. Es fehlt an einer gesetzlichen Anordnung der normativen Wirkung, wie sie in § 77 Abs. 4 S. 1 BetrVG für die Betriebsvereinbarung zu finden ist. Daher werden die Tarifpartner vor einer Konkurrenz durch diese Vereinbarungen auch nicht durch § 77 Abs. 3 S. 1 BetrVG geschützt[34]. Die Kompetenzabgrenzung durch § 77 Abs. 3 S. 1 BetrVG setzt, wie das BAG zutreffend ausführt, an der normativen Gestaltungsmacht an[35]. Nur wenn der Betriebsrat unmittelbar und zwingend gestaltend tätig wird, kann er dem Arbeitnehmer als echte „Ersatzgewerkschaft“ erscheinen[36], nicht aber, wenn er Vereinbarungen trifft, die erst noch von den Arbeitnehmern bestätigt werden müssen.

b) Das Argument einer faktischen Beeinträchtigung

Die von der Gegenansicht bemängelte faktische Beeinträchtigung der tariflichen Rechtsetzung findet erst auf der Ebene der Individualautonomie, und zwar durch die Umsetzung der Regelungsabrede in die Arbeitsverträge, nicht aber bereits durch die Regelungsabrede selbst statt[37]. Auf einzelvertraglicher Ebene entfaltet § 77 Abs. 3 S. 1 BetrVG aber auch nach den Vertretern eines weiten Verständnisses des Tarifvorbehalts keine Wirkung[38], „die vertragliche Einheitsregelung, welche (...) die betriebliche Konkurrenz zum Tarifvertrag bewirkt, liegt außerhalb der Reichweite des § 77 Abs. 3 BetrVG“[39]. Auf der individualvertraglichen Ebene besteht ein Schutz tarifvertraglicher Vorgaben nur im Rahmen der Tarifgebundenheit und den Grenzen des Günstigkeitsprinzips gemäß § 4 Abs. 3 TVG[40].
Verstünde man den Schutz der Tarifautonomie als umfassend auch vor faktischen Beeinträchtigungen, wie es die Gegenansicht vorschlägt, so müsste man konsequenter Weise nicht nur die Regelungsabrede, sondern auch ihre indivi-

---

[31] Vgl. *Richardi* NZA 2000, 617 (619), der aber dennoch auch Regelungsabreden der Sperrwirkung unterwerfen will, *ders.* § 77 Rz. 293.
[32] *Belling/Hartmann* NZA 1998, 673 (676).
[33] Teil 2 C.
[34] *Peterek* FS f. Gaul, 471 (477); GK-*Kreutz* § 77 Rz. 113; *Schaub* ZTR 2000, 10 (14).
[35] BAG 20.4.1999 AP Nr. 89 zu Art. 9 GG (unter II.1.b.aa.(2) der Gründe).
[36] BAG 20.4.1999 AP Nr. 89 zu Art. 9 GG (unter II.1.b.aa.(2) der Gründe).
[37] *Waltermann* RdA 1996, 129 (132).
[38] GK-*Kreutz* § 77 Rz. 112.
[39] BAG 20.4.1999 AP Nr. 89 zu Art. 9 GG (unter II.1.b.aa.(2) der Gründe); *Fischer* S. 219.
[40] Vgl. Teil 3 D. IV.

dualvertragliche Umsetzung an § 77 Abs. 3 S. 1 BetrVG scheitern lassen[41]. Es wäre aber widersprüchlich, individualvertragliche Vereinbarungen nur dann mit Unwirksamkeit zu sanktionieren, wenn ihnen eine Vereinbarung mit dem Betriebsrat vorangeht, sie anderenfalls aber anzuerkennen[42]. Aus diesem Grund greift es zu kurz, die unterschiedliche Sanktionswirkung von § 77 Abs. 3 S. 1 BetrVG auf Betriebsvereinbarungen und Regelungsabreden als „sinnwidrig" abzulehnen[43], ohne den Widerspruch der Gegenmeinung aufzulösen, wonach Regelungsabreden an § 77 Abs. 3 S. 1 BetrVG scheitern sollen, einheitliche Individualverträge aber nicht. Eine sinnvolle Bestimmung des Anwendungsbereichs des § 77 Abs. 3 S. 1 BetrVG ist letztlich nur dann möglich, wenn man die normative Wirkung als Abgrenzungskriterium anerkennt.
Auch für eine teilweise vorgeschlagene analoge Anwendung des § 77 Abs. 3 S. 1 BetrVG gibt es keine Grundlage[44]. Es erscheint schon angesichts des genannten Wortlauts von § 77 Abs. 1 BetrVG („Vereinbarungen") und § 77 Abs. 3 S. 1 BetrVG („Betriebsvereinbarung") zweifelhaft, ob tatsächlich eine ungewollte Regelungslücke vorliegt[45]. Für einen Analogieschluss fehlt es jedenfalls angesichts der bereits dargelegten unterschiedlichen Rechtsnatur von Betriebsvereinbarung und Regelungsabrede an der notwendigen Vergleichbarkeit des ausdrücklich geregelten und des (vermeintlich) planwidrig ungeregelten Sachverhalts[46]. Die Regelungsabrede ist, wie bereits ausgeführt wurde, eine eigenständige Gestaltungsform und nicht nur eine abgeschwächte Betriebsvereinbarung[47].
Der widersprechenden Auffassung ist auch entgegen zu halten, dass eine extensive Auslegung der Regelungssperre angesichts des herausgearbeiteten Normzwecks nicht auf eine lediglich faktische Beeinträchtigung der Tarifautonomie gestützt werden kann. Die Grenze der Arbeit am Gesetz wird verlassen, wenn bereits im „zielgerichteten Einsatz der sich aus der Existenz der Betriebsverfassung ergebenden Möglichkeiten ein besonderes Gefährdungspotenzial in Hinblick auf die durch (§ 77) Abs. 3 (BetrVG) geschützte Tarifautonomie" gesehen

---

[41] Dafür aber allein *Däubler/Kittner/Klebe* § 77 Rz. 78.
[42] BAG 20.4.1999 AP Nr. 89 zu Art. 9 GG (unter II.1.b.aa.(2) der Gründe).
[43] So aber *Gamillscheg* Kollektives Arbeitsrecht, S. 328 f.; *Brecht/Höland/Reim* ArbuR 2002, 127 (130).
[44] GK-*Kreutz* § 77 Rz. 135; Dafür aber *Brecht/Höland/Reim* ArbuR 2002, 127 (130).
[45] Dafür aber *Hanau* BB 1977, 350, der meint, man habe an die Regelungsabrede wohl nicht gedacht.
[46] So auch *Fischer* S. 218 f., der dem von der Gegenansicht aufgrund der vermeintlichen Vergleichbarkeit von Regelungsabrede und Betriebsvereinbarung geäußerten Vorwurf, das Kind erhalte „nur einen anderen Namen" [*Bichler* DB 1979, 1339 (1341)] entgegen hält, die Anwendung von § 77 Abs. 3 S. 1 BetrVG auf Regelungsabreden gebe zwei – allenfalls entfernt verwandten – Kindern denselben Namen. Zu den Unterschieden von Betriebsvereinbarung und Regelungsabrede näher Teil 2 C. II. 3.
[47] Siehe oben Teil 2 C. II. 3.

wird[48]. Darin läge die Aufgabe der Dogmatik zu Gunsten des Faktizitätsarguments. Dagegen hat das BAG in der bereits genannten Entscheidung vom 24.2.1987 zu Recht ausgeführt, es bestehe kein absoluter Vorrang der verfassungsmäßig geschützten Tarif- vor der Betriebsautonomie[49]. Der Schutz der Tarifautonomie ist „Sache des Gesetzgebers“[50], der eine faktische Beeinflussung der Tarifvertragsparteien durch die Regelung von materiellen Arbeitsbedingungen auf Betriebsebene gerade nicht vollkommen ausgeschlossen hat[51].

c) Der effektive Schutz der Tarifautonomie

Die hier vertretene Begrenzung des Anwendungsbereichs von § 77 Abs. 3 S. 1 BetrVG steht auch nicht dazu in Widerspruch, den Zweck dieser Bestimmung neben dem Vorrang der tariflichen Normsetzung im Schutz und in der Erhaltung der Funktionsfähigkeit der Tarifautonomie zu sehen[52]. Es stellt sich nämlich die Frage, ob der Erhaltung und der Stärkung der Koalitionen tatsächlich durch Ausschaltung jeder kollektiven betrieblichen Rechtsgestaltung gedient wäre. Es leuchtet nicht ohne weiteres ein, dass ein über die bisherige Anwendung auf die Normsetzung hinaus gehender Ausschluss betrieblicher Rechtsgestaltung das Funktionieren des Tarifvertragssystems fördert. Hier ist zu beachten, dass gerade die Tatsache, dass die gesetzliche Ausgestaltung dieses Systems als eine weit gehend unbeschränkte Monopolbesicherung zu Gunsten der Tarifvertragsparteien empfunden wird, wie aktuell zu sehen, zu Mitgliederschwund und Bedeutungsverlust der Koalitionen und des § 77 Abs. 3 BetrVG führt[53].
Positiv gewendet ist es wahrscheinlicher, dass durch eine zutreffende Bestimmung, aber auch Begrenzung des Anwendungsbereichs des § 77 Abs. 3 BetrVG eine weitere Schwächung der Tarifautonomie vermieden werden kann, in dem ein Wettbewerb der Gestaltungsfaktoren Tarifvertrag und Betriebsvereinbarung verhindert, ein Wettbewerb von Tarifvertrag und Arbeitsvertrag aber lediglich sachgerecht abgesichert wird[54]. Den Betriebspartnern ist es dabei auch im Geltungsbereich eines Tarifvertrages nicht verwehrt, die Gestaltung materieller Arbeitsbedingungen im Rahmen einer Regelungsabrede zu vereinbaren. Die notwendige individualvertragliche Umsetzung ist (bei einer verschlechternden Regelung) nur für Arbeitsverhältnisse nicht tarifgebundener Arbeitnehmer wirksam möglich[55]. Gerade für diese Arbeitnehmer ist wiederum ein Gewerkschaftsbeitritt dann lohnenswert, wenn sie sich der Entscheidung über die Zustimmung

[48] *Däubler/Kittner/Klebe* § 77 Rz. 78.
[49] BAG 24.2.1987 AP Nr. 21 zu § 77 BetrVG 1972 (unter B.II.4.b.dd. der Gründe).
[50] BAG 24.2.1987 AP Nr. 21 zu § 77 BetrVG 1972 (unter B.II.4.b.dd. der Gründe).
[51] BAG 24.2.1987 AP Nr. 21 zu § 77 BetrVG 1972 (unter B.II.4.b.ee. der Gründe).
[52] In diese Richtung aber *Veit/Waas* BB 1991, 1329 (1333).
[53] Näher Teil 1 D. IV.
[54] Vgl. GK-*Kreutz* § 77 Rz. 56; *Picker* NZA 2002, 761 (768).
[55] Vgl. BAG 21.1.1987 AP Nr. 47 zu Art. 9 GG (Bl. 6).

zu einer für sie nachteiligen betrieblichen Lösung entziehen, oder ihrer Zustimmung nachträglich die Wirkung nehmen wollen. Damit wäre gewährleistet, dass die Tarifautonomie als kollektive Privatautonomie ihrem Auftrag zum Ausgleich arbeitsvertraglicher Imparität voll gerecht werden kann, ohne mit dem grundsätzlichen Primat des Vertrages in Konflikt zu geraten[56]. Würde man dagegen auch die Regelungsabrede der Sperrwirkung unterwerfen, so wäre der Schutz des Tarifvertrages vor einer darauf gestützten Verschlechterung der Arbeitsbedingungen für alle Arbeitnehmer, unabhängig von ihrer Verbandszugehörigkeit, wirksam. Der Gewerkschaftsbeitritt als eine der wirksamsten Formen der Stärkung und des Erhalts der Koalitionen wäre damit weniger attraktiv[57].

3. Zwischenergebnis

Das vom Wortlaut bereits indizierte Ergebnis, wonach nur Betriebsvereinbarungen, nicht aber Regelungsabreden der Sperrwirkung des § 77 Abs. 3 S. 1 BetrVG unterliegen, wird von der Analyse des Normzwecks der Vorschrift bestätigt. Dieser besteht im Schutz der Koalitionen vor einer konkurrierenden Normsetzung, nicht aber im Schutz vor jeder faktischen Beeinträchtigung. Die Regelungsabrede ist zwar wie die Betriebsvereinbarung ein Kollektivvertrag, ihre Gestaltungswirkung entfaltet sich allerdings erst auf der Ebene des Individualvertrages. In diesem Bereich findet § 77 Abs. 3 S. 1 BetrVG keine Anwendung.

II. Die Regelungsabrede als Vertrag zu Gunsten Dritter

Das vorliegende Ergebnis, wonach die unmittelbare und zwingende Wirkung das maßgebliche Abgrenzungskriterium für das Eingreifen des § 77 Abs. 3 S. 1 BetrVG darstellt, muss noch dahin gehend überprüft werden, ob hiervon Ausnahmen zu machen sind. Einer Regelungsabrede kommt zwar, wie bereits dargelegt, in keinem Fall normative Wirkung zu[58]. Es stellt sich aber die Frage, ob eine Regelungsabrede im Einzelfall eine zumindest ähnliche Wirkung haben kann. In diesem Fall ist zu erwägen, ob die Regelungsabrede dann ausnahmsweise doch von der Sperrwirkung des Tarifvertrages gemäß § 77 Abs. 3 S. 1 BetrVG erfasst wird.
So gehen *Belling* und *Hartmann* davon aus, dass § 77 Abs. 3 S. 1 BetrVG nicht nur eine Betriebsvereinbarung sperrt, sondern auch allen Gestaltungsformen entgegensteht, die ein „der Normsetzung funktional äquivalentes Ergebnis –

---

[56] Vgl. *Rieble* ZfA 2000, 5 (24 f.); *Picker* NZA 2002, 761 (768); sowie die Erwägungen in Teil 3 C. IV. 4.b.
[57] Einen Druck zum Gewerkschaftsbeitritt zur Erlangung besserer Arbeitsbedingungen bezeichnet das BAG zu Recht als legitim, BAG 21.1.1987 AP Nr. 47 zu Art. 9 GG (Bl. 6).
[58] Dazu näher Teil 2 C. I.

unmittelbar wirkende Regelung der Arbeitsbedingungen durch die Betriebsparteien – erreichen“[59].
Damit ist der Problemkreis angesprochen, ob Regelungsabreden als schuldrechtliche Vereinbarungen bei – notfalls durch Auslegung zu ermittelndem – Willen der Betriebspartner als Vertrag zu Gunsten Dritter gemäß § 328 BGB ausgestaltet werden können. Dies hätte, jedenfalls beim echten Vertrag zu Gunsten Dritter[60], zur Folge, dass es einer Umsetzung der Regelungsabrede in die Einzelarbeitsverhältnisse nicht bedürfte, die Arbeitnehmer würden schon aus der Regelungsabrede selber ein entsprechendes Forderungsrecht erhalten[61]. In diesem Fall entstünde also ein unmittelbarer Anspruch der regelungsbetroffenen Arbeitnehmer, der eine Nähe zur unmittelbaren und zwingenden Wirkung der Betriebsvereinbarung gemäß § 77 Abs. 4 S. 1 BetrVG aufweist[62].
Die Zulässigkeit der Regelungsabrede in der Form eines Vertrages zu Gunsten Dritter wird in Rechtsprechung und Lehre unterschiedlich beurteilt und neben der Frage der Sperrwirkung des § 77 Abs. 3 S. 1 BetrVG auch generell in Frage gestellt. Wenn diese Vertragsgestaltung, für die sich die Bezeichnung Regelungsabrede zu Gunsten Dritter anbietet, aber schon aus vorgelagerten Rechtsgründen abzulehnen wäre, würde sich die Frage des Tarifvorbehalts gemäß § 77 Abs. 3 S. 1 BetrVG erübrigen. Wenn dagegen die Zulässigkeit solcher Vereinbarungen festgestellt werden kann, ist die Grenzziehung zu Gunsten der Tarifautonomie von Bedeutung.

1. Befürwortendes Schrifttum

Ein Teil der Lehre hält eine Regelungsabrede in der Form eines Vertrages zu Gunsten Dritter für möglich[63].
Wenn den Betriebspartnern neben der Betriebsvereinbarung der Abschluss weiterer, schuldrechtlicher Vereinbarungen möglich ist, müsse die Vertragsgestal-

---

[59] Dazu sollen auch schuldrechtliche Vereinbarungen zwischen Arbeitgeber und Betriebsrat zählen können, *Belling/Hartmann* NZA 1998, 673 (677 f.).
[60] *Hanau/Preis* NZA 1991, 81 (89 f.); beim unechten Vertrag zu Gunsten Dritter würden nicht die Arbeitnehmer selber, sondern nur der Betriebsrat als Gläubiger des Vertrages die Leistung an die Arbeitnehmer als Dritte verlangen können. Zu den verschiedenen Formen der Leistung an Dritte: Palandt/*Heinrichs* Vor § 328 BGB Rz. 1 ff.
[61] *Hanau/Preis* NZA 1991, 81 (89 f.).
[62] *Hanau* AuA 1995, 401 (405).
[63] GK-*Kreutz* § 77 Rz. 13; *Hanau* RdA 1989, 207 (209); *ders.* AuA 1995, 401 (405); *Hanau/Preis* NZA 1991, 81 (89 f.); ErfK/*Hanau/Kania* § 77 Rz. 26 u. 110; *Dörrwächter* Anm. zu BAG 9.12.1997 EzA § 77 BetrVG 1972 Nr. 61 (unter B.III.1.c.aa. der Anm.); *Peterek* Fs f. Gaul 471 (485 f); *Giesler* S. 35 f.

tung zu Gunsten Dritter – wie bei allen sonstigen Verträgen – grundsätzlich auch bei der schuldrechtlichen Regelungsabrede zulässig sein[64].
Dabei wird ergänzend darauf verwiesen, dass Vertragsgestaltungen zu Gunsten Dritter von Seiten der Rechtsprechung bereits für Kollektivverträge in Form von Betriebsvereinbarungen und Tarifverträgen anerkannt sind[65]. So hat es das BAG für zulässig erachtet, im schuldrechtlichen Teil eines Tarifvertrages aus Gerechtigkeitserwägungen für Arbeitskampfsituationen eine Wiedereinstellungsverpflichtung des Arbeitgebers zu Gunsten von Tarifaußenseitern zu vereinbaren[66]. In einer neueren Entscheidung hat das BAG auch eine Vereinbarung zwischen dem Freistaat Sachsen und dem Landesverband Sachsen der Gewerkschaft Erziehung und Wissenschaft als zulässigen Kollektivvertrag zu Gunsten Dritter gewertet[67]. In dieser Vereinbarung hatte sich der Freistaat gegenüber der Gewerkschaft verpflichtet, den vollzeitbeschäftigten Lehrern an öffentlichen Schulen in Sachsen eine Minderung des Beschäftigungsumfangs im Wege einer Teilzeitbeschäftigung anzubieten[68]. Weiterhin hält es das BAG für möglich, leitende Angestellte durch einen Vertrag zu Gunsten Dritter zwischen Betriebsrat und Arbeitgeber in den Kreis der Berechtigten einer Sozialplanabfindung einzubeziehen[69]. Der Gedanke einer schuldrechtlichen Drittbegünstigung findet sich auch in der Anerkennung von Betriebsvereinbarungen, die Regelungen für ruhestandsbedingt bereits aus dem Betrieb ausgeschiedene Arbeitnehmer treffen[70].
Von den genannten Vertretern der befürwortenden Ansicht wird bei der Zulassung der Regelungsabrede zu Gunsten Dritter teilweise einschränkend gefordert, das Schriftformerfordernis des § 77 Abs. 2 S. 1 BetrVG auch auf diese

---

[64] *Dörrwächter* Anm. zu BAG 9.12.1997 EzA § 77 BetrVG 1972 Nr. 61 (unter B.III.1.c.aa. der Anm.); ErfK/*Hanau/Kania* § 77 Rz. 26 u. 110; GK-*Kreutz* § 77 Rz. 13.
[65] *Dörrwächter* Anm. zu BAG 9.12.1997 EzA § 77 BetrVG 1972 Nr. 61 (unter B.III.1.c.aa. der Anm.); ErfK/*Hanau/Kania* § 77 Rz. 26 u. 110; GK-*Kreutz* § 77 Rz. 13; zur Anwendbarkeit auf Kollektivverträge bereits Teil 3 B. VI. 3.c.
[66] BAG GS 29.11.1967 AP Nr. 13 zu Art. 9 GG (unter Teil III. IV.5. der Gründe). Das BAG führt dazu aus, Tarifaußenseiter dürften, sofern sie sich einem Streik solidarisch anschließen oder ausgesperrt werden, hinsichtlich des Schutzes des Arbeitsplatzes gegenüber Gewerkschaftsmitgliedern, denen bereits das Arbeitskampfrecht den Arbeitsplatz sichert, nicht benachteiligt werden.
[67] BAG 5.11.1997 BAGE 87, 45 (57 f.).
[68] BAG 5.11.1997 BAGE 87, 45 (47).
[69] BAG 31.1.1979 AP Nr. 8 zu § 112 BetrVG 1972 (unter C.II.2.a. der Gründe); Staudinger/*Jagmann* Vorbem. zu §§ 328 ff. Rz. 46; kritisch wegen der fehlenden Zuständigkeit des Betriebsrates *Hanau* AuA 1995, 401 (405).
[70] BAG 24.3.1977 AP Nr. 6 zu § 613a BGB (unter 2.b. der Gründe); BAG GS 16.3.1956 AP Nr. 1 zu § 57 BetrVG 1952 (unter I.3. der Gründe); BAG 31.1.1979 AP Nr. 8 zu § 112 BetrVG 1972 (unter C.II.2.a. der Gründe); vgl. auch BAG 13.5.1997 EzA § 77 BetrVG 1972 Ruhestand Nr. 1 (unter I.2. der Gründe); vgl. auch GK-*Kreutz* § 77 Rz. 178 ff.

Vereinbarungen zu erstrecken[71]. Jedenfalls für die Regelungsabrede in der Form eines echten Vertrages zu Gunsten Dritter gemäß § 328 Abs. 1 BGB sei dies notwendig, da hier die Arbeitnehmer unmittelbar einen Anspruch erwerben[72]. Ohne Einhaltung der Schriftform sollen Regelungsabreden danach nur in der Form eines unechten Vertrages zu Gunsten Dritter zulässig sein, bei dem nicht die Arbeitnehmer selber, sondern nur der Betriebsrat als Gläubiger die Leistung an die Arbeitnehmer verlangen kann[73].

2. Rechtsprechung der Instanzgerichte

Die Überlegungen, wonach Verträge zu Gunsten Dritter bei Kollektivverträgen möglich sind, hat ein Teil der Instanzgerichte auch für die Regelungsabrede fruchtbar gemacht.
So hat das LAG Baden-Württemberg in einer Entscheidung vom 11.10.2001 eine Entscheidung des Arbeitsgerichts Stuttgart bestätigt, wonach eine Regelungsabrede als schuldrechtlicher Vertrag der Charakter eines Vertrages zu Gunsten Dritter zukommen kann[74]. In dem dort zu entscheidenden Fall hatte der Arbeitgeber dem Betriebsrat im Rahmen eines Informationsgespräches formlos zugesagt, „von den (...) aktuell langfristig befristeten Mitarbeitern alle in ein unbefristetes Arbeitsverhältnis zu übernehmen, bei denen nicht verhaltens- oder leistungsbedingte Gründe dagegen sprechen“. Sowohl das Arbeitsgericht als auch das LAG haben einer auf diese Zusage gestützten Klage eines Arbeitnehmers gegen den Arbeitgeber stattgegeben, mit der dieser die Annahme eines von ihm abgegebenen Angebots auf Entfristung seines Arbeitsverhältnisses begehrte[75].
Das LAG Baden-Württemberg hat die Einwände des Arbeitgebers nicht gelten lassen, wonach die Regelungsabrede stets nur schuldrechtliche Wirkung zwischen Betriebsrat und Arbeitgeber erzeugen könne und selbst dann, wenn man eine Regelungsabrede zu Gunsten Dritter anerkennen würde, diese der Schriftform des § 77 Abs. 2 S. 1 BetrVG zu unterwerfen sei. Vielmehr hält es das LAG unter Verweis auf die genannten befürwortenden Vertreter im Schrifttum für zulässig, Regelungsabreden zu Gunsten Dritter zu vereinbaren[76]. Dem stehe nicht entgegen, dass die in einer Regelungsabrede vereinbarte Gestaltung der Arbeitsbedingungen sich (im Gegensatz zur Betriebsvereinbarung) rechtstech-

---

[71] *Hanau* RdA 1989, 207 (209) unter Verweis auf die zur Betriebsvereinbarung vergleichbare „praktische Außenwirkung“; *ders.* AuA 1995, 401 (405); zust. GK-*Kreutz* § 77 Rz. 13.
[72] Zu den verschiedenen Formen der Leistung an Dritte: Palandt/*Heinrichs* Vor § 328 BGB Rz. 1 ff.
[73] *Hanau* AuA 1995, 401 (405).
[74] LAG Baden-Württemberg 11.10.2001 – 21 Sa 56/01 (unter II.1. der Gründe), mit Tatbestand veröffentlicht im Internet unter www://lagbw.de/sa1/21sa5601.htm.
[75] So der Hilfsantrag des Klägers, LAG Baden-Württemberg 11.10.2001 – 21 Sa 56/01.
[76] LAG Baden-Württemberg 11.10.2001 – 21 Sa 56/01 (unter II.1. der Gründe).

nisch nicht unmittelbar auf den Inhalt der Arbeitsverhältnisse auswirkt. Rechtsdogmatisch sei dadurch eine Anspruchsbegründung Dritter nach allgemeinen Bestimmungen des Schuldrechts nicht ausgeschlossen. Wenn es in der Rechtsmacht der Betriebsparteien stehe, nach allgemeinen Grundsätzen ein Schuldverhältnis zu begründen, so schließe dies einen Vertrag zu Gunsten Dritter gemäß § 328 BGB ein[77]. Das LAG führt dazu aus: „Selbst wenn eine derartige Regelungsabrede im Grenzbereich bei Begünstigung einer Vielzahl von Arbeitnehmern quasi kollektiv-rechtliche Wirkung zu entfalten scheint, bewegen sich diese doch ausschließlich auf arbeitsvertraglicher Ebene, ohne in den Funktionsbereich der formgebundenen Betriebsvereinbarung einzugreifen."[78] Bei entsprechendem Verpflichtungswillen und einem bestimmbaren Begünstigtenkreis gebe es gegen eine Regelungsabrede zu Gunsten Dritter keine sachlich zu rechtfertigenden Bedenken. Es ergebe sich auch weder aus § 77 Abs. 2 BetrVG noch aus § 328 BGB oder aus Sinn und Zweck der Regelungsabrede bzw. der Betriebsvereinbarung, dass eine solche Regelungsabrede einem Schriftformerfordernis unterliegt[79].
Auch das LAG Niedersachsen hat eine Vereinbarung über die Zahlung außertariflicher Zulagen an einzelne Arbeitnehmer in der Form eines schuldrechtlichen Vertrages zwischen Arbeitgeber und Betriebsrat zu Gunsten Dritter für wirksam gehalten[80].

3. Ablehnung durch das BAG und Teile des Schrifttums

Das BAG hat sich in der Revisionsentscheidung vom 9.12.1997 zu dem genannten Urteil des LAG Niedersachsen der von den Instanzgerichten vertretenen Auffassung nicht angeschlossen und die Regelungsabrede zu Gunsten Dritter für generell unzulässig gehalten[81]. Zur Begründung führt das BAG aus, Arbeitgeber und Betriebsrat könnten einen Vertrag zu Gunsten Dritter gemäß § 328 BGB nicht abschließen. Der Betriebsrat habe eine auf die Erfüllung seiner Aufgaben begrenzte Teilrechtsfähigkeit[82]. Für eine vertragliche Rechtsgestaltung zu Gunsten der Arbeitnehmer habe das BetrVG die Betriebsvereinbarung geschaffen, durch die gemäß § 77 Abs. 4 BetrVG Ansprüche der Arbeitnehmer unmittelbar gegen den Arbeitgeber begründet werden können. Abschließend heißt es: „Für eine zusätzliche, weitgehend gleichlaufende Gestaltungsmöglichkeit über § 328 BGB gibt es keine Anhaltspunkte und kein Bedürfnis. Ihr steht zudem

---

[77] LAG Baden-Württemberg 11.10.2001 – 21 Sa 56/01 (unter II.1. der Gründe).
[78] LAG Baden-Württemberg 11.10.2001 – 21 Sa 56/01 (unter II.1. der Gründe).
[79] LAG Baden-Württemberg 11.10.2001 – 21 Sa 56/01 (unter II.1. der Gründe).
[80] LAG Niedersachsen 17.2.1997 – 5 Sa 572/96 (nicht veröffentlicht), der Tatbestand und die Annahme eines Vertrages zu Gunsten Dritter sind dem dazu ergangenen Revisionsurteil zu entnehmen: BAG 9.12.1997 AP Nr. 11 zu § 77 BetrVG 1972 Tarifvorbehalt.
[81] BAG 9.12.1997 AP Nr. 11 zu § 77 BetrVG 1972 Tarifvorbehalt (unter II.2. der Gründe).
[82] BAG 9.12.1997 AP Nr. 11 zu § 77 BetrVG 1972 Tarifvorbehalt (unter II.2. der Gründe).

entgegen, daß ein solches Instrument die Schranke der betrieblichen Normsetzung wirkungslos machen würde, welche § 77 Abs. 3 BetrVG im Interesse der Tarifautonomie aufgerichtet hat."[83] Eine weitergehende Erörterung und ein Hinweis auf gegenteilige Auffassungen der genannten Autoren finden sich in der Entscheidung nicht.
Mit den vom BAG angeführten Gründen wird die Regelungsabrede zu Gunsten Dritter auch im Schrifttum teilweise für unzulässig gehalten[84]. Dabei wird vordringlich darauf abgestellt, für den Abschluss drittberechtigender oder drittbegünstigender Verträge fehle dem Betriebsrat die Rechtsfähigkeit, da solche Vereinbarungen anerkannter Weise nicht zu seinem betriebsverfassungsrechtlichen Funktionskreis gehören würden[85].
Wie auch das BAG verweisen diese Autoren parallel zu dem Argument der fehlenden Rechtsfähigkeit darauf, dass in der Zulassung einer Regelungsabrede zu Gunsten Dritter ein Verstoß gegen den Schutzzweck des § 77 Abs. 3 S. 1 BetrVG liege. Durch die unmittelbare Anspruchsbegründung im Rahmen der Regelungsabrede zu Gunsten Dritter werde eine Rechtswirkung erzeugt, die der normativen Gestaltungsmacht der Betriebsvereinbarung gleich komme, weshalb diese Vereinbarung, ebenso wie die Betriebsvereinbarung, an § 77 Abs. 3 S. 1 BetrVG scheitern müsse[86]. Schließlich wird teilweise auch hier eine Umgehung der Schriftform in § 77 Abs. 2 BetrVG bemängelt, da diese nicht beliebig durch andere Gestaltungsformen ersetzt werden könne[87].

4. Eigene Bewertung

Die gegen die Regelungsabrede zu Gunsten Dritter vorgebrachten Argumente sind inhaltlich und methodisch nicht tragfähig. Es ist zunächst zu kritisieren, dass vom BAG und dem ablehnenden Schrifttum nicht klar zwischen der Zulässigkeit der Regelungsabrede zu Gunsten Dritter als vertraglicher Gestaltungsform und der Frage der Sperrwirkung des § 77 Abs. 3 S. 1 BetrVG unterschieden wird. Wie dargestellt, werden beide Argumente der Zulässigkeit der Regelungsabrede zu Gunsten Dritter parallel entgegen gehalten. Ob Betriebsrat und Arbeitgeber eine Regelungsabrede zu Gunsten Dritter überhaupt abschließen können, kann aber nicht davon abhängen, ob der Betrieb im Geltungsbereich eines Tarifvertrages liegt und damit § 77 Abs. 3 S. 1 BetrVG Anwendung fin-

---

[83] BAG 9.12.1997 AP Nr. 11 zu § 77 BetrVG 1972 Tarifvorbehalt (unter II.2. der Gründe).
[84] *Birk* ZfA 1986, 73 (103); *v. Hoyningen-Huene* DB 1984, Beilage Nr. 1, 1 (7); *Senne* S. 32 f.; *Herrmann* NZA 2000 Sonderbeilage zu Heft 3. 14 (22); wohl auch MünchArbR/*Matthes* § 328 Rz. 97, der davon spricht, die Regelungsabrede stelle sich „regelmäßig nicht als Vertrag zu Gunsten Dritter" dar.
[85] *Belling/Hartmann* NZA 1998, 673 (677 f.); *Birk* ZfA 1986, 73 (103); *v. Hoyningen-Huene* DB 1984, Beilage Nr. 1, 1 (7); *Senne* S. 33 f.
[86] *Belling/Hartmann* NZA 1998, 673 (678).
[87] *Herrmann* NZA 2000 Sonderbeilage zu Heft 3. 14 (22); *Senne* S. 32 f.

det. Die Frage der Gestaltungsform ist vielmehr vorrangig und unabhängig davon zu beantworten, ob der Tarifvorbehalt des § 77 Abs. 3 S. 1 BetrVG auch auf solche Vereinbarungen zu erstrecken ist.

a) Das Argument der fehlenden Rechtsfähigkeit

Damit ist zunächst zu klären, ob die eingeschränkte Rechtsfähigkeit des Betriebsrates einer Regelungsabrede zu Gunsten Dritter entgegensteht, wie das BAG und ein Teil des Schrifttums annehmen. Bereits im Rahmen der Erörterung der Frage, ob der Betriebsrat Stellvertreter im Sinne der §§ 164 ff BGB sein kann, wurde dargelegt, dass die Rechtsfähigkeit des Betriebsrates nur gegenständlich abgegrenzt werden kann[88].
Außerhalb seines gesetzlichen Wirkungskreises kann der Betriebsrat danach überhaupt keine privatrechtlichen Geschäfte tätigen[89], unabhängig davon, ob sie als normative oder obligatorische Vereinbarung abgeschlossen werden sollen und auch ohne dass die Frage Bedeutung hätte, ob ein Vertrag zu Gunsten Dritter gewollt ist. Wenn sich dem BetrVG keine positive Kompetenzzuweisung entnehmen lässt, dann fehlt dem Arbeitgeber für den Abschluss eines Vertrages zu Gunsten Dritter der Vertragspartner[90]. So könnten Arbeitgeber und Betriebsrat beispielsweise keinen wirksamen Vertrag schließen, mit dem sich der Arbeitgeber verpflichtet, eine bestimmte Geldsumme an eine kommunale Kultureinrichtung zu zahlen, da eine allgemeine Kulturförderung nicht zum gesetzlichen Tätigkeitskreis des Betriebsrates gehört.
Wird aber eine Materie geregelt, die dem gesetzlich festgelegten Aufgabenbereich des Betriebsrates zuzurechnen ist, so steht es anerkannter Maßen in der Rechtsmacht der Betriebsparteien, nach allgemeinen Grundsätzen ein Schuldverhältnis in Form der Regelungsabrede zu begründen. Es ist dann aber in der Tat nicht einzusehen, warum in den Fällen, in denen eine Rechtsfähigkeit des Betriebsrates gegenständlich begründet ist, diese Rechtsfähigkeit dergestalt begrenzt sein soll, dass bestimmte Vertragsgestaltungen – wie die des Vertrages zu Gunsten Dritter gemäß § 328 BGB – per se ausgeschlossen sind[91]. Zu beachten ist dabei, dass ein Vertrag zu Gunsten Dritter gemäß § 328 Abs. 1 BGB kein eigenständiger Vertragstypus ist, sondern eine besondere Gestaltungsart des jeweiligen Grundvertrages darstellt[92]. Dann muss die Möglichkeit, einen Vertrag

---

[88] Teil 3 B. I. 2.2.b.dd.(1).
[89] Teil 3 B. I. 2.2.b.dd.(1)
[90] Vgl. *v. Hoyningen-Huene* DB 1984, Beilage Nr. 1, 1 (7), der das Ausfallen des Betriebsrates als Vertragspartner aber generell für die Regelungsabrede zu Gunsten Dritter behauptet.
[91] LAG Baden-Württemberg 11.10.2001 – 21 Sa 56/01 (unter II.1. der Gründe); ErfK/*Hanau/Kania* § 77 Rz. 26 u. 110; GK-*Kreutz* § 77 Rz. 13; *Dörrwächter* Anm. zu BAG 9.12.1997 EzA § 77 BetrVG 1972 Nr. 61 (unter B.III.1.c.aa. der Anm.).
[92] MünchKommBGB/*Gottwald* § 328 BGB Rz. 3.

zu Gunsten Dritter abzuschließen, aber auch nach der Möglichkeit beurteilt werden, überhaupt schuldrechtliche Verträge zu schließen.
Der Betriebsrat besitzt nur im Rahmen seines gesetzlich definierten Wirkungskreises die Rechtsfähigkeit zum Abschluss privatrechtlicher Verträge. Soweit ihm aber Rechtsfähigkeit eingeräumt worden ist, besteht diese unabhängig von der gewählten Vertragsgestaltung. Zu Recht weist deshalb *Dörrwächter* darauf hin, dass der Verweis der Gegenmeinung auf die Teilrechtsfähigkeit des Betriebsrates allenfalls eine gegenständliche Begrenzung der Regelungskompetenz des Betriebsrates zu begründen vermag, aber nicht eine generelle Beschränkung seiner Gestaltungsmittel[93].
Es kann also nur im Einzelfall anhand der gesetzlichen Aufgabenzuweisung geklärt werden, ob der Betriebsrat eine Regelungsabrede zu Gunsten Dritter schließen kann[94]. Für Begünstigungen im Rahmen der Regelung materieller Arbeitsbedingungen eröffnet § 88 BetrVG, wie bereits dargelegt, eine umfassende Regelungskompetenz des Betriebsrates[95], so dass ihm in diesem Bereich auch die uneingeschränkte Rechtsfähigkeit zusteht. In den genannten Rechtsprechungsfällen ging es um die Entfristung eines befristeten Arbeitsverhältnisses[96] und ein Verbot der Anrechnung außertariflicher Zulagen auf Tariflohnerhöhungen[97], also gerade um begünstigende Regelungen hinsichtlich materieller Arbeitsbedingungen. Damit kann in diesen Fällen eine Regelungsabrede zu Gunsten Dritter nicht bereits an der fehlenden Rechtsfähigkeit des Betriebsrates scheitern.

b) Die These von der Wirkungslosigkeit der Sperrwirkung

Auch wenn der Betriebsrat im Rahmen seines gesetzlichen Wirkungskreises handelt, ist damit noch nicht festgestellt, dass nicht die Sperre des § 77 Abs. 3 S. 1 BetrVG den wirksamen Abschluss einer Regelungsabrede zu Gunsten Dritter verhindert.
Der bloße Verweis des BAG auf die Wirkungslosigkeit der Schranke des § 77 Abs. 3 S. 1 BetrVG ist für eine Ablehnung der Regelungsabrede zu Gunsten Dritter allerdings unergiebig[98]. Denn wenn man zutreffender Weise davon ausgeht, dass die Schranke des § 77 Abs. 3 S. 1 BetrVG im Grundsatz nur Be-

---

[93] *Dörrwächter* Anm. zu BAG 9.12.1997 EzA § 77 BetrVG 1972 Nr. 61 (unter B.III.1.c.aa. der Anm.).
[94] *Giesler* S. 35. Ebenso kann nur im Einzelfall geklärt werden, ob der Betriebsrat als Stellvertreter handeln kann, Teil 3 B. I. 2.2.b.dd.(1).
[95] Teil 3 C. IV. 4.
[96] LAG Baden-Württemberg 11.10.2001 – 21 Sa 56/01.
[97] LAG Niedersachsen 17.2.1997 – 5 Sa 572/96.
[98] *Dörrwächter* Anm. zu BAG 9.12.1997 EzA § 77 BetrVG 1972 Nr. 61 (unter B.III.1.c.bb. der Anm.).

triebsvereinbarungen erfasst, aber nicht Regelungsabreden[99], dann kann für eine Regelungsabrede zu Gunsten Dritter zunächst nichts anderes gelten[100]. Denn eine Regelungsabrede zu Gunsten Dritter entfaltet keine unmittelbar die Arbeitsverhältnisse gestaltende Normwirkung, sondern begründet lediglich einen Anspruch der Arbeitnehmer auf ein bestimmtes Verhalten des Arbeitgebers[101]. Diesem Ergebnis kann dogmatisch einwandfrei nur dann entgangen werden, wenn man, wie *Belling* und *Hartmann* vorschlagen, den Tarifvorbehalt auch auf solche Vertragsgestaltungen erstreckt, die ein der Normsetzung äquivalentes Ergebnis bewirken und den Vertrag zu Gunsten Dritter darunter subsumiert[102]. Dafür wäre aber Voraussetzung, dass die unmittelbare Anspruchsbegründung bei einer Regelungsabrede in der Form eines echten Vertrages zu Gunsten Dritter ein der unmittelbaren und zwingenden Wirkung der Betriebsvereinbarung vergleichbares Ergebnis bewirkt[103].

Bei genauer Betrachtung zeigt sich, dass dies nicht der Fall ist. Eine Betriebsvereinbarung entfaltet gemäß § 77 Abs. 4 S. 1 BetrVG Normwirkung. Das bedeutet, jede Regelung, ob belastend oder begünstigend, wirkt unmittelbar und zwingend auf die Arbeitsverhältnisse ein. Beim Vertrag zu Gunsten Dritter sind aufgrund des Verbots von Verträgen zu Lasten Dritter schon gar keine belastenden Regelungen möglich[104]. Es lassen sich daher allenfalls rein begünstigende Betriebsvereinbarungen mit der Regelungsabrede zu Gunsten Dritter vergleichen.

Auch eine begünstigende Betriebsvereinbarung wirkt aber unmittelbar und zwingend, das heißt, der Arbeitgeber ist unmittelbar zur Leistung an den Arbeitnehmer verpflichtet, aber auch berechtigt. Der Arbeitnehmer kann sich wegen der Zwangswirkung der Betriebsvereinbarung einer Begünstigung selbst dann nicht entziehen, wenn er sie ablehnt, dies wäre allenfalls mit Zustimmung des Betriebsrates möglich, § 77 Abs. 4 S. 2 BetrVG. Wird also in einer Betriebsvereinbarung eine Sonderzahlung an alle Mitarbeiter vereinbart, so kann sich der einzelne Arbeitnehmer der Auszahlung selbst dann nicht verweigern, wenn er sie – z.B. aus Solidarität mit zuvor gekündigten Arbeitnehmern – keinesfalls entgegen nehmen will.

---

[99] Näher oben Teil 4 A. I. 2.

[100] GK-*Kreutz* § 77 Rz. 13; *Dörrwächter* Anm. zu BAG 9.12.1997 EzA § 77 BetrVG 1972 Nr. 61 (unter B.III.1.c.bb. der Anm.).

[101] *Dörrwächter* Anm. zu BAG 9.12.1997 EzA § 77 BetrVG 1972 Nr. 61 (unter B.III.1.c.bb. der Anm.).

[102] Dazu sollen auch schuldrechtliche Vereinbarungen zwischen Arbeitgeber und Betriebsrat zu Gunsten Dritter zählen, *Belling/Hartmann* NZA 1998, 673 (677 f.).

[103] Für den Fall einer Regelungsabrede in der Form eines unechten Vertrages zu Gunsten Dritter, bei der nur der Betriebsrat die Leistung des Arbeitgebers verlangen könnte, lässt sich ein der Normsetzung gleichwertiges Ergebnis schon sachlogisch nicht erreichen.

[104] MünchKommBGB/*Gottwald* § 328 BGB Rz. 139; *Senne* S. 32.

Beim Vertrag zu Gunsten Dritter hat der begünstigte Dritte dagegen gemäß § 333 BGB immer das Recht, die Begünstigung zurückzuweisen. Dies ist Ausdruck eines Grundgedankens des bürgerlichen Rechts, wonach niemand zum Rechtserwerb gegen seinen Willen gezwungen werden kann[105]. Damit besteht bei einer Regelungsabrede zu Gunsten Dritter allenfalls eine unmittelbare Wirkung durch die Anspruchsbegründung. Zwingend, wie die Betriebsvereinbarung, wirkt sie jedenfalls nicht. Ein tatsächlich „normsetzungsäquivalentes" Ergebnis lässt sich also mit der Regelungsabrede zu Gunsten Dritter nicht erreichen[106]. Es mag praktisch selten sein, dass ein Arbeitnehmer eine Begünstigung des Arbeitgebers zurückweist. Die dazu angestellten Überlegungen zeigen jedoch, dass sich bei Vergleich einer begünstigenden Betriebsvereinbarung mit einer Regelungsabrede zu Gunsten Dritter keine funktionell gleichwertige Wirkung beider Gestaltungsinstrumente ergibt.
Damit steht aber zugleich fest, dass die Regelungsabrede zu Gunsten Dritter auch nicht als Umgehungsgeschäft gegen die Schriftform des § 77 Abs. 2 S. 1 BetrVG verstößt und deswegen unwirksam wäre. Hierfür fehlt jeder Anhaltspunkt[107].
Es stellt sich also nur die Frage, ob nach dem Normzweck des § 77 Abs. 3 S. 1 BetrVG bereits eine unmittelbare, aber nicht zwingende Wirkung die Sperrwirkung auslöst. Diese Frage ist zu verneinen. In diesem Zusammenhang ist zu beachten, dass es stets zulässig wäre, wenn die Betriebsratsmitglieder in ihrer Eigenschaft als natürliche Personen mit dem Arbeitgeber Verträge zu Gunsten der Arbeitnehmer schließen. Auch für tarifgebundene Arbeitnehmer wäre dies durch das Günstigkeitsprinzip gedeckt, § 4 Abs. 3 TVG. Auf diese Weise ließe sich aber individualrechtlich genau das Ergebnis erreichen, was für die Regelungsabrede zu Gunsten Dritter wegen funktioneller Gleichwertigkeit zur Betriebsvereinbarung als Verstoß gegen § 77 Abs. 3 S. 1 BetrVG gewertet wird. Auch hier muss also gelten, dass innerhalb der individualrechtlichen Gestaltungsform nicht sachgerecht differenziert werden kann[108]. Es wäre zu weitgehend, alle Verträge zu Gunsten Dritter im Geltungsbereich eines Tarifvertrages am Tarifvorbehalt scheitern zu lassen. Dann bleibt aber nur, konsequenter Weise auch die Regelungsabrede zu Gunsten Dritter von dieser Sanktion frei zu stellen. Auch bei der Beurteilung der Regelungsabrede zu Gunsten Dritter ist nur die eigentliche Normwirkung im Sinne einer unmittelbaren und auch zwingenden Gestaltung von Arbeitsverhältnissen ein taugliches Abgrenzungskriteri-

---

105 MünchKommBGB/*Gottwald* § 333 Rz. 1; Palandt/*Heinrichs* § 333 Rz. 1; Staudinger/*Jagmann* § 333 Rz. 2; ; *Veit/Waas* BB 1991, 1329 (1332); *Herrmann* NZA 2000 Sonderbeilage zu Heft 3. 14 (22).
106 Vgl. *Veit/Waas* BB 1991, 1329 (1332 f.).
107 LAG Baden-Württemberg 11.10.2001 – 21 Sa 56/01 (unter II.1. der Gründe).
108 Vgl. bereits oben Teil 4 A. I. 2.

um für die Reichweite des § 77 Abs. 3 S. 1 BetrVG. Diese Wirkung weist die Regelungsabrede auch in der Form eines Vertrages zu Gunsten Dritter nicht auf. Bei einem entsprechenden rechtsgeschäftlichen Willen von Arbeitgeber und Betriebsrat kann die Regelungsabrede daher ebenso wie sonstige schuldrechtliche Übereinkünfte als echter oder unechter Vertrag zu Gunsten Dritter im Sinne des § 328 BGB vereinbart werden (Regelungsabrede zu Gunsten Dritter). Die Sperre des § 77 Abs. 3 S. 1 BetrVG erfasst die Regelungsabrede zu Gunsten Dritter nicht. Allerdings steht der Betriebsrat dem Arbeitgeber als rechtsfähiger Vertragspartner für solche Vereinbarungen nur dann zur Verfügung, wenn er im Rahmen seines gesetzlich ausgestalteten Wirkungskreises handelt.

III. Zwischenergebnis

Der Tarifvorbehalt in § 77 Abs. 3 S. 1 BetrVG erfasst ausschließlich Betriebsvereinbarungen. Allein die normative Wirkung ist ein taugliches Abgrenzungskriterium für die Reichweite dieser Vorschrift. Der Normzweck des § 77 Abs. 3 S. 1 BetrVG steht dem Abschluss einer Regelungsabrede zur Gestaltung materieller Arbeitsbedingungen auch unter der Geltung eines Tarifvertrages nicht entgegen.

Für die Betriebsvereinbarung ergibt sich neben der inhaltlich beschränkten Reichweite der Rechtsetzungskompetenz ein weiteres Regelungsdefizit durch die notwendige Sicherung der Tarifautonomie vor einer konkurrierenden Normsetzung. Ein solches Regelungsdefizit weist die Regelungsabrede nicht auf. Dies gilt selbst dann, wenn die Regelungsabrede als Vertrag zu Gunsten Dritter ausgestaltet wird.

B. Der gewerkschaftliche Unterlassungsanspruch

Auch wenn sich die Reichweite des Tarifvorbehalts gemäß § 77 Abs. 3 S. 1 BetrVG damit nicht auf die Regelungsabrede erstreckt, so bedeutet das nicht, dass der Abschluss einer Regelungsabrede zur Gestaltung materieller Arbeitsbedingungen stets unabhängig von tariflichen Vorgaben möglich wäre. Im Rahmen der Tarifgebundenheit können die inhaltlichen Vorgaben einer Regelungsabrede ohnehin nur unter Beachtung der zwingenden gesetzlichen Vorgaben von § 4 Abs. 1, 3 und 4 TVG individualvertraglich umgesetzt werden. Danach sind nur Änderungen zulässig, die zugunsten der Arbeitnehmer wirken oder durch den einschlägigen Tarifvertrag zugelassen wurden. Daneben wäre insbesondere ein auf den Schutz der Tarifautonomie gestützter gewerkschaftlicher Unterlassungsanspruch in der Lage, den Anwendungsbereich der Regelungsabrede deutlich einzuschränken.

I. Die Rechtsprechung des BAG

In der bereits dargestellten *Burda*-Entscheidung hat das BAG den Gewerkschaften einen quasinegatorischen Unterlassungsanspruch gemäß §§ 1004, 823 BGB i.V.m. Art. 9 Abs. 3 GG gegenüber tarifwidrigen Vereinbarungen auf betrieblicher Ebene zugesprochen[109].
Das BAG nimmt dabei auf die Entscheidung des BVerfG vom 14.11.1995 Bezug, in der das BVerfG den Schutzbereich des Art. 9 Abs. 3 GG auf alle koalitionsspezifischen Verhaltensweisen bezieht und nicht auf solche gewerkschaftlichen Betätigungen beschränkt, die zur Erhaltung und Sicherung der Koalition als unerlässlich betrachtet werden müssen[110]. Auf dieser Grundlage ist das BAG, wie bereits beschrieben, der Ansicht, die im Rahmen der Bestands- und Betätigungsgarantie der Koalitionen verfassungsmäßig garantierte Regelungsbefugnis der Tarifvertragsparteien werde auch von Abreden oder Maßnahmen beeinträchtigt, die zwar nicht die Entstehung oder den rechtlichen Bestand eines Tarifvertrages betreffen (und nicht an § 77 Abs. 3 S. 1 BetrVG scheitern), aber – trotz ihrer rechtlichen Unwirksamkeit – darauf gerichtet sind, seine Wirkung zu vereiteln oder leer laufen zu lassen[111]. Das Gericht stellt dabei ausdrücklich auf die „faktische Eignung“ ab, eine Tarifnorm als kollektive Ordnung zu verdrängen[112]. Diese habe zwar nicht jede tarifwidrige Abrede, bei Betriebsvereinbarungen sei sie aber im Zweifel anzunehmen[113]. Der widerrechtliche Eingriff in die Koalitionsfreiheit wird vom BAG aber nicht auf die normative Gestaltung durch Betriebsvereinbarung beschränkt. Es sollen nach dem BAG auch alle vertraglichen Einheitsregelungen, insbesondere wenn sie auf einer Regelungsabrede beruhen oder „ausdrücklich vom Betriebsrat unterstützt werden“, dazu zählen[114]. Maßgeblich seien der kollektive Charakter, die betriebseinheitliche Regelung und die bewusste Kollision mit dem Tarifvertrag[115]. Verneint wird ein solcher Eingriff dementsprechend nur für tarifnormwidrige Regelungen in einzelnen Arbeitsverträgen und fehlerhafte Anschlussregelungen auf betrieblicher Ebene.

---

[109] BAG 20.4.1999 AP Nr. 89 zu Art. 9 GG (unter der Gründe); näher Teil 1 C. IV. 2.b. Der 61. Deutsche Juristentag hatte 1996 noch mit deutlicher Mehrheit einen Antrag abgelehnt, wonach die tarifschließende Gewerkschaft bei einem Tarifverstoß eines Arbeitgebers gegen diesen eine direkte Tarifeinhaltungsklage erheben können sollte, Verhandlungen des 61. Deutschen Juristentages, Karlsruhe 1996, Bd. II/1, Sitzungsberichte K 71 (Beschluss Nr. 10a der Abteilung Arbeitsrecht).
[110] BVerfG 14.11.1995 BVerfGE 93, 352 (358 ff.).
[111] BAG 20.4.1999 AP Nr. 89 zu Art. 9 GG (unter B.II.2.b.bb. der Gründe).
[112] BAG 20.4.1999 AP Nr. 89 zu Art. 9 GG (unter B.II.2.b.bb. der Gründe).
[113] BAG 20.4.1999 AP Nr. 89 zu Art. 9 GG (unter B.II.2.b.bb. der Gründe).
[114] BAG 20.4.1999 AP Nr. 89 zu Art. 9 GG (unter B.II.2.b.bb. der Gründe).
[115] BAG 20.4.1999 AP Nr. 89 zu Art. 9 GG (unter B.II.2.b.bb. der Gründe).

Eine Einschränkung macht das BAG auch dahin gehend, dass der Unterlassungsanspruch nur dann gelten soll, wenn der betreffende Tarifvertrag im Anwendungsbereich der fraglichen betrieblichen Vereinbarung normativ gilt, also grundsätzlich nur bei beiderseitiger Tarifbindung[116]. Damit sei Voraussetzung für einen Unterlassungsanspruch „im allgemeinen" auch die Tarifbindung der Arbeitnehmer[117]. Allerdings könne ausnahmsweise auch eine Regelung hinsichtlich der Tarifaußenseiter davon erfasst werden, namentlich dann, wenn „der Arbeitgeber nach seiner Zielvorgabe entsprechende Vereinbarungen keinesfalls allein mit Tarifaußenseitern treffen wollte, sondern nur zu einer Regelung bereit war, die sich unabhängig von der Tarifbindung auf die gesamte Belegschaft oder bestimmte Teile derselben erstreckt". Dann könne eine solche Regelung nur für alle betroffenen Arbeitnehmer oder gar nicht Bestand haben[118].

II. Relevanz im Rahmen des Ausgangsfalls

Bezogen auf den oben gebildeten Ausgangsfall eines betrieblichen Beschäftigungsbündnisses[119] bedeutet die Anerkennung eines Unterlassungsanspruchs auch gegenüber Regelungsabreden und arbeitsvertraglichen Einheitsregelungen, dass die Möglichkeit einer Gestaltung materieller Arbeitsbedingungen auf Betriebsebene im Geltungsbereich eines Tarifvertrages trotz der Nichtanwendung des § 77 Abs. 3 S. 1 BetrVG deutlich beschränkt wird.
Die Gewerkschaft kann nach Auffassung des BAG im Fall beiderseitiger Tarifbindung stets einen Unterlassungsanspruch gegenüber Abschluss und Umsetzung einer Regelungsabrede, die von tarifvertraglichen Vorgaben abweicht, geltend machen und sie diese verhindern[120]. Dies gilt selbst dann, wenn die Regelungsabrede ohne ausdrückliche Berücksichtigung der Gewerkschaftszugehörigkeit abgeschlossen wird. Nur die explizite Beschränkung auf Tarifaußenseiter ist nach den Ausführungen des BAG rechtlich nicht angreifbar[121].
Damit hängt die praktische Umsetzung und Bewertung eines betrieblichen Beschäftigungsbündnisses auf der Grundlage einer Regelungsabrede für tarifgebundene Arbeitgeber maßgeblich vom Organisationsgrad der Arbeitnehmer im Betrieb ab[122]. Insbesondere die Frage der Ermittlung der Gewerkschaftszugehö-

---

[116] BAG 20.4.1999 AP Nr. 89 zu Art. 9 GG (unter B.II.2.b.bb. und B.III.2. der Gründe). Für die normative Geltung betrieblicher oder betriebsverfassungsrechtlicher Fragen reicht gemäß § 3 Abs. 2 TVG die Tarifgebundenheit des Arbeitgebers aus.
[117] BAG 20.4.1999 AP Nr. 89 zu Art. 9 GG (unter B.III.2.b. der Gründe).
[118] BAG 20.4.1999 AP Nr. 89 zu Art. 9 GG (unter B.III.2.b. der Gründe).
[119] Teil 1 D. I. 1.
[120] *Natzel* spricht insofern von „vorsorgender Rechtswahrnehmung", ZfA 2003, 103 (129).
[121] *Kast/Stuhlmann* BB 2000, 614 (617); *Löwisch* BB 1999, 2080 (2081); *Trappehl/Lambrich* NJW 1999, 3217 (3222 f.); *Buchner* NZA 1999, 897 (900).
[122] *Löwisch* BB 1999, 2080 (2081); *Kast/Stuhlmann* BB 2000, 614 (617); vgl. auch *Bauer* NZA 1999, 957 (959 f.).

rigkeit der Arbeitnehmer dürfte dabei für den Arbeitgeber Probleme aufwerfen, da eine entsprechende Nachfrage bei Abschluss des Arbeitsvertrages unzulässig ist[123]. Allerdings hat das BAG in einer Entscheidung jüngeren Datums festgelegt, dass ein klageweise geltend gemachter gewerkschaftlicher Unterlassungsanspruch nur dann hinreichend bestimmt genug ist, wenn die Gewerkschaftsmitglieder darin namentlich benannt werden[124].
Trotz der Vorteile der Regelungsabrede aufgrund der umfassenden Regelungskompetenz und der fehlenden Sperrwirkung des Tarifvorbehalts gemäß § 77 Abs. 3 S. 1 BetrVG unterliegt sie durch den gewerkschaftlichen Unterlassungsanspruch nach der Rechtsprechung des BAG gegenüber der Tarifautonomie nahezu denselben Grenzen wie die Betriebsvereinbarung.
Dies gilt allerdings nur dann, wenn die Erstreckung des Unterlassungsanspruchs auf die Regelungsabrede durch das BAG einer rechtlichen Überprüfung standhält.

III. Kritik

Die Erwägungen des BAG im *Burda*-Beschluss sind insbesondere angesichts der im Rahmen der Erörterung der Nichtanwendbarkeit von § 77 Abs. 3 S. 1 BetrVG auf die Regelungsabrede gefundenen Ergebnisse nicht haltbar[125]. Eine unrechtmäßige Beeinträchtigung des Schutzbereichs von Art. 9 Abs. 3 GG, die für die Gewährung eines quasinegatorischen Unterlassungsanspruchs erforderlich wäre, kann bei der Regelungsabrede nicht festgestellt werden[126]. Darüber hinaus begründet die Gleichbehandlung von Betriebsvereinbarung und Regelungsabrede bei der Gewährung eines Unterlassungsanspruchs unter Berücksichtigung der Argumente, die für die Nichtanwendung des § 77 Abs. 3 S. 1 BetrVG vorgebracht werden, einen Wertungswiderspruch[127]. Dazu im Einzelnen:

---

[123] *Fitting/Kaiser/Heither/Engels/Schmidt* § 94 Rz. 17; GK-*Kraft* § 94 Rz. 26; zur Frage der Ermittlung des Organisationsgrades im laufenden Arbeitsverhältnis *Kast/Stuhlmann* BB 2000, 614 (619 f.).

[124] BAG 19.03.2003 – 4 AZR 271/02 (noch nicht veröffentlicht), vgl. Pressemitteilung des BAG Nr. 23/03 vom 19.03.2003, im Internet zu finden unter www.bundesarbeitsgericht.de.

[125] Zu der ebenfalls umstrittenen Frage, ob das Beschlussverfahren die richtige Verfahrensart zur Geltendmachung des Unterlassungsanspruchs darstellt, bejahend BAG 13.3.2001 NZA 2001, 1037 (1038) m.w.N. ablehnend: *Bauer* NZA 1999, 957 (958); *Buchner* NZA 1999, 897 (899); *Löwisch* BB 1999, 2080 (2081); *Richardi* § 77 Rz. 314; vgl. auch *ders.* Anm. zu BAG 20.4.1999 AP Nr. 89 zu Art. 9 GG (unter I. der Anm.).

[126] Der Frage, ob ein solcher Unterlassungsanspruch gegenüber tarifwidrigen Betriebsvereinbarungen besteht, braucht im Rahmen der vorliegenden Arbeit nicht nach gegangen zu werden. Dies wird aber selbst von den Kritikern der Burda-Entscheidung bejaht, vgl. nur *Bauer/Haußmann* NZA 2000, Sonderbeilage zu Heft 24, 42 (45).

[127] *Bauer* NZA 1999, 957 (958 f.); vgl. auch *Richardi* § 77 Rz. 293 u. 314; *Buchner* NZA 1999, 897 (900).

1. Kein unrechtmäßiger Eingriff in Art. 9 Abs. 3 GG

Dem BAG kann zunächst insofern gefolgt werden, als es unter Verweis auf die genannte Rechtsprechung des BVerfG ausführt, die Bestands- und Betätigungsgarantie der Koalitionen gemäß Art. 9 Abs. 3 GG beziehe sich auf alle Verhaltensweisen, die koalitionsspezifisch sind, wozu insbesondere der Abschluss von Tarifverträgen zähle[128]. Es ist in Übereinstimmung mit der Klarstellung der Rechtsprechung des BVerfG zum Umfang des Schutzbereiches von Art. 9 Abs. 3 GG in der Tat nicht einzusehen, warum dieser nur auf solche Materien beschränkt sein soll, die zur Sicherung und zum Erhalt der Koalitionen unerlässlich sind[129]. Andererseits darf auch nicht unberücksichtigt bleiben, dass unter den Schutzbereich des Art. 9 Abs. 3 GG nur „koalitionsspezifische" Betätigungen fallen, nicht aber jede irgendwie geartete arbeitsmarktorientierte Betätigung subsumiert werden kann[130]. Auch das BAG sieht den Schutzbereich von Art. 9 Abs. 3 GG ausdrücklich als nicht durch jede tarifwidrige Vereinbarung betroffen an[131].

Das BAG unterlässt aber eine genaue Untersuchung der Frage, ob gerade durch nicht normative Vereinbarungen in den Schutzbereich koalitionsspezifischer Verhaltensweisen eingegriffen werden kann. In der *Burda*-Entscheidung wird nur ausgeführt, dass die Koalitionsfreiheit durch sämtliche Abreden beeinträchtigt werde, die darauf gerichtet sind, die Wirkung eines Tarifvertrages zu vereiteln oder leer laufen zu lassen, da dann die Tarifnorm ihren Zweck nicht mehr erfüllen könne, „den Teil der Arbeits- und Wirtschaftsbedingungen zu ordnen, der ihren Gegenstand bildet"[132].

Selbst wenn man diesen Ansatz zur Bestimmung einer Beeinträchtigung des Schutzbereichs als zutreffend unterstellt, so wird durch Regelungsabreden und darauf beruhenden arbeitsvertraglichen Einheitsregelungen nicht in der vom BAG beschriebenen Weise in koalitionsspezifische Verhaltensweisen eingegriffen.

Hier ist erneut darauf zu verweisen, dass ein Eingriff – verkürzt gesagt – eine finale und unmittelbare Regelung erfordert, die zur Beschränkung oder zum Entzug eines rechtlich geschützten Gutes, also zur Reduktion des rechtlichen Freiheitsraumes führt[133]. Das rechtlich geschützte Gut, das hier in Frage steht, ist auch nach dem Verständnis des BAG die Wirkung des Tarifvertrages[134]. An-

---

128 BAG 20.4.1999 AP Nr. 89 zu Art. 9 GG (unter II.2.b.bb. der Gründe).

129 BVerfG 14.11.1995 BVerfGE 93, 352 (358 ff.).

130 Vgl. *Hromadka* ZTR 2000, 253 (254 f.), der darauf hinweist, es sei nicht so, dass „jede Beeinträchtigung einer Betätigung einer Koalition verfassungswidrig oder eine unerlaubte Handlung wäre"; vgl. auch *Richardi* DB 2000, 42 (46).

131 BAG 20.4.1999 AP Nr. 89 zu Art. 9 GG (unter II.2.b.bb. der Gründe).

132 BAG 20.4.1999 AP Nr. 89 zu Art. 9 GG (unter II.2.b.bb. der Gründe).

133 *Dreier* GG, Vorbem. Rz. 81; *Isensee/Kirchhof* Bd. V. § 111 Rz. 61.

134 So ausdrücklich: BAG 20.4.1999 AP Nr. 89 zu Art. 9 GG (unter II.2.b.bb. der Gründe).

erkannter Maßen besteht diese in der unmittelbaren und zwingenden Regelung der Arbeitsverhältnisse der beiderseits Tarifgebundenen im Geltungsbereich eines Tarifvertrages, §§ 3 Abs. 1, 4 Abs. 1 TVG.
Diese Wirkung wird aber durch individualvertragliche Abreden weder vereitelt noch läuft sie leer. Abweichungen von der unmittelbaren und zwingenden Wirkung eines Tarifvertrages sind gemäß den Vorgaben von Art. 9 Abs. 3 S. 2 GG, § 4 Abs. 1, 3 und 4 TVG und § 77 Abs. 3 S. 1 BetrVG ohne weiteres unwirksam[135]. Damit wird bereits nach der gesetzlichen Anordnung nicht nur „die Entstehung und der rechtliche Bestand"[136] eines Tarifvertrages geschützt, sondern auch seine normative Wirkung gegenüber jeder anderweitigen Beeinträchtigung abgesichert. Auch der Gesetzgeber hat also den Schutz der Koalitionsfreiheit gerade auf die Absicherung der normativen Wirkung bezogen. In diese Wirkung wird durch rechtsunwirksame schuldrechtliche Abreden nicht eingegriffen, sie bleibt unverändert bestehen und kann durch die betroffenen Arbeitnehmer oder im Wege der verbandsrechtlichen Einwirkungsklage auch von der Gewerkschaft gegenüber dem Vertragspartner des Tarifvertrages geltend gemacht werden[137].
Das BAG hält dem entgegen, dass ein Eingriff in den Schutzbereich der Koalitionsfreiheit auch durch faktische Beeinträchtigungen aufgrund des „erklärten Geltungsanspruchs" vertraglicher Abreden möglich sei[138]. Die gesetzliche Nichtigkeitsfolge tarifwidriger Abreden könne daran nichts ändern. Mit diesem Ansatz wird aber der Ausgangspunkt verlassen, wonach gerade die (unmittelbare und zwingende) Wirkung des Tarifvertrages den Schutzbereich der Koalitionsfreiheit gegenüber tarifwidrigen Abreden markiert. Den Schutzbereich von Art. 9 Abs. 3 GG auch auf faktische Beeinträchtigungen durch rechtsunwirksame individualvertragliche Abreden auszudehnen, ist nur dann möglich, wenn man der Tarifnorm eben nicht nur die Funktion zuweist, „den Teil der Arbeits- und Wirtschaftsbedingungen zu ordnen, der ihren Gegenstand bildet"[139], sondern sie als allgemeinen Maßstab zur Regelung sämtlicher Arbeits- und Wirtschaftsbedingungen, unabhängig von einer Tarifbindung, versteht[140]. Dies ist jedoch mit der Struktur der mitgliedschaftlich legitimierten Tarifautonomie als

---

[135] *Hromadka* ZTR 2000, 253 (254) zieht den zutreffenden Vergleich zu sonstigen gesetzlichen Nichtigkeitssanktionen gemäß §§ 105 ff., 134 und 138 BGB.
[136] Darauf stellt das BAG ab: BAG 20.4.1999 AP Nr. 89 zu Art. 9 GG (unter II.2.b.bb. der Gründe).
[137] *Hromadka* ZTR 2000, 253 (255); *Richardi* DB 2000, 42 (44 f. u. 47); *Bauer* NZA 1999, 957 (959); *Bauer/Haußmann* NZA 2000, Sonderbeilage zu Heft 24, 42 (44).
[138] BAG 20.4.1999 AP Nr. 89 zu Art. 9 GG (unter II.2.b.bb. der Gründe).
[139] BAG 20.4.1999 AP Nr. 89 zu Art. 9 GG (unter II.2.b.bb. der Gründe).
[140] In diese Richtung geht es auch, wenn das BAG einen Unterlassungsanspruch auch gegenüber Tarifaußenseitern in Erwägung zieht, BAG 20.4.1999 AP Nr. 89 zu Art. 9 GG (unter B.III.2.b. der Gründe); dagegen *Hromadka* ZTR 2000, 253 (257); *Bauer* NZA 1999, 957 (960).

Fall der kollektiven Privatautonomie nicht vereinbar[141]. Die „Ordnung des Gegenstandes der Tarifnorm" im Sinne einer Gestaltung der Arbeits- und Wirtschaftsbedingungen durch autonome Rechtssätze bezieht sich lediglich auf die Absicherung der normativen Wirkung[142]. Jedenfalls dann, wenn es um eine Regelung von Arbeits- und Wirtschaftsbedingungen in der Form geht, dass Bestimmungen über Inhalt, Abschluss und Beendigung von Arbeitsverhältnissen getroffen werden (§ 4 Abs. 1 TVG), kann eine von Art. 9 Abs. 3 GG geschützte koalitionsspezifische Betätigung nur anhand der normativen Wirkung von einer sonstigen arbeitsmarktorientierten Betätigung abgegrenzt werden[143].
Zutreffender Weise ist daher der gemäß Art. 9 Abs. 3 GG verfassungsrechtlich geschützte Bereich der Tarifautonomie bei der Regelung der Inhalte von Arbeitsverhältnissen durch Tarifvertrag auf den normativen Geltungsanspruch des Tarifvertrages zu beschränken[144]. *Richardi*[145] weist darauf hin, dass der Große Senat des BAG zu Recht selbst festgestellt hat, dass Besonderheiten bei der Begründung von Ansprüchen keinen Einfluss auf ihre Rechtsnatur haben[146]. Damit kann eine vertragliche Abrede nicht schon deshalb als Eingriff in den Schutzbereich der Koalitionsfreiheit gesehen werden, weil ihr einheitlich aufgestellte Vertragsbedingungen oder eine Regelungsabrede zu Grunde liegen[147]. Betriebliche Regelungen auf der Ebene des Individualvertrages können in diesen Schutzbereich generell nicht eingreifen[148].
Selbst wenn man dieser Bestimmung des von Art. 9 Abs. 3 GG geschützten Tätigkeitsbereichs bei der Gestaltung von Arbeitsverhältnissen nicht folgt, so kann durch einen dann auch durch nicht normative Vereinbarungen vorliegenden Eingriff noch kein Unterlassungsanspruch begründet werden. Ein solcher Eingriff wäre durch die verfassungsimmanenten Schranken der Koalitionsfreiheit in Form kollidierender Grundrechte[149], namentlich der Privatautonomie der Arbeitnehmer und des Arbeitgebers im Rahmen der einheitsvertraglichen Rege-

---

141 Zur Struktur der Tarifautonomie *Richardi* DB 2000, 42 f.; dazu bereits oben Teil 1 C. II. vgl. auch *Trappehl/Lambrich* NJW 1999, 3217 (3218 f.).
142 Vgl. *Bauer* NZA 1999, 957 (959).
143 Ausdrücklich gegen die vom BAG als ein Abgrenzungskriterium verstandene Mitwirkung des Betriebsrates *Bauer* NZA 1999, 957 (959).
144 *Bauer* NZA 1999, 957 (959); *Bauer/Haußmann* NZA 2000, Sonderbeilage zu Heft 24, 42 (45 f).
145 *Richardi* DB 2000, 42 (46).
146 BAG GS 16.9.1986 AP Nr. 17 zu § 77 BetrVG 1972 (unter C.II.1.a. der Gründe).
147 Vgl. *Richardi* DB 2000, 42 (46).
148 *Bauer* NZA 1999, 957 (959); *Bauer/Haußmann* NZA 2000, Sonderbeilage zu Heft 24, 42 (45 f).
149 BVerfG 26.6.1991 BVerfGE 84, 212 (228 f.); BVerfG 4.7.1995 BVerfGE 92, 365 (394 f.); Dreier/*Bauer* GG Art. 9 Rz. 87 f.

lung, gerechtfertigt[150]. Zu Recht wird am *Burda*-Beschluss bemängelt, dass eine entsprechende Verhältnismäßigkeitsprüfung und ein Ausgleich widerstreitender Grundrechte im Rahmen der praktischen Konkordanz fehlen[151]. In diesem Zusammenhang wäre auch der dargestellte, bereits ohne Gewährung eines Unterlassungsanspruchs bestehende Schutz der Tarifautonomie sowie die Tatsache zu berücksichtigen, dass ein Unterlassungsanspruch der Koalitionen nur als ultima ratio in Betracht kommt, da ihr Auftrag gerade im Schutz der hier widerstreitenden Privatautonomie der Arbeitnehmer liegt[152].
Der Abschluss einer Regelungsabrede oder einer arbeitsvertraglichen Einheitsregelung stellt grundsätzlich keinen unrechtmäßigen Eingriff in den Schutzbereich der Koalitionsfreiheit gemäß Art. 9 Abs. 3 GG dar.

2. Wertungswiderspruch zur Rechtsprechung zu § 77 Abs. 3 BetrVG

Neben dem Fehlen eines unrechtmäßigen Eingriffs in den Schutzbereich der Koalitionsfreiheit begründet die Argumentation des BAG bei der Gewährung eines Unterlassungsanspruchs unter Berücksichtigung der Argumente, die für die Nichtanwendung des § 77 Abs. 3 S. 1 BetrVG auf die Regelungsabrede vorgebracht werden, einen Wertungswiderspruch[153].
Der Normzweck des § 77 Abs. 3 S. 1 BetrVG besteht, wie bereits dargelegt, im Schutz der verfassungsmäßig garantierten Tarifautonomie und der Erhaltung der Funktionsfähigkeit der Koalitionen[154]. Daher liegt es nahe, die dazu angestellten Erwägungen auch bei der Bestimmung des Schutzbereichs eines zum Schutz der durch Art. 9 Abs. 3 GG gewährleisteten Koalitionsgarantie entwickelten gewerkschaftlichen Unterlassungsanspruchs zu berücksichtigen.
Im Rahmen der Erörterung des Anwendungsbereichs von § 77 Abs. 3 BetrVG hat sich gezeigt, dass dessen Schutz nicht soweit geht, dass auch jede nicht normative Tätigkeit der Betriebspartner verhindert würde, da das BetrVG nur einen Konkurrenzschutz zu Gunsten der eigentlichen Tätigkeit der Tarifverbände, nämlich der Normsetzung in Form von Tarifverträgen gewährt[155]. Wenn aber die Kompetenzabgrenzung durch § 77 Abs. 3 S. 1 BetrVG, wie das BAG selbst

---

[150] *Trappehl/Lambrich* NJW 1999, 3217 (3220); *Hromadka* ZTR 2000, 253 (254); *Buchner* NZA 1999, 897 (899); *Löwisch* BB 1999, 2080 (2081); vgl. auch *Thüsing* DB 1999, 1552 (1553).
[151] *Thüsing* DB 1999, 1552 (1553); *Hromadka* ZTR 2000, 253 (254); *Trappehl/Lambrich* NJW 1999, 3217 (3220).
[152] *Hromadka* ZTR 2000, 253 (255); *Trappehl/Lambrich* NJW 1999, 3217 (3218 f.); vgl. auch *Richardi* DB 2000, 42 (44 f.).
[153] *Bauer* NZA 1999, 957 (958 f.); vgl. auch *Richardi* § 77 Rz. 293 u. 314; *Buchner* NZA 1999, 897 (900).
[154] Dazu m.w.N. oben Teil 4 A.
[155] So auch die Rechtsprechung: BAG 20.4.1999 AP Nr. 89 zu Art. 9 GG (unter II.1.b.aa.(2) der Gründe); ArbG Marburg 7.8.1996 NZA 1996, 1337 (1339); dazu Teil 4 A. I. 2.

ausführt, an der normativen Gestaltungsmacht ansetzt[156], dann ist nicht einzusehen, warum unterhalb dieser Grenze ein Unterlassungsanspruch mit einer weit gehend identischen Rechtswirkung bestehen soll[157].
Das entscheidende Argument hierfür sieht das BAG aber ausdrücklich in der „faktischen Eignung" auch nicht normativer Vereinbarungen zur Beeinträchtigung der tariflichen Rechtsetzung[158]. Diese faktische Beeinträchtigung findet aber wiederum erst auf der Ebene der Individualautonomie statt[159]. Wenn dem Argument der faktischen Wirkung im Rahmen des § 77 Abs. 3 S. 1 BetrVG (zutreffender Weise) nicht gefolgt wird, wäre es widersprüchlich, mit dem BAG einen Unterlassungsanspruch auch gegenüber der nicht normativen Regelungsabrede mit eben diesem Faktizitätsargument zu bejahen[160]. Auch hier ist darauf zu verweisen, dass der Schutz der Tarifautonomie Sache des Gesetzgebers ist, der, wie bereits dargelegt, eine faktische Beeinflussung der Tarifvertragsparteien durch Regelungen auf betrieblicher Ebene gerade nicht voll umfänglich ausgeschlossen hat[161]. Es ist dementsprechend zu weitgehend, der Tarifautonomie einen Schutz vor faktischen Beeinträchtigungen durch arbeitsvertragliche Einheitsregelungen die auf Regelungsabreden beruhen oder sogar bereits dann zu gewähren, wenn diese „ausdrücklich vom Betriebsrat unterstützt werden"[162].
Es bleibt dabei auch offen, ob einheitsvertragliche Regelungen bei Passivität des Betriebsrates einem Unterlassungsanspruch ausgesetzt sind[163]. *Bauer* stellt hier mit Recht die Frage, ob eine ausdrückliche Passivitätsverpflichtung des Betriebsrates in einer Regelungsabrede einen Unterlassungsanspruch begründet, die faktische Beeinträchtigung der Tarifautonomie durch eine arbeitsvertragliche Einheitsregelung aber bei bloßer Duldung durch den Betriebsrat noch nicht ausreicht[164].
Wenn deswegen „die vertragliche Einheitsregelung, welche (...) die betriebliche Konkurrenz zum Tarifvertrag bewirkt," schon „außerhalb der Reichweite des

---

156 BAG 20.4.1999 AP Nr. 89 zu Art. 9 GG (unter II.1.b.aa.(2) der Gründe).
157 *Bauer* NZA 1999, 957 (958); *Bauer/Haußmann* NZA 2000, Sonderbeilage zu Heft 24, 42 (44).
158 BAG 20.4.1999 AP Nr. 89 zu Art. 9 GG (unter II.1.b.bb. der Gründe).
159 Vgl. *Waltermann* RdA 1996, 129 (132).
160 *Bauer* NZA 1999, 957 (958 f.); *Bauer/Haußmann* NZA 2000, Sonderbeilage zu Heft 24, 42 (44); vgl. auch *Richardi* § 77 Rz. 293 u. 314; *Buchner* NZA 1999, 897 (900); mit dem gegenteiligen Ergebnis einer Anwendung von § 77 Abs. 3 S. 1 BetrVG auch auf Regelungsabreden ebenfalls als Widerspruch gekennzeichnet von *Brecht/Höland/Reim* ArbuR 2002, 127 (130).
161 Oben Teil 4 A. I. 2. So ausdrücklich auch BAG 24.2.1987 AP Nr. 21 zu § 77 BetrVG 1972 (unter B.II.4.b.ee. der Gründe).
162 So aber BAG 20.4.1999 AP Nr. 89 zu Art. 9 GG (unter II.2.b.bb. der Gründe).
163 *Bauer/Haußmann* NZA 2000, Sonderbeilage zu Heft 24, 42 (44 f.).
164 *Bauer* NZA 1999, 957 (959); vgl. auch *Bauer/Haußmann* NZA 2000, Sonderbeilage zu Heft 24, 42 (44 f.).

§ 77 Abs. 3 BetrVG“ liegt, wie auch das BAG zutreffend annimmt[165], dann muss dies auch für die Reichweite des Unterlassungsanspruchs Geltung haben. Die vom BAG weiter in Betracht gezogene Erfassung der Tarifaußenseiter kommt in keinem Fall in Betracht[166]. Das BAG bleibt einen rechtlichen Ansatzpunkt dafür schuldig, warum tarifabweichende Vereinbarungen mit Tarifaußenseitern unwirksam sein sollen. Der Verweis des BAG darauf, dass dann, wenn der Arbeitgeber entsprechende Vereinbarungen keinesfalls nur mit den Tarifaußenseitern abschließen wollte, die Regelung nur für alle Arbeitnehmer oder gar nicht Bestand haben könne, ist kein rechtliches Argument. Vielmehr wäre eine solche vertragliche Regelung nach dem Grundsatz pacta sunt servanda wirksam und für den Arbeitgeber bindend[167]. Würde ein Unterlassungsanspruch der Gewerkschaft auch die (einheits)vertraglichen Regelungen gegenüber Tarifaußenseitern erfassen, so würde danach der Arbeitgeber zum Vertragsbruch verurteilt, da die Rechtskraft des Unterlassungsurteils die am Verfahren nicht beteiligten Arbeitnehmer nicht erfassen würde[168]. Diesen gegenüber wäre der Arbeitgeber weiterhin aus Vertrag zur versprochenen Leistung verpflichtet.

IV. Zwischenergebnis

Der vom BAG erstmalig in der Entscheidung vom 20.4.1999 begründete gewerkschaftliche Unterlassungsanspruch gemäß §§ 1004, 823 BGB i.V.m. Art. 9 Abs. 3 GG besteht nicht gegenüber Regelungsabreden und darauf beruhenden arbeitsvertraglichen Einheitsregelungen. Die dafür erforderliche unrechtmäßige Beeinträchtigung des Schutzbereichs von Art. 9 Abs. 3 GG liegt bei obligatorischen Abreden nicht vor.
Nur die Betriebsvereinbarung als echte Normkonkurrenz unterliegt der Sperrwirkung des § 77 Abs. 3 S. 1 BetrVG und ist taugliches Objekt eines koalitionsspezifischen Unterlassungsanspruchs, nicht aber die Regelungsabrede. Eine Gleichbehandlung beider Gestaltungsfaktoren ist bei zutreffender Bestimmung der Reichweite der Tarifautonomie nicht gerechtfertigt.

C. Die Verletzung gesetzlicher Pflichten nach § 23 Abs. 1 BetrVG

Abschließend verbleibt zu klären, inwieweit der Betriebsrat durch den Abschluss einer Regelungsabrede, die im Geltungsbereich eines Tarifvertrages verschlechternde materielle Arbeitsbedingungen vorsieht, gegen Pflichten verstoßen kann, die ihm durch das BetrVG auferlegt werden. Die Rechtsfolge eines

---

[165] BAG 20.4.1999 AP Nr. 89 zu Art. 9 GG (unter II.1.b.aa.(2) der Gründe); *Fischer* S. 219.
[166] *Bauer* NZA 1999, 957 (960).
[167] Dem könnte der Arbeitgeber nur entgehen, sofern er sein Angebot ausdrücklich an die Bedingung (§ 158 BGB) der wirksamen Umsetzung auch gegenüber den organisierten Arbeitnehmern koppelt, vgl. dazu Teil 2 C. IV.
[168] *Bauer* NZA 1999, 957 (960).

solchen Verstoßes wäre zwar nicht die Unwirksamkeit der Regelungsabrede, da eine solche Unwirksamkeitsanordnung im BetrVG nicht vorgesehen ist. Auch die auf der Regelungsabrede beruhenden einzelvertraglichen Vereinbarungen würden in ihrem rechtlichen Bestand nicht von einer Pflichtverletzung des Betriebsrates berührt. Die Unwirksamkeit verschlechternder einzelvertraglicher Vereinbarungen ergibt sich für tarifgebundene Arbeitnehmer aus § 4 Abs. 3 TVG, ohne dass es auf das Verhalten des Betriebsrates ankäme. Im Übrigen bestimmt sich die Wirksamkeit einzelvertraglicher Abreden nur nach den allgemeinen schuldrechtlichen Bestimmungen, insbesondere den §§ 134, 138 und 242 BGB[169].

Die im BetrVG für eine (grobe) Pflichtverletzung des Betriebsrates vorgesehene Sanktion besteht aber in der Möglichkeit der Beantragung der Auflösung des Betriebsrates oder des Ausschlusses eines Mitgliedes gemäß § 23 Abs. 1 BetrVG insbesondere durch eine im Betrieb vertretene Gewerkschaft[170]. Die Pflichtenstellung des Betriebsrates ist daher zwar nicht für die Wirksamkeit der getroffenen Vereinbarungen, wohl aber für die Amtsführung des Betriebsrates konstitutiv. Die Praktikabilität der Regelungsabrede bei der Lösung des Ausgangsfalls kann daher nur dann abschließend beurteilt werden, wenn der von diesem Vorgehen tangierte gesetzliche Pflichtenkreis des Betriebsrates feststeht. Die Frage eines Verstoßes gegen gesetzliche Pflichten gemäß § 23 Abs. 1 BetrVG durch Abschluss einer Regelungsabrede mit dem Ziel der Beschäftigungssicherung war insbesondere Gegenstand der Entscheidung des Arbeitsgerichts Marburg im bereits beschriebenen *Viessmann*-Fall[171].

I. Die Viessmann-Entscheidung des Arbeitsgerichts Marburg

Das Arbeitsgericht Marburg hat im Fall *Viessmann* in der Mitwirkung des Betriebsrates an einer Regelungsabrede zur Beschäftigungssicherung mit dem bereits beschriebenen Inhalt einer Arbeitszeitverlängerung ohne vollen Lohnausgleich einen Verstoß gegen gesetzliche Pflichten gemäß § 23 Abs. 1 BetrVG gesehen und eine Amtsenthebung lediglich am dafür nicht ausreichenden Verschulden der Betriebsratsmitglieder scheitern lassen[172]. Dabei hat das Gericht hinsichtlich der Pflichten des Betriebsrates nach der Verbandszugehörigkeit der betroffenen Arbeitnehmer differenziert.

So führt das Gericht zunächst aus, der Betriebsrat habe wegen der ca. 90 bis 95 % nicht gewerkschaftlich organisierten Arbeitnehmer im Betrieb keine Amtspflichtverletzung gemäß § 23 Abs. 1 BetrVG begangen. Da der einschlägige Tarifvertrag für diese Arbeitnehmer nur kraft vertraglicher Bezugnahme

---

[169] ArbG Marburg 7.8.1996 NZA 1996, 1331 (1333, unter B.I. der Gründe).
[170] GK-*Kraft* § 80 Rz. 23.
[171] ArbG Marburg 7.8.1996 NZA 1996, 1331 ff.; näher oben Teil 2 B. IV.
[172] ArbG Marburg 7.8.1996 NZA 1996, 1331 (1332 ff.).

und nicht gemäß den §§ 3 und 4 Abs. 1 TVG normativ gelte, könne von seinen Vorgaben im Rahmen der Privatautonomie auch abgewichen werden[173].
In den weiteren Erwägungen sieht das Arbeitsgericht Marburg in der Mitwirkung des Betriebsrates an einer Vereinbarung zur Beschäftigungssicherung aber die Verletzung einer Fürsorgepflicht, die „aus den §§ 2 I, 75 BetrVG aber auch aus der Überwachungspflicht des § 80 I Nr. 1 BetrVG sowie aus allgemeinen Grundsätzen" folge und gegenüber allen Arbeitnehmern bestehe[174]. Zur Begründung wird darauf verwiesen, dass für Tarifverträge eine Gewähr für ihre rechtliche und wirtschaftliche Ausgewogenheit angenommen wird[175]. Es sei dagegen gerichtsbekannt, dass Betriebsräte "generell überfordert" seien, wenn sie bei der Änderung von tariflichen Arbeitsbedingungen mitwirken sollen, und zwar sowohl in juristischer als auch ökonomischer Hinsicht. Daher verstoße es in gravierender Weise gegen die betriebsrätliche Fürsorgepflicht, wenn die Entscheidung über die Arbeitsbedingungen des Tarifvertrages auf die Arbeitnehmer verlagert werde, die dadurch ihrerseits in wirtschaftlicher, rechtlicher und insbesondere menschlicher Hinsicht überfordert würden[176]. Das Gericht führt dazu aus, die Ausgewogenheit des Tarifvertrages solle alle Arbeitnehmer gerade vor derartigen Entscheidungszwängen beschützen.
Obwohl das Arbeitsgericht eine Verletzung gesetzlicher Pflichten gemäß § 23 Abs. 1 BetrVG gegenüber den nicht organisierten Arbeitnehmern verneint, werden diese in die genannte Fürsorgepflicht mit einbezogen[177]. Das Arbeitsgericht erkennt zwar an, dass die nicht tarifgebundenen Arbeitnehmer „in rechtlich unbedenklicher Weise" darüber entscheiden durften, in welchem Umfang der Tarifvertrag auf ihr Arbeitsverhältnis Anwendung findet[178]. Gleichwohl hält es für „schon generell bedenklich, wenn ein Betriebsrat auch gegenüber der nicht tarifgebundenen Belegschaft zusammen mit dem Arbeitgeber empfiehlt, den vertraglich vereinbarten Tarifvertrag teilweise abzubedingen"[179].
Hinsichtlich des verbleibenden Anteils organisierter Arbeitnehmer habe der Betriebsrat neben der Missachtung der Fürsorgepflicht gegen seine Überwachungspflicht zu Gunsten der geltenden Tarifverträge nach § 80 Abs. 1 Nr. 1 BetrVG verstoßen[180]. Der Betriebsrat verletze mit seiner Beteiligung an einer solchen Abrede wegen der gewerkschaftlich organisierten Arbeitnehmer auch die Tarifautonomie (Art. 9 Abs. 3 GG) und verstoße gegen die Unabdingbarkeit

173 ArbG Marburg 7.8.1996 NZA 1996, 1331 (1333, unter B.I. der Gründe).
174 ArbG Marburg 7.8.1996 NZA 1996, 1331 (1333, unter B.II.1. der Gründe).
175 Dazu grundlegend: BAG 31.3.1966 AP Nr. 54 zu § 611 BGB Gratifikation (unter 3.c. der Gründe).
176 ArbG Marburg 7.8.1996 NZA 1996, 1331 (1333, unter B.II.1. der Gründe).
177 ArbG Marburg 7.8.1996 NZA 1996, 1331 (1333, unter B.II.1. der Gründe).
178 ArbG Marburg 7.8.1996 NZA 1996, 1331 (1333, unter B.II.1. der Gründe).
179 ArbG Marburg 7.8.1996 NZA 1996, 1331 (1333, unter B.II.1. der Gründe).
180 ArbG Marburg 7.8.1996 NZA 1996, 1331 (1333, unter B.II.1 der Gründe)

der Tarifnormen (§ 4 Abs. 1 und 4 TVG)[181]. Zwar sei § 77 Abs. 3 BetrVG auf Regelungsabreden nicht anwendbar. Die sich in der fraglichen Vereinbarung manifestierende Konkurrenz der Betriebspartner zu den Tarifvertragsparteien habe der Gesetzgeber aber mit den Vorschriften des § 4 Abs. 1 und 4 TVG und der Verfassungsgeber mit Art. 9 Abs. 3 GG verhindern wollen[182]. Die Vorgehensweise der Betriebspartner im Unternehmen *Viessmann* mache Gewerkschaften faktisch überflüssig und führe, konsequent weiter gegangen, am Ende zum Vorrang der Betriebsautonomie vor der Tarifautonomie[183].

II. Kritik

Den Ausführungen des Arbeitsgerichts Marburg kann nur teilweise gefolgt werden. Zutreffend ist zunächst, dass bei der Beurteilung der Auswirkungen des Tarifvertrages auf die Pflichten des Betriebsrates zwischen tarifgebundenen und nicht tarifgebundenen Arbeitnehmern differenziert werden muss. Nur für gewerkschaftlich organisierte Arbeitnehmer wirken die Tarifvertragsbestimmungen unmittelbar und zwingend (§ 4 Abs. 1 S. 1 und Abs. 3 TVG), sofern auch der Arbeitgeber tarifgebunden ist[184]. Eine Abweichung von tariflichen Bestimmungen ist dann nur zu Gunsten der Arbeitnehmer rechtlich zulässig, § 4 Abs. 3 TVG. Für nicht tarifgebundene Arbeitnehmer kann auf den einschlägigen Tarifvertrag zwar einzelvertraglich Bezug genommen werden, diese Bezugnahme ist aber abdingbar[185]. Diese unterschiedliche Wirkung beeinflusst auch den Inhalt der gesetzlichen Pflichten des Betriebsrates.

1. Pflichten hinsichtlich tarifgebundener Arbeitnehmer

a) Verletzung von Art. 9 Abs. 3 GG und § 4 Abs. 1 und 4 TVG

Das Arbeitsgericht Marburg hat angenommen, der Betriebsrat verletze mit seiner Beteiligung an einer Beschäftigungssicherungsabrede wegen der gewerkschaftlich organisierten Arbeitnehmer die Tarifautonomie (Art. 9 Abs. 3 GG) und verstoße gegen die Unabdingbarkeit der Tarifnormen (§ 4 Abs. 1 und 4 TVG)[186]. Zur Begründung dieses Pflichtverstoßes verweist das Arbeitsgericht auf die faktische Beeinträchtigung der Tarifautonomie, die vom Gesetzgeber abgelehnte Regelungskonkurrenz zwischen Betriebs- und Tarifebene und den

[181] ArbG Marburg 7.8.1996 NZA 1996, 1331 (1334 ff., unter B.II.2. der Gründe).
[182] ArbG Marburg 7.8.1996 NZA 1996, 1331 (1335, unter B.II.2.b. der Gründe).
[183] ArbG Marburg 7.8.1996 NZA 1996, 1331 (1335, unter B.II.2.b. der Gründe).
[184] § 3 Abs. 1 TVG. Tarifregelungen über betriebliche und betriebsverfassungsrechtliche Fragen wirken bei einseitiger Tarifgebundenheit des Arbeitgebers auch für nichtorganisierte Arbeitnehmer normativ, §§ 3 Abs. 2, 4 Abs. 1 TVG .
[185] ArbG Marburg 7.8.1996 NZA 1996, 1331 (1335, unter B.I. der Gründe).
[186] ArbG Marburg 7.8.1996 NZA 1996, 1331 (1334 ff., unter B.II.2. der Gründe).

grundgesetzlichen Schutz der Tarifautonomie durch Art. 9 Abs. 3 GG[187]. Damit werden dieselben Argumente bemüht, die bereits für eine Erstreckung des § 77 Abs. 3 S. 1 BetrVG auf die Regelungsabrede[188], für einen quasinegatorischen gewerkschaftlichen Unterlassungsanspruch auch gegenüber einheitsvertraglichen Regelungen[189] und zur Überforderung der Arbeitnehmer durch eine individualrechtliche Gestaltung materieller Arbeitsbedingungen[190] heran gezogen wurden.
Die bei der Erörterung dieser Problemkreise bereits gefundenen Ergebnisse zeigen aber, dass auch bei der Beurteilung der Pflichtenstellung des Betriebsrates ein Verstoß gegen Art. 9 Abs. 3 GG und § 4 Abs. 1, 4 TVG nicht angenommen werden kann. Wiederum ist darauf zu verweisen, dass das hier fragliche Handeln des Betriebsrates die Unabdingbarkeit der Tarifnormen und den Vorrang der Tarifautonomie rechtlich nicht beeinträchtigen kann und die Tarifvertragsparteien nicht vor jeder faktischen Beeinträchtigung der Tarifautonomie geschützt werden. Ein unrechtmäßiger Eingriff in den Schutzbereich des Art. 9 Abs. 3 GG liegt ebenso wenig vor, wie eine Beeinträchtigung der normativen Wirkung des Tarifvertrages gemäß § 4 Abs. 1, 4 TVG[191].
Das Arbeitsgericht Marburg begründet den von ihm angenommenen Pflichtverstoß gegenüber der Tarifautonomie dementsprechend auch nicht anhand einer dem BetrVG entnommenen Pflicht des Betriebsrates, sondern ausschließlich mit Vorschriften, die zwar die normative Wirkung der Tarifverträge festlegen, über diesbezügliche Pflichten der Betriebsräte aber keine Aussage treffen. Im BetrVG ist hinsichtlich der Tarifgeltung für organisierte Arbeitnehmer nur eine Überwachungspflicht gemäß §§ 80 Abs. 1 Nr. 1, 75 Abs. 1 BetrVG angelegt[192]. Diese besteht aber allein gegenüber und zum Schutz der Arbeitnehmer, nicht aber gegenüber den Koalitionen[193]. Der gesetzlich vorgesehene Schutzauftrag des Betriebsrates nicht in einer Pflicht zur Überwachung der Tarifeinhaltung gegenüber den Verbänden, sondern nur gegenüber den organisierten Arbeitnehmern, deren privatautonome Entscheidung zum Verbandsbeitritt auch im Betrieb geschützt werden soll. Damit erschöpft sich das Verhältnis des Betriebsrates zum Tarifvertrag in dieser Überwachungspflicht, ohne dass eine darüber hinaus gehende Pflicht aus Art. 9 Abs. 3 GG und § 4 Abs. 1, 4 TVG zur Überwachung der Tarifgeltung zu Gunsten der Tarifvertragsparteien besteht.

---

[187] ArbG Marburg 7.8.1996 NZA 1996, 1331 (1334 ff., unter B.II.2.b. der Gründe).
[188] Dazu Teil 4 A. I. 1.
[189] Dazu Teil 4 B. I.
[190] Dazu näher Teil 3 D. IV. 2.
[191] Näher Teil 4 B. III. 1. und Teil 4 A. I. 2.
[192] Dazu sogleich unter c.
[193] GK-*Kraft* § 80 Rz. 19 u. 23.

Ein Verstoß des Betriebsrates gegen Art. 9 Abs. 3 GG und § 4 Abs. 1 und 4 TVG liegt nicht vor[194].

b) Pflicht zum Zusammenwirken mit den Koalitionen

Eine Pflicht des Betriebsrates zum Schutz der Verbände vor Verletzung ihrer Tarifverträge könnte sich dagegen aus dem in § 2 Abs. 1 BetrVG geregelten Gebot zum Zusammenwirken mit den im Betrieb vertretenen Sozialpartnern ergeben.
Allerdings sieht das Gesetz eine grundsätzlich gewerkschaftsneutrale Amtsführung des Betriebsrates vor (§ 75 Abs. 1 BetrVG). Dem entspricht, dass der Gesetzgeber in § 2 Abs. 1 BetrVG keine Pflicht des Betriebsrates zu einer echten Zusammenarbeit mit den Koalitionen (oder etwa einen Rechtsanspruch darauf) vorgesehen hat[195]. Die Aufgabenwahrnehmung des Betriebsrates ist durch den Gesetzgeber von der Rechtsstellung der Gewerkschaften organisatorisch und inhaltlich unabhängig ausgestaltet worden[196]. Aus diesem Grund kann nicht davon ausgegangen werden, dass dem Betriebsrat, über die Verpflichtung, zum Wohl der tarifgebundenen Arbeitnehmer die Einhaltung der geltenden Tarifverträge zu überwachen, hinaus auch gegenüber den Verbänden die Pflicht obliegt, deren Rechtsetzungsbefugnis zu beschützen.
Mit Abschluss einer Regelungsabrede zur Beschäftigungssicherung verstößt der Betriebsrat daher auch im Geltungsbereich eines Tarifvertrages nicht gegen das Gebot des Zusammenwirkens mit den Koalitionen gemäß § 2 Abs. 1 BetrVG.

c) Überwachungspflicht, §§ 80 Abs. 1 Nr. 1, 75 Abs. 1 BetrVG

Der Betriebsrat hat darüber zu wachen, dass die zu Gunsten der Arbeitnehmer geltenden Tarifverträge eingehalten werden. Das ergibt sich ausdrücklich aus § 80 Abs. 1 Nr. 1 BetrVG, folgt aber auch schon aus der Verpflichtung, darüber zu wachen, dass die Arbeitnehmer nach den Grundsätzen von Recht und Billigkeit behandelt werden (§ 75 Abs. 1 BetrVG). Die Grundsätze des Rechts beziehen sich anerkannter Maßen ebenfalls auf geltende Tarifverträge[197]. Für tarifgebundene Arbeitnehmer ist die Einschlägigkeit der Überwachungspflicht daher unproblematisch.
Der Betriebsrat darf dementsprechend nicht daran mitwirken, dass geltende Tarifverträge unter Verstoß gegen § 4 Abs. 1 S. 1, Abs. 3 und Abs. 4 S. 1 TVG in Arbeitsverhältnissen von Gewerkschaftsmitgliedern auf einzelvertraglicher Ebene unterlaufen werden. Er muss sich vielmehr für die Einhaltung der Tarifver-

---

[194] Vgl. mit ähnlichen Ergebnissen *Buchner* NZA 1996, 1304 (1306).
[195] *Richardi* § 2 Rz. 72 f.; GK-*Kraft* § 2 Rz. 22.
[196] BAG 16.2.1973 AP Nr. 1 zu § 19 BetrVG 1972 (unter 2.a. der Gründe); GK-*Kraft* § 2 Rz. 22.
[197] *Fitting/Kaiser/Heither/Engels/Schmidt* § 75 Rz. 21.

tragsbestimmungen einsetzen, auch wenn ihm dafür gegenüber dem Arbeitgeber kein rechtliches Durchsetzungsmittel zur Verfügung steht[198].
Eine Beteiligung des Betriebsrates an dem hier fraglichen Beschäftigungssicherungsmodell durch Abschluss einer entsprechenden Regelungsabrede wäre daher gegenüber tarifgebundenen Arbeitnehmern ein Verstoß gegen seine Überwachungspflicht gemäß §§ 80 Abs. 1 Nr. 1, 75 Abs. 1 BetrVG. Auf eine daneben bestehende Fürsorgepflichtverletzung mit entsprechender Schutzrichtung, wie sie das Arbeitsgericht Marburg annimmt, kommt es nicht mehr an.

d) Zwischenergebnis

Der Betriebsrat verletzt also durch den Abschluss einer Regelungsabrede mit dem im Ausgangsfall geschilderten Inhalt hinsichtlich der Gewerkschaftsmitglieder die zu Gunsten dieser Arbeitnehmer bestehende Überwachungspflicht gemäß §§ 75 Abs. 1, 80 Abs. 1 Nr. 1 BetrVG. Dieser Pflichtverstoß eröffnet grundsätzlich den Anwendungsbereich eines Amtsenthebungsverfahrens gemäß § 23 Abs. 1 BetrVG[199].
Sonstige gesetzliche Pflichten des Betriebsrates werden durch die Vereinbarung einer solchen Regelungsabrede nicht berührt.

2. Pflichten hinsichtlich nicht tarifgebundener Arbeitnehmer

Angesichts des gegenüber Gewerkschaftsmitgliedern bestehenden Pflichtverstoßes stellt sich die Frage, ob eine entsprechende Regelungsabrede auf die nicht tarifgebundenen Arbeitnehmer beschränkt werden kann, oder ob der Betriebsrat durch ein solches Verhalten wiederum gegen gesetzliche Pflichten verstoßen würde.
Für die nicht organisierten Arbeitnehmer, für die der Tarifvertrag mangels Tarifgebundenheit nicht normativ wirkt[200], besteht grundsätzlich volle Vertragsfreiheit. Selbst wenn im Arbeitsvertrag die Geltung des Tarifvertrages einzelvertraglich vereinbart wurde, sind diese Arbeitnehmer nicht gehindert, für einen gesonderten Kündigungsschutz länger zu arbeiten[201], wie es zum Beispiel im

---

[198] *Nebendahl* S. 10 ff.

[199] Ob in der Mitwirkung an einer Beschäftigungssicherungsabrede selbst bei Verstoß gegen geltendes Tarifrecht tatsächlich eine grobe Pflichtverletzung zu sehen ist, hängt von den Umständen des Einzelfalls ab. In den meisten Fällen wird das Verschulden des Betriebsrates dafür nicht ausreichen. Auch im *Viessmann*-Fall hat das ArbG „trotz gewisser Bedenken" ein grobes Verschulden verneint und auf die schwierige Rechtslage verwiesen; ArbG Marburg 7.8.1996 NZA 1996, 1331 (1336 f., unter C. der Gründe).

[200] Ausnahmen bestehen nur bei betrieblichen und betriebsverfassungsrechtlichen Fragen, sofern der Arbeitgeber tarifgebunden ist (§ 3 Abs. 2 TVG) und bei einer Allgemeinverbindlichkeitserklärung nach § 5 TVG.

[201] Vgl. ArbG Marburg 7.8.1996 NZA 1996, 1331 (1333, unter B.I. der Gründe); *Kempen/Zachert* § 3 Rz. 62.

Ausgangsfall vorgesehen ist. Die Arbeitsvertragsparteien sind also vertragsrechtlich nicht gehindert, für nicht tarifgebundene Arbeitnehmer einzelvertraglich materielle Arbeitsbedingungen unter Tarifniveau zu vereinbaren[202].
Damit ist aber noch keine Aussage über die Pflichten des Betriebsrates getroffen.

a) Diskriminierungsverbot gemäß § 75 Abs. 1 S. 1 BetrVG

Werden für organisierte und nicht organisierte Arbeitnehmer unterschiedliche Arbeitsbedingungen vereinbart, so könnte dies das in § 75 Abs. 1 S. 1 BetrVG niedergelegte Diskriminierungsverbot verletzen[203]. Nach dieser Vorschrift sind sowohl Arbeitgeber als auch Betriebsrat dazu aufgerufen, im Betrieb tätige Personen nach den Grundsätzen von Recht und Billigkeit zu behandeln, und jede unterschiedliche Behandlung insbesondere wegen einer gewerkschaftlichen Betätigung oder Einstellung zu unterlassen.
Es wäre allerdings unzutreffend, aus dieser Vorschrift darauf zu schließen, es müssten in einem Betrieb für nicht organisierte Arbeitnehmer und Gewerkschaftsmitglieder stets die gleichen Arbeitsbedingungen Anwendung finden, so dass der Betriebsrat mit dem Abschluss einer entgegenstehenden Regelungsabrede einen Pflichtverstoß begehen würde.
Mit der Vereinbarung unterschiedlicher Arbeitsbedingungen wird § 75 Abs. 1 S. 1 BetrVG nicht verletzt, sofern eine sachlich gerechtfertigte Differenzierung zwischen Gewerkschaftsmitgliedern und Außenseitern eingehalten wird[204]. Dies ergibt sich aus folgender Überlegung: Das Verbot einer sachlichen Differenzierung würde auf eine Pflicht hinaus laufen, den Tarifvertrag stets auf alle Arbeitnehmer anzuwenden, ohne dass es auf ihre Verbandszugehörigkeit ankäme. Damit wäre faktisch eine Allgemeinverbindlicherklärung des Tarifvertrages auf Betriebsebene erreicht, ohne dass die Erfordernisse des § 5 TVG eingehalten werden müssten[205]. Eine solchermaßen erweiterte Bindung der Arbeitsbedingungen an tarifvertragliche Vorgaben wäre demnach eine Gesetzesumgehung und verstieße gegen den Grundsatz, dass nur die Arbeitsverhältnisse der organisierten Arbeitnehmer von der unmittelbaren und zwingenden Wirkung der Ta-

---

[202] Man kann also im Fall *Viessmann* nicht davon sprechen, 96,4 % der Belegschaft hätten einen Verstoß gegen den Tarifvertrag unterschrieben, so aber undifferenziert *Benedikt* S. 107.
[203] Vgl. *Kast/Stuhlmann* BB 2000, 614 (617).
[204] BAG 20.4.1999 AP Nr. 89 zu Art. 9 GG (unter II.2.b.bb. der Gründe); *Wiedemann* TVG, Einl. Rz. 254; *Fitting/Kaiser/Heither/Engels/Schmidt* § 75 Rz. 51; *Richardi* § 75 Rz. 26; *Galperin/Löwisch* § 75 Rz. 20; *Thüsing/Lambrich* RdA 2002, 193 (195 f); *Kast/Stuhlmann* BB 2000, 614 (617).
[205] *Richardi* § 75 Rz. 26; *Fitting/Kaiser/Heither/Engels/Schmidt* § 75 Rz. 51; *Galperin/Löwisch* § 75 Rz. 20.

rifnormen erfasst werden, §§ 3 Abs. 1, 4 Abs. 1 TVG[206]. Aus diesem Grund ist auch eine den Tarifvertrag bloß übernehmende Betriebsvereinbarung unzulässig, die ebenfalls zu einer uneingeschränkten Tarifgeltung ohne Berücksichtigung der Tarifbindung führen würde[207].

Ein Verstoß gegen das Diskriminierungsverbot des § 75 Abs. 1 S. 1 BetrVG wird daher zu Recht ausdrücklich abgelehnt, wenn den nicht tarifgebundenen Arbeitnehmern weniger Lohn gezahlt wird, als den Gewerkschaftsmitgliedern[208]. Die damit eintretende Ungleichbehandlung liegt in der Wirkung des Tarifvertrages und dem System der Tarifautonomie selbst begründet[209].

Wenn also keine absolute Gleichbehandlung geboten ist, kommt es auf eine sachliche Rechtfertigung an[210]. Diese kann bei einer Gewährung günstigerer Arbeitsbedingungen nur an organisierte Arbeitnehmer im Rahmen der Tarifgeltung darin gesehen werden, dass Gewerkschaftsmitglieder ihren Verband durch Zahlung von Mitgliedsbeiträgen und im Fall eines Arbeitskampfes auch durch aktive Teilnahme an einem Streik oder Streikbereitschaft unterstützen und sich dadurch die tarifvertragliche Begünstigung „verdienen"[211]. Andererseits entziehen sich Gewerkschaftsmitglieder einer Veränderung ihrer Arbeitsbedingungen auf individualvertraglicher Ebene, so dass die Beschränkung des Anwendungsbereichs einer Regelungsabrede nur auf nicht organisierte Arbeitnehmer ebenfalls sachlich gerechtfertigt ist[212].

Die in § 75 Abs. 1 S. 1 BetrVG niedergelegten Grundsätze verlangen daher nicht, dass der Betriebsrat jede Differenzierung zwischen organisierten und nicht tarifgebundenen Arbeitnehmer zu verhindern versucht. Ein Verstoß gegen die aus dieser Bestimmung resultierende Pflichten zur Gleichbehandlung kann im Rahmen des Ausgangsfalls nicht festgestellt werden.

---

[206] Wiedemann/*Oetker* § 3 Rz. 288; *Fitting/Kaiser/Heither/Engels/Schmidt* § 75 Rz. 51; GK-*Kreutz* § 75 Rz. 56; § 75 Abs. 1 BetrVG begründet dementsprechend auch keine subjektiven Rechte der Arbeitnehmer auf Gleichbehandlung, *v. Hoyningen-Huene* Anm. zu BAG 14.1.1986 AP Nr. 5 zu § 1 BetrAVG Gleichbehandlung (unter 3.b. der Anm.); *Neef* NZA 2001, 261 (262); vgl. auch *Richardi* § 75 Rz. 41.

[207] *Richardi* § 77 Rz. 288 m.w.N.; *ders.* Kollektivgewalt, S. 274 f..; GK-*Kreutz* § 75 Rz. 131; *Galperin/Löwisch* § 77 Rz. 85; Wiedemann/*Stumpf* TVG, § 4 Rz. 299.

[208] BAG 21.1.1987 AP Nr. 47 zu Art. 9 GG (Bl. 6).

[209] BAG 21.1.1987 AP Nr. 47 zu Art. 9 GG (Bl. 6); *Fitting/Kaiser/Heither/Engels/Schmidt* § 75 Rz. 51; GK-*Kreutz* § 75 Rz. 56; *Kort* NJW 1997, 1476 (1481); *Kast/Stuhlmann* BB 2000, 614 (617).

[210] *Thüsing/Lambrich* RdA 2002, 193 (195).

[211] GK-*Kreutz* § 75 Rz. 56; *Thüsing/Lambrich* RdA 2002, 193 (195 f).

[212] *Kast/Stuhlmann* BB 2000, 614 (617).

b) Überwachungspflicht, §§ 80 Abs. 1 Nr. 1, 75 Abs. 1 BetrVG

Es stellt sich die Frage, welchen Inhalt die Überwachungspflicht des Betriebsrates gemäß §§ 80 Abs. 1 Nr. 1, 75 Abs. 1 BetrVG gegenüber den nicht organisierten Arbeitnehmern hat.
Wenn die Geltung des Tarifvertrages einzelvertraglich vereinbart wurde, könnte sich die Pflicht zur Einhaltung der "geltenden" Tarifverträge auch auf diese Arbeitsverhältnisse beziehen. In diese Richtung äußert sich einhellig die arbeitsrechtliche Literatur[213], zumeist unter Verweis auf eine Entscheidung des Bundesarbeitsgerichts aus dem Jahre 1973[214].
In dieser Entscheidung ging es allerdings vordringlich um die Frage des Einblicksrechts des Betriebsausschusses in die Listen der Bruttolöhne und -gehälter der nicht organisierten Arbeitnehmer gemäß § 80 Abs. 2 S. 2 Halbsatz 2 BetrVG als Korrelat des Überwachungsrechts des Betriebsrates. Ausgehend von dieser Entscheidung hat der erste Senat einige Zeit zwischen übertariflich beschäftigten und außertariflich entlohnten Arbeitnehmern differenziert und vertreten, dass ein Überwachungs- und damit Einblicksrecht unzweifelhaft nur für übertariflich bezahlte Arbeitnehmer besteht, da ihre arbeitsvertragliche Lohnregelung einen engen Bezug zum Tarifvertrag aufweist. Für außertariflich bezahlte Arbeitnehmer sollte der Betriebsrat aber ein berechtigtes Interesse an der Einsicht in die Lohnlisten darlegen müssen, da hier grundsätzlich kein kollektiver Bezug bestünde[215]. Nunmehr verfährt der erste Senat im Anschluss an eine Entscheidung des sechsten Senats[216] großzügiger. Der Darlegung eines besonderen berechtigten Interesses bedarf es bei der Einsicht in die Gehaltslisten auch der außertariflich Beschäftigten nicht mehr, weil das Einsichtsrecht des Betriebsausschusses gerade dazu diene, überhaupt festzustellen, ob ein kollektiver Bezug besteht, welcher dann eine Überwachungspflicht des Betriebsrates nach § 80 Abs. 1 Nr. 1 BetrVG auslöst[217].
Die Darlegung eines berechtigten Interesses für das Einblicksrecht in die Gehaltslisten spielt für die hier interessierende Frage, wieweit die Überwachungspflicht des Betriebsrates in Betrieben mit Tarifgeltung hinsichtlich der nicht organisierten Arbeitnehmer geht, keine direkte Rolle. Die Erwägungen des Bundesarbeitsgerichts lassen aber Rückschlüsse auf den Inhalt der Überwachungspflicht nach §§ 80 Abs. 1 Nr. 1, 75 Abs. 1 BetrVG zu. Es geht nämlich, wie das Gericht zutreffend ausführt, nicht um die Einhaltung des Tarifvertrages selber

---

[213] *Richardi* § 80 Rz. 12; GK-*Kraft* § 80 Rz. 19; *Däubler/Kittner/Klebe* § 80 Rz. 6; *Nebendahl* S. 7.
[214] BAG 18.9.1973 AP Nr. 3 zu § 80 BetrVG 1972.
[215] BAG 18.9.1973 AP Nr. 3 zu § 80 BetrVG 1972 (unter III.5. u. 6. der Gründe) mit zust. Anm. *Richardi*; BAG 10.6.1974 AP Nr. 7 zu § 80 BetrVG 1972 (unter II.1. u. 2. der Gründe).
[216] BAG 12.2.80 AP Nr. 12 zu § 80 BetrVG 1972 (unter 3.b. bis d. der Gründe).
[217] BAG 30.6.1981 AP Nr. 15 (unter B.II.2. u. 3. der Gründe) mit abl. Anm. *Kraft*; zuletzt BAG 10.2.1987 AP Nr. 27 (unter B.II.2.b. der Gründe).

(der für nichtorganisierte Arbeitnehmer auch bei einzelvertraglicher Bezugnahme nicht normativ gilt), sondern um die Überwachung einer vertragseinheitlichen, also generalisierenden Regelung[218].
Liegt eine solche Regelung vor, dann hat der Betriebsrat darüber zu wachen, dass die geltenden Gesetze, insbesondere der arbeitsrechtliche Gleichbehandlungsgrundsatz eingehalten werden, §§ 80 Abs. 1 Nr. 1, 75 Abs. 1 BetrVG. Dies ist der Inhalt der Überwachungspflicht des Betriebsrates gegenüber nicht tarifgebundenen Arbeitnehmern. Er soll darauf achten, dass nicht im Einzelfall von einer einheitsvertraglichen Regelung ohne sachlichen Grund abgewichen wird. Nicht aber ist der Betriebsrat dazu aufgerufen, den nicht organisierten Arbeitnehmern gegenüber die Beschäftigung auf Tarifniveau zu überwachen. Wie zuvor dargelegt, sind unterschiedliche Arbeitsbedingungen für tarifgebundene und nicht tarifgebundene Arbeitnehmer mit den Grundgedanken des BetrVG vereinbar.
Die Überwachungspflicht des Betriebsrates gegenüber nicht organisierten Arbeitnehmern gemäß §§ 80 Abs. 1 Nr. 1, 75 Abs. 1 BetrVG erstreckt sich also auch bei einer einzelvertraglichen Bezugnahme nicht auf die Einhaltung des Niveaus des Tarifvertrages. Diesbezüglich wird dem Betriebsrat nur die Überwachung der Einhaltung einer innerbetrieblichen Gerechtigkeit bei generalisierenden Vertragsgestaltungen abverlangt.
Durch den Abschluss einer Regelungsabrede zur Beschäftigungssicherung, in der untertarifliche Arbeitsbedingungen vorgesehen sind, verstößt der Betriebsrat den nicht tarifgebundenen Arbeitnehmern gegenüber daher nicht gegen die §§ 80 Abs. 1 Nr. 1, 75 Abs. 1 BetrVG[219].

c) Fürsorgepflichtverletzung (§§ 2 Abs. 1, 75 BetrVG)

Da hinsichtlich der nicht tarifgebundenen Arbeitnehmer ein Verstoß gegen Überwachungspflichten nicht vorliegt, verbleibt zu prüfen, ob die vom Arbeitsgericht Marburg im Fall *Viessmann* angenommene Verletzung einer aus §§ 2 Abs. 1, 75 BetrVG folgenden Fürsorgepflicht vorliegt, die gegenüber allen, also gerade auch nicht organisierten Arbeitnehmern bestehen soll[220].

---

[218] BAG 12.2.1980 AP Nr. 12 zu § 80 BetrVG 1972 (unter 3.b. der Gründe); für die außertariflich Beschäftigten geht es dann zunächst darum, festzustellen, ob eine generalisierende, also zu überwachende Regelung vorliegt.
[219] So auch ArbG Marburg 7.8.1996 NZA 1996, 1331 (1333, unter B.I. der Gründe). *Junker* NZA 1997, 1305 (1314) weist darauf hin, dass der Betriebsrat die Belegschaft – jedenfalls auf Befragung – über die Abdingbarkeit des Tarifvertrages für nicht organisierte Arbeitnehmer aufklären kann.
[220] ArbG Marburg 7.8.1996 NZA 1996, 1331 (1333, unter B.II.1. der Gründe).

Die auf eine generelle Überforderung der Betriebsräte und Arbeitnehmer durch einen „Entscheidungszwang" gestützte Argumentation des Arbeitsgerichts Marburg[221] vermag aber nicht zu überzeugen.
Es ist schon zweifelhaft, ob die §§ 2 Abs. 1 und 75 BetrVG überhaupt zur Begründung einer Fürsorgepflicht heran gezogen werden können, aus der sich ein Gebot zur Wahrung tariflicher Arbeitsbedingungen auch gegenüber nicht tarifgebundenen Arbeitnehmern ergibt[222]. § 2 Abs. 1 BetrVG bestimmt zwar eine Zusammenarbeit von Arbeitgeber und Betriebsrat zum Wohle der Arbeitnehmer, es spricht aber vieles dafür, dass diese Regelung nur Zielvorgaben für das Verhältnis zwischen Betriebsrat und Arbeitgeber statuiert und erst § 75 BetrVG auch maßgebliche betriebsverfassungsrechtliche Grundsätze für die Behandlung der Arbeitnehmer enthält[223]. Aus § 75 BetrVG folgen zwar die dort geregelten Verpflichtungen zur Überwachung der Grundsätze von Recht und Billigkeit gemäß § 75 Abs. 1 BetrVG und zum Schutz und zur Förderung der freien Persönlichkeitsentfaltung, Selbständigkeit und Eigeninitiative, § 75 Abs. 2 BetrVG. Sie ist aber ebenso wie § 2 Abs. 1 BetrVG lediglich kollektivrechtlicher Natur und wirkt nicht unmittelbar zu Gunsten der Arbeitsverhältnisse im Betrieb, sondern gestaltet nur das Rechtsverhältnis von Arbeitgeber und Betriebsrat[224]. Der in § 75 Abs. 1 BetrVG enthaltene Schutzauftrag dient dabei der Abwehr von rechtswidrigen Eingriffen[225], was nicht darauf hin deutet, dass der Betriebsrat hierdurch zur Vermeidung eines individualrechtlich zulässigen Verhaltens von Arbeitgeber und Arbeitnehmern aufgerufen wäre. Der zweite Absatz von § 75 BetrVG beinhaltet der Sache nach einen Schutz vor zu weitgehender Bevormundung[226]. Dies spricht auch eher gegen die vom Gericht angenommene Fürsorgepflicht zur Vermeidung von rechtsgeschäftlich zulässigen Entscheidungszwängen.
Entscheidend gegen die Auffassung des Arbeitsgerichts Marburg spricht aber, dass das Argument einer Überforderung der Arbeitnehmer durch die Notwendigkeit einer Entscheidung über die einzelvertragliche Unterschreitung tarifvertraglicher Vorgaben, wie bereits dargelegt, nicht stichhaltig ist[227]. Die dabei herausgearbeiteten Ergebnisse sind auch im Rahmen der Beurteilung der Pflichten des Betriebsrates maßgeblich. Dementsprechend lässt sich eine Fürsorgepflicht

---

[221] ArbG Marburg 7.8.1996 NZA 1996, 1331 (1333, unter B.II.1. der Gründe); dazu bereits oben Teil 3 D. IV. 2.
[222] Soweit in der arbeitsrechtlichen Literatur überhaupt von einer Fürsorgepflicht des Betriebsrates gesprochen wird, geschieht das nur in Bezug auf den Schutz älterer Arbeitnehmer vor Benachteiligungen gemäß § 75 Abs. 2 BetrVG, vgl.: GK-*Kreutz* § 75 Rz. 3 u. 78.
[223] GK-*Kreutz* § 75 Rz. 2; vgl. auch *Richardi* § 75 Rz. 1; ErfK/*Hanau/Kania* § 75 Rz. 1.
[224] GK-*Kreutz* § 75 Rz. 4.
[225] Vgl. GK-*Kreutz* § 75 Rz. 20 f.
[226] *Richardi* § 75 Rz. 2 u. 33 ff.; *Fitting/Kaiser/Heither/Engels/Schmidt* § 75 Rz. 77 f.; GK-*Kreutz* § 75 Rz. 88 ff.
[227] Oben Teil 3 D. IV.2.

zum Schutz der nicht organisierten Arbeitnehmer vor einer individualvertraglichen Abbedingung tariflicher Bestimmungen den §§ 2 Abs. 1 und 75 BetrVG nicht entnehmen.
Weder ist eine generelle Überforderung von Arbeitnehmern und Betriebsräten zu konstatieren[228] noch besteht eine rechtliche Notwendigkeit für eine entsprechende Fürsorgepflicht. Den notwendigen Schutz der Arbeitnehmer gewährt die Rechtsordnung durch ein verfassungsrechtlich abgesichertes Tarifvertragssystem[229]. Diesem System ist die Notwendigkeit einer Entscheidung des einzelnen Arbeitnehmers darüber, ob er den rechtlichen Schutz eines Verbandsbeitritts in Anspruch nimmt, immanent[230].
Mit der Annahme einer Fürsorgepflicht des Betriebsrates, die darauf gerichtet ist, dass nicht tarifgebundene Arbeitnehmer das Tarifvertragsniveau nicht unterschreiten, würde der Betriebsrat gezwungen, die Orientierungsfunktion der Tarifautonomie vor einem rechtlich zulässigen Vorgehen von Arbeitnehmer und Arbeitgeber zu beschützen, obwohl eine „betriebliche Allgemeinverbindlicherklärung" eine Umgehung des § 5 TVG und einen Verstoß gegen §§ 3 Abs. 1, 4 Abs. 1 TVG darstellt[231].
Der Annahme einer Fürsorgepflicht gemäß §§ 2 Abs. 1, 75 Abs. 1 BetrVG mit dem vom Arbeitsgericht Marburg entwickelten Inhalt kann nicht gefolgt werden. Ein solcher Pflichtverstoß des Betriebsrates durch den Abschluss einer Regelungsabrede zur Gestaltung materieller Arbeitsbedingungen scheidet aus.
Abschließend lässt sich feststellen, dass der Betriebsrat hinsichtlich der nicht tarifgebundenen Arbeitnehmer unter keinem Gesichtspunkt gegen seine gesetzlichen Pflichten verstößt, wenn er mit dem Arbeitgeber eine Regelungsabrede zur Gestaltung materieller Arbeitsbedingungen abschließt, in der für diese Arbeitnehmer ein Unterschreiten tarifvertraglicher Vorgaben vorgesehen ist. Es spielt insofern keine Rolle, ob diese Arbeitnehmer einzelvertraglich auf den einschlägigen Tarifvertrag Bezug genommen haben.

III. Zwischenergebnis

Der Abschluss einer Regelungsabrede zur Gestaltung materieller Arbeitsbedingungen kann für den Betriebsrat nur hinsichtlich der Gewerkschaftsmitglieder einen Verstoß gegen seine Überwachungspflicht gemäß §§ 75 Abs. 1, 80 Abs. 1 Nr. 1 BetrVG darstellen, der im Rahmen von § 23 Abs. 1 BetrVG relevant werden kann. Dafür ist aber Voraussetzung, dass von normativ auf die Arbeitsverhältnisse dieser Arbeitnehmer wirkenden Tarifvertragsbestimmungen zu Lasten der Arbeitnehmer abgewichen werden soll.

---

[228] Ablehnend auch *Buchner* NZA 1996, 1304 (1305).
[229] Teil 3 D. IV.2.
[230] BAG 21.1.1987 AP Nr. 47 zu Art. 9 GG (Bl. 6).
[231] Vgl. Wiedemann/*Oetker* § 3 Rz. 288 und bereits oben Teil 4 C. II. 2.a.

Die Überwachungspflicht des Betriebsrates korrespondiert also mit der gesetzlichen Unwirksamkeitsanordnung in § 4 Abs. 1 und 3 TVG. Außerhalb dieses Bereiches, also immer dann, wenn ein Abweichen von den Vorgaben des Tarifvertrages rechtlich zulässig ist, besteht auch keine Pflicht des Betriebsrates, gegen ein entsprechendes Vorgehen tätig zu werden oder den Abschluss darauf gerichteter Regelungsabreden zu unterlassen.
Hinsichtlich der Arbeitnehmer, die keiner Tarifbindung unterliegen, kann eine Pflichtverletzung des Betriebsrates durch den Abschluss einer Regelungsabrede nicht festgestellt werden.

D. Ergebnis

Die Regelungsabrede als inhaltlich umfassendes Gestaltungsmittel für materielle Arbeitsbedingungen steht mit den Funktionsbedingungen der Tarifautonomie in Einklang, da sie die unmittelbare und zwingende Wirkung der Tarifnormen gemäß §§ 3 Abs. 1, 4 Abs. 1 und 3 TVG als Ausdruck der grundrechtlich geschützten Verbandstätigkeit nicht beeinträchtigt. Dementsprechend wird sie von der zu Gunsten der Tarifautonomie aufgestellten Sperre des § 77 Abs. 3 S. 1 BetrVG nicht erfasst, selbst wenn sie in der Form eines Vertrages zu Gunsten Dritter abgeschlossen wird. Auch kann gegenüber Regelungsabreden ein quasinegatorischer gewerkschaftlicher Unterlassungsanspruch gemäß §§ 1004, 823 BGB und Art. 9 Abs. 3 GG nicht geltend gemacht werden. Ein solcher Unterlassungsanspruch kann sich nur auf Betriebsvereinbarungen erstrecken.
Nur, wo ein Unterschreiten tarifvertraglicher Arbeitsbedingungen bereits individualrechtlich unzulässig ist, also für der Arbeitsverhältnisse der tarifgebundenen Arbeitnehmer, verletzt der Betriebsrat mit dem Abschluss einer Regelungsabrede seine gesetzliche Überwachungspflicht gemäß §§ 75 Abs. 1, 80 Abs. 1 Nr. 1 BetrVG. Die Grenzen des Anwendungsbereichs der Regelungsabrede entsprechen damit der individualrechtlichen Wirksamkeit ihrer Umsetzung.
Die daraus resultierenden Beschränkungen der Regelungsabrede bei der Gestaltung materieller Arbeitsbedingungen sind Ausdruck des unverzichtbaren Schutzes der Tarifautonomie und dem Tarifvertragssystem immanent. Die Eignung der Regelungsabrede zur Lösung des Ausgangsfalls hängt damit entscheidend vom Organisationsgrad der Arbeitnehmer im jeweiligen Betrieb ab.
Bei Beachtung dieses Anwendungsbereichs handelt es sich bei der Gestaltung von materiellen Arbeitsbedingungen durch eine Regelungsabrede um eine zulässige Kooperationsform der Betriebspartner, die sich sowohl in das vertragsakzessorische Beteiligungssystem der Betriebsverfassung einfügt, als auch dem Schutz der Tarifautonomie gerecht wird. Dem Vorwurf, im Abschluss solcher Regelungsabreden liege ein „halbseidenes Vorgehen“[232], fehlt jede Grundlage.

---

[232] So aber in einer Anmerkung zum *Viessmann*-Fall *Unterhinninghofen* AiB 1997, 47 (50).

Teil 5. Ergebnisse

1. Die Betriebsvereinbarung ist nach geltendem Recht nicht in der Lage, das Spannungsverhältnis zwischen der zur Erhaltung der Funktionsfähigkeit der Tarifautonomie notwendigen gesetzlichen Absicherung der Tarifgeltung und dem gleichwohl bestehenden Bedürfnis nach einer betriebsindividuellen Regelung von materiellen Arbeitsbedingungen interessengerecht aufzulösen. Dies gilt insbesondere für eine betriebliche Regelung der Dauer der individuellen regelmäßigen wöchentlichen Arbeitszeit und der regelmäßigen Lohnhöhe, die in Zeiten verstärkten internationalen Wettbewerbsdrucks für die Betriebe von Interesse ist. Die zum Schutz der ausgeübten und aktualisierten Tarifautonomie aufgestellte Regelungssperre des § 77 Abs. 3 BetrVG und der nach der Rechtsprechung des BAG bestehende quasinegatorischen Unterlassungsanspruch der tarifschliessenden Verbände gemäß den §§ 823, 1004 BGB, Art. 9 Abs. 3 GG verhindern die Rechtswirksamkeit von Betriebsvereinbarungen zu Gunsten einer bestehenden oder üblichen tariflichen Regelung. Damit weist die Betriebsvereinbarung angesichts des praktischen Bedürfnisses nach einer betrieblichen Festlegung materieller Arbeitsbedingungen ein Regelungsdefizit auf.

2. Als Alternative zur Betriebsvereinbarung kann für eine interessengerechte Umsetzung des Bedürfnisses nach betrieblichen Regelungen materieller Arbeitsbedingungen unter der Geltung eines Tarifvertrages auf die Regelungsabrede zurückgegriffen werden.
   Die Regelungsabrede entwickelte sich als formfreie Vereinbarung auf der Grundlage des BetrVG 1952 und ist mittlerweile von Gesetzgeber, Rechtsprechung und Lehre uneingeschränkt anerkannt. Neben anderen Anwendungsbereichen wie der Klärung betriebsverfassungsrechtlicher Fragen oder der Ausübung eines Mitbestimmungsrechts wird die Regelungsabrede in der betrieblichen Praxis auch zur Regelung von materiellen Arbeitsbedingungen eingesetzt. Insbesondere im Rahmen betrieblicher „Bündnisse für Arbeit", bei denen eine Ausweitung der Arbeitszeit und gegebenenfalls Lohneinbußen mit einer zeitlich befristeten Beschäftigungsgarantie verknüpft werden, findet die Regelungsabrede Anwendung.

3. Die Regelungsabrede ist eine vertragliche Vereinbarung des Privatrechts, der im Gegensatz zur Betriebsvereinbarung keine unmittelbare und zwingende Wirkung zukommt. Zur Gestaltung materieller Arbeitsbedingungen muss die Regelungsabrede daher vom Arbeitgeber als Vertragspart-

ner der Arbeitnehmer in die betreffenden Arbeitsverhältnisse umgesetzt werden. Soweit dies nicht im Rahmen des arbeitgeberseitigen Direktionsrechts möglich ist, bedarf es einer Änderungskündigung oder einer individualvertraglichen Einigung der Arbeitsvertragsparteien. Letzteres gilt insbesondere für den Bereich der materiellen Arbeitsbedingungen, da diese das Verhältnis von Leistung und Gegenleistung betreffen und daher dem einseitigen Direktionsrecht des Arbeitgebers naturgemäß entzogen sind.

4. Die Regelungsabrede stellt gegenüber der Betriebsvereinbarung ein aliud dar. Die Notwendigkeit eines Transformationsakts kennzeichnet die unterschiedliche Gestaltungswirkung der Regelungsabrede gegenüber der Betriebsvereinbarung. Es besteht aber auch keine Übereinstimmung hinsichtlich der Bindungswirkung. Die individualrechtlichen Folgen der Umsetzung einer Regelungsabrede können nicht, wie bei einer Betriebsvereinbarung, durch einseitige Kündigung der Vereinbarung zwischen Arbeitgeber und Betriebsrat oder einer aufhebenden Einigung dieser Vertragsparteien erfolgen. Vielmehr kann sich der Arbeitgeber nur auf individualrechtlichem Wege von den Wirkungen der Regelungsabrede lösen. Die Betriebsvereinbarung ist im Hinblick auf die Gestaltung materieller Arbeitsbedingungen ein rein kollektivrechtliches Gestaltungsmittel, ihre Regelungen werden nicht zum Inhalt der Arbeitsverhältnisse. Im Gegensatz dazu gestaltet die Regelungsabrede Arbeitsbedingungen nicht unmittelbar und ausschließlich auf der Ebene des allgemeinen Vertragsrechts. Sie unterliegt im Gegensatz zur Betriebsvereinbarung der Relativität der Schuldverhältnisse.

5. Der Abschluss einer Regelungsabrede zur Gestaltung materieller Arbeitsbedingungen verpflichtet den Arbeitgeber, sofern sich nicht aus der Vereinbarung etwas anderes ergibt, zur individualvertraglichen Umsetzung der Vereinbarung.

6. Der von der überwiegenden Ansicht in Rechtsprechung und Literatur vertretenen These von der umfassenden Rechtsetzungs- und Regelungskompetenz der Betriebspartner kann nicht vorbehaltlos zugestimmt werden.

7. Für eine umfassende Regelungs- und Rechtsetzungsbefugnis für die Normsetzung durch Betriebsvereinbarung fehlt den Betriebspartnern die notwendige Legitimation. Diese ergibt sich weder aus einer originären, vorstaatlichen Rechtssetzungsbefugnis der Betriebspartner, noch existiert eine privatautonome Legitimation der Rechtsnormsetzung durch Betriebsvereinbarung. Die Gestaltung von Arbeitsbedingungen durch Be-

triebsvereinbarungen ist aus Arbeitnehmersicht keine Selbst- sondern eine Fremdbestimmung durch eine private Rechtsnormsetzung. Der Betriebsrat hat lediglich eine zur Wahrnehmung seiner Mitwirkungsrechte bestehende partielle und gesetzlich vorgegebene Rechts-, Vermögens- und Geschäftsfähigkeit. Dem entspricht es, dass das BetrVG Inhalt und Grenzen der Befugnisse des Betriebsrates festlegt.
Soweit von der herrschenden Meinung zur Herleitung einer umfassenden Kompetenz der Betriebspartner ein Umkehrschluss aus § 77 Abs. 3 BetrVG gezogen wird, kann dem nicht gefolgt werden. Diesem Umkehrschluss stehen der historische und systematische Regelungszusammenhang des § 77 Abs. 3 BetrVG entgegen. Auch scheitert ein solcher Umkehrschluss daran, dass diese Bestimmung den rechtlichen Anforderungen an ein Gesetz, das zur privaten Rechtssetzung ermächtigt, nicht gerecht wird, da sich der Ermächtigungstatbestand nach Inhalt, Zweck und Ausmaß der eingeräumten Befugnis nicht ausreichend bestimmen lässt.
Ein umfassende Regelungskompetenz der Betriebspartner kann trotz der nicht abschließenden Formulierung auch nicht aus § 88 BetrVG abgeleitet werden. Die in dieser Bestimmung beispielhaft aufgelisteten Einzelfälle zeichnen sich dadurch aus, dass sie lediglich die Möglichkeit der Regelung schuldrechtlicher Verpflichtungen des Arbeitgebers gegenüber dem Betriebsrat vorsehen, zusätzliche Leistungen zu erbringen. Damit können dieser Vorschrift keine Befugnisse zur Schaffung von die Arbeitnehmer belastenden Regelungen entnommen werden. Die Ableitung solcher Befugnisse aus § 88 BetrVG durch die h.M. missachtet die gesetzlichen Bestimmtheitsanforderungen an ein zur privaten Rechtssetzung ermächtigendes Gesetz.

8. Der Analyse der gesetzlichen Tatbestandsalternativen des § 88 BetrVG ist zu entnehmen, dass den Betriebspartnern die Befugnis zusteht, für die Arbeitnehmer begünstigende Regelungen zu schaffen. Insofern ist diese Vorschrift Ausdruck des Rechtsgedankens des Vertrages zu Gunsten Dritter.
   Den Betriebspartnern steht daher bereits nach der Systematik des BetrVG nicht die Kompetenz zu, Regelungen mit unmittelbarer und zwingender Wirkung hinsichtlich aller materiellen Arbeitsbedingungen zu treffen. Damit weist die Betriebsvereinbarung neben der Begrenzung durch die Regelungssperre des § 77 Abs. 3 BetrVG ein weiteres Regelungsdefizit auf, das sie zur Schaffung betriebsindividueller Regelungen unter der Geltung von Flächentarifverträgen als ungeeignet erscheinen lässt.

9. Die von der h.M. angenommene umfassende Regelungskompetenz der Betriebspartner besteht nur bei Abschluss einer Regelungsabrede zur

Gestaltung materieller Arbeitsbedingungen.
Allerdings existiert auch für die Regelungsabrede keine dem BetrVG vorgegebene privatautonome Grundlage. Eine den gesetzlichen Spezialermächtigungen des BetrVG vorgelagerte privatautonome Gestaltungsbefugnis der Betriebspartner wäre insbesondere mit der auf seinen Aufgabenbereich beschränkten Rechts- und Geschäftsfähigkeit des Betriebsrates nicht zu vereinbaren, die auch im Rahmen der Rechtsgestaltung durch Regelungsabrede beachtet werden muss.
Für die Frage der Regelungsbefugnis bei Abschluss einer Regelungsabrede kann auch § 77 Abs. 3 BetrVG nichts entnommen werden. Eine umfassende Regelungszuständigkeit der Betriebspartner für die Regelung materieller Arbeitsbedingungen ergibt sich aber aus der Ermächtigung für begünstigende Regelungen im Rahmen des § 88 BetrVG. Der Arbeitgeber ist bei der Umsetzung einer solchen Regelungsabrede in der Regel auf eine einzelvertragliche Einigung mit den Arbeitnehmern angewiesen. Damit besteht für die Arbeitnehmer ein Wahlrecht, ob die bisherige Regelung materieller Arbeitsbedingungen beibehalten werden oder eine Neuregelung in das Arbeitsverhältnis implementiert werden soll. Ein solches Wahlrecht stellt stets eine begünstigende Regelung dar, da sie den Rechtskreis der betroffenen Arbeitnehmer erweitert. Damit weist die Regelungsabrede das bei der Betriebsvereinbarung durch die beschränkte Regelungskompetenz bestehende Regelungsdefizit nicht auf. Im Rahmen einer Regelungsabrede können insbesondere auch Bestimmungen hinsichtlich der Dauer der individuellen regelmäßigen wöchentlichen Arbeitszeit und der Lohnhöhe getroffen werden.

10. Eine Regelungsabrede zur Gestaltung materieller Arbeitsbedingungen kann nicht die Unpraktikabilität der jeweiligen individualvertraglichen Einigung bei ihrer Umsetzung entgegengehalten werden. Die Notwendigkeit einer Einigung ist im System des Privatrechts selbst angelegt und daher notwendiges Korrelat zur umfassenden schuldrechtlichen Regelungskompetenz der Betriebspartner. Darüber hinaus lassen sich praktikable Ergebnisse über die Vereinbarung einer bestimmten Zustimmungsquote erreichen. Auch die gegen solche Vereinbarungen teilweise vorgebrachten Bedenken hinsichtlich einer Überforderung der Arbeitnehmer aufgrund des individualvertraglichen Entscheidungsdrucks können nicht überzeugen. Eine Unterlegenheit des einzelnen Arbeitnehmers bei der Gestaltung von Arbeitsbedingungen auf der Ebene des Arbeitsvertrages haben der Verfassungs- und der Gesetzgeber durch ein funktionsfähiges Tarifvertragssystem flankiert. Der Arbeitnehmer kann durch Gewerkschaftsbeitritt jederzeit einen ausreichenden Schutz vor negativen Auswirkungen eines Verhandlungsungleichgewichts erhalten.

11. Regelungsabreden über materielle Arbeitsbedingungen unterfallen nicht dem Anwendungsbereich des Tarifvorbehalts in § 77 Abs. 3 BetrVG. Diese Bestimmung entfaltet keine Sperrwirkung hinsichtlich jeder kollektiven Regelung, sondern verhindert ausschließlich eine Normsetzungskonkurrenz zwischen Betriebsvereinbarung und Tarifvertrag. Die durch eine schuldrechtliche Vereinbarung zwischen Betriebsrat und Arbeitgeber mögliche faktische Beeinträchtigung der tariflichen Rechtssetzung findet erst auf der Ebene des Individualvertrages statt, auf der § 77 Abs. 3 BetrVG keine Wirkung entfaltet.

12. Eine Regelungsabrede kann auch in der Form eines Vertrages zugunsten Dritter abgeschlossen werden, allerdings nur im Rahmen des dem Betriebsrat gesetzlich zugewiesenen Wirkungskreises, da ihm ansonsten für den Abschluss einer Regelungsabrede die Rechtsfähigkeit fehlt. Einer Regelungsabrede zu Gunsten Dritter kann nicht entgegengehalten werden, auf diese Weise würde die Sperrwirkung des § 77 Abs. 3 Satz 1 BetrVG umgangen. Nach der Ratio des § 77 Abs. 3 Satz 1 BetrVG stellt nur eine echte Normwirkung in Form einer unmittelbaren und zwingenden Regelung ein taugliches Abgrenzungskriterium für den Anwendungsbereich der Regelungssperre dar. Eine Regelungsabrede zu Gunsten Dritter weist aber allenfalls eine unmittelbare, aber keine eine zwingende Wirkung auf, da der Begünstigte beim Vertrag zu Gunsten Dritter die Begünstigung stets zurückweisen kann.

13. Der nach der Rechtsprechung des BAG bestehende quasinegatorische Unterlassungsanspruch der tarifschließenden Verbände ist gegenüber vom Tarifvertrag abweichenden Regelungsabreden rechtlich nicht haltbar. Hierfür fehlt es bereits an einem unrechtmäßigen Eingriff in Art. 9 Abs. 3 GG. Die Regelungsabrede als rein schuldrechtliche Vereinbarung vermag das durch Art. 9 Abs. 3 GG geschützte Rechtsgut der Wirkung von Tarifverträgen nicht zu beeinträchtigen. Der Schutzbereich von Art. 9 Abs. 3 GG umfasst nicht den Schutz vor jeder faktischen Beeinträchtigung durch rechtsunwirksame privatautonome Abreden. Ein anderes Verständnis ist mit der Struktur der mitgliedschaftlich legitimierten Tarifautonomie als Fall der kollektiven Privatautonomie nicht in Übereinstimmung zu bringen. Mit der gegenteiligen Auffassung setzt sich das BAG in einen Wertungswiderspruch zu seiner eigenen Argumentation hinsichtlich der Nichtanwendung des § 77 Abs. 3 Satz 1 BetrVG auf die Regelungsabrede.

14.Die beim Abschluss einer Regelungsabrede zur Gestaltung materieller Arbeitsbedingungen zu beachtenden gesetzlichen Pflichten des Betriebsrates korrespondieren mit der gesetzlichen Unwirksamkeitsanordnung in § 4 Abs. 1 und 3 TVG. Mit dem Abschluss einer solchen Regelungsabrede verstößt der Betriebsrat hinsichtlich der tarifgebundenen Arbeitnehmer gegen seine Überwachungspflichten gemäß den §§ 75 Abs. 1, 80 Abs. 1 Nr. 1 BetrVG. Dies gilt jedoch nur dann, wenn von unmittelbar und zwingend auf die Arbeitsverhältnisse der betreffenden Arbeitnehmer wirkenden Tarifnormen zu Lasten der Arbeitnehmer abgewichen wird. Außerhalb dieses Bereiches bestehen für den Betriebsrat keine Pflichten, die dem Abschluss einer Regelungsabrede zur Gestaltung materieller Arbeitsbedingungen entgegenstehen.

15.Die Regelungsabrede ist damit, anders als die Betriebsvereinbarung als Gestaltungsinstrument für materielle Arbeitsbedingungen im Anwendungsbereich eines Tarifvertrages geeignet, da sie die zentralen Funktionsbedingungen der Tarifautonomie nicht beeinträchtigt und daher auch nicht den zum Schutz der Tarifautonomie aufgestellten gesetzlichen Beschränkungen unterliegt. Der Abschluss einer solchen Regelungsabrede fügt sich sowohl in das vertragsakzessorische Beteiligungssystem der Betriebsverfassung als auch in den zur Erhaltung seiner Funktionsfähigkeit notwendigen Schutz des Tarifvertragssystems ein.

Literaturverzeichnis

Adomeit, Klaus, Die Regelungsabrede als die neben der Betriebsvereinbarung zulässige Ausübungsform der Mitbestimmung in sozialen Angelegenheiten (§ 56 BetrVG, § 67 PersVG), Düsseldorf 1961 (zit.: *Adomeit* Regelungsabrede, S. ...)

— Zur Rechtsnatur der Betriebsvereinbarung, BB 1962, S. 1246 ff.

— Mitbestimmung durch schlüssiges Verhalten des Betriebsrats, RdA 1963, S. 263 ff.

— Betriebliche Einigungen, BB 1967, S. 1003 ff.

— Rechtsquellenfragen im Arbeitsrecht, München 1969 (zit.: *Adomeit* Rechtsquellenfragen, S. ...)

— Gesellschaftliche Elemente im Arbeitsverhältnis, Berlin, New York 1986 (zit.: *Adomeit* Gesellschaftliche Elemente, S. ...)

— Arbeitsrecht für die 90er Jahre, München 1991 (zit.: *Adomeit* Arbeitsrecht für die 90er Jahre, S. ...)

— Die Regelungsabrede - nach 40 Jahren, in: Arbeitsrecht und Sozialpartnerschaft, Festschrift für Peter Hanau, München 1999, S. 347 ff.

— Der Tarifvertrag - liberal revidiert, NJW 2000, S. 1918 f.

— Betriebsräte - noch zeitgemäß?, NJW 2001, S. 1033 ff.

Aksu, Mustafa, Die Regelungsbefugnis der Betriebsparteien durch Betriebsvereinbarung, Baden-Baden 2000

Annuß, Georg, Schutz der Gewerkschaften vor tarifwidrigem Handeln der Betriebsparteien?, RdA 2000, S. 287 ff.

— Mitwirkung und Mitbestimmung der Arbeitnehmer im Regierungsentwurf eines Gesetzes zur Reform des BetrVG, NZA 2001, S. 367 ff.

Bahnmüller, Reinhard, Diesseits und jenseits des Flächentarifvertrags. Entgeltfindung und Entgeltstrukturen in tarifgebundenen und nicht tarifgebundenen Unternehmen, in: Industrielle Beziehungen, Zeitschrift für Arbeit, Organisation und Management 2002, S. 402 ff.

Bauer, Jobst-Hubertus, Betriebliche Bündnisse für Arbeit vor dem Aus?, NZA 1999, S. 957 ff.

Bauer, Jobst-Hubertus/ Haußmann, Katrin, Betriebliche Bündnisse für Arbeit und gewerkschaftlicher Unterlassungsanspruch, NZA 2000, Sonderbeilage zu Heft 24, S. 42 ff.

Beathalter, André, Einseitige Gestaltungsmöglichkeiten der Arbeitgeberseite zur Einwirkung auf Gesamtvereinbarungen im Rahmen wirtschaftlicher Krisen, Berlin 1999

Becker, Martin, Arbeitsvertrag und Arbeitsverhältnis in Deutschland, Frankfurt am Main 1995

Belling, Detlef W., Das Günstigkeitsprinzip im Arbeitsrecht, Berlin 1984 (zit.: *Belling* Günstigkeitsprinzip, S. ...)

— Anmerkung zu BAG 27.11.1987 EzA § 620 BGB Altersgrenze Nr. 1

— Das Günstigkeitsprinzip nach dem Beschluß des Großen Senats des Bundesarbeitsgerichts vom 16.9.1986, DB 1987, S. 1888 ff.

— Die Haftung des Betriebsrats und seiner Mitglieder für Pflichtverletzungen, Tübingen 1990 (zit.: *Belling* Haftung, S. ...)

Belling, Detlef W./ Hartmann, Christian, Die Rechtswirkungen einer gegen § 77 III BetrVG verstoßenden Betriebsvereinbarung, NZA 1998, S. 673 ff.

Benedikt, Felix, Die Kürzung von Tariflöhnen zur Sanierung. Eine verfassungskonforme Auslegung des § 3 III TVG entsprechend § 626 BGB, Frankfurt am Main, Berlin, Bern, Bruxelles, New York, Oxford, Wien 2003.

Beuthien, Volker, Unternehmerische Mitbestimmung kraft Tarif- und Betriebsautonomie, Teil 1, ZfA 1983, S. 14 ff.

Beuthien, Volker/ Meik, Frank, Wenn Tariftreue unzumutbar wird – Rückschau auf den Arbeitskampf in der ostdeutschen Metallindustrie, DB 1993, S. 1518 ff.

Biberacher, Hansjörg, Betriebliche Rechtsetzungsmacht, Frankfurt am Main 1983

Bichler, Hubert, Nochmals: Zur Zulässigkeit von Betriebsvereinbarungen über Arbeitsbedingungen für AT-Angestellte, DB 1979, S. 1339 ff.

Bickel, Dietrich, Die normative Wirkung von Betriebsvereinbarungen, ZfA 1971, S. 181 ff.

Biedenkopf, Kurt H., Grenzen der Tarifautonomie, Karlsruhe 1964

Birk, Rolf, Die arbeitsrechtliche Leitungsmacht, Köln, Berlin, Bonn, München 1973 (zit.: *Birk* Leitungsmacht, S. ...)

— Das Direktionsrecht, in: AR-Blattei (D), Direktionsrecht I (15.06.1974) (zit.: *Birk* Ar-Blattei Direktionsrecht, A ...)

— Innerbetriebliche Absprachen – Typen und Rechtswirkungen, ZfA 1986, S. 73 ff.

Bischoff, Werner, Änderungen in der Verbandslandschaft – Gewerkschaften, NZA 2000, Sonderbeilage zu Heft 24, S. 4 ff.

Bispinck, Reinhard, Tarifpolitik der Zukunft: Was wird aus dem Flächentarifvertrag?, Hamburg 1995 (zit.: *Bispinck* Tarifpolitik der Zukunft, S. ...)

— Überreguliert, undifferenziert, unbeweglich? Zum Flexibilitätspotential des Tarifvertragssystems und zu den Anforderungen an die künftige Tarifpolitik, Das Arbeitsrecht der Gegenwart Band 34 (1997), S. 49 ff.

Blanke, Thomas/ Rose, Edgar, Betriebsverfassung 2001: Flexible Mitbestimmung in modernen Zeiten, RdA 2001, S. 92 ff.

Blomeyer, Wolfgang, Zur Problematik formloser betrieblicher Einigungen, BB 1969, S. 101 ff.

—Das Günstigkeitsprinzip in der Betriebsverfassung. Die Betriebsvereinbarung zwischen Individual- und Tarifvertrag, NZA 1996, S. 337 ff.

Bötticher, Eduard, Gestaltungsrecht und Unterwerfung im Privatrecht, Berlin 1964

Bogs, Walter, Autonomie und verbandliche Selbstverwaltung im modernen Arbeits- und Sozialrecht, RdA 1956, S. 1 ff.

Bracker, Ulrich, Betriebsübergang und Betriebsverfassung, Berlin 1979

Brecht, Theo, Kommentar zum Betriebsverfassungsgesetz nebst Wahlordnung, Herne, Berlin 1972

Brecht, Holger/ Höland, Armin/ Reim, Uwe, Die Zukunft betrieblicher Bündnisse für Arbeit, ArbuR 2002, S. 127 ff.

Brune, Ulrike, Betriebsvereinbarung, in: Arbeitsrecht-Blattei, Systematische Darstellung (AR-Blattei SD) (zit.: *Brune* AR-Blattei, Betriebsvereinbarung A ...)

Buchner, Herbert, Möglichkeiten und Grenzen betriebsnaher Tarifpolitik (Teil I), DB 1970, S. 2025 ff.

—Möglichkeiten und Grenzen betriebsnaher Tarifpolitik (Teil II), DB 1970, S. 2074 ff.

—Anmerkung zu BAG 12.8.1982 EzA § 77 BetrVG Nr. 9

—Rechtswirksamkeit der tarifvertraglichen Regelung über die Flexibilisierung der Arbeitszeit in der Metallindustrie, DB 1985, S. 913 ff.

—Die Umsetzung der Tarifverträge im Betrieb. Bewältigtes und Unbewältigtes aus dem Spannungsverhältnis tariflicher und betrieblicher Regelungsbefugnis, RdA 1990, S. 1 ff.

—Verbandsmitgliedschaft ohne Tarifgebundenheit, NZA 1995, S. 761 ff.

—Beschäftigungssicherung unter dem Günstigkeitsprinzip – Betriebliche Arbeitsplatzgarantien gegen Verzicht auf tarifliche Positionen? DB 1996, Beilage Nr. 12, S. 1 ff.

—Betriebsräte auf schwierigem Terrain – die Viessmann-Entscheidungen des Arbeitsgerichts Marburg, NZA 1996, S. 1304 ff.

—Die Reichweite der Regelungssperre aus § 77 Abs. 3 Satz 1 BetrVG, DB 1997, S. 573 ff.

—Der Unterlassungsanspruch der Gewerkschaft – Stabilisierung oder Ende des Verbandstarifvertrages?, Zum Beschluß des BAG vom 20.4.1999 – 1 ABR 72/98, NZA 1999, S. 897 ff.

—Betriebsverfassungs-Novelle auf dem Prüfstand, NZA 2001, S. 633

Bulla, Gustav-Adolf, Soziale Selbstverwaltung der Sozialpartner als Rechtsprinzip, in: Festschrift für H. C. Nipperdey zum 70. Geburtstag, Band II, München, Berlin 1965, S. 79 ff.

Burghardt, Marion/ Hinrichs, Oda/ Hummel, Dieter/ Kummert, Nils/ Lakies, Thomas/ Wolter, Henner, Plädoyer für eine Reform der Betriebsverfassung, ArbuR 2000, S. 205 ff.

Canaris, Claus-Wilhelm, Funktionelle und inhaltliche Grenzen kollektiver Gestaltungsmacht bei der Betriebsvereinbarung, ArbuR 1966, S. 129 ff.

— Grundrechtswirkung und Verhältnismäßigkeitsprinzip in der richterlichen Anwendung und Fortbildung des Privatrechts, JuS 1989, S. 161 ff.

Coester, Michael, Zur Ablösung einheitsvertraglicher Leistungsanordnungen, BB 1984, S. 797 ff.

Däubler, Wolfgang, Das Arbeitsrecht, Band 1, Leitfaden für Arbeitnehmer, Hamburg, 11. Auflage 1990 (zit.: *Däubler* Arbeitsrecht 1, S. ...)

— Das Arbeitsrecht, Band 2, Leitfaden für Arbeitnehmer, Hamburg, 11. vollständig überarbeitete Auflage 1998 (zit.: *Däubler* Arbeitsrecht 2, S. ...)

— Individuum und Kollektiv im Arbeitsrecht, NZA 1988, S. 857 ff.

— Tarifvertragsrecht. Ein Handbuch, Baden-Baden, 3. Auflage 1993 (zit.: *Däubler* Tarifvertragsrecht, Rz. ...)

— Erosion des Flächentarifs? Interview mit Prof. Dr. Wolfgang Däubler, AuA 1996, S. 310 ff.

— Eine bessere Betriebsverfassung? Der Referentenentwurf zur Reform des BetrVG, ArbuR 2001, S. 1 ff.

Däubler, Wolfgang/ Kittner, Michael/ Klebe, Thomas, Betriebsverfassungsgesetz, Frankfurt am Main, 8. überarbeitete und aktualisierte Auflage 2002 (zit.: *Däubler/Kittner/Klebe* § ... Rz. ...)

Dersch, Hermann, Die neue Schlichtungsverordnung nebst arbeitsgerichtlichem Verfahren, Mannheim, Berlin, Leipzig 1924 (zit.: *Dersch* Schlichtungsverordnung, S. ...)

Dieckhoff, Ludwig, Ist die Mitbestimmung nach § 56 BetrVG Rechtswirksamkeitsvoraussetzung?, DB 1965, S. 555 ff.

Dieterich, Thomas, Flexibilisiertes Tarifrecht und Grundgesetz, RdA 2002, S. 1 ff.

Dietz, Rolf, Tarifliche Gestaltung des Mitbestimmungsrechts, DB 1952, S. 969 ff.

— Verhältnis von Tarifvertrag und Betriebsvereinbarung nach § 56 des Betriebsverfassungsgesetzes, BB 1954, S. 349 ff.

— Der Anspruch auf Abschluss einer Betriebsvereinbarung nach § 56 BetrVG, in: Festschrift für Hans Carl Nipperdey zum 60. Geburtstag, München, Berlin, 1955, S. 147 ff.

— Betriebsvereinbarung und Dienstvereinbarung, in: Festschrift für Friedrich Sitzler zu seinem 75. Geburtstag, Stuttgart 1956, S. 131 ff.

— Struktur und Funktion des Mitbestimmungsrechtes des Betriebsrates in sozialen Angelegenheiten (§ 56 BetrVG), BB 1959, S. 1210 ff.

— Betriebsverfassungsgesetz mit Wahlordnung, Kommentar, München und Berlin, 3. Auflage 1960 (zit.: *Dietz* (3. Aufl.) § ... Rz. ...)

— Kritische Darstellung der Rechtsprechung des Bundesarbeitsgerichts zum Mitbestimmungsrecht, in Sonderheit zu § 56 BetrVG, RdA 1956, S. 390 ff.

— Betriebsverfassungsgesetz mit Wahlordnung, Kommentar, München und Berlin, 4. Auflage 1967 (zit.: *Dietz* (4. Aufl.) § ... Rz. ...)

Dietz, Rolf/ Richardi, Reinhard, Betriebsverfassungsgesetz, Band 2 (§§ 74 ff. mit BetrVG 1952), München, 6. Auflage 1982 (zit.: *Dietz/Richardi* (6. Aufl.) § ...)

Dörner, Klemens Maria/ Wildschütz, Martin, Praktisches Arbeitsrecht II, Arbeitskampfrecht, Tarifvertragsrecht, Betriebsverfassungsrecht, Köln 1993

Dörrwächter, Jan, Anmerkung zu BAG 9.12.1997 EzA § 77 BetrVG 1972 Nr. 61

Dreier, Horst, Grundgesetz, Kommentar, Band I., Art.1-19, Tübingen 1996 (zit.: *Dreier* GG, § ... Rz. ...)

Dütz, Wilhelm/ Säcker, Franz Jürgen, Zum Umfang der Kostenerstattungs- und Kostenvorschußpflicht des Arbeitgebers gemäß § 40 BetrVG, insbesondere der Fragen der Erstattung von Schulungskosten, DB 1972 Beilage 17, S. 7 ff.

Ehmann, Horst, Vom Arbeitskampfrecht zur Mitbestimmung, NZA 1991, S. 1 ff.

— Zur Rechtsverbindlichkeit von Betriebsvereinbarungen über den Fortbestand des Betriebes, in: Heinze, Meinhard/ Söllner, Alfred (Hrsg.), Arbeitsrecht in der Bewährung, Festschrift für Otto Rudolf Kissel zum 65. Geburtstag, München 1994, S. 175 ff.

— Empfiehlt es sich die Regelungsbefugnis der Tarifparteien im Verhältnis zu den Betriebsparteien neu zu ordnen?, ZRP 1996, S. 314 ff.

Ehmann, Horst/ Lambrich, Thomas, Vorrang der Betriebs- vor der Tarifautonomie kraft des Subsidiaritätsprinzips? Betriebsvereinbarungen als „andere Abmachungen", NZA 1996, S. 346 ff.

Ehmann, Horst/ Schmidt, Thomas Benedikt, Betriebsvereinbarungen und Tarifverträge. Grenzen des Tarifvorrangs, NZA 1995, S. 193 ff.

Engels, Wolfram/ Gutowski, Arnim/ Hamm, Walter/ Möschel, Wernhard/ Stütze, Wolfgang/ von Weizsäcker, Carl Christian/ Willegrodt, Hans, (Kronberger Kreis) Mehr Markt im Arbeitsrecht, Schriftenreihe des Frankfurter Instituts für wirtschaftspolitische Forschung e.V., Veröffentlichung Nr. 10 1986,

Enneccerus, Ludwig/ Nipperdey, Hans Carl, Allgemeiner Teil des Bürgerlichen Rechts, Ein Lehrbuch, Band II/1: Allgemeine Lehren, Personen, Rechtsobjekte, Tübingen, 15. Auflage 1959

Erfurter Kommentar zum Arbeitsrecht, Dieterich, Thomas/ Hanau, Peter/ Schaub, Günther (Hrsg.), München, 3. Auflage 2003 (zit.: ErfK/*Bearbeiter* § ... Rz. ...)

Fabricius, Fritz, Relativität der Rechtsfähigkeit. Ein Beitrag zur Theorie und Praxis des privaten Personenrechts, München und Berlin 1963

Fabricius, Fritz/ Kraft, Alfons/ Wiese, Günther/ Kreutz, Peter, Betriebsverfassungsgesetz Band I: §§ 1-73 mit Wahlordnungen, Gemeinschaftskommentar, Neuwied und Darmstadt, 4. Auflage 1987 (zit.: GK-*Bearbeiter* (4. Aufl.) § ... Rz. ...)

—Betriebsverfassungsgesetz Band I: §§ 1-73 mit Wahlordnungen, Gemeinschaftskommentar, Neuwied, Kriftel, Berlin, 6. Auflage 1997 (zit.: GK-(6. Aufl.) *Bearbeiter* § ... Rz. ...)

—Betriebsverfassungsgesetz Band II: §§ 74-132 mit Kommentierung des BetrVG 1952, Gemeinschaftskommentar, Neuwied, Kriftel, 6. Auflage 1998 (zit.: GK-*Bearbeiter* (6. Aufl.) § ... Rz. ...)

Fabricius, Fritz/ Kraft, Alfons/ Wiese, Günther/ Kreutz, Peter/ Oetker, Hartmut/ Raab, Thomas/ Weber, Christoph, Betriebsverfassungsgesetz Band I: §§ 1-73b mit Wahlordnungen, Gemeinschaftskommentar, Neuwied, Kriftel, Berlin, 7. Auflage 2002 (zit.: GK-*Bearbeiter* § ... Rz. ...)

—Betriebsverfassungsgesetz Band II: §§ 74-132 mit Kommentierung des BetrVG 1952, Gemeinschaftskommentar, Neuwied, Kriftel, 7. Auflage 2002 (zit.: GK-*Bearbeiter* § ... Rz. ...)

Fastrich, Lorenz, Betriebsvereinbarung und Privatautonomie, RdA 1994, S. 129 ff.

Fauth, Werner, Mitbestimmung bei der Arbeitszeitregelung, BlStSozArbR 1957, 203 ff.

Feudner, Bernd, Betriebsautonomie versus Tarifautonomie, DB 1993, S. 2231 ff.

Fischer, Christian, Die tarifwidrigen Betriebsvereinbarungen, München 1998

Fitting, Karl, Das neue Betriebsverfassungsgesetz, DB 1952, S. 627 ff.

—Die Beteiligung des Betriebsrats in sozialen Angelegenheiten, AR-Blattei, Betriebsverfassung, XIV.B.II.1

Fitting, Karl/ Kraegeloh, Walter, Betriebsverfassungsgesetz nebst Wahlordnung und einschlägigen Nebengesetzen, Berlin, 3. Auflage 1953 (zit.: *Fitting/Kraegeloh* (3. Aufl.) § ...Rz. ...)

Fitting, Karl/ Kraegeloh, Walter/ Auffarth, Fritz, Betriebsverfassungsgesetz nebst Wahlordnung, Berlin, 6. Auflage 1962 (zit.: *Fitting/Kraegeloh/Auffarth* (6. Aufl.) § ...Rz. ...)

Fitting, Karl/ Kaiser, Heinrich/ Heither, Friedrich/ Engels, Gerd/ Schmidt, Ingrid, Betriebsverfassungsgesetz Handkommentar, München, 21. neubearbeitete Auflage 2002 (zit.: Fitting/Kaiser/Heither/Engels/Schmidt § ... Rz. ...)

Flatow, Georg, Betriebsvereinbarung und Arbeitsordnung, Mannheim, Berlin, Leipzig 1921 (zit.: *Flatowl* S. ...)

—Kommentar zum Betriebsrätegesetz (BRG), Berlin, 12. Auflage 1927

Flatow, Georg/ Kahn-Freund, Otto, Betriebsrätegesetz vom 4. Februar 1920 nebst Wahlordnung, Ausführungsverordnungen und Ergänzungsgesetzen

(Betriebsbilanzgesetz, Aufsichtsratsgesetz und Wahlordnung, Berlin, 13. Auflage 1931

Flume, Werner, Allgemeiner Teil des Bürgerlichen Rechts, Band 2, Das Rechtsgeschäft, Berlin, Heidelberg, New York, 4. Auflage 1992

Forsthoff, Ernst/ Hueck, Alfred, Die politischen Streikaktionen des Deutschen Gewerkschaftsbundes anläßlich der parlamentarischen Beratung des Betriebsverfassungsgesetzes in ihrer verfassungs- und zivilrechtlichen Bedeutung, zwei Rechtsgutachten, Köln 1952

Freese, Heinrich, Die konstitutionelle Fabrik, Jena, 4. Auflage 1922

Freihube, Dirk, Die einzelvertragliche Umsetzung von Beschäftigungsbündnissen, DB 2000, S. 1022 ff.

Frey, Helmut/ Pulte, Peter, Betriebsvereinbarungen in der Praxis, Eine Sammlung der wichtigsten Betriebsvereinbarungen mit praxisbezogenen Hinweisen, München 1992

Frieges, Holger M., Wegfall der Tarifbindung und einzelvertragliche Inbezugnahme von Tarifverträgen, DB 1996, S. 1281 ff.

Galperin, Hans, Grundlagen und Grenzen der Betriebsvereinbarung, BB 1949, S. 374 ff.

— Die Organstellung des Betriebsrats, RdA 1959, S. 321 ff.

— Möglichkeiten der betrieblichen Rechtssetzung, erläutert am Urteil des Bundesarbeitsgerichts zum „Rosenmontagsfall“, BB 1960, S. 453 f.

— Die autonome Rechtsetzung im Arbeitsrecht, in: Festschrift für Erich Molitor zum 75. Geburtstag, München 1962, S. 143 ff.

— Begriff und Wesen des Betriebsverbands, Das Arbeitsrecht der Gegenwart 1 (1964), S. 75 ff.

Galperin, Hans/ Löwisch, Manfred, Kommentar zum Betriebsverfassungsgesetz, Band 2 (§§ 74-132), Heidelberg, 6. Auflage 1982

Galperin, Hans/ Siebert, Wolfgang, Kommentar zum Betriebsverfassungsgesetz, Heidelberg, 4. Auflage 1963

Gamillscheg, Franz, Arbeitsrecht, Band II: Kollektives Arbeitsrecht, München, 6. Auflage 1984 (zit.: *Gamillscheg* Arbeitsrecht II, S. ...)

— Anmerkung zu LAG Köln vom 6.6.1990, LAGE § 87 BetrVG Nr. 2 Kurzarbeit

— Kollektives Arbeitsrecht, Ein Lehrbuch. Band I: Grundlagen / Koalitionsfreiheit / Tarifvertrag / Arbeitskampf und Schlichtung, München 1997 (zit.: *Gamillscheg* Kollektives Arbeitsrecht, S.)

— Arbeitsrecht Band I: Arbeitsvertrags- und Arbeitsschutzrecht, München, 8. Auflage 2000 (zit.: *Gamillscheg* Arbeitsrecht I, S. ...)

Gast, Wolfgang, Arbeitsvertrag und Direktion, Berlin 1978 (zit.: *Gast* Direktion, S. ...)

— Das Arbeitsrecht als Vertragsrecht, Heidelberg 1984 (zit.: *Gast* Vertragsrecht, S. ...)

Gaumann, Ralf/ Schafft, Marcus, Tarifliche Öffnungsklauseln – ein sinnvolles Flexibilisierungsinstrument, NZA 1998, S. 176 ff.
Germelmann, Claas-Hinrich/ Matthes , Hans-Christoph/ Prütting, Hanns/ Müller-Glöge, Rudi, Arbeitsgerichtsgesetz, Kommentar, München, 4. Auflage 2002
(zit.: *Germelmann/Matthes/Prütting/Müller-Glöge* § ... Rz. ...)
Gentz, Manfred, Werden die geltenden Tarifverträge der betrieblichen Praxis gerecht?, in: Tarifautonomie für ein neues Jahrhundert, Festschrift für Günter Schaub zum 65. Geburtstag, München 1998, S. 205 ff.
Gester, Heinz, Die betriebsverfassungsrechtliche Stellung von Belegschaft und Betriebsrat, Köln 1960
von Gierke, Otto, Deutsches Privatrecht, Band 1, Allgemeiner Teil und Personenrecht, Leipzig 1895 (zit.: *v. Gierke* Privatrecht, S. ...)
— Das Wesen der menschlichen Verbände, Berlin 1902 (zit.: *v. Gierke* Verbände, S. ...)
— Die Wurzeln des Dienstvertrages, in: Festschrift für Heinrich Brunner zum fünfzigjährigen Doktorjubiläum, München und Leipzig 1914, S. 37 ff.
Giesler, Jan Patrick, Die konkludente Regelungsabrede. Eine Untersuchung zur Wirksamkeit stillschweigender Vereinbarungen im Betriebsverfassungsrecht, Bonn 1997
Grabendorff, Walter/Windscheid, Clemens/ Ilbertz, Wilhelm/ Widmaier, Ulrich, Bundespersonalvertretungsgesetz mit Wahlordnung unter Einbeziehung der Landespersonalvertretungsgesetze, Kommentar, Stuttgart, Berlin, Köln, 8. Auflage 1995
Gumpert, Jobst, Rechtliche Form der Mitbestimmung in sozialen Angelegenheiten, BB 1953, S. 359 f.
— Anmerkung zu LAG Baden-Württemberg, Außenkammer Stuttgart 22.6.1964 - 4 Sa 31/64, BB 1964, S. 964
Hänlein, Andreas, Die Legitimation betrieblicher Rechtsetzung, RdA 2003, S. 26 ff.
Hafner, Hans, Betriebsratstätigkeit und Haftung, Würzburg 1965
Halblitzel, Hans, Das Verhältnis von Tarif- und Betriebsautonomie im Lichte des Subsidiaritätsprinzips, NZA 2001, S. 467 ff.
Hammer, Michael, Die betriebsverfassungsrechtliche Schutzpflicht für die Selbstbestimmungsfreiheit des Arbeitnehmers, Heidelberg 1998
Hanau, Hans, Individualautonomie und Mitbestimmung in sozialen Angelegenheiten, Köln, Berlin, Bonn, München 1993 (zit.: *H.Hanau* S. ...)
Hanau, Peter, Richardi, Reinhard, Kollektivgewalt und Individualwille bei der Gestaltung des Arbeitsverhältnisses. München: Beck 1968. XCIII, 490 S. (Münchener Universitätsschriften, Reihe der Juristischen Fakultät, Band 6), JZ 1969, S. 642 ff.

—Allgemeine Grundsätze der betrieblichen Mitbestimmung, RdA 1973, S. 281 ff.
—Aktuelle Probleme der Mitbestimmung über das Arbeitsentgelt gem. § 87 Abs. 1 Nr. 10 BetrVG, BB 1977, S. 350 ff.
—Die Deregulierung von Tarifverträgen durch Betriebsvereinbarungen als Problem der Koalitionsfreiheit (Art. 9 Abs. 3 GG), RdA 1993, S. 1 ff.
—Betriebsvereinbarung oder Regelungsabrede?, AuA 1995, S. 401 ff.
—Entwicklungslinien im Arbeitsrecht, DB 1998, S. 69 ff.
—Denkschrift zu dem Regierungsentwurf eines Gesetzes zur Reform des Betriebsverfassungsgesetzes, RdA 2001, S. 65 ff.
Hanau, Peter/ Preis, Ulrich, Die Kündigung von Betriebsvereinbarungen, NZA 1991, S. 81 ff.
Haug, Ulrich, Tarifvorrang und innerbetriebliche Regelungsmechanismen, BB 1986, 1921 ff.
Heinze, Meinhard, Die betriebsverfassungsrechtlichen Ansprüche des Betriebsrats gegenüber dem Arbeitgeber, DB 1983 Beilage 9, S. 1 ff.
—Inhalt und Grenzen betriebsverfassungsrechtlicher Rechte, ZfA 1988, S. 53 ff.
—Betriebsvereinbarung versus Tarifvertrag?, NZA 1989, S. 41 ff.
—Tarifautonomie und sogenanntes Günstigkeitsprinzip, NZA 1991, S. 329 ff.
—Arbeitsrecht in der gesellschaftlich-ökonomischen Ordnung der Bundesrepublik Deutschland, in: Festschrift für Dieter Gaul zum 70. Geburtstag, Neuwied 1992, S. 305 ff.
—Regelungsabrede, Betriebsvereinbarung und Spruch der Einigungsstelle, Zustandekommen und Rechtswirkungen betrieblicher Regelungen, NZA 1994, S. 580 ff.
—Kollektive Arbeitsbedingungen im Spannungsfeld zwischen Tarif- und Betriebsautonomie, NZA 1995, S. 5 ff.
—Gibt es eine Alternative zur Tarifautonomie? – Thesen zur aktuellen Diskussion –, DB 1996, S. 729 ff.
—Wege aus der Krise des Arbeitsrechts – Der Beitrag der Wissenschaft, NZA 1997, S. 1 ff.
—Die arbeitsrechtliche Zulässigkeit der Einführung von Kurzarbeit, RdA 1998, S. 14 ff.
Heisig, Beate, Arbeitsentgelt und Arbeitszeit Regelungen im Spannungsfeld zwischen tariflicher und betriebsverfassungsrechtlicher Normsetzungsbefugnis, Frankfurt am Main 1991
Hensche, Detlef, Tarifpolitik in der Krise, Das Arbeitsrecht der Gegenwart Band 34 (1997), S. 35 ff.
Henssler, Martin, Flexibilisierung der Arbeitsmarktordnung – Überlegungen zur Weiterentwicklung der tariflichen Regelungsmacht, ZfA 1994, S. 487 ff.

— Firmentarifverträge und unternehmensbezogene Verbandstarifverträge als Instrumente einer „flexiblen", betriebsnahen Tarifpolitik, ZfA 1998,S. 517 ff.

Herrmann, Elke, Das Günstigkeitsprinzip und die verschlechternde Betriebsvereinbarung, ZfA 1989, S. 577 ff.

— Kollektivautonomie contra Privatautonomie: Arbeitsvertrag, Betriebsvereinbarung und Mitbestimmung, NZA 2000 Sonderbeilage zu Heft 3, S. 14 ff.

Herschel, Wilhelm, Betriebsvereinbarung oder Betriebssatzung, RdA 1948/1949, S. 47 ff.

— Betriebssatzung oder Betriebsvereinbarung, BArbBl. 1954, S. 731 ff.

— Arbeitsschutz im sozialen Rechtsstaat, BArbBl. 1955, S. 571 ff.

— Zur Rechtsnatur der Allgemeinverbindlicherklärung von Tarifverträgen, in: Festschrift für Walter Bogs zur Vollendung des 60. Lebensjahres, Berlin 1959, S. 125 ff.

— Staatsentlastende Tätigkeit im Arbeitsschutz, Festschrift für Hans Carl Nipperdey zum 70. Geburtstag, Band II, München 1965, S. 221 ff.

— Betriebsbußen. Ihre Voraussetzungen und Grenzen, Köln, Berlin, Bonn, München 1967 (zit.: *Herschel* S. ...)

— Tarifautonomie und Betriebsautonomie, ZfA 1984, S. 65 f.

Herzog, Roman, Subsidiarität und Staatsverfassung, Der Staat 2 (1963), S. 399 ff.

Hess, Harald/ Schlochauer, Ursula/ Glaubitz, Werner, Kommentar zum Betriebsverfassungsgesetz, Neuwied, Kriftel, Berlin, 5. Auflage 1997 (zit.: *Hess/Schlochauer/Glaubitz* § ... Rz. ...)

Hessel, Philipp, Die Betriebsordnung nach § 56 Betriebsverfassungsgesetz, DB 1953, S. 801 ff.

Hilger, Marie-Luise, Der Einfluß des kollektiven Arbeitsrechts auf das Einzelarbeitsverhältnis, Verhandlungen des 43. Deutschen Juristentages, Band II, Teil F, München 1960 (zit.: *Hilger* Gutachten, F ...)

— Zum Mitbestimmungsrecht des Betriebsrats bei der Verwaltung von Wohlfahrtseinrichtungen, in: Festschrift für Friedrich Sitzler, Stuttgart 1956, S. 153 ff.

Hill, Hermann, Soll das kommunale Satzungsrecht gegenüber staatlicher und gerichtlicher Kontrolle gestärkt werden?, Gutachten D zum 58. Deutschen Juristentag, München 1990

Höland, Armin/ Brecht, Uwe/ Reim, Holger, Tarifliche Vorgaben und betriebliche Realität, AuA 2001, S. 358 ff.

— Flächentarifverträge in der betrieblichen Praxis, RdA 2002, S. 28 ff.

Hönn, Günther, Kompensation gestörter Vertragsparität. Ein Beitrag zum inneren System des Vertragsrechts, München 1982

von Hoyningen-Huene, Gerrick, Fehlerhafte Betriebsvereinbarungen und ihre Auswirkungen auf Arbeitnehmer, DB 1984 Beilage Nr. 1, S. 1 ff.

— Anmerkung zu BAG 14.1.1986 AP Nr. 5 zu § 1 BetrAVG Gleichbehandlung

— Das Betriebsverhältnis – Eine Skizze zum betriebsverfassungsrechtlichen Kooperationsverhältnis, NZA 1989, S. 121 ff.
— Drittbeziehungen in der Betriebsverfassung, RdA 1992, S. 355 ff.
— Die Bezugnahme auf einen Firmentarifvertrag durch Betriebsvereinbarung, DB 1994, S. 2026 ff.
— Betriebsverfassungsrecht, München, 5. neubearbeitete Auflage 2002 (zit.: *v. Hoyningen-Huene* Betriebsverfassungsrecht, S. ...)
von Hoyningen-Huene, Gerrick/ Meier-Krenz, Ulrich, Flexibilisierung des Arbeitsrechts durch Verlagerung tariflicher Regelungskompetenzen auf den Betrieb – Bestimmungsklausel, Öffnungsklausel und Erweiterung von Mitbestimmungsrechten –, ZfA 1988, S. 293 ff.
Hromadka, Wolfgang, Die belastende Betriebsvereinbarung, DB 1985, S. 864 ff.
— Betriebsvereinbarung über mitbestimmungspflichtige soziale Angelegenheiten bei Tarifüblichkeit: Zwei-Schranken-Theorie ade?, DB 1987, S. 1991 ff.
— Sprecherausschußgesetz, Kommentar, Neuwied, Frankfurt am Main, 1991 (zit.: *Hromadka* § ... Rz. ...)
— Das Leistungsbestimmungsrecht des Arbeitgebers, DB 1995, S. 1609 ff.
— Das allgemeine Weisungsrecht, DB 1995, S. 2601 ff.
— Mehr Flexibilität für die Betriebe - Ein Gesetzesvorschlag, NZA 1996, S. 1233 ff.
— Zum Unterlassungsanspruch für tarifwidrige Bündnisse für Arbeit, ZTR 2000, S. 253 ff.
— Bündnisse für Arbeit – Angriff auf die Tarifautonomie?, DB 2003, S. 42 ff.
Hueck, Alfred/ Nipperdey, Hans Carl, Lehrbuch des Arbeitsrechts, Zweiter Band, Kollektives Arbeitsrecht, Berlin, Frankfurt am Main, 6. Auflage 1959 (zit.: *Hueck/Nipperdey* (6. Aufl.) II, S. ...)
— Lehrbuch des Arbeitsrechts, Erster Band, Berlin, Frankfurt, 7. Auflage 1963 (zit.: *Hueck/Nipperdey* I, S. ...)
— Lehrbuch des Arbeitsrechts, Zweiter Band, Kollektives Arbeitsrecht, Erster Halbband (II/1), Berlin, Frankfurt am Main, 7. Auflage 1967 (zit.: *Hueck/Nipperdey* II/1, S. ...)
Hueck, Alfred/ Nipperdey, Hans Carl/ Säcker, Franz Jürgen, Lehrbuch des Arbeitsrechts, Zweiter Band, Kollektives Arbeitsrecht, Zweiter Halbband (II/2) Berlin, Frankfurt am Main, 7. Auflage 1970 (zit.: *Hueck/Nipperdey/Säcker* II/2, S. ...)
Hueck, Götz, Die Betriebsvereinbarung, Wesen–Inhalt–Wirkung, Münster, Köln 1952 (zit.: *Hueck* Betriebsvereinbarung, S. ...)
— Die Betriebsvereinbarung nach dem Betriebsverfassungsgesetz des Bundes, RdA 1952, 366 ff.
— Entwicklungslinien im System innerbetrieblicher Regelungen, RdA 1962, S. 376 ff.

Isele, Hellmut Georg, Anmerkung zu BAG 1.3.1966 SAE 1967, S. 120 ff.
Isensee, Josef, Subsidiaritätsprinzip und Verfassungsrecht. Eine Studie über das Regulativ des Verhältnisses von Staat und Gesellschaft, Berlin 1968 (zit.: *Isensee* S. ...)
— Grundrechte und Demokratie. Die polare Legitimation im grundgesetzlichen Gemeinwesen, Der Staat 20 (1981), S. 161 ff.
Isensee, Josef/ Kirchhof, Paul, Handbuch des Staatsrechts der Bundesrepublik Deutschland, Band V, Allgemeine Grundrechtslehren, Heidelberg 1992 (zit.: *Isensee/Kirchhof* Bd. V, § ... Rz. ...)
Jacobi, Erwin, Grundlehren des Arbeitsrechts, Leipzig 1927
Jahnke, Volker, Kompetenzen des Betriebsrats mit vermögensrechtlichem Inhalt, RdA 1975, S. 343 ff.
— Tarifautonomie und Mitbestimmung, München 1984
Jellinek, Georg, Allgemeine Staatslehre, Berlin, 3. Auflage 1913
Joost, Detlef, Tarifrechtliche Grenzen der Verkürzung der Wochenarbeitszeit, ZfA 1984, S. 173 ff.
— Anmerkung zu BAG 20.11.1987 AP Nr. 2 zu § 620 BGB Altersgrenze
Junker, Abbo, Der Flächentarifvertrag im Spannungsverhältnis von Tarifautonomie und betrieblicher Regelung, ZfA 1996, S. 383 ff.
— Individualwille, Kollektivgewalt und Staatsintervention im Arbeitsrecht, NZA 1997, S. 1305 ff.
Käppler, Renate, Die Betriebsvereinbarung als Regelungsinstrument in sozialen Angelegenheiten, in: Festschrift für Otto Rudolf Kissel zum 65. Geburtstag, München 1994, S. 475 ff.
Karakatsanis, Alexander, Die kollektivrechtliche Gestaltung des Arbeitsverhältnisses und ihre Grenzen, Heidelberg 1963
Kaskel, Walter, Arbeitsrecht, Berlin, 3. Auflage 1928 (zit.: *Kaskel* S. ...)
— Haftung für Handlungen des Betriebsrats, NZfA 1921, Sp. 11 ff.
Kaskel, Walter/ Dersch, Hermann, Arbeitsrecht, Berlin, Göttingen, Heidelberg, 4. Auflage 1932 (zit.: *Kaskel/Dersch* (4. Aufl.) S. ...)
— Arbeitsrecht, Berlin, Göttingen, Heidelberg, 5. Auflage 1957 (zit.: *Kaskel/Dersch* S. ...)
Kasseler Handbuch zum Arbeitsrecht, Band 2, Besondere Arbeitsverhältnisse und Arbeitsverhältnisse mit erhöhtem Schutz, Kollektives Arbeitsrecht, Arbeitsgerichtliche Verfahren, Neue Bundesländer, Europarecht, Wolfgang Leinemann (Hrsg.), Neuwied, Kriftel, Berlin 1997 (zit.: Kasseler Handbuch / *Bearbeiter* Ziffer ... Rz. ...)
Kast, Matthias/ Stuhlmann, Christian, Sind betriebliche Bündnisse für Arbeit noch durchführbar?, BB 2000, S. 614 ff.
Kelsen, Hans, Allgemeine Staatslehre, unveränderter Nachdruck der 1. Auflage aus dem Jahre 1925, Bad Homburg vor der Höhe, Berlin, Zürich 1966

Kempen, Otto Ernst, Kollektivautonomie contra Privatautonomie: Arbeitsvertrag und Tarifvertrag, NZA 2000, Sonderbeilage zu Heft 3, S. 7 ff.

— Der verfassungsrechtliche Vorrang der Tarifautonomie im arbeitsrechtlichen Regelungsgefüge, ArbuR 1996, S. 336 ff.

Kempen, Otto Ernst/ Zachert, Ulrich, Tarifvertragsgesetz: Kommentar für die Praxis, Köln, 3. Auflage 1997 (zit.: *Kempen/Zachert* § ... Rz. ...)

Kessal-Wulf, Sibylle, Die Innenverbände am Beispiel Publikumsgesellschaft, Franchising, Mitarbeiterbeteiligung und Betriebsverband, Frankfurt am Main 1995

Kirchhof, Ferdinand, Private Rechtsetzung, Berlin 1987 (zit.: *Kirchhof* S. ...)

Kissel, Otto Rudolf, Das Spannungsfeld zwischen Betriebsvereinbarung und Tarifvertrag, NZA 1986, S. 73 ff.

— Kollektive Arbeitsbedingungen im Spannungsfeld zwischen Tarif- und Betriebsautonomie, NZA 1995, S. 1 ff.

Kittner, Michael, Öffnung des Flächentarifvertrags, in: Tarifautonomie für ein neues Jahrhundert, Festschrift für Günter Schaub zum 65. Geburtstag, München 1998, S. 389 ff.

Kloepfer, Michael, Der Vorbehalt des Gesetzes im Wandel, JZ 1984, S. 685 ff.

Kluth, Winfried, Funktionale Selbstverwaltung. Verfassungsrechtlicher Status – verfassungsrechtlicher Schutz, Tübingen 1997

Knuth, Matthias/ Büttner, Reinhardt/ Schank, Gerd, Zustandekommen und Analyse von Betriebsvereinbarungen und praktische Erfahrungen mit Einigungsstellen, Forschungsbericht im Auftrag des Bundesministers für Arbeit und Sozialordnung, Teil I, Ergebnisse, Saarbrücken 1983 (zit.: *Knuth/Büttner/Schank* S. ...)

Konzen, Horst, Anmerkung zu BAG 5.12.1975 AP Nr. 1 zu § 87 BetrVG 1972 Betriebsbuße.

— Tarifvertragliche und innerbetriebliche Normsetzung, BB 1977, S. 1307 ff.

— Betriebsverfassungsrechtliche Leistungspflichten des Arbeitgebers. System der Handlungs-, Duldungs- und Unterlassungsansprüche im BetrVG, Köln, Berlin, Bonn, München 1984 (zit.: *Konzen* S. ...)

— Privatrechtssystem und Betriebsverfassung, in: Recht und Rechtserkenntnis, Festschrift für Ernst Wolf zum 70. Geburtstag, Köln, Berlin, Bonn, München 1985, S. 279 ff. = Privatrechtssystem und Betriebsverfassung, ZfA 1985, S. 469 ff.

— Rechtsfragen bei der Sicherung der betrieblichen Mitbestimmung, NZA 1995, S. 865 ff.

— Die Tarifautonomie zwischen Akzeptanz und Kritik, NZA 1995, S. 913 ff.

Kort, Michael, Arbeitszeitverlängerndes „Bündnis für Arbeit“ zwischen Arbeitgeber und Betriebsrat – Verstoß gegen die Tarifautonomie?, NJW 1997, S. 1476 ff.

Koslowski, Peter, Subsidiarität als Prinzip der Koordination der Gesellschaft, in: Subsidiarität: Idee und Wirklichkeit. Zur Reichweite eines Prinzips in Deutschland und Europa, K. W. Nörr, Th. Oppermann (Hrsg.), Tübingen 1979, S. 39 ff.

Kraegeloh, Walter, Mitwirkung und Mitbestimmung des Betriebsrates in sozialen Angelegenheiten, DB 1952, S. 950 f.

— Mitwirkung und Mitbestimmung des Betriebsrates nach dem Betriebsverfassungsgesetz des Bundes, BB 1952, S. 581 ff.

Kraft, Alfons, Der Informationsanspruch des Betriebsrats – Grundlagen, Grenzen und Übertragbarkeit, ZfA 1983, S. 171 ff.

— Stellungnahme zum Beitrag von Wilhelm Herschel „Von der Freiheit des Betriebsrats und ihren Grenzen", ZfA 1984, S. 67 ff.

Krauss, Stefan, Noch lange nicht am Ende: Betriebliche Bündnisse für Arbeit, DB 2000, S. 1962 ff.

Kreutz, Peter, Grenzen der Betriebsautonomie, München 1979 (zit.: *Kreutz* Grenzen, S. ...)

Krichel, Ulrich, Ist der Firmentarifvertrag mit einem verbandsangehörigen Arbeitgeber erstreikbar?, NZA 1986, S. 731 ff.

Krüger, Herbert, Allgemeine Staatslehre, Stuttgart, 2. Auflage 1966

Küchenhoff, Günther, Das Prinzip der staatlichen Subsidiarität im Arbeitsrecht, RdA 1959, S. 201 ff.

— Einwirkungen des Verfassungsrechts auf das Arbeitsrecht, in: Festschrift für Hans Carl Nipperdey zum 70. Geburtstag, Band II, München, Berlin, 1965, S. 317 ff.

— Betriebsverfassungsgesetz, München, 3. Auflage 1979 (zit.: Küchenhof § ... Rz. ...)

— Anm. zu BAG AP Nr. 1 zu § 56 BetrVG 1952

— Anm. zu BAG AP Nr. 1 zu § 56 BetrVG 1952 Arbeitszeit

Künzl, Reinhard, Freistellung von Betriebsratsmitgliedern für Schulungsveranstaltungen, ZfA 1993, S. 341 ff.

Kunze, Otto, Bemerkungen zum Verhältnis von Arbeits- und Unternehmensrecht, in: Festschrift für Wolfgang Schilling zum 65. Geburtstag, Berlin, New York, 1973, S. 333 ff.

Lambrich, Thomas, Tarif- und Betriebsautonomie: Ein Beitrag zu den Voraussetzungen und Grenzen des Tarifvorbehalts, insbesondere dem Erfordernis der Tarifbindung des Arbeitgebers, Berlin 1999

von Langen, Johannes Dieter, Von der Tarif- zur Betriebsautonomie: Tendenzen der Rechtsentwicklung, gebremst durch den Tarifvorrang?, Frankfurt a. M., Berlin, Bern, New York, Paris, Wien 1994

Larenz, Karl, Allgemeiner Teil des Deutschen Bürgerlichen Rechts, München, 7. Auflage 1989 (zit.: *Larenz* AT, S. ...)

— Methodenlehre der Rechtswissenschaft, Berlin, Heidelberg, New York, London, Paris, Tokyo, Hong Kong, Barcelona, Budapest, 6. Auflage 1991 (zit.: *Larenz* Methodenlehre, S. ...)

Leenen, Detlef, Abschluß, Zustandekommen und Wirksamkeit des Vertrages, AcP 188 (1988), S. 381 ff.

Leinemann, Wolfgang, Der Betriebsverband, in: Betriebs- und Unternehmensverfassung 1971, S. 145 ff.

Lesch, Hagen, Dezentralisierung der Tarifpolitik und Reform des Tarifrechts, DB 2000, S. 322 ff.

Lieb, Manfred, Mehr Flexibilität im Tarifvertragsrecht? „Moderne" Tendenzen auf dem Prüfstand, NZA 1994, S. 289 ff.

— Arbeitsrecht, Heidelberg, 8. Auflage 2003 (zit.: *Lieb* Arbeitsrecht Rz. ...)

Link, Peter, Betriebliche Bündnisse für Arbeit, AuA 2002, S. 260 ff.

Linnenkohl, Karl, Lean Law – die „ingeniöse" Nichtanwendung von Arbeitsrecht, BB 1994, S. 2077 ff.

Löwisch, Manfred, Möglichkeiten und Grenzen der Betriebsvereinbarung, ArbuR 1978, S. 97 ff.

— Die Rechtsstellung der Nichtorganisierten gegenüber dem Tarifvertrag, NZA 1985, S. 170 ff.

— Anmerkung zum Beschluss des Großen Senats des BAG vom 16.9.1986 – GS 1/82, SAE 1987, S. 85 ff.

— Anmerkung zu BAG 18.8.1987 – 1 ABR 30/86, Betriebliche und tarifliche Regelung der Dauer der Arbeitszeit in Tarifverträgen der Metallindustrie, SAE 1988, S. 103 ff.

— Schutz der Selbstbestimmung durch Fremdbestimmung, ZfA 1993, S. 293 ff.

— Neuabgrenzung von Tarifvertragssystem und Betriebsverfassung, JZ 1996, S. 812 ff.

— Tariföffnung bei Unternehmens- und Arbeitsplatzgefährdung, NJW 1997, S. 905 ff.

— Arbeitsrecht und wirtschaftlicher Wandel, RdA 1999, S. 69 ff.

— Deliktsschutz gegen abtrünnige Mitglieder? Zur Tarifbruch-Unterlassungsentscheidung des BAG, BB 1999, S. 2080 ff.

— Arbeitsrecht. Ein Studienbuch, Düsseldorf, 6. neubearbeitete Auflage 2002 (zit.: *Löwisch* ArbR Rz. ...)

Löwisch, Manfred/ Rieble, Volker, Tarifvertragsgesetz: Kommentar, München 1992 (zit.: *Löwisch/Rieble* § ... Rz. ...)

Loritz, Karl-Georg, Betriebliche Arbeitnehmerbeteiligungen in Tarifverträgen und Betriebsvereinbarungen, DB 1985, S. 531 ff.

— Sinn und Aufgabe der Mitbestimmung heute, ZfA 1991, S. 1 ff.

Luhmann, Ulrich, Betriebsjustiz und Rechtsstaat, Heidelberg 1975

Lunk, Stefan, Die Betriebsversammlung – das Mitgliederorgan des Belegschaftsverbandes, Frankfurt am Main 1991

Mansfeld, Werner, Das Betriebsrätegesetz, Mannheim, Berlin, Leipzig, 3. Auflage 1930

Matthes, Hans-Christoph, Der Arbeitgeber als Tarifvertragspartei, in: Tarifautonomie für ein neues Jahrhundert, Festschrift für Günter Schaub zum 65. Geburtstag, München 1998, S. 477 ff.

Maus, Wilhelm, Streitigkeiten im Rahmen des Betriebsverfassungsgesetzes, in: Bührig, Handbuch der Betriebsverfassung, Köln 1953

Mayer-Maly, Theodor, Österreichisches Arbeitsrecht, Wien, New York 1970

Meier-Krenz, Ulrich, Die Erweiterung von Beteiligungsrechten des Betriebsrats durch Tarifvertrag, Frankfurt am Main, Bern, New York, Paris, 1988

Meyer, Emil H./Meulenbergh, Gottfried/ Beuthien, Volker, Genossenschaftsgesetz, von Grund auf neu erstellt von Volker Beuthien, München, 12. Auflage 1983 (zit.: *Meyer/Meulenbergh/Beuthien* § ... Rz. ...)

Meyer-Cording, Ulrich, Betriebsstrafe und Vereinsstrafe im Rechtsstaat, NJW 1966, S. 225 ff.

— Die Rechtsnormen, Tübingen 1971 (zit.: *Meyer-Cording* S. ...)

Miersch, Stefan, Die Rechtsfolgen mitbestimmungswidriger Maßnahmen für das Arbeitsverhältnis, Frankfurt am Main 1998

Möschel, Wernhard, Das Spannungsverhältnis zwischen Individualvertrag, Betriebsvereinbarung und Tarifvertrag, BB 2002, S. 1314 ff.

Molitor, Karl, Ende oder Reform der Flächentarifverträge?, in: Tarifautonomie für ein neues Jahrhundert, Festschrift für Günter Schaub zum 65. Geburtstag, München 1998, S. 487 ff.

Moll, Wilhelm, Der Tarifvorrang im Betriebsverfassungsgesetz. Zur Abstimmung betrieblicher und tarifvertraglicher Regelungsmechanismen, Berlin 1980

Molodovsky, Paul, Formlose Absprachen als Rechtsform des Mitbestimmungsrechts in sozialen Angelegenheiten nach § 56 BetrVG („Betriebsabsprachen"), München 1959

— Zur Problematik formloser Absprachen zwischen Arbeitgeber und Betriebsrat in den Angelegenheiten des § 56 BetrVG, DB 1961, S. 338 ff.

Münchener Handbuch zum Arbeitsrecht, Band 3, Kollektives Arbeitsrecht, München, 2. Auflage 2000 (zit.: MünchArbR/*Bearbeiter* § ... Rz. ...)

Münchener Kommentar zum Bürgerlichen Gesetzbuch, Band 1 Allgemeiner Teil, §§ 1-240, AGB-Gesetz, München, 4. Auflage 2001 (zit.: MünchKommBGB/ *Bearbeiter* § ... Rz. ...)

Müller, Welf, Die Grenzen der normativen Gestaltungswirkung der Betriebsvereinbarung, München 1966

Müller-Franken, Sebastian, Die Befugnis zu Eingriffen in die Rechtsstellung des Einzelnen durch Betriebsvereinbarungen, Berlin 1997

Natzel, Ivo, Subsidiaritätsprinzip im kollektiven Arbeitsrecht, ZfA 2003, S. 103 ff.

Nause, Helmut, Die Grenzen der Regelungsbefugnis von Arbeitgeber und Betriebsrat gegenüber dem einzelnen Arbeitnehmer bei Abschluß von Betriebsvereinbarungen, Göttingen 1982

Nebel, Andreas, Die Normen des Betriebsverbandes am Beispiel der ablösenden Betriebsvereinbarung, Heidelberg 1989

Nebendahl, Matthias, Die Überwachungspflicht des Betriebsrats aus § 80 Abs. 1 Nr. 1 BetrVG, Probleme der prozessualen Geltendmachung, Heidelberg 1989

Neef, Klaus, Wer schützt vor dem Betriebsrat?, NZA 2001, S. 261 ff.

von Nell-Breuning, Oswald, Wilhelm Herschel zum 90. Geburtstag, ArbuR 1985, S. 297

Neukamp, Ernst, Die Gewerbeordnung für das Deutsche Reich in ihrer neuesten Gestalt nebst Ausführungsvorschriften, Tübingen, 9. Auflage 1910

Neumann, Dirk, Die Rechtsgrundlage der Betriebsstrafenordnung, RdA 1968, S. 250 ff.

Neumann-Duesberg, Horst, Betriebsverfassungsrecht. Ein Lehrbuch, Berlin 1960

— Rechtsprobleme der betrieblichen Einigung, in: Sozialreform und Sozialrecht, Beiträge zum Arbeits- und Sozialversicherungsrecht und zur Sozialpolitik, Festschrift für Walter Bogs, Jantz, Kurt/ Neumann-Duesberg, Horst/ Schewe, Dieter (Hrsg.), Berlin 1959, S. 275 ff.

Niebler, Michael/ Schmiedl, Wolfgang, Sind Abweichungen vom Tarifvertrag zur Beschäftigungssicherung zulässig?, BB 2001, S. 1631 ff.

Nikisch, Arthur, Arbeitsrecht, II. Band, Koalitionsrecht, Arbeitskampfrecht und Tarifvertragsrecht, Tübingen, 2. Auflage 1959 (zit.: *Nikisch* Bd. II, S. ...)

— Belegschaft und Betriebsrat, DB 1962, S. 506 ff.

— Die Regelungsabrede, DB 1964, S. 622 ff.

— Über die Zulässigkeit einer Einschränkung oder Erweiterung der Mitbestimmung des Betriebsrats in betrieblichen Angelegenheiten, RdA 1964, S. 305 ff.

— Arbeitsrecht, III. Band, Betriebsverfassungsrecht, Tübingen, 2. Auflage 1966 (zit.: *Nikisch* Bd. III, S. ...)

Nörr, Knut Wolfgang, Subsidiarität, privatrechtstheoretisch betrachtet, in: Subsidiarität: Idee und Wirklichkeit. Zur Reichweite eines Prinzip in Deutschland und Europa, K. W. Nörr, Th. Oppermann (Hrsg.), Tübingen 1979, S. 239 ff.

— Grundlinien des Arbeitsrechts der Weimarer Republik, ZfA 1986, S. 403 ff.

Ohl, Heinrich Der Sozialplan – Recht und Praxis kompensatorischer Leistungen für den Verlust des Arbeitsplatzes, Karlsruhe 1977

Ossenbühl, Fritz, Die verfassungsrechtliche Zulässigkeit der Verweisung als Mittel der Gesetzgebungstechnik, DVBl. 1967, S. 401 ff.

Otto, Hansjörg, Mitbestimmung des Betriebsrats bei der Regelung von Dauer und Lage der Arbeitszeit, NZA 1992, S. 97 ff.

Otto, Sven-Joachim, Die rechtliche Zulässigkeit einer tarifbindungsfreien Mitgliedschaft in Arbeitgeberverbänden, NZA 1996, S. 624 ff. (zit.: *S.Otto* NZA 1996, S. 624 ff.)

Palandt, Otto, Bürgerliches Gesetzbuch mit Einführungsgesetz (Auszug), Unterlassungsklagengesetz, Produkthaftungsgesetz, Erbbaurechtsverordnung, Wohnungseigentumsgesetz, Hausratsverordnung, Lebenspartnerschaftsgesetz, Gewaltschutzgesetz (Auszug), München, 62. Auflage 2003 (zit.: Palandt/*Bearbeiter* § ... Rz. ...)

Peterek, Rainer, Fragen zur Regelungsabrede, in: Festschrift für Dieter Gaul zum 70. Geburtstag, Boewer, Dietrich/ Gaul, Björn (Hrsg.), Neuwied, Kriftel, 1992, S. 471 ff.

Picker, Eduard, Vertragliche und deliktische Schadenshaftung – Überlegungen zu einer Neustrukturierung der Haftungssysteme, JZ 1987, S. 1041.

—Ursprungsidee und Wandlungstendenzen des Tarifvertragswesens. Ein Lehrstück zur Privatautonomie am Beispiel Otto v. Gierke, in: Gedächtnisschrift für Brigitte Knobbe-Keuk, Köln 1997, S. 879 ff.

—Die Tarifautonomie in der deutschen Arbeitsverfassung, in: Tarifautonomie – Informationsgesellschaft – globale Wirtschaft. Neue Fragen und Herausforderungen, Veröffentlichungen der Walter-Raymond-Stiftung, Band 37, Köln 1997, S. 113 ff. (zit.: *Picker* Tarifautonomie, S. ...)

—Tarifmacht und tarifvertragliche Arbeitsmarktpolitik, Höchstarbeitszeitregeln als Prüfstein für das Verständnis von Koalitionsfunktion und Tarifautonomie, ZfA 1998, S. 573 ff.

—Betriebsverfassung und Arbeitsverfassung, Postulate der Modernisierung und Programme der Novellierung des Betriebsverfassungsgesetzes, RdA 2001, S. 259 ff.

—Tarifautonomie -Betriebsautonomie -Privatautonomie, NZA 2002,S. 761 ff.

Plander, Harro, Die operativen Rechte des Betriebsrats als Gegenstand der Novellierung des Betriebsverfassungsgesetzes, DB 2000, S. 2014

Preis, Ulrich, Grundfragen der Vertragsgestaltung im Arbeitsrecht, Neuwied, Kriftel, Berlin 1993

Raab, Thomas, Negatorischer Rechtsschutz des Betriebsrats gegen mitbestimmungswidrige Maßnahmen des Arbeitgebers. Ein Beitrag zur Systematik des betriebsverfassungsrechtlichen Rechte- und Pflichtenverhältnisses und zum Organstreit, Berlin 1993

Raiser, Ludwig, Das Recht der Allgemeinen Geschäftsbedingungen, Bad Homburg vor der Höhe, 1961

Ramm, Thilo, Die Rechtsprechung des Bundesarbeitsgerichts, JZ 1964, S. 546 ff.

Randelzhofer, Albrecht, Staatsgewalt und Souveränität, in: Isensee, Josef/ Kirchhof, Paul (Hrsg.), Handbuch des Staatsrechts, Bd. I, Heidelberg 1987, § 15, S. 691 ff.

Reichold, Hermann, Betriebsverfassung als Sozialprivatrecht. Historisch-dogmatische Grundlagen von 1848 bis zur Gegenwart, München 1995 (zit.: *Reichold* S. ...)

— Betriebsverfassung ohne „Betrieb"?, Zur Strukturreform des Betriebsverfassungsgesetzes aus privatrechtsdogmatischer Sicht, NZA 1999, S. 561 ff.

— Die reformierte Betriebsverfassung 2001, NZA 2001, S. 857 ff.

Reuß, Wilhelm, Anmerkung zum Urteil des Bundesarbeitsgerichts vom 12.9.1967 – 1 AZR 34/66, ArbuR 1968, S. 126 ff.

— Betriebsjustiz und Demokratisierung der Gesellschaft, Demokratie und Verwaltung, Heft 50 der Schriftenreihe der Hochschule Speyer, Speyer, Berlin, 1972, S. 517 ff.

Reuter, Dieter, Die Rolle des Arbeitsrechts im marktwirtschaftlichen System – eine Skizze, ORDO 36 (1985), S. 51 ff.

— Re-Individualisierung des Arbeitsverhältnisses? Überlegungen zu einer Neubestimmung des Verhältnisses Tarifvertrag, Betriebsvereinbarung, Arbeitsvertrag, in: Auflösung des Normalarbeitsverhältnisses?, Gespräche der List-Gesellschaft e. V. N.F. Band 11, Baden-Baden 1988, S. 29 ff. (zit.: *Reuter* Neubestimmung, S. ...)

— Das Verhältnis von Individualautonomie, Betriebsautonomie und Tarifautonomie. Ein Beitrag zum Wandel der Arbeitsrechtsordnung, RdA 1991, S. 193 ff.

— Die Lohnbestimmung im Betrieb (ohne Mitbestimmungsproblematik) ZfA 1993, S. 221 ff.

— Betriebsverfassung und Tarifvertrag, RdA 1994, S. 152 ff.

— Möglichkeiten und Grenzen einer Auflockerung des Tarifkartells, ZfA 1995, S. 1 ff.

— Referat, Sitzungsbericht über die Verhandlungen der Abteilung Arbeitsrecht am 18. und 19.9.1996. Verhandlungen des 61. Deutschen Juristentages, Karlsruhe 1996, Band II/1, Sitzungsberichte (Referate und Beschlüsse), München 1996, K 35 ff. (zit.: *Reuter* Verhandlungen, K ...)

— Das Verhältnis von Tarif- und Betriebsautonomie – Eine Nachlese zum arbeitsrechtlichen Thema des 61. Deutschen Juristentags, in: Tarifautonomie für ein neues Jahrhundert, Festschrift für Günter Schaub zum 65. Geburtstag, München 1998, S. 605 ff.

Richardi, Reinhard, Kollektivgewalt und Individualwille bei der Gestaltung des Arbeitsverhältnisses, München 1968 (zit.: *Richardi* Kollektivgewalt, S. ...)

— Die Beschränkung der Vertragsfreiheit durch das Mitbestimmungsrecht des Betriebsrats in sozialen Angelegenheiten, in: Sein und Werden im Recht,

Festgabe für Ulrich von Lübtow zum 70. Geburtstag, Berlin 1970, S. 755 ff. (zit.: *Richardi* FG f. Lübtow, S. 755 ff.)
— Betriebsverfassung und Privatautonomie, Vortrag gehalten vor der Berliner Juristischen Gesellschaft am 28. März 1973, Berlin, New York 1973, (zit.: *Richardi* Betriebsverfassung, S. ...)
— Die tarif- und betriebsverfassungsrechtliche Bedeutung der tarifvertraglichen Arbeitszeitregelung in der Metallindustrie, NZA 1984, S. 387 ff.
— Anmerkung zu BAG 24.2.1987 AP Nr. 21 zu § 77 BetrVG 1972
— Erweiterung der Mitbestimmung des Betriebsrats durch Tarifvertrag, NZA 1988, S. 673 ff.
— Kollektivvertragliche Arbeitszeitregelungen, ZfA 1990, S. 211
— Die Betriebsvereinbarung als Rechtsquelle des Arbeitsverhältnisses, ZfA 1992, S. 307 ff.
— 40 Jahre Betriebsverfassungsrecht, RdA 1994, S. 394 ff.
— Empfiehlt es sich, die Regelungsbefugnisse der Tarifvertragsparteien im Verhältnis zu den Betriebsparteien neu zu ordnen?, Gutachten B für den 61. Deutschen Juristentag, Karlsruhe 1996, Band I (Gutachten) Teil B, München 1996 (zit.: *Richardi* Gutachten, B ...)
— Die Bedeutung des Subsidiaritätsprinzips für das Verhältnis der Tarifautonomie zur Betriebsautonomie, in: Festschrift für Karl Kehrmann, Arbeitsrecht in der Bewährung, Köln 1997, S. 263 ff.
— Tarifvorbehalt und Tarifgebundenheit, in: Tarifautonomie für ein neues Jahrhundert, Festschrift für Günter Schaub zum 65. Geburtstag, München 1998, S. 639 ff.
— Betriebsverfassungsgesetz mit Wahlordnung, München, 7. Auflage 1998 (zit.: *Richardi* 7. Aufl. § ... Rz. ...)
— Welche Folgen hätte eine Aufhebung des Tarifvorbehalts (§ 77 Abs. 3 BetrVG)?, NZA 2000, S. 617 ff.
— Tarifautonomie und Betriebsautonomie als Formen wesensverschiedener Gruppenautonomie im Arbeitsrecht, DB 2000, S. 42 ff.
— Betriebsverfassungsgesetz mit Wahlordnung, München, 8. Auflage 2002 (zit.: *Richardi* § ... Rz. ...)
Rieble, Volker, Arbeitsmarkt und Wettbewerb. Der Schutz von Vertrags- und Wettbewerbsfreiheit im Arbeitsrecht, Berlin, Heidelberg, New York, Barcelona, Budapest, Hongkong, London, Mailand, Paris, Santa Clara, Singapur, Tokio, 1996 (zit.: *Rieble* Rz. ...)
— Krise des Flächentarifvertrages?, RdA 1996,S 151 ff.
— Der Fall Holzmann und seine Lehren, NZA 2000, S. 225 ff.
— Der Tarifvertrag als kollektiv-privatautonomer Vertrag, ZfA 2000, S. 5 ff.
Rosset, Christoph, Rechtssubjektivität des Betriebsrats und Haftung seiner Mitglieder, Heidelberg 1985

Rüthers, Bernd, Diskussionsbeitrag beim Gespräch zum Thema „Betriebsverfassung und Tarifvertrag", das am 10.12.1993 auf Einladung der Otto Brenner Stiftung stattfand, RdA 1994, S. 176 ff.

Säcker, Franz Jürgen, Probleme der Lohnausfallerstattung bei Betriebsversammlungen, DB 1965, S. 1856 ff.

— Zur Interpretation der Öffnungsklausel des § 59 BetrVG, RdA 1967, S. 370 ff.

— Gruppenautonomie und Übermachtskontrolle im Arbeitsrecht, Berlin 1972 (zit.: *Säcker* Gruppenautonomie, S. ...)

— Die Regelung sozialer Angelegenheiten im Spannungsfeld zwischen tariflicher und betriebsvereinbarungsrechtlicher Normsetzungsbefugnis, ZfA 1972 Sonderheft, S. 41 ff.

— Tarifvorrang und Mitbestimmung des Betriebsrats bei Arbeitsentgelt, BB 1979, S. 1201 ff.

— Das neue Entgeltfortzahlungsgesetz und die individuelle und kollektive Vertragsfreiheit, ArbuR 1994, S. 1 ff.

Säcker, Franz Jürgen/ Oetker, Hartmut, Tarifliche Kurzarbeits-Ankündigungsfristen im Gefüge des Individualarbeitsrechts und des kollektiven Arbeitsrechts, ZfA 1991, S. 131 ff.

— Höchstnormenbeschlüsse der Koalitionen zwischen Freiheitsrechtsschutz und Verbandsautonomie, ZfA 1996, S. 85 ff.

Schack, Axel, Gruppenarbeit, Mitarbeitsverhältnis und die Arbeitsrechtsordnung: Auswirkungen der Einführung von Gruppenarbeit unter besonderer Berücksichtigung eines Mitarbeitsverhältnisses und gesellschaftlicher Elemente im Arbeitsverhältnis, Berlin 1997

Schaub, Günter, Aktuelle Fragen des Tarifvertragsrechts, BB 1995, S. 2003 ff.

— Wege und Irrwege aus dem Flächentarifvertrag, NZA 1998, S. 617 ff.

— Rechtliche Hindernisse der tarifvertragsfreien Gestaltung von Arbeitsbedingungen, ZTR 2000, S. 10 ff.

— Arbeitsrechts-Handbuch, Systematische Darstellung und Nachschlagewerk für die Praxis, München, 10. Auflage 2002 (zit.: *Schaub* Arbeitsrechtshandbuch § ...)

Schauber, Volkhart, Zur Abgrenzung der Betriebsvereinbarung von anderen Vereinbarungen zwischen Betriebsrat und Arbeitgeber, RdA 1963, S. 275 ff.

Schenke, Wolf-Rüdiger, Die verfassungsrechtliche Problematik dynamischer Verweisungen, NJW 1980, S. 743 ff.

Schipprowski, Eckbert, Die Regelungsabrede – eine zulässige und zweckmäßige Kooperationsform zur Lösung kollektivrechtlicher Ordnungsprobleme im Rahmen der paritätischen Mitbestimmung nach § 87 Abs. 1 BetrVG, Frankfurt am Main, Berlin, Bern, New York, Paris, Wien, 1995

Schmidt, Thomas Benedikt, Das Günstigkeitsprinzip im Tarifvertrags- und Betriebsverfassungsrecht. Zugleich ein Beitrag zum Verhältnis von Tarifvertrag und Betriebsvereinbarung, Berlin 1994

Schmidt-Aßmann, Eberhard, Die kommunale Rechtsetzung im Gefüge der administrativen Handlungsformen und Rechtsquellen: Aufgaben, Verfahren, Rechtsschutz, München 1981

Schmidt-Bleibtreu, Bruno/ Klein, Franz, Kommentar zum Grundgesetz unter Mitarbeit von Hans Bernhard Brockmeyer, Christoph Kannengießer, Rüdiger Sannwald, Neuwied, Kriftel, 9. Auflage 1999

Schneider, Hans, Autonome Satzung und Rechtsverordnung. Unterschiede und Übergänge, in: Festschrift für Philipp Möhring zum 65. Geburtstag, München und Berlin 1965, S. 521 ff.

Schnorr von Carolsfeld, Ludwig, Arbeitsrecht, Göttingen, 2. Auflage 1954

Scholz, Rupert, Die Koalitionsfreiheit als Verfassungsproblem, München 1971 (zit.: *Scholz* Koalitionsfreiheit, S. ...)

— Die rechtliche Ordnung der Betriebsjustiz, in: Kaiser, Günther/ Metzger-Pregizer, Gerhard, Betriebsjustiz. Untersuchungen über die soziale Kontrolle abweichenden Verhaltens in Industriebetrieben, Berlin 1976, S. 311 ff. (zit.: *Scholz* Betriebsjustiz, S. ..)

Schulze-Reimpell, Swaantje, Kündigung von Betriebsvereinbarungen, BB 1962, S. 139 ff.

Schwarze, Roland, Der Betriebsrat im Dienst der Tarifvertragsparteien, Berlin 1991

Seifert, Hartmut, Betriebliche Vereinbarungen zur Beschäftigungssicherung, WSI-Mitteilungen 1999, S. 156 ff.

— Betriebliche Bündnisse für Arbeit – Ein neuer beschäftigungspolitischer Ansatz, WSI-Mitteilungen 2000, S. 437 ff.

Senne, Petra, Die Regelungsabrede – Bestandsaufnahme und Kritik – Bonn 1995

Siebert, Wolfgang, Betriebsvereinbarung und betriebliche Einigung über Einzelfälle, BB 1952, S. 950 ff.

— Kollektivmacht und Individualsphäre beim Arbeitsverhältnis, BB 1953, S. 241 ff.

— Grundgedanken der Betriebsverfassung, RdA 1958, S. 161 ff.

Simitis, Spiros/ Weiss, Manfred, Zur Mitbestimmung des Betriebsrats bei Kurzarbeit, DB 1973, S. 1240 ff.

Sinzheimer, Hugo, Grundzüge des Arbeitsrechts, Jena, 2. Auflage 1927 (zit.: *Sinzheimer* Arbeitsrecht, S. ...)

— Der korporative Arbeitsnormenvertrag, Eine privatrechtliche Untersuchung, Berlin, 2. Auflage 1977 (zit.: *Sinzheimer* Arbeitsnormenvertrag, S. ...)

Sodan, Helge, Verfassungsrechtliche Grenzen der Tarifautonomie, Ein Beitrag zur Auslegung des Art. 9 Abs. 3 GG, JZ 1998, S. 421 ff.

Söllner, Alfred, Betrieb und Menschenwürde, RdA 1968, S. 437 ff.

— Arbeitsrecht, München, 10. Auflage 1990

— Grenzen des Tarifvertrages, NZA 1996, S. 897 ff.

Stadler, Hubert, Die rechtliche Bedeutung fehlerhafter Betriebsvereinbarungen, BB 1971, S. 709 ff.

Staschik, Lothar, Grundfragen zur Betriebsvereinbarung, Köln 1990

von Staudinger, Julius, Kommentar zum Bürgerlichen Gesetzbuch mit Einführungsgesetz und Nebengesetzen, Zweites Buch, Recht der Schuldverhältnisse, §§ 328-361b, Neubearbeitung 2001, (zit.: Staudinger/*Bearbeiter* § ... Rz. ...)

— Kommentar zum Bürgerlichen Gesetzbuch mit Einführungsgesetz und Nebengesetzen, Zweites Buch, Recht der Schuldverhältnisse, §§ 611-615, Dreizehnte Bearbeitung 1999 von Reinhard Richardi (zit.: Staudinger/*Bearbeiter* § ... Rz. ...)

von Stebut, Dietrich, Der arbeitsrechtliche Eingliederungsvertrag, in: Festschrift für Otto Rudolf Kissel, München 1994, S. 1135 ff.

Stege, Dieter/ Weinspach, Friedrich K., Betriebsverfassungsgesetz, Handkommentar für die betriebliche Praxis, Köln, 7. Auflage 1994

Strasser, Rudolf, Die Betriebsvereinbarung nach österreichischem und deutschem Recht, Wien 1957

— Zur Abgrenzung der Betriebsvereinbarung von der Einigung über den Einzelfall, RdA 1956, S. 448 ff.

Stumpfe, Werner, Änderungen in der Verbandslandschaft – Arbeitgeber, NZA 2000, Sonderbeilage zu Heft 24, S. 1 ff.

Teuteberg, Hans Jürgen, Geschichte der industriellen Mitbestimmung in Deutschland, Tübingen 1961

Trappehl, Bernhard/ Lambrich, Thomas, Unterlassungsanspruch der Gewerkschaft – das Ende für betriebliche Bündnisse für Arbeit?, NJW 1999, S. 3217 ff.

Travlos-Tzanetatos, Dimitrios, Die Regelungsbefugnis der Betriebsparteien und ihre Grenzen zum Einzelarbeitsverhältnis, Berlin 1974

Thüsing, Gregor, Der Schutz des Tarifvertrags vor den tarifvertraglich Geschützten – Zum Unterlassungsanspruch gegen tarifwidrige Regelungsabreden, DB 1999, S. 1552 ff.

Thüsing, Gregor/ Lambrich, Thomas, Arbeitsvertragliche Bezugnahme auf Tarifnormen, Verbandsaustritt, Verbandswechsel, Betriebsübergang, RdA 2002, S. 193 ff.

Unterhinninghofen, Hermann, Anmerkung zum „Fall Viessmann", ArbG Marburg 7.8.1996, AiB 1997, S. 47 ff.

Veit, Barbara, Flexibilisierung der Arbeitszeit durch Betriebsvereinbarung (BV), in: Wandel der Arbeitswelt als Herausforderung des Rechts, Referate und Diskussionsbeiträge, Kongress Junge Juristen und Wirtschaft 1987 in

Berlin, Rupert Scholz (Hrsg.), Veröffentlichungen der Hanns Martin Schleyer-Stiftung, Band 25, S. 134 ff. (zit.: *Veit* in: Wandel der Arbeitswelt, S. ...)
— Die Zulässigkeit von betrieblichen Absprachen, dargestellt am Beispiel einer Standortvereinbarung, Industrielle Beziehungen, in: Zeitschrift für Arbeit, Organisation und Management, Schwerpunkt-Thema: 25 Jahre novelliertes Betriebsverfassungsgesetz, Heft 3 1997, S. 216 ff. (zit.: *Veit* Industrielle Beziehungen 1997, 216 ff.)
— Die funktionelle Zuständigkeit des Betriebsrats, München 1998 (zit.: *Veit* S. ...)
— Anmerkung zu BAG 17.11.1998, RdA 1999, S. 346 ff.
Veit, Barbara, Waas, Bernd, Die Umdeutung einer kompetenzwidrigen Betriebsvereinbarung, BB 1991, S. 1329 ff.
Vielhaber, Otto, Das Mitbestimmungsrecht des Betriebsrats bei Regelung von Akkord- und Stücklohnsätzen, BB 1953, S. 358 ff.
Vollmer, Lothar, Die Entwicklung partnerschaftlicher Unternehmensverfassungen, Köln, Berlin, Bonn, München 1976
Walker, Wolf-Dietrich, Zur Zulässigkeit von Betriebsbußen, in: Festschrift für Otto Rudolf Kissel zum 65. Geburtstag, München 1994, S. 1205 ff.
— Möglichkeiten und Grenzen einer flexibleren Gestaltung von Arbeitsbedingungen – Das Spannungsverhältnis zwischen Tarifautonomie und Betriebsautonomie –, ZfA 1996, S. 353 ff.
— Der rechtliche Rahmen für tarifpolitische Reformen, ZTR 1997, S. 193 ff.
Waltermann, Raimund, Kollektivvertrag und Grundrechte. Zur Bedeutung der Grundrechte und ihrer Gesetzesvorbehalte für die Rechtsnormsetzung durch Kollektivverträge, RdA 1990, S. 138 ff.
— Anordnung von Kurzarbeit durch Betriebsvereinbarung?, NZA 1993, S. 679 ff.
— 75 Jahre Betriebsvereinbarung, NZA 1995, S. 1177 ff.
— Rechtsetzung durch Betriebsvereinbarung zwischen Privatautonomie und Tarifautonomie, Tübingen 1996 (zit.: *Waltermann* S. ...)
— Zuständigkeiten und Regelungsbefugnisse im Spannungsfeld von Tarifautonomie und Betriebsautonomie, RdA 1996, S. 129 ff.
— Gestaltung von Arbeitsbedingungen durch Vereinbarungen mit dem Betriebsrat, NZA 1996, S. 357 ff.
— Ablösende Betriebsvereinbarung für Ruheständler?, NZA 1998, S. 505 ff.
Wank, Rolf, Tarifautonomie oder betriebliche Mitbestimmung? Zur Verteidigung der Zwei-Schranken-Theorie, RdA 1991, S. 129 ff.
— Empfiehlt es sich die Regelungsbefugnisse der Tarifparteien im Verhältnis zu den Betriebsparteien neu zu ordnen?, NJW 1996, S. 2273 ff.
Weber, Ralph Lothar, Die vertrauensvolle Zusammenarbeit zwischen Arbeitgeber und Betriebsrat gemäß § 2 Abs. 1 BetrVG, Heidelberg 1989

— Vom Klassenkampf zur Partnerschaft – Die Entwicklung des Verhältnisses zwischen Arbeitgeber und betrieblicher Arbeitnehmervertretung –, ZfA 1993, S. 517 ff.

Weiss, Manfred/ Weyand, Joachim, Betriebsverfassungsgesetz, Baden-Baden 3. Auflage 1994 (zit.: *Weiss/Weyand* § ... Rz. ...)

Weitnauer, Hermann, Zivilrechtliche Grundstrukturen im Betriebsverfassungsrecht, in: Festschrift für Konrad Duden zum 70. Geburtstag, München 1977, S. 705 ff.

Wendeling-Schröder, Ulrike, Referat, Sitzungsbericht über die Verhandlungen der Abteilung Arbeitsrecht am 18. und 19.9.1996. Verhandlungen des 61. Deutschen Juristentages, Karlsruhe 1996, Band II/1, Sitzungsberichte (Referate und Beschlüsse), München 1996, K 9 ff. (zit.: *Wendeling-Schröder* Verhandlungen, K ...)

— Betriebliche Ergänzungstarifverträge, NZA 1998, S. 624 ff.

Wendeling-Schröder, Ulrike/ Schubert, Jens M., Rechtsprobleme zweistufiger Tarifvertragssysteme, NZA 2003, S. 772 ff.

Wiedemann, Herbert, Gesellschaftsrecht Band I, Grundlagen, München 1980 (zit.: *Wiedemann* Gesellschaftsrecht, S. ...)

— Tarifvertragsgesetz mit Durchführungs- und Nebenvorschriften, München, 6. Auflage 1999 (zit.: Wiedemann/*Bearbeiter* TVG, § ... Rz. ...)

Wieland, Peter, Recht der Firmentarifverträge, Köln 1998

Wiese, Günther, Die Beschränkung der Sperrwirkung des § 59 BetrVG auf Arbeitsentgelte und sonstige Arbeitsbedingungen, RdA 1968, S. 41 ff.

— Das Initiativrecht nach dem Betriebsverfassungsgesetz, Neuwied, Darmstadt 1977 (zit.: *Wiese* Initiativrecht, S. ...)

— Zum Gesetzes- und Tarifvorbehalt nach § 87 Abs. 1 BetrVG, in: 25 Jahre Bundesarbeitsgericht, München 1979, S. 745 ff. (zit.: *Wiese* 25 Jahre BAG, 611 ff.)

— Buchbesprechung: Günther Hurlebaus, Fehlende Mitbestimmung bei § 87 BetrVG, ZfA 1989, S. 645 ff.

— Entwicklung des Rechts der Betriebs- und Unternehmensverfassung, JuS 1994, S. 99 ff.

— Zum Zweck des Betriebsverfassungsrechts im Rahmen der Entwicklung des Arbeitsrechts, in: Festschrift für Rudolf Otto Kissel zum 65. Geburtstag, München 1994, S. 1269 ff.

Winkler, Andreas, Hat der Flächentarifvertrag eine Zukunft? Ein Diskussionsbeitrag aus der Praxis, NZA 2000, Sonderbeilage zu Heft 24, S. 10 ff.

Wohlfarth, Hans-Dieter, Stärkung der Koalitionsfreiheit durch das BAG, NZA 1999, S. 962 ff.

Wolter, Henner, Standortsicherung, Beschäftigungssicherung, Unternehmensautonomie, Tarifautonomie, RdA 2002, S. 218 ff.

Zacher, Hans F., Sozialpolitik und Verfassung im ersten Jahrzehnt der Bundesrepublik Deutschland, Berlin 1980

Zachert, Ulrich, Krise des Flächentarifvertrages? Herausforderungen für das Tarifrecht, RdA 1996, S. 140 ff.

— Betriebsvereinbarung statt Tarifvertrag? – Perspektiven der Tarifautonomie, ArbuR 1997, S. 11 ff.

— Firmentarifvertrag als Alternative?, NZA 2000, Sonderbeilage zu Heft 24, S. 17 ff.

Zöllner, Wolfgang, Die Sperrwirkung des § 59 BetrVG, in: Festschrift für Hans Carl Nipperdey zum 70. Geburtstag, Band II, München, Berlin, 1965, S. 699 ff.

— Das Wesen der Tarifnormen, RdA 1964, S. 443 ff.

— Die Rechtsnatur von Tarifnormen nach deutschem Recht, Wien 1966 (zit.: *Zöllner* S. ...)

— Die Stellung des Arbeitnehmers in Betrieb und Unternehmen, in: 25 Jahre Bundesarbeitsgericht, München 1979, S. 745 ff. (zit.: *Zöllner* 25 Jahre BAG, 745 ff.)

— Arbeitsrecht und Marktwirtschaft, ZfA 1994, S. 432 ff.

— Flexibilisierung des Arbeitsrechts, ZfA 1988, S. 265 ff.

— Regelungsspielräume im Schuldvertragsrecht. Bemerkungen zur Grundrechtsanwendung im Privatrecht und zu den sogenannten Ungleichgewichtslagen, AcP 196 (1996), S. 1 ff.

— Vorsorgende Flexibilisierung durch Vertragsklauseln, NZA 1997, S. 121 ff.

— Der Arbeitsvertrag: Restposten oder Dokument der Selbstbestimmung?, Zum Stellenwert der Arbeitsvertragsfreiheit, NZA 2000, Sonderbeilage zu Heft 3, S. 1 ff.

Zöllner, Wolfgang/ Loritz, Karl Georg, Arbeitsrecht, München, 4. Auflage 1992 (zit.: Zöllner/Loritz § ...)

Zsifkovitz, Valentin, Artikel Subsidiaritätsprinzip, in: Katholisches Soziallexikon, Innsbruck, 2. Auflage 1980, S. 2995 ff.

Schriften zum Arbeitsrecht und Wirtschaftsrecht

Herausgegeben von Abbo Junker

Band 1 Christoph-N. Lerche: Der Europäische Betriebsrat und der deutsche Wirtschaftsausschuß. Eine vergleichende Analyse der betrieblichen Mitwirkung der Arbeitnehmer vor dem Hintergrund der Globalisierung der Märkte. 1997.

Band 2 Christian Walter Mecke: Zur rechtlichen Verbindlichkeit kollektiver Vereinbarungen in England. 1997.

Band 3 Katja Francke: Die betriebliche Mitwirkung der Arbeitnehmer in Belgien. Unter Berücksichtigung vergleichender Aspekte zum deutschen Betriebsverfassungsrecht. 1997.

Band 4 Christian Schulze: Die Zulässigkeit einstweiliger Verfügungen gegen Betriebsänderungen. 1998.

Band 5 Stefan Miersch: Die Rechtsfolgen mitbestimmungswidriger Maßnahmen für das Arbeitsverhältnis. Eine zivilrechtsdogmatische Untersuchung. 1998.

Band 6 Heike Wegner: Internationaler Verbraucherschutz beim Abschluß von Timesharingverträgen: § 8 Teilzeitwohnrechtegesetz. 1998.

Band 7 Julia Wichmann: Dienstleistungsfreiheit und grenzüberschreitende Entsendung von Arbeitnehmern. 1998.

Band 8 Johann-Volker Peter: Société par actions simplifiée (S.A.S.). Die Vereinfachte Aktiengesellschaft in Frankreich, eine Rechtsform für die Kooperation von Unternehmen. 1999.

Band 9 Sylvia Schnelle: Der Europäische Betriebsrat in Spanien. Zugleich eine Einführung in das spanische Recht der Arbeitnehmervertretung. 1999.

Band 10 Viktoria Bornhagen: Die Zumutbarkeit als Rechtsgedanke im Arbeitsrecht. 1999.

Band 11 Thorsten Schacht: Der Übereilungsschutz beim arbeitsrechtlichen Aufhebungsvertrag. Arbeitnehmerschutz bereits de lege lata? 2000.

Band 12 Marcus Hellmann: Immobilienkauf nach spanischem Recht. 1999.

Band 13 Nicolaus Johannes Ehinger: Die juristischen Personen des öffentlichen Rechts als herrschende Unternehmen. 2000.

Band 14 Alexander Lentz: Das kollektive Arbeitsrecht der Republik Südafrika. Eine Untersuchung mit Bezügen zum deutschen Recht. 2000.

Band 15 Michaela Brunssen: Der Arbeitgeberverbandswechsel. Tarifrechtliche und arbeitskampfrechtliche Konsequenzen. 2000.

Band 16 Morten Petersenn: Das Recht des Grundstückskaufs in Südafrika. 2000.

Band 17 Stefan Krüger: Die umwandlungsrechtliche Haftungsregelung bei der Betriebsaufspaltung und ihre Analogiefähigkeit. 2001.

Band 18 Jürgen Kitzinger: Der GmbH-Geschäftsführer zwischen Arbeits- und Gesellschaftsrecht. Im Blickpunkt: Zuständigkeit der Arbeitsgerichte. 2001.

Band 19 Anja Ruge: Die Lohnersatzansprüche ehemaliger Zwangsarbeiter gegen deutsche Industrieunternehmen. 2001.

Band 20 Michael Knoll: Die Sozialauswahl im Arbeitsrecht. 2001.

Band 21 Britta Albrecht: Mediation im Arbeitsrecht. Individualarbeitsrecht und Betriebsverfassungsrecht. 2001.

Band 22 Annusch Barten: Das System der Arbeitnehmervertretung in Frankreich. 2001.

Band 23 Diane Westera: Der Wiedereinstellungsanspruch nach wirksamer Kündigung. 2001.

Band 24 Kristin Doerlich: Die Tariffähigkeit der Gewerkschaft. Eine Analyse der Mächtigkeitsrechtsprechung des Bundesarbeitsgerichts im Lichte neuerer Erfahrungen. 2002.

Band 25 Tina Witten: Vertragsgestaltung und Gesetzesbindung im Recht der Zeitarbeit. 2002.

Band 26 Martin Hellfeier: Die Leistungszeit im Arbeitsverhältnis. Eine Untersuchung zum Fixschuldcharakter der Arbeitspflicht und zu den Folgen ihrer Nichterfüllung. 2003.

Band 27 Almut Maulshagen: Betriebliche Arbeitskampfregelungen. 2003.

Band 28 Maren Band: Tarifkonkurrenz, Tarifpluralität und der Grundsatz der Tarifeinheit. 2003.

Band 29 Manuela Schulz: Der Bereitschaftsdienst in öffentlich-rechtlich organisierten Krankenhäusern. Eine rechtliche Bewertung. 2003.

Band 30 Felix Benedikt: Die Kürzung von Tariflöhnen zur Sanierung. Eine verfassungskonforme Auslegung des § 3 III TVG entsprechend § 626 BGB. 2003.

Band 31 Tim Kaden: Individuelle Bündnisse für Arbeit und Günstigkeitsprinzip. 2003.

Band 32 Simone Kreiling: Die Erstreckung betrieblicher und betriebsverfassungsrechtlicher Tarifnormen auf Außenseiter. 2004.

Band 33 Carsten Beck: Betriebliche Mitbestimmung und Kündigungsschutz. Die Funktionen betrieblicher Mitbestimmung im und deren Einfluß auf den Kündigungsschutz nach dem KSchG. 2004.

Band 34 Jost Eder: Die Regelungsabrede als Alternative zur Betriebsvereinbarung bei der Gestaltung materieller Arbeitsbedingungen. 2004.

www.peterlang.de

FSC
www.fsc.org
MIX
Papier | Fördert gute Waldnutzung
FSC® C083411

Kolibri 360 GmbH
Ferdinand-Jühlke-Straße 7
99095 Erfurt, Deutschland
produktsicherheit@kolibri360.de

Druck:
CPI Druckdienstleistungen GmbH
im Auftrag der
Kolibri 360 GmbH
Ferdinand-Jühlke-Str. 7
99095 Erfurt